KB266286

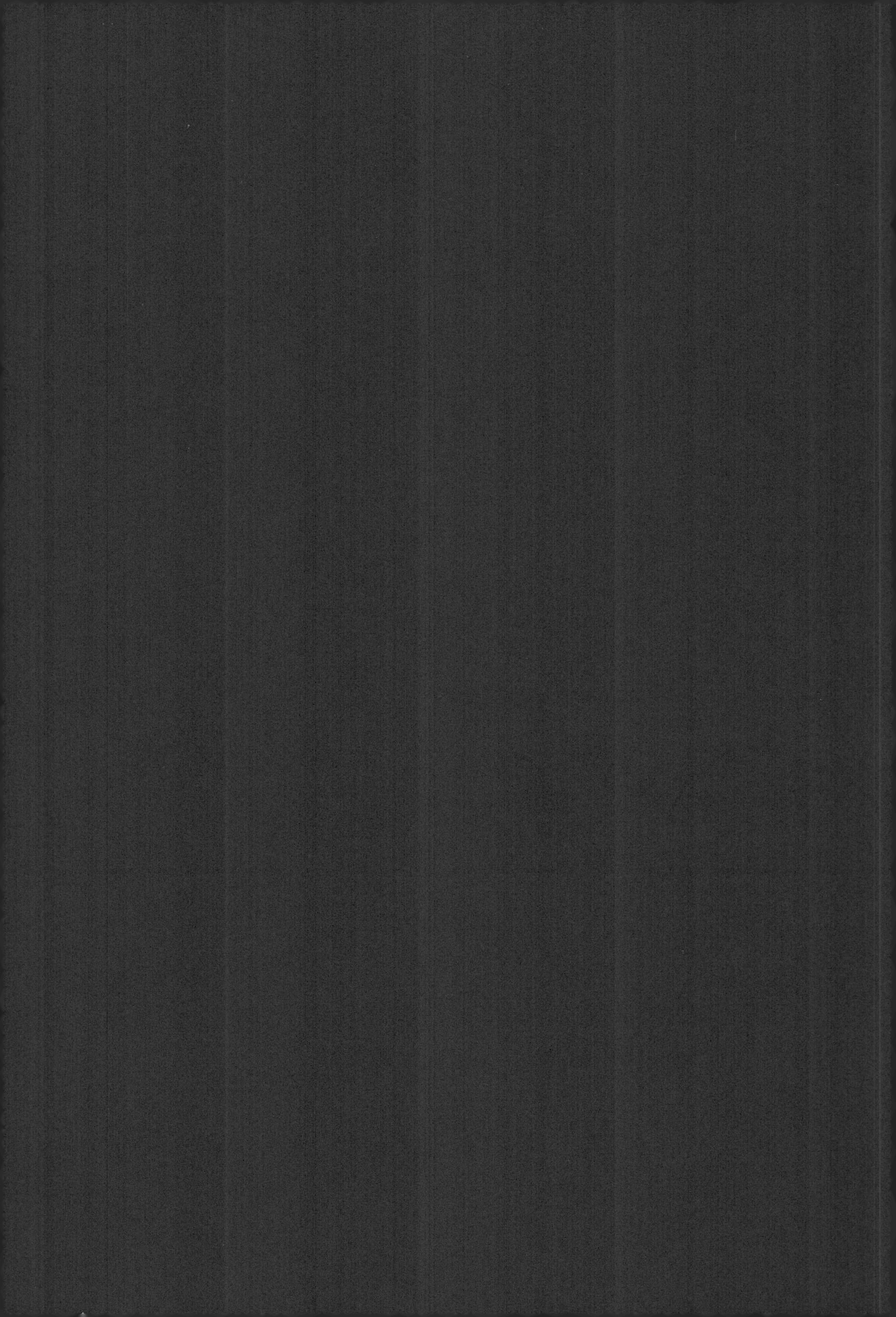

FORBIDDEN MEMORY

TIBET DURING THE CULTURAL REVOLUTION

금지된 기억

문화대혁명 시기의 티베트

마르코폴로

금지된 기억

CONTENTS

추천사-왕리슝 vii

사진에 대해-체링 외세 xi

혁명을 정의하기: 중국어 제목 '사제'에 대해-체링 외세 xv

서문-로버트 바넷 xvii

영문판 서문-로버트 바넷, 수전 T. 천 xli

한국어판 서문-체링 외세 xliii

I. 낡은 티베트를 박살내라!: 문화대혁명의 도래

갤러리 1. 폭풍전야 2

기억을 찾아서: 홍위병의 입성 19

갤러리 2. 조캉의 약탈 22

라싸 홍위병, 혁명행동에 나서다 43

조캉 사원은 어떻게 유린당했나 51

중국에서 온 홍위병들 64

사원 유린의 여파 68

누구의 잘못인가? 74

약탈 이후 79

갤러리 3. 우귀사신의 규탄 87

티베트의 우귀사신들 155

다양한 행동대원들 156

공포의 세월: 무소불위의 거민위원회 161

갤러리 4. 혁명 구호가 이름이 되다 167

바르꼬르가 '새로운 것을 세워라' 대로(大路)가 되다. 177

노르부링카가 인민공원이 되다 180

짝뽀리가 '승리봉'이 되다 183

II. 파벌전쟁: "누구를 믿을 것인가, 파벌을 보고 판단하라!"

갤러리5. 양대 파벌 188

같은 이념, 다른 파벌 213
피와 불의 대결 217
먼지가 걷힌 후 233

III. 용의 지배: 티베트의 인민해방군

갤러리 6. 군사통치 238
티베트의 인민해방군 257
군 내부의 갈등 260
군 선전대의 뜨거운 헌신 262
갤러리 7. 전민개병: 티베트의 민병대 267
민간인을 군인으로 277

IV. 마오쩌둥의 새로운 티베트

갤러리 8. 혁명위원회 282
혁명위원회의 시대 286
갤러리 9. 인민공사 291
제3의 혁명: 인민공사와 그 대가 297
갤러리 10. 새로운 신을 섬기다. 302
어디에나 있는 마오쩌둥 319

V. 대단원: 윤회의 바퀴

갤러리 11. 인과 연 322
속죄 326
다시 라싸로 330
46년 후 346

부록: 잠빠 린첸의 증언 377
중국어/영어 용어집 395
티베트어 용어집 404
주석 412
참고문헌 427

추천사

왕리슝

1999년 말, 나는 외세가 보낸 소포를 받았다. 그때까지 우리는 한 번도 만난 적이 없었다. 소포의 내용물은 수백 장의 네거티브 필름이었다. 동봉된 편지에서 외세는 네거티브 필름에 담긴 사진들은 1991년 사망한 그녀의 아버지가 문화대혁명 기간에 찍은 것이라고 설명했다. 필름이 귀중한 자료임을 깨달았지만 어떻게 활용해야 할 지 알 수 없었는데, 이전에 티베트에 관한 내 책을 읽었던 사실이 떠올라 나라면 이 귀한 자료를 제대로 사용할 수 있지 않을까 하는 생각에 필름을 보내기로 결심했다는 것이었다.

나는 장갑을 끼고 조명 아래서 필름을 검토했다.

그리고 거의 한눈에 알아보았다. 도저히 받을 수 없는 선물이었다. 너무 귀한 자료였기 때문이다.

중국의 문화대혁명은 인류 역사상 흔치 않은 사건이었다. 전례가 없는 기괴한 사건이기도 했지만, 동시에 인류가 어디로 향할 수 있는지, 또 어디까지 갈 수 있는지를 보여 주었다는 점에서 중요한 사건이었다. 그래서 문화대혁명은 많은 학자와 연구자의 관심을 끌었다. 문화대혁명은 비교적 오래되지 않은 사건이고 각계각층의 사람들이 연루된 사건이기 때문에 세계 여러 나라 대학과 도서관에 많은 기록이 수집되어 있어서 다행히 연구 자료가 매우 풍부하다. 문화대혁명 기간에 대한 연구를 여전히 공식적으로 금하고 있는 중국에서조차 사적인 경로를 통해 정보가 유통되는 경우가 흔하다.

하지만 문화대혁명을 연구하면서 아무리 자료를 찾고 조사하려고 해도 여전히 빈칸으로 남아 있는 부분이 있다. 바로 티베트 문화대혁명이다. 가령 쑹융이가 편집하고 홍콩중문대학이 2002년 공개한 “중국 문화대혁명 데이터베이스”는 문화대혁명에 관한 1차 사료를 가장 많이 보유한 방대한 자료집이지만, 1만 개가 넘는 자료 중 티베트와 연관된 자료는 단 여덟 개뿐이다. 마찬가지로 워싱턴 중국연구센터가 간행한 〈새로 펴낸 홍위병 자료집*A New Collection of Red Guard Publications*〉에 수록된 3,100개의 전단지 중 티베트에서 나온 것은 네 개뿐이다. 쑹융이도 인정했듯이 자료가 너무 희귀하기 때문에 문화대혁명 기간에 티베트에서 무슨 일이 있었는지에 대해서는 알려진 바가 거의 없다.

티베트자치구 정부가 라싸에 지역 역사자료 보관소를 두고 있지만, 이곳의 자료 목록을 보면 1966년부터 1971년 사이는 거의 비어 있다. 이 6년에 해당하는 자료는 단 세 건뿐이고 문화대혁명이 가장 격렬했던 초기 2년, 즉 1966년이나 67년 자료는 아예 없다.

티베트 문화대혁명에 관한 자료와 정보가 존재하는 것만은 확실하다. 문화대혁명기간에 티베트 내 최고 권력기관이었던 티베트군구는 문화대혁명 관련 상세자료를 라싸에 다량 보유해왔다.[1] 하지만 군사기지에 보관된 자료는 여전히 봉인된 채 접근이 엄중하게 제한되어 있다. 문화대혁명에 관한 자료는 여타 '1급 기밀'처럼 중국 정부가 철저하게 관리해 왔다. 중국 정부는 문화대혁명을 하나의 흠집으로 간주하고 문화대혁명에 대해 깊이 파고들도록 내버려 두었다가는 중국 공산당의 권위에 위협이 될 수도 있다고 판단하고 있다. 그래서 비록 40여 년이라는 세월이 흘렀어도 문화대혁명은 여전히 중국 내에서 금기로 남아 있다.

국제 사회에서 문화대혁명은 중국 공산당 체제의 커다란 오점이고, 티베트 역시 그 자체로 또 하나의 민감한 사안이다. 티베트에서 전개된 문화대혁명은 당시 티베트에서 있었던 다른 사건들과 맞물려 그 누구도 건드려서는 안 되는 이중의 금기가 된 셈이다. 한 예로, 티베트에서 중국 공산당 정책을 총괄하는 통일전선부는 1999년 〈티베트 백년의 기록〉이라는 회고 사진집을 발간했는데, 책에 수록된 사진 수백 장 가운데 문화대혁명 기간의 사진은 단 한 장도 없다. 마치 1966년부터 1976년까지의 10년이 아예 처음부터 없었던 것 같다.

이것은 우연이 아니라 정책적으로 의도된 결과다. "권력에 저항하는 인간의 투쟁은 망각에 저항하는 기억의 투쟁이다"라는 밀란 쿤데라의 말을 떠올리지 않을 수 없다. 나는 이 시기에 티베트라는 광활한 지역에서 무슨 일이 있었는지를 이해해야만 비로소 문화대혁명에 대한 연구가 완성될 수 있다고 생각한다. 그런 의미에서 외세의 아버지가 찍은 사진들에는 특별한 의미가 있다.

사진은 글, 구술, 인터뷰 등 다른 형태의 데이터에 비해 객관성을 인정받을 수 있다. 과거에 일어난 사건의 관계자 혹은 목격자가 자신의 경험을 말로 전달할 경우 개개인의 다양한 입장, 기억, 해석이 반영된다. 그러므로 말이나 글은 필연적으로 주관적일 수밖에 없고, 따라서 부정하거나 진위 여부를 의심하기가 쉽다. 반면, 사진으로 포착된 순간들은 시간이 지나도 변하지 않기 때문에 부정할 수가 없다. 안타깝게도 문화대혁명 기간의 티베트를 기록한 사진은 그나마 드물게 존재하는 서면 자료들보다 더 희귀하다. 나는 이제껏 그 시대의 사진이 정식으로 발표된 경우를 딱 한 번밖에 보지 못했는데, 타이완에서 발행된 어느 사진 전문잡지에 실린 자료였다(Sheying jia, Issue 39, 1998). 심지어 구글 검색 엔진을 영어와 중국어로 다 뒤졌는데도 당시 티베트의 이미지는 딱 하나밖에 찾지 못했다. 외세의 아버지가 남긴 네거티브 필름은 그만큼 귀중한 자료였다.

나는 외세에게 답장을 보내, 기꺼이 돕겠지만 네거티브 필름을 통해 역사를 알리는 사명을 티베트인이 아닌 내가 맡을 수는 없다는 뜻을 전했다. 그 일을 할 사람은 외세 자신이어야 했다.

그로부터 6년이 흐른 지금 외세는 오랜 취재를 거쳐 마침내 이 책을 완성했다. 외세의 아버지가 남긴 네거티브 필름이 40년이라는 긴 세월을 지나 마침내 세상에 나왔다. 티베트 문화대혁명은 더 이상 역사 연구의 공백이 아니다.

나는 돌아가신 외세의 아버지가 이제는 영혼의 안식을 얻었기를 바란다.

내 입장에서는 이 사진들이 특별히 고마운 또 다른 이유가 있다. 사진들 덕분에 외세를 아내로 맞을 수 있었다.

> 2005년 9월 17일 베이징에서. 문화대혁명이 한창이던
> 37년 전 오늘은 내 아버지가 고문당하고 돌아가신 날이다.

사진에 대해

체링 외세

2002년 초여름 라싸에서, 내가 꺼낸 사진들을 본 호르캉 잠빠 땐다르는 예기치 못한 반응을 보였다. 라싸 태생에 키가 크고 조용한 성격의 그는 당시 57세였다. 내가 꺼낸 사진에는 그의 부모와 외조부가 사람들 앞에서 공개 비판을 당하는 모습이 찍혀 있었다. 처음에는 담담하게 사진을 대충 훑어보는가 싶던 그가 갑자기 눈물을 흘렸다. 그는 조용히 흐느꼈다. 그러다가 옆 사람을 붙잡더니 온 몸을 떨었고 얼굴은 눈물범벅이 되었다. 그는 한참을 그러고 있었고, 그 사이 내 눈에서도 눈물이 흘렀다. 마침내 그가 목멘 소리로 입을 열었다. "아버지한테 들었다. 비판을 당하고 있을 때 누가 사진을 찍고 있는 걸 봤다고 했다. 그때 나는 라싸에 없었다. 그때의 상황을 내 눈으로 보게 될 날이 오리라고는 생각도 못했다."

호르캉이 마침내 보게 된 그 사진은 내 아버지 체링 도제가 약 40년 전에 찍은 것이다.

아버지는 과거 티베트 동부에 속했던 캄 출신이다.[1] 1950년 마오쩌둥이 "티베트 동포들을 제국주의로부터 해방하기 위해" 파견한 군대가 중국 남서부에서 라싸로 이동하면서 아버지가 살던 캄에서도 병사들을 모집했고 수백 명의 티베트 젊은이들이 입대했다. 돌아가신 내 아버지도 그들 중 하나였는데 당시 겨우 열 세 살이었다.

문화대혁명의 불길이 걷잡을 수 없이 번지기 시작한 1966년 여름, 아버지는 청관더라는 중국식 이름으로 라싸 주둔 인민해방군 장교가 되어 있었다. 내가 라싸시 외곽 티베트군구 종합병원에서 태어난 것도 그래서였다. 아버지는 사진에 푹 빠져 있었고, 내 기억에 종종 사진과 네거티브 필름을 정리하며 시간을 보냈다. 1991년에 아버지는 라싸 분구 부사령관으로 다시 라싸에 부임했다. 그리고 바로 그해 갑자기 건강이 나빠져 내가 태어난 그 병원에서 돌아가셨다. 아버지가 돌아가신 후 나는 아버지의 사진과 필름을 보관했다. 하지만 아버지가 문화대혁명 기간에 티베트에서 찍은 사진들이 티베트 문화대혁명을 가장 충실하게 기록한 개인 소장 자료라는 사실을 그때는 아직 알지 못했다.

내가 왕리숑에게 사진과 필름을 보내기로 결심한 것은 1999년, 해외에서 티베트로 밀수입된 그의 저서 〈천장: 티베트의 운명〉을 읽고 나서였다. 만난 적도 없는 사이였지만, 아버지의 유품을 이대로 방치하느니 티베트를 객관적인 관점에서 연구해 줄 학자에게 맡기는 편이 차라리 나을지 모른다고 생각했다.

왕리숑은 한 장의 편지와 함께 내가 보낸 사진들을 돌려보냈다. 편지에서 그는 이 사진들이 티베트 역사에서 지워진 한 시대를 담고 있다며 사진 속 티베트에 대한 기억을 반드시 되살려야 한다고 말했다. 또, 한 민족의 존망은 역사를 얼마나 기억하느냐에 달려 있다면서 양심 있는 사람들이 기억을 무기로 망각에 저항해 싸워야 한다고도 말했다.

아버지는 이렇게 될 걸 알고 이 사진들을 보관했을까? 왕리숑의 편지에 내 마음이 움직였다. 그때부터 나는 사진이 이끄는 대로 인터뷰를 하고 글을 쓰기 시작했고, 그것이 이 길고도 험난한 여정의 시작이었다.

작업에 착수한 지 6년이 흘렀다. 나는 70명이 넘는 사람들을 인터뷰했다. 대부분 내 부모 세대의 사람들이었다. 그들의 젊은 시절은 티베트에서 수십 년간 이어진 격변과 맞물려 있다. 그들 대다수는 티베트인이고 한족과 무슬림 후이족도 일부 섞여 있었다. 문화대혁명 당시에 홍위병이었던 사람, 행동대원이나 조반파였던 사람이 있는가 하면, '뉴구이서선(우귀사신)'으로 몰려 비판대회에 끌려 나갔던 사람도 있었다. 하지만 내가 인터뷰를 위해 찾아갔을 때, 그들은 그저 평범한 시민, 공무원, 학자, 승려, 은퇴한 당 간부, 군인 혹은 노동자로 살아가고 있었다. 나는 베이징에 있는 왕리숑의 도움을 받아 확대 인화한 사진들을 가지고 라싸 온 시내를 다니며 찾아낸 사람들에게 보여주었다. 꺼내는 사진마다 대개는 어두운 기억이 뒤따랐다.

사진들이 불러일으킨 생각과 기억을 마주한 사람들 다수는 제대로 말을 잇지 못했다. 입에 담지 못할 말을 하는 사람도 있었고 너무 당혹스러워서 말문이 아예 막힌 사람도 있었다. 나는 대부분 그저 조용히 듣기만 했다. 섣불리 끼어들었다가 침통한 심정으로 기억을 떠올리는데 행여 실수로라도 방해가 될까 봐 조심스러웠다. 그저 가만히 기다리는 것이 내가 할 수 있는 전부였는데, 사람들이 사진을 보고 생각나는 대로 하나씩 꺼내놓는 이야기들을 조용히 듣다 보면 저절로 알게 되는 것들이 많았다. 나중에 인터뷰 녹취록을 들으며 작업을 할 때면 공포, 한숨, 회한의 소리를 거듭 들을 수 있었다. "미쳤었어, 그땐 모두 미쳐 있었어. 꼭 약에 취해 있었던 것 같아." "애통해라! 우리 민족이 이렇게 엄청난 비극을 겪다니!" 나는 트라우마의 역사를 정면으로 마주하는 일이 얼마나 힘든지 점점 깨달아갔다.

나는 아버지에게 깊이 감사한다. 의도가 무엇이었든, 아버지가 남긴 사진들은 귀중한 역사 기록이다. 또 당시만 해도 쓸데없는 일로 여겨지던 사진에 돈을 쏟아붓는 아버지를 말없이 참아 준 어머니에게도 감사드린다. 내가 이 프로젝트를 실현하도록 용기를 준, 그리고 지금은 나의 남편이 된 왕리슝에게도 감사한다. 이 책이 만들어지도록 도움을 주고 자신이 취재한 티베트어 자료를 제공해 준 체땐 왕축에게도 감사드린다. 네거티브 필름의 스캔과 보관을 도와 준 보스턴의 카마 힌턴, 이 책을 출판해 준 타이완 로커스 퍼블리싱의 하오밍이(렉스 하우)에게도 감사드린다. 끝으로 인터뷰에 응해 준 모든 분께 정말로 감사드린다.

슬프게도 인터뷰에 참여했던 분 가운데 두 분이 사망했지만, 나머지 분들은 여전히 티베트에 살고 있다. 신변 보호를 위해 그들 중 일곱 명에 대해서는 가명을 사용했다. 남성 세 명은 티베트어 요일명을, 여성 네 명은 티베트어로 11에서 14까지의 숫자를 가명으로 사용했다.

원래는 이 책도 가명으로 내려고 했다. 하지만 광저우 화청 출판사에서 나온 내 산문집 〈티베트 수기(시짱비지)〉가 2003년 9월 '정치적 오류'를 이유로 금서로 지정되었고, 나 또한 티베트자치구 정부 내 공직에서 해임되었다. 이 사건은 티베트의 현실을 보여준다. 중국 정부는 문화대혁명이 한창이던 시절과 다름없이 사고와 사상을 통제하려 하고 있다. 이미 직위를 잃은 나로서는 더 이상 내 신변을 걱정할 이유가 없어졌고, 그래서 문화대혁명이 일어난 지 40주년 되는 해에 맞춰 이 책, 〈금지된 기억〉을 실명으로 출판할 수 있었다.

끝으로, 이 책을 문화대혁명으로 고통받은 티베트인들에게 바친다.

> 2005년 9월 9일, 마오쩌둥 사망 29 주기에.
>
> 주: 금지된 기억의 영문판이 인쇄에 들어갈 시점에는 고인이 된 인터뷰 참가자가 열여섯 명 더 늘어났다.

이미지 출처

〈금지된 기억〉에는 체링 도제가 대략 1964년부터 1976년 사이에 촬영한 흑백 사진들이 11개의 갤러리로 분류되어 있다. 책의 본문은 주로 외세가 아버지의 사진들에 대해 설명하는 내용인데, 이해를 돕기 위해 추가한 사진들은 별도의 해설을 첨부한 경우를 제외하면 모두 외세가 촬영했다. 추가된 사진 대부분은 2001년에서 2004년 사이에 컬러로 촬영한 것이다. 후기에 실린 주요 사진들도 2012년과 2013년에 외세가 라싸에서 컬러로 촬영했다. 사진 175~181은 1969년 녜모에서 일어난 봉기 진압을 기념하기 위해 정부가 녜모 열사묘지에 전시한 자료들을 체링 외세가 촬영한 것이다.

사진 110은 호르캉 잠빠 땐다르가 제공했고, 사진 127은 왕리슝이 촬영했다. 사진 162, 163, 185는 익명을 요청한 이들이 제공한 개인 소장 자료들이다. 사진 161, 164, 165, 168의 배지, 완장, 신문 등은 익명을 요청한 전 갠록(Gyenlog, 라싸 조반 총사령부) 조직원이 고맙게도 촬영을 허락해 주어 책에 실을 수 있었다.

혁명을 정의하기

중국어 제목 '사제'에 대해

체링 외세

이 책은 처음에 '사제(殺劫Shajie)'라는 중국어 제목으로 출간되었다. 사제는 이 책에서 가장 중요한 단어이면서, 이 책에 실린 사진들이 의미를 갖는 이유이기도 한 '혁명'을 뜻하는 티베트어다.

사제གསར་བརྗེ(표기 gsar brje, 발음 sarjé)는 원래부터 티베트어에 있던 말은 아니다. 50여 년 전 인민해방군이 처음 티베트에 들어올 무렵 중국 관리들이 만든 말이다. 중국 통역관들은 '새롭다'라는 뜻의 사바གསར་པ་(표기 gsar pa, 발음 sarpa)와 '바꾸다' 또는 '대체하다'라는 뜻의 제와བརྗེ་བ་(표기 brje ba, 발음 jéwa) 두 단어를 조합해 중국 정부가 이해하는 혁명이라는 의미를 전달하려고 했다. 사제는 새로운 시대에 새로 생긴 수많은 개념과 사물을 표현하기 위해 생겨난 신조어 가운데서도 본래의 의미를 가장 정확하게 옮긴 사례로 꼽히곤 한다.

통역관들이 만들어낸 이 티베트 신조어가 중국어 사용자들에게는 '사제'로 들렸고, 殺(죽일 살)과 劫(위협할 겁)이라는 두 글자는 바로 이 사제라는 발음을 표기할 수 있는 수많은 조합 가운데 하나다. 중국어에서 '사제(殺劫Shajie)'는 죽이고 약탈하는 노략질 또는 살해와 재앙을 의미한다.

1960년대 티베트에 문화대혁명이 도래했을 때, 티베트에서는 공식적으로 문화대혁명을 릭내사제རིག་གནས་གསར་བརྗེ(rigné sarjé)라고 불렀다. 티베트어로 문화를 뜻하는 릭내རིག་གནས་(rigné)가 중국인들에게는 인류人類(런레이ren lei)처럼 들렸으므로 문화대혁명을 가리키는 티베트어는 중국인들에게는 런레이사제人類殺劫(renlei shajie) 즉 '인류 살해' 또는 '인류 재앙'으로 들렸을 테고, 이것을 티베트 문화대혁명이라는 맥락에 대입해 본다면 티베트에 닥친 재앙으로 해석할 수 있다. 우연이겠지만, 재앙이야말로 1950년대 이후 티베트인들에게 일어난 일들을 한마디로 표현하는 말일 것이다. 그리고 그것이 바로 내가 이 책의 중국어 제목을 '사제'로 정한 이유다.

서문

로버트 바넷

1990년대 중반의 어느 날, 런던에 있는 내 집 거실에서 티베트 청년 하나가 문화대혁명 기간에 고국에서 얼마나 끔찍한 일들이 벌어졌는지 이야기하고 있었는데, 당시 우리집에 함께 살고 있던 라싸 출신의 티베트 여성이 방에 들어왔다가 그 이야기를 듣게 되었다. 티베트 라싸에 문화대혁명이 일어났을 때 그 여성은 십대 후반이었고, 청년은 아직 태어나기 전이었다. 여성은 청년을 향해 "그때 일은 입에 올리지도 마! 당신 같은 사람들은 상상도 못해! 당신은 아무것도 몰라!"라고 말했다.

그 여성이 화를 낸 것은 그때가 처음이자 마지막이었고, 그녀가 과거에 대해 이야기한 것도 그때를 포함해 단 두 번뿐이었다. 그녀의 말이 옳았다. 티베트 문화대혁명의 실상을 말하기에 그 청년은 너무 어렸다. 하지만 나 역시 그로부터 10년이 지나 〈금지된 기억〉에 실린 사진들을 보고서야 그 여성이 했던 말의 진의를 깨달았다. 사진들은 그때 그곳에 있지 않았던 사람들이 감히 상상도 할 수 없는 그 시대의 치욕과 폭력을 기괴한 형태로 보여주고 있었다.

티베트를 장악한 1950년 이후, 중국이 티베트 문제를 다루는 데 있어서 가장 중요시한 부분은 바로 과거의 통제였다. 지금도 티베트에서는 역사에 관해 글을 쓰는 것을 무엇보다 엄격하게 통제하고 있다. 티베트에 대한 지배권 행사를 자국의 '핵심 이해'로 분류하고 있는 중국이 티베트가 엄연한 하나의 국가였던 과거를 논하는 역사를 통제하는 것은 어쩌면 당연한 일이다.[1] 하지만 중국은 티베트를 장악한 1950년대 이후 70년간의 역사도 과거 독립국이었던 역사만큼 철저히 통제하고 있으며, 그중에서도 이른바 문화대혁명 기간인 1966년부터 대략 10년 동안의 역사를 가장 엄격하게 제한하고 있다. 중국에 문화대혁명에 관한 연구나 저술을 금지하는 법이나 규제는 따로 없다. 티베트, 신장, 내몽골의 독립은 간접적인 언급만 해도 범죄로 간주되는 것과는 대조적이다. 오히려 중국은 문화대혁명이 중대한 실수였음을 공식적으로 인정했고, 1981년에는 최고 권력 기관인 중국 공산당이 나서서 문화대혁명이 심각한 실책이었음을 발표하는 공식 선언문을 내기도 했다.[2] 중국 공산당은 당시의 잔악행위에 책임이 있다고 자체적으로 판단한 이들을 '사인방'으로 낙인찍어 장기 복역시켰고, 그 시기의 대표적인 정책들을 철회했으며, 당시 공직자 대부분을 숙청했다.

하지만, 1980년대 중반까지 문화대혁명 10년간의 충격적인 경험을 회고하는 글들이 쏟아져 나오자 이번에는 정부가 나서서 진실을 은폐하려고 했다.[3] 법치가 불완전한 국가에서는 흔한 일이지만, 공권력이 개입한 일종의 여론 공작을 통해 1966년을 기점으로 10년 동안 일어난 사건들에 대해 깊이 파고들지 말아야 한다는 점을 사람들에게 분명히 인식시켰다. 티베트에서는 그 시기에 관해 거의 아무것도 나오지 않았고 역사, 영화, 연극, 책 어디에서도 거의 언급되지 않았다.[4] 지금도 티베트나 중국의 거의 모든 공직자의 이력에서 해당 10에서 15년은 아예 비어 있거나 반쯤 지어낸 이야기들로 채워져 있다. 중국 정부가 인용하는 티베트의 통계 자료들은 거의 항상 1979년부터 시작한다. 마치 그 이전의 현대사는 아예 존재하지 않는 것 같다. 중국 내에서 발행된 인물 전기들은 그 시기에 관한 논의를 빼 버렸고, 교과서는 '나쁜 10년'이라고 언급만 할 뿐 그 시기에 어떤 일이 있었는지는 거의 혹은 전혀 다루지 않는다. 그 시대를 기억하는 것이 사실상 금지된 셈이다.

그러나 이런 공백보다 더 놀라운 사실은 그 시기를 기록한 사진이 전혀 없다는 점이다. 외세가 이 책을 발간하기 전까지, 밝게 웃는 농부들과 찬란하게 영근 곡식을 보여주는 공식 선전용 사진 외에 티베트의 당시 상황을 알려주는 사진이 일반 대중 사이에서 유포된 적은 티베트에서건 세계 어디에서건 전무했다. 공식 간행물, 예컨대 정부 관계자나 행동대원들이 각종 매체에 게재한 연설문에는 적을 위협하고, 전쟁을 선언하고, 정치 불만세력으로 분류된 온갖 종류의 사람들과 가공의 체제 비판 세력을 규탄하고, 전례 없는 규모의 파괴를 선동하는 표현들이 넘쳐났다. 하지만 실제로 티베트에서 무력을 사용하거나, 폭력, 파괴를 자행하는 모습을 담은 사진은 단 한 장도 공개되지 않았다.[5] 지방 언론사는 물론 대다수 정부 기관에도 공식 촬영기사가 있었던 점을 고려하면 그런 사진들이 없었을 리가 없지만 '긍정적인' 이미지들만 공개가 허용되었다. 그렇지 않은 사진들은 아마도 정부 자료실에 봉인되거나 파기되었을 것이다.[6] 공식 경로를 통하지 않고 다량의 사진을 확보하기는 매우 어려웠을 것이고, 민간인이 당시 상황을 담은 사진을 사적으로 보유한 경우도 거의 생각하기 힘들다. 따라서 선전용 사진 말고 티베트에서 문화대혁명 당시 실제로 어떤 일들이 일어났었는지 보여주는 자료가 일반에 공개된 경우는 전혀 없었다.

이런 상황에서 티베트의 대표적인 작가 체링 외세가 2006년 부친의 사진들을 책으로 출간한 사건은 티베트 역사를 추적하고 연구하던 사람들은 물론 티베트 일반 대중 사이에서도 커다란 반향을 일으켰다. 우선 당시 그런 사진들을 촬영만 하고 활용하지 않았다는 점이 놀라웠다. 당시 언론을 장악했던 국가기관이나 행동대원 조직이라면 적극적인 시민들의 혁명 열기를 자랑스러워했어야 마땅하기 때문이다. 아울러 사진에 나타난 폭력의 실상은 너무나 충격적이었다. 나 같은 외국인들은 과거 해외로 이주한 사람들이 영어를 비롯해 다양한 언어로 남긴 회고록이나 증언을 오래전부터 접해왔기 때문에 적어도 중상류 계급이 중국에서 당한 극도의 핍박에 대해서는 익히 알고 있었다. 또, 다수의 목격자 증언과 자서전이 망명한 티베트인들에 의해 출판되기도 했다. 하지만 이들 저자 대다수는 문화대혁명 발발 6년 전, 그러니까 1959년에 티베트를 빠져나왔고, 따라서 이후 티베트에서 벌어진 사태에 대해서는 아는 바가 없다. 이후 티베트인들이 다시 인도로 탈출할 수 있게 된 것은 문화대혁명과 마오쩌둥의 시대가 종말을 맞고 중국 내에서 비교적 자유로운 움직임이 가능해진 1980년대 초에 와서다.[7] 망명 티베트인 사회에 새로 합류한 이들 중 일부가 문화대혁명 시기의 경험을 책으로 출판하기도 했다. 그중에는 땐진 최닥 박사, 수감되었던 승려 빨댄 갸초, 하급 관원이었던 툽땐 캐쮠, 캄 족장의 아내 아마 아데 등이 있다.[8] 역시 이 시기를 겪고 살아남은 따씨 체링과 바바 퓐촉 왕걜은 중국에서 쓴 회고록을 해외에서 출판했다.[9] 하지만 이 시기 저자 대부분은 문화대혁명 시기 내내 투옥되어 있었기 때문에 감옥 바깥의 세상이나 일반 가정에서 벌어진, 어쩌면 감옥 내부보다 더 참혹했던 상황을 거의 목격하지 못했다.[10] 그리고 티베트 바깥에 있던 사람들은 아무도 혁명이라는 이름으로 자행된 폭력과 파괴를 사진으로 본 적이 없었다.

2006년 외세의 책이 출간됨으로써 외부인들과 젊은 세대는 처음으로 당시의 실상을 눈앞에서 마주하게 되었다. 먼저 망명했건 1980년대에 탈출했건, 많은 티베트인들에게 진실은 고통스럽고 눈으로 보기 힘들었을 것이다. 티베트 내부에서 이 책을 손에 넣을 수 있었던 소수의 사람들이 어떤 심정이었을지는 상상에 의존

할 수밖에 없다. 하지만 이 책의 출간이 단순히 개인 차원에서나 학술 연구 차원에서만 중요한 의미를 갖는 것은 아니다. 여러 면에서 티베트와 중국을 둘러싼 제반 문제, 어쩌면 중화인민공화국과 관련된 모든 이슈는 결국 역사를 바라보는 관점과 연관되어 있다. 즉, 모든 쟁점은 어떤 시기, 어떤 사건을 중요하게 여기느냐에 있다. 중국 공산당은 티베트 문제에 관해 세 가지를 중점적으로 주장하고 있는데, 그 모두가 역사를 바라보는 그들만의 시각을 드러낸다. 즉, 티베트는 '고대부터' 중국의 일부였고, 인민해방군이 오기 전 '지옥' 같던 티베트인들의 삶은 중국 공산당 치하에서 유례없이 향상되었으며 이후에도 그들의 삶이 계속 나아졌다는 주장이다. 중국 공산당은 각각의 주장을 뒷받침할 기록을 가지고 있다. 중국 황제들이 티베트의 내정에 중요한 역할을 했던 시대가 있었고, 전통 티베트 사회에서 고통받던 인민들에 관한 기록이 있으며, 최근 수년간 티베트인들의 생활이 향상되기도 했다. 하지만 각각의 주장에는 허점이 있다. 무엇보다, 세 가지 주장 모두 역사를 어떻게 나누느냐에 따라 다르게 해석될 수 있다. 중국 공산당이 티베트인들의 삶을 헤아릴 수 없을 정도로 향상시켰다는 주장이 특히 그렇다. 가령 고속도로, 공항, 고층 건물 등이 정신없이 들어서면서 일어난 외형적인 변화만을 놓고 본다면 중국은 확실히 티베트인들의 삶을 향상시켰다.

하지만 그것은 1979년 이후의 이야기다. 중국도 당시 인정했던 것처럼, 1965년부터 자치구라는 이름으로 불리게 된 티베트의 상황은 1950년대 인민해방군이 들어온 이후 30년 동안 여러 면에서 악화되었다.[11] 따라서, 1979년 이전의 어느 시점을 기준으로 티베트인들의 삶을 평가한다면, 중국은 티베트인들에게 최소 10년에서 길게는 20년간, 사원을 파괴하고 상상도 할 수 없는 대규모 집단 폭력을 합법화한 국가일 뿐이다. 따라서 티베트에 대해 중국이 주장하는 권리의 근거를 흔들고 중국 공산당에 의한 지배의 적법성을 위협하는 기억과 사실들은 중국 당국을 깊은 불안에 빠트리는 원인일 것이다. 이는 그들이 기록과 진실을 은폐하기 위해 어떤 일까지 저지르는지 보면 더욱 분명해진다.

따라서 외세가 책에 공개한 사진과 증언들은 국가가 시민들의 기억에서 지우고 싶어 하는 것이 무엇인지를 분명하게 보여준다. 이 자료들은 또한 문화대혁명 이후 현대화 성과만으로 평가받아야 한다고 우기는 중국의 주장을 반박하는 중요한 근거이기도 하다.

중국과 티베트

역사 속 티베트와 중국의 관계는 간단하게 요약할 수 있다. 중국은 티베트 역사에 늘 어떤 식으로든 등장하는데, 가령 중국 공주와 티베트 황제의 혼인이 7세기와 8세기에 각각 한 번씩(7세기 원청공주, 8세기 진청공주) 있었다. 하지만 현대의 언어로 정의할 수 있을 만큼 중국이 티베트에서 공식적인 역할을 수행한 적은 없다. 1279년부터 1368년까지 중국을 지배한 원나라 황제들은 티베트를 일종의 속국처럼 관리했고, 청나라의 만주족 황제들도 이와 유사하게 암반이라는 고위 관료를 1727년부터 1911년까지 라싸에 상주시켰다. 암반의 임무는 1642년 몽골이 라싸에 세운 달라이 라마 정부와의 소통, 혹은 지금의 중국이 주장하는 바에 따르면 라싸 정부에 대한 감독이었다. 비록 공식적으로 독립을 선언한 것은 1913년이었지만 티베트는 과거 어느 시대에나, 심지어 몽골족과 만주족의 시대에조차 대체로 자주적인 주권국가였다. 공식적인 독립 선언 이전의 티베트의 지위를 현대의 법이 어떻게 정의하건, 분명한 점은 한족, 몽골족, 만주족은 한 번도 티베트를 자국 본토의 일부로 여긴 적이 없다는 것이다. 따라서 티베트는 이들 지배 민족의 직접적인 통치를 받은 적이 없다. 과거 대제국들의 일반적인 관행대로 일종의 속국으로 간주한 티베트에 대해 최소한의 간섭만이 있었을 뿐이다. 따라서 지금의 시각으로 본다면 적어도 1720년대부터 1911년까지 티베트는 현대의 자치령, 보호령, 속령 또는 식민지 정도의 지위였다. 하지만 중국은 티베트에 대한 자국의 권리가 과거에나 지금이나 어떤 식으로든 제한적이라는 사실을 인정하지 않는다.[12]

청나라 황실과 한족 참모들이 티베트에 대한 권리 주장에 근대적인 틀을 입히기 시작한 것은 대략 1903~4년, 영국이 티베트를 침공할 무렵부터였는데, 당시 제13대 달라이 라마(1876~1933)의 티베트 정부는 영국에 의미 없고 굴욕적인 항복을 했다. 이에 대해 청나라는 1910년에 군대를 보내 티베트를 중국의 일개 성으로 합병하려 했다. 결과적으로 청나라가 보낸 군대는 패배했지만, 티베트가 자국의 영토라는 주장은 다소 신중해지긴 했어도 청나라의 뒤를 이은 국민당 정부에 의해 20세기 초에도 내내 이어졌다. 공산당은 1931년 티베트를 비롯한 중국 내 소수민족 모두가 완전히 독립할 권리가 있다고 선언하는 등, 처음에는 국민당만큼 입장이 강경하지 않았다. 하지만 이후 약 10년의 시간이 흐르는 동안, 기록에 남아 있지 않은 어떤 시기를 기점으로 중국은 슬그머니 입장을 바꾸어 티베트가 오랫동안 중국의 일부였고 앞으로도 일종의 '자치권'을 누리는 데 그칠 것이라고 선언했다.

초기: 1950~1959

중국을 완전히 장악한 이듬해인 1950년, 마오쩌둥은 티베트에 인민해방군을 보내 단시간에 티베트군을 격파했다. 미국이나 영국, 인도로부터 확실한 군사 지원을 보장받는 데 실패한 제14대 달라이 라마(1935~)의 티베트 정부는 1951년 5월 패배를 인정하고 항복 문서에 서명했다. 사상 최초로 티베트 정부가 공식적으로 중국에 주권을 넘긴 것이다. 그 대가로 중국은 달라이 라마와 티베트 행정부가 중국의 감독 하에 있는 지방 정부로서의 지위를 유지하도록 허락했고, 당시 중국 전역에서 진행 중이던 사회주의 급진 개혁의 실행을 유예하는데 동의했다. 개혁의 유예는 중국의 이해에도 부합했는데, 당시 티베트에는 공산당원이 겨우 여덟 명뿐이었고, 중국 정부의 활동을 지원할 만한 도로, 공항 등 기반 시설이 전무했기 때문이다.

달라이 라마와 제10대 판첸 라마(1938~1989)를 비롯한 티베트 고유의 지위 체계를 인정했던 1951년 항복 문서의 효력은 그리 오래가지 않았다. 지금도 그렇지만 중국이 시짱 즉, 티베트라고 부르는 지역은 라싸를 중심으로 달라이 라마와 그의 정부가 직접 통치하던 지역에 국한된다. 1940년대에는 티베트 고원의 서쪽 절반만이 여기에 해당했고, 1951년 항복 문서의 조건들 역시 이 지역에만 적용되는 것으로, 티베트인들이 캄, 암도라고 부르는 티베트 고원 동부에는 적용되지 않았다. 티베트 고원의 동쪽 절반은 이웃한 중국 성들의 일부로 대부분 칭하이성(암도의 대부분)과 쓰촨성(캄의 대부분)에 속해 있었다. 동티베트 지역은 사실상 독립 상태였던 공국, 부족령, 수도원 영지 및 다양한 형태의 영토들이 혼재했고, 일부 교역촌에 중국 군대와 관리들이 주둔한 것 외에 중국의 통치를 받거나 중국인들이 상주했던 경험이 거의 혹은 전혀 없었다. 그럼에도 불구하고, 마오쩌둥과 공산주의자들은 1955~56년에는 캄, 1958년에는 암도에서 급진 개혁을 강행, 계급간의 무력 충돌을 부추기고 현지인들을 몰아세워 종종 사망자가 나오기도 한 비판대회에 동원했으며 사원을 파괴했다.[13] 이로 인하여 야기된 무장 항쟁은 삽시간에 티베트 동부 전역에 번졌다. 인민해방군은 주로 저항하는 사원들을 폭격하는 수법을 썼고, 티베트인 의용대는 때때로 미국으로부터 은밀한 군수 지원을 받아가며 반격했다. 캄과 암도를 빠져나온 난민 수천 명이 라싸가 있는 서부로 향하면서 동부에서 중국이 자행하는 폭력에 관한 소식이 함께 퍼져나갈 즈음, 이미 긴박했던 라싸의 상황도 빠르게 악화하고 있었다. 1959년 3월, 라싸 인구의 대다수가 중국에 대항해 봉기했다. 인민해방군은 티베트 군대를 향해 발포했고, 달라이 라마의 여름궁전을 폭격해 달라이 라마가 인도로 피신하는 사태가 벌어졌다. 8만 명가량의 티베트인이 달라이 라마의 뒤를 따라 몇 주 만에 티베트를 떠난 후에야 중국은 마침내 국경을 봉쇄할 수 있었다. 그로부터 20년간 티베트를 탈출할 수 있었던 사람은 거의 없었다.

1959년 이후 그리고 문화대혁명

일단 무사히 인도에 도착한 달라이 라마가 망명정부를 수립하고 티베트가 독립국임을 선언하면서 티베트 독립 재건을 향한 20년에 걸친 노력이 시작되었고, 초기 망명정부는 인도와 서구로부터 어느 정도 지원을 받았다. 망명 티베트인들이 결성한 소규모 게릴라 부대가 네팔에 근거지를 두고 미국의 지원을 받아 활동하기도 했다. 이들은 국경을 넘어 중국군 호송대를 습격하는 등 10년 넘게 간헐적인 활동을 이어갔지만, 1970년대 초 무장 해제되었다. 한편 티베트에서 중국 공산당은 달라이 라마의 탈출 수일 만에 정책을 전환했다. 그동안 티베트 상류층을 대상으로 선물과 명목상의 관직을 약속했던 회유책에서 농민들에게 토지를 나누어 주고 빚을 탕감해 주는 급진 개혁으로 돌아선 것인데, 이것을 중국어로는 '민주가이거*minzhugaige*', 즉 민주개혁이라고 불렀다. 이제 중국 공산당은 상류층과 종교 지도층 내에서 적과 동지를 명확히 구분했다. 반란 참가 혐의로 고발당한 귀족들과 라마들은 수감되었고 그중 다수가 (이른바 '반란 평정', 중국어로 '핑판pingpan'의 일환으로) 20년간 복역했다. 반면 애국자로 분류된 사람들은 이름뿐인 관직을 얻었는데, 이들이 소속된 관청은 모두 티베트의 기존 엘리트 포섭이 주된 임무였던 소위 통일전선부 (중국어로는 퉁잔부)라는 정체불명의 공산당 기관이 운영했다.

티베트 잔류 종교 지도자들 중 최고 서열인 판첸 라마는 (전임자처럼) 중국의 주권을 인정하고 1959년 봉기를 비난한 대가로 티베트 내 고위직을 유지할 수 있었다. 하지만 판첸 라마도 1964년 비밀리에 폐위되었는데, 그가 1962년 동부지역을 포함하는 티베트 전역에 대한 중국의 정책을 비판하는 내부 진정서를 공산당 지도부에 보낸 사건 때문이었다. 판첸 라마는 1964년 9월부터 9주 동안 매일 '비판대회'에 서는 처분을 당한 후 14년 동안 수감 및 가택 연금을 당했다.[14]

공산당 내부에서는 통일전선 주도의 점진주의 전략을 지속할 것인지 아니면 급진 개혁에 즉각 돌입할 것인지를 두고 파벌 다툼이 벌어졌다. 마오쩌둥과 린뱌오 파는 중국 전역에 대한 급진 좌파 정책을 강하게 밀어붙인 반면, 마오쩌둥의 이전 극좌 정책이 야기한 재난, 특히 1958~62년의 대약진운동이 몰고 온 대기근 이후 신중해진 류사오치, 덩샤오핑, 리셴녠은 이보다는 좀 더 실용적인 노선을 지지했다.[15] 1966년 5월 16일, 지금 와서 보면 마오쩌둥은 이 상대적으로 실용주의적인 좌파들을 무너뜨리기 위한 최후의 승부수를 던졌다. 그는 전국의 학생과 행동대원들을 향해 거리로 나설 것을 직접 요구했다. 행동의 근거로 그는 "부르주아 앞잡이들과 반혁명 수정주의자들이 당, 정부, 군대, 문화계 내부에 다수 침투해 있다"면서 "중앙정부는 물론 성, 시, 자치구 안에도 반혁명분자들이 있다"고 주장했다.[16]

추종자들에게 마오쩌둥은 "문화대혁명을 수행하고, (아울러) 아래로부터 위로 광범위한 대중을 공개적이고 빠짐없이 동원하여 이 해악을 공개"함으로써 '주자파'로부터 권력을 되찾으라고 요구했다. 이렇게 시작된 문화대혁명, 중국어로 '원화거밍'은 우선 중국 전역의 전통문화 및 종교의 잔재를 남김없이 파괴하는데 중점을 두었다. 1966년 6월 2일자 인민일보의 기사, 그리고 8월 5일 대자보를 통해 마오쩌둥은 다시 한 번 "사령부를 포격하라"고 촉구했다. 공산당 혹은 군 내부에서 혁명의식이 부족한 자들은 누구든 힘으로 몰아내라는 뜻인데, 이는 특히 류사오치와 덩샤오핑을 겨냥한 말이었다. 마오쩌둥의 요구는 일반인들 사이에서 주로 '비판대회'라는 집단 규탄 형태로 이행되었다. '대중'을 대변하는 자들이 계급의 적들을 비판하고 박해하는 행위로, 많은 경우 폭행, 고문으로 이어져 결국 수만 명이 그 여파로 사망하거나 자살했다. 뒤따른 혼란은 의도적인 것이었다. 마오쩌둥에 의하면 "하늘 아래 위대한 질서"를 창조하기 위해서는 "하늘 아래 위대한 혼란"이 불가피했다.[17]

1967년 2월, 마오쩌둥과 장칭 부부는 비판 투쟁을 군 장병들에게로 확대하도록 명령했고, 같은 해 7월 무렵에는 홍위병 내 파벌 간 무력충돌이 극에 달했다. 그 결과 국가는 전면 마비되었다. 5월에 홍위병을 제압하기 위해 군대를 투입하고 중국 각 지역에 군사관제위원회를 설치해 어느 정도 질서를 회복하려는 시도가 있었지만 효과는 제한적이었다. 1968년 9월 말에는 이미 혁명위원회가 군사관제위원회를 대체 혹은 흡수했는데, 공산당, '대중 조직', 군부가 참여한 혁명위원회에서 실질적 주도권은 주로 군인들이 차지했다. 이어 같은 해 12월, 파벌들의 폭력성을 누그러뜨리고자 수백만 명의 학생과 청년들을 농촌에 보내 농부들과 함께 생활하고 노동하게 하는 '상산하향' 운동이 시행되었다. 그리고 이듬해인 1969년 7월 홍위병이 공식 해체되었고, 마오쩌둥은 문화대혁명의 종결을 선언했다. 하지만 1971년 마오쩌둥의 최측근 극좌 세력 간 내분이 일어나고, 그해 9월 마오쩌둥 자신이 임명한 후계자 린뱌오가 쿠데타를 시도했다는 혐의가 드러난 후 의문의 비행기 사고로 사망할 때까지 문화대혁명은 사실상 지속되었다. 지역 공산당 기구들은 혁명위원회를 장악하면서 점차 자력으로 일어섰지만, 장칭을 비롯한 급진주의자들은 1976년 마오쩌둥이 사망할 때까지 중국 전역에 걸쳐 극좌 정책을 이어나갔다.

문화대혁명 이후

1978년에 이르러 덩샤오핑은 공산당과 중국에 대한 장악력을 완전히 회복할 수 있었다. 그는 공산당 체제를 재건하고 부분적으로 자본주의 경제를 지향하는 정책에 돌입하기 위해서는 극좌주의와 '(마오쩌둥의 정책과 지시는 무조건 지지하고 따라야 한다는)무조건주의'를 규탄할 필요가 있다는 광범위한 합의를 이끌어 냈다. 1981년 중국 공산당은 "'문화대혁명'이 오해에 사로잡힌 지도자에 의해 비롯되고 반혁명 무리에게 이용당해 중국내 혼란을 야기하고 공산당, 국가, 전체 인민에게 재앙을 초래했다"고 공식 선언했다.[18]

앞서 보았듯이, 공산당이 문화대혁명과 그 주모자를 노골적으로 비판했다고 해서 문화대혁명 시기에 대한 공공연한 논의가 허용되었던 것은 아니며, 적어도 1980년대 말부터는 입단속이 시작되었다. 티베트에서는 문화대혁명에 대한 비판과 논의를 전혀 찾아볼 수 없었고, 외세가 지적했듯이 문화대혁명 시기의 공직자들이 1976년 이후에도 숙청되지 않은 곳은 중화인민공화국 내에서 티베트자치구가 유일할 것이다. 1983년 기준, 티베트자치구 내 지급(地級) 이상 (시와 지구) 공무원의 4분의 1이 문화대혁명 기간에 임명된 이후 한 번도 물러난 적 없이 오히려 승진한 사람들이다.[19] 이런 상황이 되자 판첸 라마는 1989년 50세로 사망하기 직전,

지역 공산당 지도부 내에 잔존하는 좌파 세력이 1980년대 티베트 내 긴장된 상황의 주된 원인이라고 지적했다. 1980년대 초에는 중국 다른 지역에서와 마찬가지로 티베트에서도 문화와 종교에 대한 규제가 이전보다 완화되었지만, 1987년 무렵에는 이미 달라이 라마에 대한 공격이 재개되어 극좌파에 의한 공공연한 비판이 시짱일보에 실리기 시작했다. 당시 달라이 라마는 이미 독립이라는 목표를 포기하고 중국 정부와 협상을 통한 타결을 모색하겠다고 약속한 상태였다.[20]

1980년대 이후 중국의 티베트 정책에는 더 이상 계급 투쟁이나 티베트인들의 신앙을 노골적으로 탄압하는 내용은 없다. 중국의 티베트 정책은 국가가 법을 준수하고 시민에게 사회 안정과 경제 성장을 보장할 책임을 지며, 사유재산과 일정 수준의 종교적 표현을 허용한다는 덩샤오핑식의 새로운 노선에 대체로 부합했다. 티베트에서는 1980년대 문화의 폭발적인 성장과 함께 많은 사원이 재건되었고, 수천 명의 젊은 남녀들이 승려가 되었다. 티베트어로 쓴 시, 티베트 미술, 대중음악이 역동적인 르네상스를 맞았고, 특히 자치구 밖 암도에서는 젊은 지식인층을 중심으로 영화 제작이 활기를 띠었다. 하지만 티베트자치구 내에서는 1987년에서 89년 사이 티베트의 독립을 요구하는 가두시위가 잇따르면서 탄압이 장기화하다가 1990년 4월까지 13개월 동안 계엄이 실시되기도 했다. 1994년 중국 정부는 기간산업 투자와 보조금을 크게 늘리는 새로운 정책을 내놓았지만, 이것은 중국인 노동자들과 상인들의 티베트 이주를 공식적으로 장려하는 정책이기도 했다. 동시에 중국 정부는 달라이 라마를 규탄하면서 티베트의 정치적 불안이 모두 달라이 라마의 탓이라고 선언했다. 티베트자치구의 모든 승려는 서면으로 달라이 라마를 비판해야 했고, 달라이 라마의 사진을 걸거나 숭배하는 행위는 금지되었으며, 모든 수도원은 엄중한 감시를 받았다. 티베트자치구 내 중고등학교의 티베트어 중등 교육 활성화 정책은 철회되었고, 중국어 교육을 점차 장려하는 가운데 최근에는 그 대상이 유치원과 초등학교로 확대되었다.

이처럼 소위 '외양은 우파이나 본질적으로는 좌파 성향의' 정책은 지금도 티베트자치구 내에서 힘을 발휘하고 있다. 2008년 봄 라싸는 물론 캄과 암도에서 150회가 넘는 반 중국 가두시위가 벌어진 후 자치구 밖 동티베트 일부 지역에서도 유사한 정책이 적어도 한동안 시행되었다. 2002년에서 2010년 사이에 중국 정부와 달라이 라마의 망명정부 대표단이 열 차례나 대화를 나누었지만, 중국은 이를 망명정부 대표들을 모욕하는 기회로 삼았다. 티베트인들의 좌절과 절망은 더욱 커졌고, 어쩌면 2009년에서 2019년 사이에 티베트에서 있었던 150건 이상의 분신 시위도 여기서 비롯한 것인지 모른다.

현재 티베트의 상황은 복합적이다. 경제적으로는 부와 기회가 괄목할 만한 성장을 이루었고 탈농장의 기회를 찾아 도시로 흘러 들어온 농촌 출신 노동자들의 현금 소득도 늘어났다. 하지만 경제가 성장하면서 유입된 중국 상인들이 시장을 장악하는 현상도 증가했다. 종교 활동은 허용되나 제약도 점점 심해지고 있다. 티베트자치구 내의 초중고 및 대학생, 정부 관원들에게는 종교 활동이 전혀 허용되지 않고, 2016년 이후 중국 내 모든 종교는 각각의 교리를 '중국화'하라는 지시가 내려왔다. 비공식 정치 발언이나 행동은 여전히 생각할 수 없고, 2012년 이후 티베트자치구 주민에게는 특별한 경우를 제외하고는 여권이 발급되지 않고 있으며 따라서 해외여행도 불가능하다.

한편, 크게 주목받지는 못하지만, 티베트의 저항은 전반적으로 그 성격이 크게 변화했다. 30년 전, 티베트의 저항운동은 독립 혹은 티베트로부터 중국의 철수를 요구했다. 오늘날 티베트에서 저항이라고 하면 대개는 달라이 라마의 귀국 허용, 티베트 문화에 우호적인 정책, 중등학교의 티베트어 교육 지원, 산악 및 초원지대에 대한 환경 보호 등을 요구하는 정도다. 이처럼 저항은 온건해진 반면 중국 측의 대응은 과거와 크게 달라지지 않았다. 군사 작전을 수행하듯 시위를 진압하고 공안을 동원해 강압적으로 감시한다. 이런 상황에서 티베트 작가 체링 외세는 중국에 홀로 남은 티베트 지식인으로서 중국의 티베트 정책을 공개적으로 비판하여 이름을 알리게 되었다.

체링 외세

체링 외세는 문화대혁명 첫 해인 1966년 라싸에서 태어났다. 외세의 아버지는 중국인 아버지와 티베트인 어머니 사이에서 태어나 티베트에서는 체링 도제(중국식 발음은 쩌런 둬제) 또는 중국식 이름 청관더로 불렸다. 체링 외세가 태어날 당시 아버지는 인민해방군 중간급 장교였고, 군 선전대에서 사진 촬영을 담당했다. 그녀가 네 살 때, 가족은 캄의 따우(중국어 다오푸)에 있는 지방 민병 훈련소로 부임하는 아버지를 따라 이주했다가 이후 다르쩬도(중국어 캉딩)로 다시 옮겼다. 모두 행정구역상 쓰촨성 서부에 속하는 티베트인 거주지역인데 티베트자치구와 쓰촨성의 지금 경계 바로 동쪽에 있는 체링 도제의 고향 데게에서 멀지 않다. 체링 도제는 1990년 라싸로 돌아갔고 그곳에서 티베트 성급군구 산하 라싸 분구 부사령관으로 복무했지만 바로 이듬해 겨우 오십대 중반의 나이로 사망했다.

체링 외세가 태어나서 처음 배운 언어는 티베트어였지만, 학교에서 받은 수업은 모두 중국어로 이루어졌고 티베트어로 쓰는 법은 전혀 배운 적이 없다. 그녀는 쓰촨성 성도(省都)인 청두에서 대학을 다녔고 그곳에서 중국 문학을 공부했다. 성장기였던 1980년대 초는 중국 젊은이들이 덩샤오핑 정권하에서 개방정책의 혜택을 누리던 때였고, 체링 외세의 어린 시절이나 가정환경에서도 정치적 갈등이나 불안의 요소는 찾아볼 수 없다.

1988년 대학을 졸업한 체링 외세는 쓰촨성 내 두 곳의 티베트 자치주 가운데 하나인 까르제(중국어 간쯔)의 주도 다르쩬도에서 공산당 기관지 기자로 일했다.[21] 2년 후에는 정부 산하 중국 작가 협회 티베트 지부에 발령을 받아 자신이 태어난 라싸로 돌아갔다. 그곳에서 그녀는 협회 회보인 〈티베트 문학(시짱원쉐)〉의 편집자로 일했다. 그 무렵 체링 외세는 이미 시를 쓰고 있었는데, 당시의 시는 양롄, 이담 체링 등 소위 몽롱시파 시인들의 작풍을 연상시킨다. 왕롄은 1980년대 라싸에서 지냈던 경험에서 영감을 얻었고, 이담 체링은 티베트에서 존경받는 암도 출신 시인으로 체링 외세보다는 서른 살 정도 연상인데 마찬가지로 중국어로만 글을 쓸 줄 알았다. 체링 외세가 열여덟 살에 쓴, 그녀가 기억하는 최초의 자작시는 이미 몽롱시를 연상시키는 특징들과 함께 스스로 티베트인이라는 정체성을 뚜렷하게 드러낸다.

다시는 두고 보지 않아.
멸시의 흙탕물이
너의 젊은 눈에서 흐르는 것을.
버터 짬빠 향
풍기는 활자가
내 심장에 새겨져 있어.[22]

하지만 다른 초기 작품들은, 비록 해석은 난해하지만 티베트 문화에 대한 뚜렷한 언급이 거의 없이 사적 감정이나 개인으로서의 정체성 같은 문제들을 다룬

다. 라싸로 돌아온 후에는 이런 경향이 더욱 두드러지는 한편, 시골에서 마주친 티베트 사람들, 라마들과의 대화, 사원과 산, 티베트의 옛 문학 등에 대해 조금씩 언급하기 시작했다. 1991년 12월 아버지의 갑작스러운 죽음이 그녀에게 커다란 영향을 미쳤고, 아버지가 어쩌면 남몰래 티베트 불교를 깊이 숭배했을지도 모른다는 생각이 이후 작품에 중요한 영감으로 작용했다.

정치적인 관심을 드러낸 최초의 작품은 1995년에 쓴 '12월'이라는 시다. 시는 '큰 거짓말'에 대한 이야기로 시작하는데 아마도 티베트의 상황을 이야기할 때 공직자들이 사용하는 전형적인 미사여구를 지적하는 듯하다.

"들어라!"
큰 거짓말에 하늘은 흐려지고,
숲에서는 참새 두 마리가 떨어지리라.
"티베트," 그가 말하길, "티베트는 평안히 잘 있구나."[23]

시에는 무엇이 외세의 비난을 촉발했고 비난의 대상이 누구인지를 설명하는 다른 내용은 없으며, 참새 두 마리가 누구를 가리키는지는 당시의 상황으로 미루어 짐작할 수 있을 뿐이다. 참새의 정체를 알리는 단서는 제목에 있다. 1995년 12월 중국 정부는 라싸에서 떠들썩한 행사를 열고, 추첨 형식으로 미리 내정된 5세 소년을 10대 판첸 라마의 환생으로 지정했는데, 그나마 추첨도 조작된 것으로 알려졌다.[24] 이보다 앞서, 또 다른 티베트 어린이 하나가 7개월째 중국 정부에 의해 감금 중이었는데, (지금도 여전히 행방을 알 수 없는) 이 소년은 인도에 망명 중인 달라이 라마가 선대 판첸 라마의 환생이라고 일방적으로 정한 아이였다. '참새 두 마리'는 아마도 이 소년들을 가리키는 듯하며, 둘 다 방식은 다르지만 12월의 추첨이라는 '큰 거짓말'의 희생자들이다.

1999년 첫 시집 〈티제트에게 (시짱짜이상)〉가 출간되면서 외세는 젊은 티베트 작가로 중국에서 주목받기 시작했다. 당시에는 웨이서라는 중국식 이름으로 활동했고, 중국어로 탁월하게 글을 잘 쓰고, 세련되고 풍부한, 이미지즘* 작풍을 구사하는 작가로 알려졌다.[25]

---

* 20세기 초기, 영국과 미국에서 일어난 반낭만주의(反浪漫主義) 시(詩) 운동. 정확한 일상어의 사용, 습관화된 표현의 거부, 새로운 리듬의 창조, 주제의 자유로운 선택 등을 주장하였다. (고려대 한국어대사전)

소수민족이 갖는 문화적 자긍심은 당시 중국 문학과 문화라는 보물창고를 이국적인 색채로 더 풍부하게 만드는 긍정적인 요소로 평가받았을 뿐, 정치적인 의도가 있는 것으로 간주되지는 않았다. 하지만 지금 읽어 보면, 당시 외세는 문화적 손실 자체가 아니라 손실의 원인에 점점 더 주목했음을 알 수 있다. 어쩌면 외세는 1994년 티베트의 문화와 종교에 대한 중국의 급격한 태도 변화에 영향을 받았는지도 모른다. 특히 달라이 라마에 대한 공격의 수위를 높여가는 중국의 태도는 지금처럼 당시에도 종교 유무를 떠나 대다수 티베트인을 자극했다. 1990년대 말에 외세가 쓴 시들은 티베트의 이 같은 상황 속에서 살아가는 힘겨움을 간접적인 표현과 모호한 이미지들을 통해 드러내는 경향이 점점 두드러진다. 하지만 출판사도, 중국 독자들도 작품에 담긴 정치적인 문제의식을 깨닫지 못했다. 누군가 알아차렸더라면 외세의 책은 중국에서 출판되지도, 중국 문학계에서 추앙받지도 못했을 것이다.

20세기가 끝나갈 무렵, 외세는 점점 더 뚜렷하게 문제의식을 드러냈다. 2000년에 쓴 시는 그보다 5년 먼저 티베트의 인기 포크록 가수 야르둥이 발표했던, 모호한 가사로 유명한 '신성한 독수리를 그리며'라는 노래에서 이미지를 차용했다. 외세는 곡에서 가져온 이미지를 특정 망명 영웅에 견주었는데, 비록 이름은 언급하지 않았지만 원곡보다 더 대담하게 자신의 의도를 드러냈다.

내 영혼의 독수리
악귀에게 상처 입고
충격으로 날아올랐다.
그 생각만으로 나는 눈물 흘린다.[26]

티베트 대중가수들은 1990년대부터 달라이 라마를 알게 모르게 지칭하는 표현을 담은 노래로 점점 검열의 한계를 시험하기 시작했지만, 중국에서 발표된 현대 티베트 문학 작품이 이 같은 시도를 한 전례는 드물었다. 외세가 티베트의 지도자에게 경의를 표한 것도 이때가 처음이었다.

2003년 외세는 티베트에서의 경험을 담은 에세이집 〈티베트 수기(시짱비지)〉를 발표했다.[27] 문학적인 형식으로 개인의 경험을 기록한 글을 모은 것인데, 노골적으로 정치적 문제를 언급한 부분은 거의 없고, 티베트를 배경으로 소풍, 해외여행

같은 현대인들의 평범한 일상을 통해 주로 개인이 느끼는 감정을 이야기한 글들이다. 하지만 민감한 사안들에 대한 언급도 있다. 티베트인들이 중국 정부의 강요를 받아 외국인들에게 들려주는 이야기, 많은 티베트인이 정부에 대해 속으로 느끼는 환멸, 티베트 정부 관료들의 저급한 교양과 지적 수준, 망명한 티베트인들에게 저자가 느끼는 연민 등이다.

이 책은 중국 동부지역에서 출판되었는데, 지역 특성상 이런 인상주의적인 문학이 비교적 소소하고 무난한 읽을거리로 받아들여졌다. 한족이 주로 거주하는 이 지역은 그때나 지금이나 티베트보다 표현이 훨씬 자유롭기 때문이다. (게다가 출판사는 달라이 라마가 누구인지도 모르는 것 같았다.) 하지만 라싸 정부 관계자들의 관심을 끌기 시작하면서 이 책은 금서가 되었다. 외세는 사실상 직위를 박탈당했고, 사퇴하기 전에 "그릇된 정치 영역에 발을 들였고" "달라이 라마와 카르마빠를 칭송하여 종교적인 믿음을 장려"하였으며 "정치적으로 잘못된 입장을 취했다"라는 구체적인 표현으로 "과오"를 고백하라는 지시를 받았다. 티베트인으로서 이런 상황은 매우 위험했고, 평범한 사람이 이런 비판을 받았다면 티베트자치구 정부로부터 심각한 위협을 받을 수도 있었을 것이다.

외세는 황급히 티베트자치구 당국의 힘이 덜 미치는 베이징으로 피신했다. 베이징에서 외세는 주로 외국 웹사이트에 티베트 문제에 대해 글을 쓰는 온라인 에세이 작가로서 새로운 경력을 쌓기 시작했다. 티베트 고원 대다수 지역에서 대규모 시위가 연달아 벌어진 2008년 이후 분신 시위가 잇따르자, 외세는 티베트인 거주 지역에서 일어나는 저항 시위와 탄압에 관한 소식들을 모아서 전달하는 비공식 창구 역할을 자청했다. 외세가 아니었다면 2008년을 기점으로 티베트에서 일어난 일들 대다수가 외부에 알려지지 않고 묻혀버렸을 것이다. 그녀는 주로 미국에서 티베트어 방송을 송출하는 외국 라디오 방송국에 짧은 논평을 내보냈다. 이때 쓴 글 일부가 나중에 영어로 발표되기도 했다.[28]

이제껏 정부의 가혹한 처벌을 피하긴 했지만, 외세는 활동에 매우 엄중한 제약을 받고 있다. 그녀의 작품은 중국 내에서 출간할 수 없고, 타이완이나 다른 나라에서만 발표할 수 있다. 그녀가 글을 올리는 블로그는 중국 내부에서는 합법적으로 접근할 수 없는 외국 웹사이트가 운영한다. 여권을 신청할 때마다 거부당했고(이 문제로 정부를 상대로 소송도 제기했지만 패소했다) 남편과 함께 엄중한 감시를 받으며 베이징에서 살고 있다. 그녀의 남편은 이름난 반체제 소설가 겸 지식인 왕리슝이다. 때때로 공안이 두 사람을 아파트 밖으로도 못 나가게 막기도 한다. 그러니까 외세는 중국내에서 공공연하게 검열을 무시하는 글을 쓰고, 티베트 내 정치 상황에 대해서 드러내놓고 비판적으로 말하면서도 아직 체포되지 않은 유일한 티베트인이다.

주리쿤이라는 독립 영화감독이 만든 외세와 왕리슝에 관한 다큐멘터리 영화를 보면 그녀에 대한 감시와 구속이 어떤 방식으로 이루어지는지 조금은 알 수 있다.[29] 영화는 얼마나 많은 사복경찰관이 외세와 남편 왕리슝을 미행하고 집 주변을 감시하는지 보여준다. 또 2012년의 한 장면에서는 외세 부부가 탄 차가 칭하이성과 티베트자치구 경계에 있는 검문소에서 저지당하기도 한다. 왕리슝이 휴대폰으로 누군가에게 전화를 걸어 티베트인인 아내가 티베트자치구에 들어가지 못하도록 경찰이 막았다고 불평을 한다. (당시 티베트자치구 밖의 티베트인은 거주 허가나 특별한 신원보증 없이 자치구 안으로 들어갈 수 없었다. 티네트 이외의 타민족 사람들은 제한 없이 자치구에 들어갈 수 있었다.)

잠시 시간이 흐른 뒤, 왕리슝의 전화기가 다시 울린다. 왕리슝은 상대방의 말을 듣더니 다른 사람들을 돌아보며 아내가, 티베트인이지만, 이제 검문소를 통과할 수 있다고 말한다. 이 장면은 중국에서 고위층과의 인맥이 어떤 힘을 발휘하는지 보여준다. 이 사례에서 효과를 발휘한 인맥은 1993년부터 2003년까지 중국 국가 주석이었던 장쩌민이 건국 초기 창춘의 한 자동차 공장에서 근무하던 시절 그의 상관이었다는 왕리슝의 아버지나, 군에서 비교적 지위가 높았던 외세의 아버지와 관련이 있을 것이라고 짐작할 수 있다.

하지만 외세가 살아남은 데는 다른 요소들도 작용했다. 라싸에서 베이징으로 이주하고, 인쇄 매체에서 소셜 미디어로 전환하고, 국내 독자에서 해외 청중에게로 눈을 돌리면서 외세는 사실상 체제와 줄다리기를 했고 적어도 시간을 벌었다. 게다가 외세가 글에서 정치를 다루는 방식은 강력하고 직설적이며 자주 감정에 호소하긴 하지만, 어디까지나 객관적인 조사를 기반으로 하고 정부의 통치권을 직접적으로 건드리기보다는 특정 정책이나 인물을 겨냥한다. 적어도 이 책에서 외세가 제기하는 문제 대다수는 티베트에 대한 중국의 통치권 자체가 아니라 티베트 내 중국의 문화정책에 관한 것이다. 아마 이제껏 그녀가 살아남을 수 있었던 이유 중 하나는 지금까지 다른 티베트인들이 하지 않았던 시도로 당국을 혼란스럽게 만들었기 때문일 것이다.

그러나 주리쿤 감독이 만든 다큐멘터리의 또 다른 장면은 상황이 언제든 급변할 수 있다는 점을 상기시킨다. 베이징의 아파트에서 외세와 왕리슝은 생필품과 옷가지들을 꾸린 작은 꾸러미들을 언제나 가지고 나갈 수 있도록 현관문 가까이에 놓아둔다. 결국에는 어디론가 끌려갈 때를 대비하는 것이다.

사진들

외세가 문학 에세이와 논평 작가에서 실시간으로 벌어지는 폭력과 만행의 실태를 온라인으로 알리는 전달자로 전환할 무렵부터 준비하기 시작한 〈금지된 기억〉은 아마도 저자의 활동 중 가장 중요하고 파급 효과가 큰 작품이라고 할 수 있을 것이다. 준비 단계였던 대략 1999년부터 2005년 사이에 외세는 티베트의 문화대혁명에 관해 구전되어 온 역사 자료들을 집중적으로 수집했다. 라싸에서 취재한 자료들은 두 권의 책으로 나왔는데, 아마도 티베트인이 티베트 내부에서 얻은 비공식 구전 자료들을 토대로 제작한 최초의 결과물일 것이다. 부친이 남긴 300장가량의 사진과 해설을 담은 〈금지된 기억〉은 2006년 로커스 출판사가 타이완에서 출간한 책이다.

사제라는 중국어 제목은 '혁명'을 뜻하는 티베트어 단어에서 가져왔는데 이 책 앞부분('혁명을 정의하기')에서 설명했듯이 '살해와 약탈'을 뜻하는 중국어 단어와 발음이 같다. 같은 해 로커스 출판사가 잇따라 내놓은 〈티베트는 기억한다(시짱지이)〉는 외세가 라싸에서 사전 조사 목적으로 실시한 일흔 건 이상의 인터뷰 가운데 스물세 건에 대한 녹취록이다. 그중 한 편이 이 책 말미에 부록으로 실려 있다. 외세는 처음부터 자신은 역사가가 아니라 문학 평론가라고 말했고, 이 책들은 학술 목적이 아니라 역사에 관심을 가진 일반 독자들을 위해 기획되었다. 하지만 사료로서 특별한 가치를 지니는 것은 사실이다. 외세의 책들보다 앞서 티베트 문화대혁명에 관한 연구 결과로 세상에 나온 것은 체링 샤꺄의 〈설원의 용*The Dragon in the Land of Snows*〉의 한 챕터뿐인데, 이것은 1950년 이후 40년 동안에 관한 영문 기록의 결정판으로 여전히 중요한 의미를 지닌다.[30] 〈금지된 기억〉이 발표된 후, 티베트 문화대혁명에 관한 중요한 논문이 멜빈 골드스타인, 반 자오, 탄젠 뤈둡에 의해 영어로 발표되었다. 하지만 논문은 티베트 문화대혁명 전체가 아니라 혁명 기간 중에 벌어진 1969년 녜모 봉기라는 단 하나의 사건만을 다루고 있다. (논문은 이 사건의 주된 원인을 정치와 민족의식이라는 총체적 요인이 아니라 경제와 파벌 문제에서 찾고 있다.)[31] 이밖에 1976년 티베트 망명정부가 발간한 난민 보고서에는 문화대혁명기의 희귀하지만 간략한 직접적인 체험기 열네 건이 포함되어 있다. 하지만, 티베트 문화대혁명 기간을 포함하는 자전적 경험을 쓴 (그리고 영어로 발표한) 저자 대다수는 문화대혁명 당시 감옥에 있었던 사람들이다.[32] 따라서 외세의 책은 그 시기에 대한 1차 사료로서는 독보적이다.

그러나 이 책에는 단순히 지금까지 알려지지 않았던 시대에 대해 남달리 과감하고 재기 넘치는 티베트 작가가 수집한 자료 이상의 의미가 있다. 이 책에 수록된 사진들은 그 자체로서 예술적 가치가 있고, 지식을 제공하고 자극한다. 즉 이 사진들은 그 안에 담긴 장면들에 대한 정보를 제공할 뿐 아니라, 티베트의 역사와 근대성을 이룩하려는 혹은 재건하려는 중국의 사회주의적 시도의 본질에 대해 여느 예술작품과 마찬가지로 윤리적이고 철학적인 질문들을 제기하고 있다. 외세도 자신이 직접 단 해설을 통해 이런 질문들을 던진다. 대상이 카메라를 의식하는 상태에서 촬영한 사진들은 어떤 것인가? 사진에 찍힌 사람들이 겉으로 드러낼 수 없었던 진심은 무엇이었나? 그리고 외세 자신에게 특별히 의미가 있는 질문이었겠지만, 종종 잔혹하고 유례없는 사건들을 카메라에 담으면서 아버지는 어떤 마음이었을까?

외세가 선별한 사진들 속에는 단번에 파악하기 힘든 질문들도 숨어 있다. 사진은 '(사회의 네 가지 낡은 요소를 타도하는)파사구', 즉 사구타파 운동, 비판대회, 집회, 퍼레이드, 정치 교육 활동, 육체노동, 민병 훈련이라는 일곱 가지 유형의 주제를 담고 있다. 매우 중요한 의미와 비중을 지니는 이 활동들은 모두 사회활동이라는 하나의 영역을 표현하고 있다. 당시 국가가 장려하던 대중 정치 활동은 주로 이런 형태로 이루어졌다. 여기에는 또 잘 짜인 각본도 있었다. 그리고 체제 선전을 담당하는 노동자들이 이런 활동 장면을 기록했다는 것은 다 아는 사실이다. 비판 투쟁과 퍼레이드 장면을 촬영하는 카메라맨들의 모습이 찍힌 사진이 적어도 다섯 점은 된다. 모두 정부 기관 소속의 공식 촬영기사들이다(사진 6, 12, 56, 63, 74). 하지만 처음 두 가지 유형 즉, 비판대회와 사구타파 활동 장면은 당시 일반 매체를 통해 공유된 적이 없다. 당시에도 이런 사진들은 '부정적' 이미지로 간주되었기 때문이다. 일종의 이중적 사고가 작용했다는 사실만으로도 벌써 흥미롭다.

원래 이 사진들은 정치활동 장면을 보여줌으로써 대중의 참여를 더욱 독려하려는 의도로 찍었을 것이다. 그러나, 당연한 얘기지만 사진을 찍는 사람과 사진은 별개다. 사진은 촬영한 사람에게 구애되지 않고, 원래 의도한 영역 밖으로 서서히 번져 나가 새로운 의미를 만들어내며, 그렇게 생겨난 새로운 의견과 질문, 반향들은 우리가 사진에 담긴 이미지를 어떻게 받아들이고 그 속에 담긴 이야기를 어떻게 읽을 것인지 결정한다. 그저 후대 사람들이 이 사진들을 보고 원래 의도와는 다르게 그 시대와 당대에 자주 행해지던 폭력에 대한 비난을 읽어 낸다는 의미라고 생각할 수도 있을 것이다. 하지만 그것은 지나친 단순화다. 이 사진들이 추가적으로 생성한 의미는 그런 종류가 아니기 때문이다. 굳이 그 시대를 부정적으로 보지 않더라도 처음 의도한 특정한 메시지 이상의 의미를 찾을 수 있다. 가령 나이든 시골 아낙네들이 마오쩌둥이 쓴 글을 읽으며 환한 표정을 짓는 모습(사진 267)은 누가 봐도 의도된 연출임이 분명하다. 그 완벽한 구도만 봐도 만들어진 상황임을 짐작할 수 있다. 이 사진이 특별한 의미를 갖는 이유는 그런 식의 촬영이 지금 보면 사기나 속임수에 해당할 법한 행위이기 때문이 아니다. 오히려 그 반대다. 우리는 이 사진을 통해 그런 식의 인위적 조작이 당시 촬영에 참가한 사람들에게 부끄러운 일이 아니라 어쩌면 티베트 농민들이 사회주의 과업에 진심으로 협력하고자 했음을 입증하는 자랑스러운 행위였을지도 모른다고 짐작할 수 있다.

사진 속 이미지 가운데 그냥 우연히 찍힌 것은 거의 없다. 모든 것이 이미지 중심에 있는 주된 행위와 밀접하게 연관되어 있다. 그런 행위와 무관해 보이는 인물들이 찍힌 사진은 딱 두 장뿐이다. 1965년 베이징으로부터 받은 자치라는 선물을 축하하며 꽃을 흔드는 승려들 틈에서 근심 어린 표정을 짓고 있는 콧수염을 기른 늙은 승려(사진 9)와 동급생들이 모두 일명 '빨간 작은 책'이라고 불리는 〈마오 주석 어록〉을 흔들며 환호하고 있는데 혼자만 다른 데 정신이 팔려 아래를 내려다보는 어린 소년(사진 21)이 찍힌 사진이다. 이 우연한 순간들은 우연히 눈에 띈 주변부의 세세한 부분들을 관찰 또는 주시함으로써 한 사회의 말로 표현되지 않은 진짜 모습을 포착하고자 한 카르티에 브레송의 사진들을 연상시킨다. 하지만, 이 두 장 말고는 모두 완전히 다른 성질의 사진들이다. 체링 도제의 사진들은 정확한 구도와 프레이밍으로 사진 속 행위의 중심에 있는 집단 공동의 목표에만 온전히 시선을 집중시킨다. 거기에는 언제나 국가의 핵심 주장을 가장 집약적인 형태로 구현한 혁명, 동원, 구습 타파 활동 등이 있다. 이렇게 특정 행위에 극도로 초점을 맞추는 구도는 정보를 배제하려는 의도에서 비롯된 것이 아니라, 예술 작품은 주요 행위자들에게만 단일하게 초점을 맞춤으로써 하나의 의도를 중심으로 단결하는 집단의 힘을 보여주어야 한다는 당시의 사회주의적 사실주의 미학이 발현된 것이다. 주먹을 높이 들고 구호를 외치며 대중을 이끄는 행동대원들을 부각시킨 사진들이 그 전형적인 사례다. 이런 사진들은 보통 개개의 피사체를 아래로부터 잡거나 전체 군중들을 위로부터 잡는 방식으로 촬영된다(사진 137, 144, 146). 사실 이 책에 수록된 모든 사진들이 사회주의 예술의 그러한 특징을 취하는데, 이를 통해 결국 사회주의 사상의 핵심 즉, 통일된 집단 의지가 널리 퍼지고 실현되는 것이 실제로 가능하다고 선언하고 있는 것이다.

통일된 집단의 의지를 시각적인 형태로 재생산하려는 의도는 반작용을 불러일으킨다. 어떻게 이처럼 많은 사람들의 관심을 한꺼번에 집중시킬 수 있었는지, 짜인 각본이 없었다면 어떤 상황이 벌어졌을지, 프레임 바깥에서는 어떤 일이 벌어지고 있었고, 그 자리에 있었지만 카메라에 잡히지 않은 사람들은 누구였으며, 이처럼 한 방향으로만 흐르는 에너지와 열정을 보여주는 것이 어떤 결과를 낳았고 무엇을 의미했는지 등의 의문이 생긴다. 다시 말해, 사진들이 미학적으로 빈틈이 없기 때문에 오히려 이미지 경계 바깥에 있는 것들에 대해 의문을 갖게 된다.

가령 중국인들은 어디에 있을까? 그들은 집회 장면 사진에서만 무대 위에 등장할 뿐, 다른 여섯 가지 유형의 사진에는 등장하지 않는다. 그러나 사진 속 행위들은 분명 중국인들로부터 영향을 받은 중국의 문화다. 사회주의 구호를 모방해 거리나 관공서의 이름을 바꾸고, 전쟁을 선포하는 내용의 거대한 붓글씨를 공공장소에 전시하고, 계급의 적들에게 '모자'를 씌워 증오심을 부채질하고, 마오쩌둥의 사진과 구호를 높이 걸어 놓는 등의 행위가 대표적이다. 모두 티베트 문화에는 없는 낯선 행위들이다. 더구나 라마를 공공연히 모욕하는 일은 티베트에서는 생각조차 할 수 없다. 외세가 녹취한 구술 증언에 따르면 홍위병 지도자 대다수는 중국인이었다. 그들의 역할에 대해서는 낱낱이 알려져 있다. 그런데도 중국인들은 사진에 거의 등장하지 않는다. 어느 정도는 시대의 변화와 시간이 흐르면서 차츰 정치적인 내면화가 이루어진 결과일 수 있다.

1957년 동티베트 캄에서 있었던 비판대회 장면이 찍힌 나의 개인 소장 사진들과 1964년 판첸 라마에 대한 역사적인 비판 투쟁을 담은 현재 남아 있는 두 장의 사진에는 현장 주변에서 지켜보는 중국인 간부들의 모습이 찍혀 있다. 정치적 보복을 행하는 티베트인들을 감독하는 것 같다. 하지만 불과 몇 년 후, 체링 도제가 사진을 찍을 무렵이 되면 주변을 서성이는 그런 인물들은 몇몇 드문 경우에만 나타날 뿐이고, 한족 간부가 사진 중앙에서 행위를 주도하는 모습이 찍힌 경우는 단 한 번(사진 108, 109에서 검지를 들어 옆을 가리키는 관원)뿐이다. 의도적으로 숨긴 것은 아니다. 아마 이 무렵 거리에서 벌어지는 일들에 대해서는 티베트인들에게 전권이 부여되었을 것이다. 하지만 이렇게 티베트인을 중심에 내세운 사진들을 단순 반복하는 것은 사진에 드러나지 않는 중국인들의 역할에 대한 의문을 누그러뜨리기는 커녕 오히려 부추긴다. 그들이 보이지만 않을 뿐 프레임 바깥에 여전히 존재했거나, 멀리서 모종의 방식으로 행위를 조종하고 실행한 것은 아닌지, 당시의 티베트인 행동대원들이 중국인들의 도움 없이 행위를 촉발시키고 이끌어 갈 만큼의 학습이 되어 있었는지, 티베트 문화가 그런 행위를 자연스럽게 받아들이고 거기에 동조할 수 있을 정도로 변화했는지 같은 의문들이 생겨난다.

티베트 시골 노인들이 책을 읽는 사진들은 또 다른 방식으로 의문을 불러일으킨다. 이 여성들이 문맹이라는 점을 대부분 짐작할 수 있다면, 그런 사람들이 책을 읽는 모습이 연기라는 것도 알아챘을 것이다. 진실성을 의심해 봐야 한다고 지적하려는 것이 아니다. 자발적이고 진심에서 우러난 연기였을지도 모른다. 아마 그런 경우가 대부분이었을 것이다. 하지만 그럼에도 불구하고, 미리 연출한 것 같은 요소들은 즉흥적인 사진처럼 보이려고 하는 카메라의 노력에 방해가 된다. 비판대회에 참여하고 있는 군중의 사진 속에도 모순은 존재한다. 놀라울 정도의 일사불란함과 집중력을 보여주는 장면들은(사진 67, 92, 107) 보는 관점에 따라 정치적 과업에 대한 집단 정서와 공통된 신념을 당당하게 묘사한다고 볼 수 있다. 하지만 동시에 거의 어떠한 제제도 받지 않은 획일적인 움직임과 언제라도 폭력으로 번질 수 있을 것 같은 위험성 때문에 마치 뭔가 큰일이 터지기 직전처럼 아슬아슬해 보이기도 한다. 각각의 사진은 하나의 이야기에 집중하도록 완벽한 구도와 프레임을 갖추고 있지만, 동시에 정반대의 이야기를 내포하고 있다. 고도의 사회성은 잠재된 야만성을 풍기며, 정교하게 조직된 질서는 금방이라도 아수라장으로 변할 것 같고, 아름다움은 추악한 이면을 드러낼 것 같다. 체링 도제의 사진들은 모두 이렇게 두 가지 소리를 내며, 동시에 두 가지 이야기를 함으로써 외세로 하여금 자신의 궁극적인 의문, 즉 '아버지의 카메라가 사회주의적 업적이라는 감격적인 이미지로 변모시킨 사건들을 아버지 자신은 어떻게 보았을까'라는 물음의 해답에 다가가지 못하게 만든다.

렌즈를 사용하는 방식 역시 보는 이를 매혹시키는 동시에 곤혹스럽게 만든다. 책에서 두 가지 유형의 인물들이 미디엄 클로즈업*으로 촬영되었다. '혁명 행동'의 일환으로 문화재를 파괴하러 온 젊은 티베트 여성 행동대원들이 파괴 전인지 후인지는 모르겠지만 만족스러운 표정으로 휴식을 취하고 있는 모습(사진 34, 36, 157, 227, 237)과 유명한 티베트 귀족들과 라마들이 어쩌면 그들의 일생에서 가장 치욕스러운 순간을 맞이하고 있는 장면들(사진 72, 77, 78, 79, 85, 90, 95, 104, 106)이 그 예다. 이런 사진들에는 이상하면서도 시선을 사로잡는 아름다움이 있고 그런 사진들만이 주는 유별난 친밀감도 있다. 하지만 여기에는 뭔가 섬뜩한 느낌도 있다. 젊은 행동대원들은 아무 일도 없었다는 듯 평온한 표정으로 극단적인 파괴 행위를 자축하고 있고, 넋이 나간 표정의 귀족, 라마, 향촌 무속인들을 가까이에서 잡은 사진들은 잔혹한 행위를 구경하는 즐거움을 암묵적으로 드러내고 있다. 어쩌면 촬영한 사람도 미처 느끼지 못하는 사이에 카메라는 그런 무시무시한 이야기를 하고 있는 것이다.

끝으로 이 책에 실린 외세의 글에 대해 한마디 하겠다. 외세는 분명 성실하고 책임감 있는 작가지만, 주의 깊게 읽어보면 그녀가 티베트를 옹호하는 기존의 목소리들이나 전형적인 반 사회주의 작가들과는 거의 정반대의 주장을 하고 있음을 알 수 있다. 사회주의라는 이름으로 자행된 만행은, 그 대상이 개인이건 사회주의가 적대시한 민족과 문화이건, 분명 외세에게 충격이었다. 하지만 그녀는 이 잔혹 행위들에 대해 티베트인들에게는 책임이 없다는 말을 하지 않으려고 매우 신중을 기했다. 그렇다고 티베트의 새 지배자들에게서 윤리적 짐을 덜어 주지는 않는다. 직접 말로 드러내지는 않지만 중국의 통치가 유난히 억압적이었다는 뚜렷한 암시도 마다하지 않는다. 그러면서도 문화대혁명에 참여한 티베트인들의 윤리적 책임을 경감시켜 주지도, 이 문제를 다룬 외국 저자 및 망명 티베트인 대다수의 글처럼 그들을 일방적인 피해자로만 그리지도 않는다. 외세가 기술한 여러 사건에는 티베트인의 참여가 있었다. 그들은 매우 복잡한 상황에 얽혀 있었고 그런 결과는 그들이 어떤 사정에 의해 자초한 것일 수도 있고, 그렇지 않을 수도 있다. 외세는 사실 특정 쟁점들에 관한 (가령 어느 한쪽 파벌의 편에 서야 하는) 결정을 내리는 데 있어서 티베트인이냐 중국인이냐 하는 민족 문제가 판단에 영향을 미치지 않았던 점을 적어

* 미디엄 클로즈업a medium close-up (MCU) 피사체를 머리 바로 위에서 가슴 바로 아래까지 프레임에 담는 촬영방식. 피사체의 얼굴표정, 몸짓까지 포착할 수 있다. (https://www.adobe.com/creativecloud/video/discover/medium-close-up-shot.html)

도 두 차례는 확인시켜 주고 있다. 이런 점에서 외세의 태도는 단순화된 이분법과는 확연히 다르다.

하지만 그게 다는 아니다. 그녀는 사진 속 티베트인들의 행복한 모습이 늘 연기는 아니었을 것이라는 입장을 취한다. 그녀는 많은 경우, 특히 중국인들이 티베트에 들어왔던 초창기에, 평범한 티베트인들이 개혁과 사회 변화를 환영했다고 거침없이 말한다. 적어도 그녀는 사회주의 자체를 비난하지는 않으며, 심지어 토지개혁과 재분배도 비판하지 않는다. 그녀가 비판하는 대상은 잔혹행위들이다. 티베트에서 사회주의 과업이 진행되면서 벌어진 물리적 폭력은 물론, 문화, 역사, 인지적 만행들에 대해 비판하고 있는 것이다. 그녀는 티베트에서 중국이 남긴 흔적과 중국인들이 자행한 사회적 실험에 대해 매우 강하게 비판하는 태도를 보이고 있지만, 그녀의 노력은 그러한 잔혹행위의 기록 자체보다는 무엇이 사람들로 하여금 그러한 행위에 동참하도록 만들었는지 이해하는데 더 집중되어 있다. 외세는 조캉사원의 지붕에서 황금장식을 뜯어내고 있는 신원 미상의 여성(사진 37)을 보며 묻는다. “왜 그녀는 과거를 망가뜨리면 밝은 새 세상이 올 거라고 믿었을까?”(p54). 질문에 대한 답은 구하지 못했지만, 다른 수많은 사진들과 거기에 달린 해설처럼, 이 사진은 그 시대의 사상적 구조가 어떠했기에 그 많은 사람들이, 지배자도 지배를 받는 사람도, 그런 행위를 자연스럽고 심지어 꼭 필요하다고 여기고 동참했는지 한 번 이해해 보라며 우리에게도 숙제를 던진다.

외세의 글이 지닌 이런 남다른 점은 비록 전면에 두드러지지는 않지만 매우 중요한 의미를 지닌다. 그런 특별한 점이 외세와 그녀의 아버지가 서로 공감하는 토대가 되었으리라고 상상해 볼 수 있기 때문이다. 둘 사이의 그런 공감대를 찾는 것이야말로 이 책, 〈금지된 기억〉이 궁극적으로 추구하는 방향이다. 그런 의미에서, 외세의 책은 과잉을 비판함으로써 아버지와 화해의 가능성을 찾으려는 시도일 뿐 아니라, 중국인으로서 성장한 그녀 자신과 티베트에서 저지른 과거의 과잉과 폭력을 잊기로 한 중국이라는 국가 간의 공존의 공간을 찾으려는 시도이기도 하다. 그렇게 본다면 고통스러운 역사를 기억하라는 외세의 호소는 또한 과거의 잔학행위와 고통을 인정하는 것이 티베트 민족과 지금 티베트가 속해 있는 국가 간의 잠재적인 화해로 향하는 길이 될 수 있다는, 무언의 제안으로도 비칠 수 있을 것이다. 그녀의 아버지가 찍은 사진들만으로는 지나간 정치사를 바꿀 수도, 미래를 새롭게 만들 수도 없지만, 그녀의 책은 이 사진들이 대화를 시작하는 계기가 되고 어쩌면 1950년대 중국과의 재앙과도 같은 만남으로 인해 티베트가 겪어야 했던 감춰진 상처와 고통을 치유하는 길을 열어 줄 수 있을 거라고 말하는 것 같다.

영문판 서문

로버트 바넷, 수전 T. 천

〈금지된 기억〉의 영문판은 2006년 '사제'라는 제목으로 타이완에서 처음 출간된 중국어 원서를 개정, 보완, 편집한 번역본이다. 저자가 2016년 타이완에서 나온 중국어 재판본에 첨가하고 수정한 정보들이 반영되었고, 여기에 영문판만을 위해 저자가 새로 써 넣고 업데이트한 내용들, 편집자가 첨가한 부분, 주석, 해설 등이 포함되었다. 우리는 또 여기에 중국어 재판본에 들어갔던 후기도 넣었는데, 이는 체링 도제가 46년 전에 사진을 찍었던 것과 같은 장소, 같은 시점에서 체링 외세가 촬영한 사진들로 이루어져 있다. 저자의 동의를 얻어 〈금지된 기억〉의 자매편이라고 할 수 있는 〈티베트는 기억한다(시짱지이)〉의 한 챕터를 최소한의 편집만 거친 후 이 책에 부록으로 실었다. 대뽕 수도원 승려였던 잠빠 린첸의 2003년 인터뷰를 저자가 녹취한 편집본이다. 잠빠 린첸이 문화대혁명 기간 동안 겪은 일들과 기억은 이 책 곳곳에 언급되어 있다.[1]

영문판을 준비하면서 우리는 영어권 독자들의 편의를 위해 중국어 원문을 크게 수정했다. 중국어판의 독자들과 달리 영어권 독자들에게는 중국어판에 포함되어 있는 수많은 상세 정보와 배경지식이 생소할 수 있기 때문이다. 그래서 중국어판 본문에 들어 있던 부가 정보 중 일부를 영문판에서는 미주로 옮겼다. (영어 번역과 편집 과정에서 첨가된 주석들은 '영문 역자/편집자'라고 표시해서 구분했다.) 또 특정 개념이나 참고사항에 대해서는 본문에 설명을 추가했고, 일부 문장과 구절들은 순서나 단어를 바꾸고 의미가 더 명확해지도록 수정해 독자들이 더 쉽게 읽고 이해하도록 했다. 저자의 문체는 명확하고 간결하지만, 바로 그런 특징으로 인해 상세한 설명 없이 많은 양의 정보를 포함하는 경우가 자주 있었다. 이런 부분에 대해서는 영어권 독자들의 습관에 맞게 간결함이라는 원문의 특징을 포기해야만 하는 경우도 적지 않았다.

원문에 중국어로만 표기해 놓은 티베트어 고유명사와 단어들을 번역 과정에서 가능한 티베트어 이름과 용어로 대체했으며, 영어 사용자라면 대부분 발음을 따라 읽을 수 있는 형태로 옮겨 적었다. (안타깝게도 아직 티베트어 로마자 표기 방식이 표준화되지 않았다.) 그래서 티베트어로 11을 뜻하는 '쭈찌*bcu gcig*'의 중국식 표기는 '주지*jiuji*'이지만 영문판에서는 'Chubchi'로, 티베트 고유명사 '얍시*yab gzhi*'의 대략적인 중국어 표기는 '라오시*Raoxi*'이지만 'Yabshi'로 각각 표기했다. 중국어 단어와 고유명사들은 병음 표기방식을 사용하되, 이미 굳어진 표기 방식이 있는 1949년 이전의 고유명사들은 예외로 했다. 우리는 이 책에 등장하는 중요한 티베트어와 중국어 단어 및 구문들의 정확한 철자를 부록 뒤 두 개의 용어집에 실었고, 각 용어에 대한 해설은 별도의 온라인 용어집에 실었다.

중화인민공화국*the People's Republic of China*(the PRC), 중국 공산당*the Chinese Communist Party*(the CCP), 인민해방군*the People's Liberation Army*(the PLA), 중국인민협상회의*the Chinese People's Consultative Conference*(the CCCP), 티베트자치구*the Tibet Autonomous Region*(the TAR), 티베트자치주 *Tibetan Autonomous Prefecture*(the TAP) 등은 표준 약어를 사용했다.

우리는 번역 과정에 노고를 아끼지 않고 적극적으로 참여해 준 저자 체링 외세에게 특별히 감사드린다. 저자는 기나긴 편집 기간 동안 우리를 지원하고 언제든 기꺼이 대화를 나누고, 수많은 질문에 대응해 글을 수정, 업데이트하고, 아무리 많은 질문이 오가고 출판이 한없이 지연되어도 오랜 기간 참고 이해해 주었다. 우리는 또, 왕리슝, 매슈 에이케스터, 제임스 M. 헤이스팅스, 욘땐 니마, 제시카 영에게도 언제나와 마찬가지로 이번 작업 내내 도움을 받은 데 감사드린다. 용어 사전을 만드는 데 도움을 주고, 결국 우리의 모든 작업이 빛날 수 있게 해준 로빈 황에게 특별히 감사드린다. 캐런 브라운의 도움과 통찰, 윌리엄 프룩트의 이미지 작업에 감사드린다. 편집자 피터 번스타인과 네브라스카 대학 출판부 조스 주코는 출판 과정에 조언과 협조를 아끼지 않았다. 또 체땐 왕축, 체땐 될까르, 다와 체링을 비롯한 모든 사람, 티베트인이건 아니건, 이름을 밝혔건 익명이건, 라싸에 있건 다른 곳에 있건 기획 초기 단계에 이 프로젝트가 결실을 볼 수 있게 해 준 이들에게 특별히 감사드린다. 끝으로 고 체링 도제와 그 아내에게 각자의 방식대로 이 책이 나올 수 있도록 허 준 모든 일에 대해 특별한 감사와 경의를 표하고 싶다. 번역과 편집 과정의 모든 오류는 당연히 우리의 책임이며 추후 수정될 수 있도록 언제든 좋은 의견 기다리겠다.

한국어판 서문

체링 외세

마오쩌둥(毛澤東)의 문화대혁명 광풍이 티베트 고원을 휩쓴 기록을 담은 〈금지된 기억: 문화대혁명 시대의 티베트〉는 문화대혁명 40주년인 2006년 대만에서 출간됐다. 책에는 티베트 문화대혁명 기간 동안 아버지(체링 도제茨仁多吉·당시 인민해방군 장교)가 찍은 300여 장의 사진과 70여 명을 인터뷰해 6년여에 걸쳐 완성한 10만여 글자가 실려 있다.

〈금지된 기억〉과 동시에 출간된 책은 구술 형식의 〈티베트는 기억한다〉로, 70명 이상의 응답자 중 23명을 선정해 관련 인터뷰를 20만 단어 이상으로 정리한 것이다. 이 책들은 해외 문화대혁명 연구자들에게서 티베트 문화대혁명 연구의 기념비적인 책이라는 평가를 받았다.

〈금지된 기억〉은 이후 일본어로 번역되어 2009년 10월 일본에서 출간됐고 티베트어로 번역되어 2009년 11월 인도에서 출간됐으며 전자책도 제작(2013)되었다. 2010년 10월에는 프랑스어로 번역되어 갈리마르 출판사에서 간행되었다.

2016년 문화대혁명 50주년을 맞아 대만에서 출간된 〈금지된 기억〉 개정판에는 아버지가 필름에 담아낸 장소에 가서 다시 디지털 카메라로 찍은 사진과 '포스트 티베트 문화대혁명' 시대에 대한 나의 생각을 담은 글을 첨가했다.

2020년 4월에는 영문판(〈Forbidden Memory: Tibet during the Cultural Revolution〉)을 출간했다. 티베트를 연구하는 서양 학자는 "마오쩌둥 시대의 폭력 아래 티베트인과 다른 소수민족이 어떻게 현대 중화민족의 기억 속에 강제로 녹아들었는지 알고 싶은 독자는 누구나 이 책을 꼭 읽어야 한다"고 평가했으며, "현대 티베트 및 중국사 연구, 인종 박해 연구, 기억 연구, 기타 관련 학문연구에 더욱 귀중한 자료다"라고 덧붙였다.

유명 학술 사이트(China Channel)는 2020년 '중국에 관한 10권의 좋은 책'에 이 책을 포함시켰다. 참고로 중국에선 금서(禁書)이기 때문에 중국어판은 번체판만 있고 간체판은 없다.

2026년에는 〈금지된 기억〉의 한글판이 나온다. 이것은 나의 첫 번째 한글 번역 책이기도 하다.

2021년 1월, 김효진 편집장이 내게 연락해서 〈금지된 기억〉을 한글로 번역하여 출판하고 싶다고 했다. 나는 이 책이 어떻게 한국의 독자들에게 관심을 받을 수 있을지 생각했다. 한국인들이 멀고먼 티베트에서 벌어지는 폭력의 이야기에 관심을 가질까. 이 책은 반 세기 전의 역사적인 사건을 기록하고 있는데, 중국 정부의 은폐 공작으로 많은 사람들에게 잊혔다. 내가 인터뷰했던 70여 명의 문화대혁명 체험자들 가운데 절반 이상이 이미 고인이 되었다. 가만히 생각해보면 한국도 비슷한 역사적 경험이 있지 않은가?

어쩌면 내가 너무 많은 생각을 하고 있는 것인지도 모른다. 사실 역사적 사건의 증언이라면 번역해 출판할 가치가 있다. 시집, 산문집, 이야기집, 평론집 및 역사 조사, 구술 인터뷰 등 지금까지 내가 저술한 21권의 책은 모두 논픽션 글쓰기에 속하며, 나는 국가가 자행한 폭력에 대한 망각을 글쓰기로 이겨내기 위해 사력을 다했다. 내 말은 논픽션 글쓰기는 일종의 사명처럼 느껴진다는 것이다. 물론 가끔은 내가 쓴 이런 글들을 얼마나 많은 사람들이 읽고 싶어할까하는 생각도 든다.

이 책이 출판되어 티베트가 망각의 기억에서 되살아나도록 도와준 김효진 편집장과 마르코폴로 출판사에 감사드린다.

2023년 2월 19일, 베이징
체링 외세

금지된 기억

낡은 티베트를 박살내라!

문화대혁명의 도래

갤러리 1. 폭풍전야

아버지가 남긴 가장 오래된 사진들은 1964년 티베트의 모습을 담고 있다. 중국 공산당의 직접 통치가 시작된 지 이미 5년이 지난 시점이지만, 사진 속 사람들은 여전히 이전과 다름없는 모습으로 살아가고 있는 것 같다. 승려와 구시대 귀족들이 보이고, 여전히 종교의식도 치러진다. 그러나 사진들은 대중 집회, 퍼레이드, 사회 곳곳에 퍼진 흥분된 분위기, 새로운 정치 제도와 혁신적인 변화 등에 집중함으로써 사회주의 건설에 대한 들뜬 기대에 초점을 맞추고 있다. 마오쩌둥 사상은 수많은 원칙을 나열했지만 특히 무너뜨리지 않으면 새로 세울 수 없다고 단언했다. 그리고 1960년대 중반, 이 원칙에 입각해 사구(四舊) 즉, 낡은 네 가지를 무너뜨리고, 그 자리에 사신(四新), 새로운 네 가지를 세워야 한다는 결정이 내려졌다. 사구는 낡은 사고, 낡은 문화, 낡은 관습, 낡은 습관을 가리켰다. 사신은 사구와 반대되면서 중국 공산당 이념을 대표하는 것이면 무엇이든 해당했다. 공산당이 말하는 소위 '봉건 농노제'에서 해방된 지 겨우 17년밖에 되지 않은 티베트는 여전히 사구의 온상이었다. 따라서 파괴 없이는 새로운 티베트의 찬란한 미래도 있을 수 없었다. 1966년 8월 티베트의 심장부 라싸에서 마침내 본격적인 문화대혁명의 막이 오른 뒤 일어난 수많은 사건들의 저변에는 이런 사고가 깔려 있었다.

이제부터 시작될 티베트 문화대혁명은 두 방향으로 진행된다. 우선 7세기 라싸 중심부에 세워진 조캉 사원이 공격의 주 표적이 된다. 사원과 수도원은 낡은 티베트를 상징하므로 파괴되어 마땅했기 때문이다. 그 다음으로 출신에 따라 구 티베트 사회의 '삼대영주(중국어로는 '싼다링주')', 구체적으로는 옛 티베트 정부, 수도원, 토지를 소유한 귀족들 중에서도 '가장 어둡고' '가장 미개하며' '가장 잔인한' 집안과 연관되었다고 여겨지는 사람들이 색출된다. 이 사람들은 중국어로 소귀신, 뱀귀신을 그대로 옮긴 '우귀사신'으로 분류된다. 예로부터 가장 천한 부류를 가리키던 말인 우귀사신으로 분류되면 비판 투쟁에 끌려 나가 수모를 겪게 된다. 그런데 우귀사신 중에는 한때 중국 공산당이 구 사회 지도층과 한시적으로 협력을 모색했던 이른바 '통일전선' 정책에 포섭되었던 사람들도 있었다. 이 사람들이 문화대혁명 발발 이전에 '상층 애국인사'라는 새로운 역할을 이행하는 모습이 아버지의 초창기 사진에 찍혀 있다. 이제 곧 정책은 급변하고, 구시대의 관원과 그들의 가족, 라마들을 비롯한 티베트 사회의 지도층 인사들이 혁명적 독재의 타도 대상이 되겠지만, 겉으로는 아직 별다른 조짐이 보이지 않는다.

1-2. 1965년 시짱일보는 인민로라는 중심대로가 깔리고 주변으로 스물다섯 개의 새로운 건물이 들어서면서 라싸가 새로운 도시로 변모했다고 보도했다. 배경에는 유명한 포탈라궁이 변화하는 도시를 내려다보고 있다. 1960년대에 이미 라싸는 과거의 개성을 잃어버린 모습이다. 하지만 사진 2, 왼쪽 아래 나무 뒤쪽을 보면 14대 달라이 라마의 가족들이 거주하던 저택 얍시 딱체르가 아직 남아 있는 것을 알 수 있다. (후기 주석 12번 참조)

3. 14대 달라이 라마가 “가장 신성한 사원”이라고 칭했던 티베트 조캉 사원의 모습이다. 사진은 1964년 전통적인 기도 법회인 묀람첸모 기간에 촬영한 것이다. 묀람첸모는 ‘큰 기도’라는 뜻으로, 티베트력 새해를 축하하기 위해 조캉 사원에서 매년 열렸다. 1964년에는 2월 19일부터 29일까지가 묀람첸모 기간이었다. 사원 지붕에 나부끼는 중화인민공화국의 오성홍기와 티베트 전통 장식 위로 아무렇게나 걸쳐 놓은 현수막이 체제가 바뀌었음을 보여준다. 1959년 3월 달라이 라마가 인도로 망명한 뒤 5년이 흐른 시점의 모습이다.

관영 매체는 새해를 맞아 중앙인민정부 대표인 장징우가 티베트자치구 준비위원회 임시 의장 빤첸 예르띠니(판첸 라마)와 함께 승려와 신도들에게 구호품을 나누어 주었다고 보도했

다.[1] 6개월 후 티베트 내 중국 공산당의 정치 선전활동이 강화되면서 판첸 라마는 ‘가장 반동적인 농노 주인’ 중 하나로 규탄당하고 가택 연금에 처해진다. 1966년 초 묀람첸모는 폐지되었다. 라싸의 티베트인들은 향후 20년간 묀람첸모를 볼 수 없게 된다. 그러다가 3년간 일시적으로 축소된 형태의 묀람첸모가 허용되기도 했지만 그마저도 또다시 금지된다. 이 책을 쓰고 있는 지금도 라싸에서 묀람첸모는 여전히 열리지 못하고 있다.

4. 1964년 2월 묀람첸모 기간. 티베트 각지에서 모인 사람들이 공양과 참배를 위해 조캉 사원 위층 법당에 들어가려고 줄을 서서 기다리고 있다.

5. 1964년의 묀람첸모. 매년 라싸에 있는 주요 수도원에서 승려 수만 명이 묀람첸모에 참석하기 위해 조캉 사원에 모여드는 전통이 있었지만, 이 해에는 참가자의 수가 대폭 줄었다. 1959년 라싸 봉기 후 티베트 중심부, 즉 1965년부터 중국이 티베트자치구라는 새로운 이름으로 부르기 시작한 지역 내 수도원에 남은 승려의 수는 남녀 합쳐서 수천 명에 불과했다. 조캉 사원 위층 전망 구역에서는 사원 1층의 안마당이 내려다보인다. 대정원으로 부르던 이곳은 원래 승려들의 구역이었는데 지금은 일반인들의 차지가 되었다.

사진 속 조캉 사원에는 이미 정치 구호가 적힌 현수막이 대정원 둘레에 눈에 띄게 드리워져 있다. 현수막의 구호들은 중국어와 티베트어로 적혀 있지만, 당시 티베트 일반인 가운데 중국어를 아는 사람은 거의 없었다. 5년 전까지 매년 달라이 라마가 묀람첸모 행사를 관람하던 태양의 방 아래에 걸린 현수막에는 티베트어와 중국어로 "정치적 통일과 종교적 자

유 정책을 지속적으로 수행하라"라고 적혀 있다. 중화인민공화국 정치 수사에서 '통일'과 '자유'는 서로 어느 정도 상반된 의미를 갖는다. 따라서 이 구호는 결국 티베트에서 종교는 모든 면에서 중국 공산당의 제재를 받게 될 것이라는 엄중한 경고를 담고 있다.

6. 1964년 묀람첸모. 쑹최라에서 매년 열리던 토론회는 묀람첸모의 중요한 부분이다. 쑹최라는 조캉 사원의 남서쪽 모퉁이에 있는 마당으로 설법과 토론의 장소였다. 사진은 승려들의 토론 장면을 보여주고 있다. 티베트 불교에서 높은 경지의 학위를 얻고자 하는 승려들은 토론 형식의 시험을 통과해야 했다. 사진 오른쪽에서 토론 장면을 찍고 있는 사람은 중앙뉴스다큐멘터리제작소 티베트 지부 소속 카메라맨으로 체링이라는 이름의 티베트인이다.

7. 1965년 9월 1일. 제1회 티베트자치구 인민대표대회 참석자들이 도착하고 있다. 인민대표 대회는 슉티링까에 새로 완성된 노동인민문화궁에서 개최되었다. 당시 포탈라궁 아래에 위치했던 슉티링까는 지금은 사라지고 없다. 회의장에 입장하는 대표들 중에는 승려, 여성, 티베트 상류층 인사 등이 있다. 사진 한가운데 보이는 여성 대표는 귀족 가문인 파라 집안 출신의 응악왕 라모다. 끼북 집안의 아들과 결혼했으며 '반동적' 파라 일가에서 유일하게 '진보적' 혹은 혁명적 인물로 간주되었다. 그녀 왼쪽(보는 사람 기준으로 오른쪽) 인물은 시가체 지역 귀족 가문인 퀸랍 가의 린첸이고, 그 뒤에 중산복을 입은 노인은 시가체의 또 다른 귀족 혈통인 라뫼 가의 예쎼 췰팀이다. 이 사진을 찍은 지 1년도 채 지나지 않아서 이 티베트 엘리트들은 이날 개회식에서 부주석으로 임명된 몇몇 다른 인물들과 함께 우귀사신으로 지목되어 비판을 당한다.

'티베트자치구 인민정치협상회의' 제2회 대회에서 부주석으로 임명된 인물 다수도 이들처럼 하룻밤 사이에 달라진 운명을 경험했다. 인민정치협상회의는 중국 공산당이 만든 또

하나의 허수아비 기구로, 인민대표대회처럼 일 년에 한 번씩 소집되어 정책 조언을 하게 되어 있었다. 이 두 기구에서 중요 직책을 맡았던 사람들 다수가 나중에 아버지의 사진에 등장한다. 이번에는 비판 투쟁과 조리돌림의 표적이라는 새로운 역할을 수행하기 위해서다.

배경에 포탈라궁이 보이고 그 앞에 자동차도 몇 대 서 있다. 그 뒤로 라싸 상공의 넓고 청명하고 고요한 하늘이 보인다. 어디에도 다가올 정치적 폭풍의 징후는 보이지 않는다.

8. 티베트어와 중국어로 "경축 티베트자치구 수립"이라고 적힌 현수막을 든 승려들의 공식 행렬. 1965년 9월 9일 티베트자치구 설립을 축하하기 위한 대중 집회사진이다. 이 당시에는 아직 대중들에게 보여주기용으로 승려들이 필요했으며, 사진 속 기수들은 특별한 종교 의례 때나 착용하는 양단 조끼, 자수가 들어간 장화, 모자 차림이다. 이로부터 1년도 채 지나기 전에 문화대혁명의 홍색 공포가 도래하고, 티베트 전역의 사찰과 불교 전통은 짓밟히게 된다.

9. 티베트에는 이제 새로운 '자치' 행정부가 들어섰고, 승려들이 당시 중국에서 유행하던 크레이프 종이꽃을 흔들며 새 정부를 환영하고 있다. 사실 승려들도 바스라질 것 같은 종이꽃과 다를 바 없이 연약한 존재였으며, 정부 행사에 동원되어 장식용으로 쓰이다가 쉽게 짓밟히고 말 처지였다. 1년도 안 되어 승려들은 장식품으로서의 역할마저 잃고 만다. 1976년 문화대혁명 종식 당시, 티베트자치구 내 2713개 수도원 가운데 파괴되지 않고 남은 것은 여덟 곳뿐이었고, 승복을 벗지 않은 승려는 극히 소수였다.

뒷줄, 콧수염을 기른 나이 지긋한 승려가 카메라를 응시하고 있다. 무슨 걱정거리라도 있는 듯 심각하고 복잡한 표정이다.

10. 티베트자치구 수립을 축하하며 크레이프 종이꽃을 흔들고 있는 이들은 티베트 사회에서 소위 '해방농노'로 분류된 사람들이다. 자세와 몸짓은 경직돼 있고, 미리 정해준 대로 움직이는 것처럼 어색하고 표정도 거의 없다.

11. 티베트어로 츄빠chupas라고 하는 옷을 입고 있는 소녀들의 사진이 들어 있던 봉투에 아버지는 "조국의 꽃들"이라고 적어 놓았다. '공산주의 사업의 계승자들'처럼 내가 어릴 때 유행하던 문구였다. 목에 붉은 스카프를 두른 것으로 보아 이 소녀들은 공산주의청년단보다 나이가 어린 아이들로 이루어진 소년선봉대의 대원들이다. 아마 소녀들은 지금쯤 60대에 접어들었을 것이다.

12-13. 1966년 5월 16일, 마오쩌둥이 문화대혁명을 일으키라고 외친 바로 그날이다. 12일 후인 5월 28일, 중국 공산당 중앙위원회 내에 새로운 기구가 설립되는데, 이것이 장차 중국 전체를 좌지우지하게 될 최고 권력기구인 중앙문화대혁명소조다. 5월 말에는 라싸 공산당 중앙위원회도 자체 문화대혁명영도소조를 조직했다. 6월 초 베이징 대학 캠퍼스에 첫 '대자보'가 등장하자마자 라싸의 단웨이(기관)들도 자체 대자보와 규탄 성명을 내걸기 시작했다. 이제 티베트가 '해방'되고 중국 공산당의 영도하에 놓이게 되었으니, 티베트는 베이징의 일거수일투족을 따라해야 한다는 분위기가 자연스럽게 조성되었을 것이다. 비록 지리적으로 산을 넘고 강을 건너야 하므로 약간의 시차는 불가피했겠지만.

사진 12, 13은 1966년 8월 19일, 라싸 인민경기장에서 집회가 열린 날 촬영한 것이다. 인민경기장은 과거 엘리트들이 피크닉 장소로 즐겨 방문하던 뽈링카에 만들어졌다. 시짱일보에 따르면, 이날 경기장에 5만 명이 모여 무산계급 문화대혁명의 시작을 축하했다. 티베트 문화대혁명의 개회식이었던 셈이다.

사진 12에서 단상에 올라 연설하고 있는 남자는 당시 티베트 정계의 최고 권력자 장궈화다. 티베트군구 사령관과 티베트자치구 공산당위원회 제1서기를 겸했다. 사진 13에서 마오쩌둥 초상화 왼쪽에 위치한 거대한 간판 두 개에는 "무산계급 문화대혁명 만세!"와 "중국 공산당 만세!"라고 중국어로만 적혀 있다.

14. 8월 19일 인민경기장 집회에 모인 군중 가운데 일부다. 현수막 앞에 서 있는 홍위병들은 티베트 사범학교와 라싸중등학교의 학생들이다. 티베트 최초로 체계적인 조직을 갖춘 홍위병이며 '사구'를 쳐부수기 위해 가장 먼저 거리로 나선 사람들이기도 하다. 왼쪽, 마오쩌둥 초상화 세 점 아래에 놓인 현수막에는 "항해는 조타수의 손에 달려 있다"라는, 당시 유행하던 혁명가요의 제목이 적혀 있다. 가운데 대형 초상화 위에는 "홍위병은 마오쩌둥 사상의 기치 아래 단결한다", 오른쪽 플래카드에는 "마오 주석 만세!"라고 각각 적혀 있다.

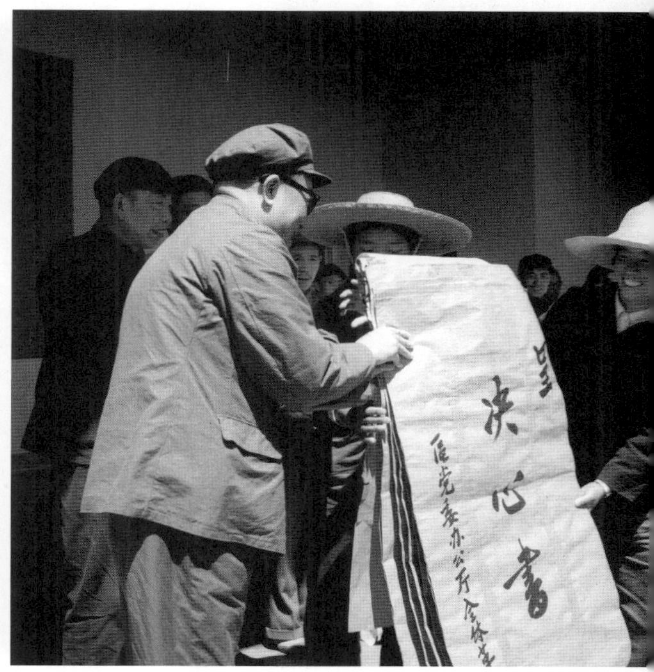

15. 8월 19일 집회 중에 홍위병 두 명이 무대에 올라 선글라스를 끼고 있는 장궈화와 그의 왼쪽에 있는, 당시 티베트자치구 당위원회 사무국장 저우런산에게 홍위병 완장을 채워주고 있다. 장궈화에게 완장을 채워주고 있는 홍위병은 티베트 사범학교 학생인 티베트인이고, 저우런산에게 완장을 채워주고 있는 사람은 라싸중등학교 교사로 라싸에서 홍위병 창설을 주도한 인물 중 하나인 중국계 타오창쑹이다.

완장을 채워주는 행위는 베이징 집회에서 홍위병들이 자신들의 완장 가운데 하나를 마오쩌둥에게 채워준 일화를 재연한 것이다. 하지만 장궈화는 티베트의 마오쩌둥이 되지 못했다. 집회 얼마 후, "죽을 각오로 두려움 없이 황제를 끌어 내리겠다"는 학생 조반 홍위병들이 장궈화를 티베트의 '지역 황제', '주자파의 우두머리'라며 공격했다.

16. 집회에서 장궈화에게 '결심서'를 전달하고 있다. 문화대혁명 기간에는 이처럼 혁명에 대한 결의를 담은 글을 내거는 것이 일종의 유행이었다. 두루마리나 종이가 크면 클수록 더 뜨거운 혁명 정신을 입증하는 것으로 간주되었다.

17. 창류주라는 중국 가수가 티베트 복장을 하고 문화대혁명을 축하하는 집회에서 공연하고 있다. 아마도 티베트식 선율에 다음과 같은 중국어 '혁명' 가사를 붙여서 부르고 있을 것이다.

마오 주석께서 보내주신 이들이 당도했네.
설산은 고개를 끄덕이며 미소 짓고
형형색색 찬란한 구름이 그들을 인도하네.
마치 황금 띠로 이어진 듯
베이징과 라싸는 이제 하나.
금 안장 명마에 올리고
비단 목도리 손에 들고
베이징으로 떠나세.
마오 주석께 드리세.
오! 고마워라, 주석께서 주신 행복, 주석께서 주신 행복.

그때는 이런 방식으로 소위 '티베트 민요'를 만드는 경우가 꽤 흔했다. 티베트인이 아닌 사람들이 티베트인들을 가르치기 위해 만든 노래지만 그런 사실은 대부분 기억하지 못한다. 근대 티베트 문화를 잘 모르는 사람들은 이 노래가 정말로 마오쩌둥과 중국 공산당을 찬양하기 위해 티베트인들이 작곡한 노래라고 믿고 있다.

18. 꽉 쥔 주먹을 흔들며 구호를 외치는 것은 당시 혁명 의례의 일부였다. 이 행위는 아마도 '해방농노'의 대표로 추정되는 이 연사처럼 '새로운 사회'에서 살게 된 티베트인들에게는 이미 익숙한 몸짓이었을 것이다.

19-20. 군복은 당시 중국 전역, 특히 홍위병들 사이에서 유행하는 패션이었고 티베트도 예외는 아니었다. 또, 티베트의 젊은 여성 상당수는 머리를 길게 땋는 전통을 버리고 머리카락을 짧게 자름으로써 혁명 의지를 보여주고자 했다.

21. 붉은 머플러를 두르고 팔에 붉은 완장을 찬 채 '빨간 작은 책', 즉 〈마오 주석 어록〉을 흔들고 있는 이 아이들은 아마 초등학생들일 것이다. 라싸의 홍위병이 모집 대상을 확대했다는 것을 보여준다.

다른 어린이들은 모두 구호를 외치고 있는데, 오른쪽 작은 남자아이 하나만 고개를 숙이고 있다. 주변 아이들이 모두 소리를 지르고 있는데 혼자 뭘 하는지, 지금 머릿속으로 무슨 생각을 하고 있는지 궁금하다.

기억을 찾아서: 홍위병의 입성

2001년 여름, 나는 포탈라궁 내의 데양쌰르에 있었다. '행복한 동쪽의 정원'이라는 뜻의 데양싸르에서는 매년 쩨구또르가르참이라는 무용 제의가 열렸다. 관광객들의 인파를 헤치고 포탈라궁 관리사무소를 찾은 나는 거기서 연구원 다와 체링과 만났다. 다와 체링은 1964년부터 1970년까지 고향 라싸를 떠나 베이징 칭화대학에서 정밀계측공학를 공부했다. 그는 중국 최고의 명망 있는 고등교육기관에서 수학한 최초의 티베트인 중 하나였다. 나와 만날 당시 그는 56세였고, 그로부터 겨우 1년 후 사망했다. 하지만 내가 방문했을 때 그는 나를 위해 지나간 시간을 찬찬히 되짚어 주었다.

> *티베트의 문화대혁명은 하나의 독립된 사건이 아니다. 한 단계, 한 단계 모두 중국, 특히 베이징에서 벌어지는 일들과 밀접하게 연관되어 있었다. 실제로 문화대혁명 기간에 베이징에서 무슨 말을 하든 티베트에서도 똑같은 말을 했고, 베이징에서 뭘 하든 티베트에서도 똑같이 따라하곤 했다.*

1966년 8월 초, 최초의 홍위병들이 전국으로 흩어지기 전 베이징 칭화대학교에 모였다. 해방농노의 자식이었던 다와 체링은 그들의 혁명 정신에 감응했다. 그는 혁명의 열정으로 충만해 같은 라싸 출신으로 칭화대학교 한 학년 아래에 다니고 있던 응악왕 체링과 함께 라싸로 돌아왔다. 라싸에는 '마오쩌둥이 보낸 사람들'이 와 있었고 그들에 의해 문화대혁명의 불꽃이 이미 타오르고 있었다. 앞서 인용한 노래(사진 17) 속 '황금 띠'로 묘사된 행동대원들이었다. 티베트와 베이징을 실질적으로 연결하는 것도 바로 이 행동대원들이었다. 티베트 대학생 두 명이 어린 후

22. 이 홍위병 완장은 라싸 홍위병이었던 인물의 사후에 고인의 남편이 보관해 오던 것인데, 지금은 그 남편마저도 고인이 되었다. 이런 완장에 박힌 글자들은 우선 얇은 금속판에 새긴 글자를 붉은 천에 찍은 다음 증기로 눌러 잉크를 고정시킨 것이다. 등사기로 찍거나 수를 놓기도 했다.

배들을 움직이기 위해 모교인 라싸중등학교에 연설하러 갔을 때는 이미 교사와 학생들 대다수가 홍위병 완장을 차고 있었다.

8월 19일, 마오쩌둥은 전국에서 모인 홍위병 백만 명을 데리고 베이징에서 집회를 열었다. 이날 집회를 기점으로 사구타파라는 걷잡을 수 없는 해일이 '낡은 세계 타도'라는 구호 아래 중국 전역을 휩쓸었다. 중국 공산당의 양대 선전매체인 중국 국영 라디오와 인민일보는 전국의 인민들에게 문화대혁명을 수행하라고 촉구했고, 라싸는 열정적으로 화답했다. 8월 26일, 시짱일보는 혁명적 행동을 찬양하는 머리기사를 실었다. "라싸의 '홍위병', 강철 빗자루 높이 들고 낡은 세계를 쓸어내다"라는 제목이었다(사진 45). 이후 사흘간 신문은 계속해서 공격적인 기사로 일관했다. "라싸의 홍위병, 낡은 세계에 맹공을 가하다!", "라싸의 홍위병, '사구'를 썩은 나무토막처럼 쓸어버리다", "혁명의 폭풍이 라싸 전역을 휩쓸고 새로운 길을 열다". 8월 30일 신문은 "라싸 홍위병, 바람의 방향을 느끼고 합동 투쟁으로, 인민해방군으로부터 더 많이 배우자"라더니, 31일에는 "라싸의 홍위병 선전활동, 거민위원회 깊숙이 파고들다"라고 보도했다.

西藏日報

政治生活中的一件大喜事

最热烈地欢呼伟大领袖、伟大统帅、伟大舵手毛主席万岁万万岁！

拉薩五万群众集会游行庆祝无产阶级文化大革命

中共西藏自治区委员会第一书记张国华同志在会上讲了話

永远跟着毛主席，闹一辈子革命

毛主席永远和我們心連心

23-24. 1966년 8월 20일, 시짱일보의 중국어 버전인 시짱르바오는 1면 머리기사를 붉은 글씨로 인쇄해 그 전날 티베트 문화대혁명의 시작을 위해 라싸에서 열린 집회의 중요성을 강조했다(사진 23). 사진 24의 사진들 위 테두리 안에는 "마오 주석을 영원히 따르라, 평생 혁명을 수행하라"라는 글귀가 인쇄되어 있다.

기사 제목들만 봐도 문화대혁명 초기 티베트에서 있었던 활동의 규모와 열기를 짐작할 수 있다. 그런데 '강철 빗자루'는 무엇이고, '낡은 세계를 쓸어내다'라는 것은 구체적으로 어떤 행위를 의미하는 것이며, 사구를 '썩은 나무'에 비유한 의도는 무엇일까? 신문은 정치적, 군사적 의도가 수반된 극악무도한 폭력 사태를 이런 문학적인 언어로 미화한 것이다. 폭력에 굶주린 이들이 아니고서 누가 상상이나 했을까. 수세기 동안 부처의 자비가 깃들었던 고요한 설산 티베트에 끔찍한 붉은 색 공포가 모든 것을 거듭 휩쓸어 버리는 비극의 폭풍이 몰아닥치리라고.

갤러리 2: 조캉의 약탈

엄밀히 말해 조캉은 사원이 아니다. 오히려 이곳은 티베트인들이 조캉이라는 이름 대신 부르는 쭉라캉, 즉 '신들이 모여 있는 집'에 더 가깝다. 조캉에는 조오 싸꺄무니 혹은 간단히 조오 린포체('존귀한 주인')로 불리는 석가모니 상을 비롯한 불상들과 불교 공예품, 법구 등이 있다. 조캉은 7세기 중엽 손챈감포 시대에 지어졌다. 손챈감포는 티베트 역사에서 '보디사트바 짼래식', 즉 관세음보살(산스크리트어로 아발로키테슈바라)의 화신이자 티베트 최초의 '다르마 왕(법왕)', '불교를 수호한 왕'으로 알려진 인물이다. 티베트에 불교를 확립하기 위해 그는 네팔의 브리쿠티 데비 공주, 중국의 원청(문성)공주를 아내로 맞았다. 두 왕비 모두 독실한 불교 신자로, 티베트에 올 때 각각 석가모니의 불상을 하나씩 가지고 왔다. 두 불상은 지금의 네팔과 인도 땅에서 설법을 베풀던 석가모니가 직접 영험함을 불어넣은 것이라고 전해진다. 손챈감포는 왕비들이 가지고 온 불상들을 모시기 위해 라싸에 조캉 사원과 라모체 사원을 지었다.

조캉 사원과 라모체 사원이 지어진 라싸 내 터 두 곳은 매우 중요한 의미를 지닌 장소들이다. 전설에 따르면, 라싸 계곡 한가운데에 자리 잡은 조캉 사원 터는 원래 호수였다고 한다. 그런데 이곳은 티베트 땅에 몸을 뻗고 누워 있는 여자 악귀의 심장에 해당하는 부분이었다. 그래서 호수의 물을 빼고 흙으로 채운 뒤 그 위에 사원을 세우면 악귀의 몸에 더 이상 피가 돌지 않게 된다고 믿었다. 이것이 조캉 사원의 유래다. 한편 자갈로 덮여 있던 그 호숫가에는 원래 화난 영혼들이 머물렀는데, 이 영혼들의 기운을 달래기 위해 호숫가에 세운 것이 라모체 사원이다. 이밖에 손챈감포 시대에 이 여자 악귀의 기운을 누르고자 세운 사원이 열두 곳이나 더 있는데, 그중에 라싸에서 남동쪽으로 60마일(약 96.5킬로미터) 떨어진 야르룽 계곡의 탄둑 사원도 유명하다. 이 사원들은 문화대혁명 시기에 대부분 폐허가 되었다.

조캉 사원 안에는 또 17세기 5대 달라이 라마 응악왕 롭상 갸초(1617~82)가 세운 티베트 정부 간댄 포당의 집무실 일부가 있었다. 사원 위층에서 재무, 세무, 식량 조달, 사법 등의 국정을 돌보았다. 이후에는 새로운 달라이 라마와 판첸 라마를 뽑는 방식 중 하나인 금병 추첨 의식이 간혹 조캉 사원에서 거행되기도 했다. 천 년이 넘는 긴 세월 동안 종교는 티베트 민중의 세속적인 삶과 불가분의 관계였다. 조캉 사원은 종교적으로는 부처의 세계 만다라를 가시적으로 구현한 장소이자, 세속적으로는 라싸시의 중심이었다. 조캉 사원의 역사가 곧 라싸의 역사라고 해도 과언이 아니다.

하지만 새로운 체제가 들어섰다. 무산계급 문화대혁명의 해일이 온 중국을 휩쓸면서, 조캉 사원도 눈앞에 들이닥친 재앙을 피할 수 없었다. 조캉이 티베트 문화대혁명의 주요 타도 대상이 되는 것은 시간문제였다.

25-27. 티베트인을 비롯해 여러 민족으로 구성된 라싸중등학교 학생 홍위병들이 교사들과 함께 포탈라궁 앞, 지금의 '베이징 중로'를 행진하고 있다. 조캉 사원에서 '사구타파' 활동에 참여한 후 학교로 돌아가는 길이다.

1966년 시짱일보 1면에도 이와 비슷한 사진이 "반항은 정당하다(조반유리), 혁명 만세! 라싸 홍위병 강철 빗자루 높이 들고 낡은 세계를 쓸어내다"라는 제목과 함께 실렸다.

28. 홍위병들이 라싸 중심부 조캉 사원 인근 바르꼬르에서 선전 활동을 하고 있다. 당시 라싸 시민 대다수가 이 부근에 거주했다. 사진 속 행동대원들은 라싸 내 여러 초등학교에서 나온 교사들이라고 하는데 메루 사원 맞은편 골목을 막 빠져나오고 있는 모습이다.

이날 활동은 이틀 뒤인 8월 26일 시짱일보 1면에 보도되었다.

8월 24일 오후, 마오 주석의 거대한 초상화를 앞세운 홍위병 및 일반 교사와 학생 수백 명이 요구사항이 적힌 플래카드를 들고 북과 징을 두드리며 거리를 행진했다.

홍위병 행렬이 지나간 낡은 세계의 거리에는 혁명의 기운이 넘치고, 벽들은 새로운 세상을 맞이하는 구호와 선언문으로 뒤덮였다. "낡은 사상, 낡은 문화, 낡은 관습, 낡은 습관, 낡은 전통, 낡은 윤리를 모조리 무너뜨려라!", "우리는 과학을 원한다, 미신은 필요 없다!", "모든 상점, 모든 거민위원회를 마오쩌둥 사상의 선전기지로 만들자!"

티베트 사범학교 홍위병들은 봉건주의, 자본주의, 제국주의 시대의 잔재인 나쁜 구습을 근절하고 지역 이름을 새롭게 바꾸라고 요구했다. 사범학교가 있는 둥체링까, 바르꼬르, 링꼬르, 노르부링카, 랄루 촌 등을 모두 혁명적 의미가 있는 이름으로 바꾸어야 한다고 주장했다….

혁명을 옹호하고자 거리로 나선 두 학교의 홍위병들은 노동자, 농민, 군인, 혁명 장교들에게서 열렬하고 기쁨에 찬 환영과 굳건한 지지를 받았다.[4]

29. 바르꼬르 거리 행렬이 들고 다니던 만화는 마오쩌둥 어록 가운데 유명한 글귀를 티베트어로 옮긴 것이다. "네가 그들을 공격하지 않으면, 반동분자 무리는 스스로 무너지지 않는다. 이것은 바닥을 청소하는 이치와 같다. 빗자루로 쓸지 않으면 먼지는 저절로 없어지지 않는다."[5]

만화는 혁명가들이 선전 작업에 오락적 요소를 가미하기 위해 자주 사용하는 방식이었다. 혁명이라는 무시무시한 현실을 색채의 멋과 즐거움으로 윤색하는 것이다. 사진 속 만화에서 정의로워 보이는 '해방농노'는 '강철 빗자루'로 '위대하고 비범한 비질'을 하고 있다. 그가 쓸어내고 있는 것은 티베트의 대표적인 사구들이다. 머리카락을 민 수상쩍어 보이는 승려들은 누가 봐도 14대 달라이 라마와 10대 판첸 라마가 분명하고, 여기에 불탑(최뗀 또는 사리탑)과 수많은 경전도 보인다. 모두 '쓸려나가고' 있다.

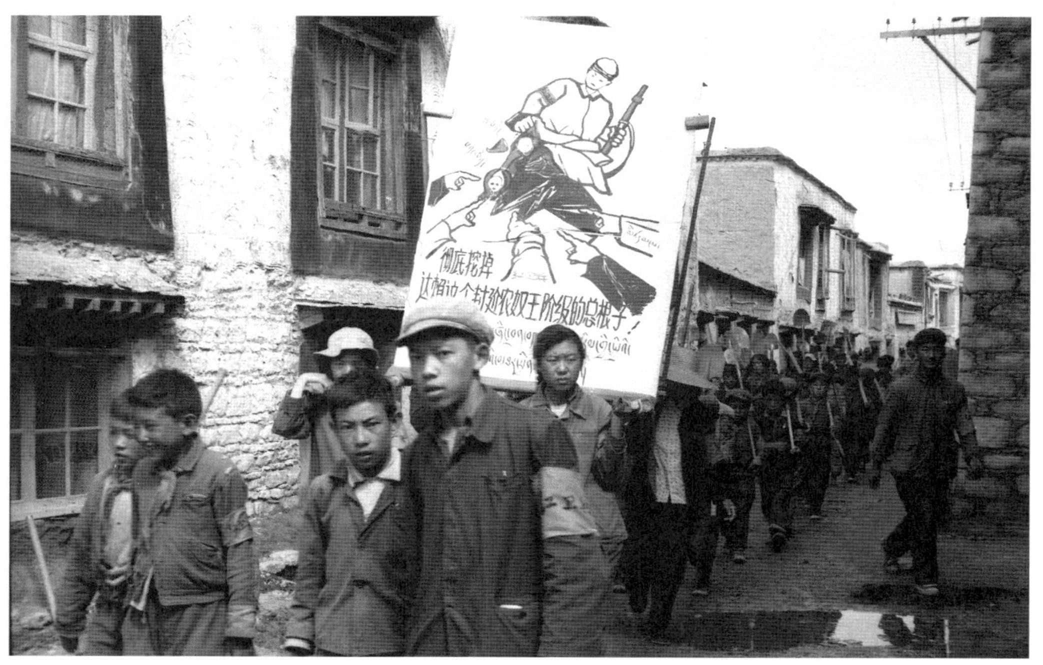

30. 티베트 민병대원을 그린 스케치 아래에는 “봉건제의 뿌리, 달라이를 철저히 척결하라!”라는 구호가 적혀 있다. 민병대원에게 뒷덜미를 잡힌 두 명의 승려 옆에는 “달라이”와 “판첸”이라는 티베트어가 적혀 있다. 손가락질하고 있는 팔 가운데 하나는 소매에 “대중”이라고 적혀 있다.

누가 그렸을까? 지금으로서는 알 수 없다. 하지만 내가 들은 바로는 티베트의 유명 화가 암도 잠빠가 문화대혁명 기간 동안 만화는 물론 마오쩌둥의 초상화와 각종 선전 포스터를 많이 그렸고, 자신이 그린 그림을 거민위원회에 선물로 보내곤 했다고 한다. ‘혁명대중’은 그의 작품을 사랑했다.[6]

라싸에 거주했던 중국계 화가 예싱성은 내게 자신이 문화대혁명 기간 동안 그렸던 선전용 포스터와 만화에 대해 이야기해 주었다.

나는 삼충사무한과 마오쩌둥, 린뱌오 같은 지도자들의 초상화를 그렸다. 내가 그린 프리드리히 엥겔스의 초상화 앞에 서서 선전용 사진을 찍은 기억도 있다. 나는 주로 마오쩌둥 초상화를 그렸다. 린뱌오도 잘 그렸는데, 린뱌오가 실각하기 전에는 초상화를 그리다가 실각하고 나서는 만화로 그렸다.[7]

완장을 찬 호위병 뒤에 포스터를 들고 있는 사람들은 라싸 제2초등학교 교사들이다. 목에 붉은 머플러를 두르고 어깨에 삽을 멘 아이들은 초등학생들이다. 교사들은 학생들을 인솔해 조캉 사원 동쪽 와빠링 근처 랍쌜의 어느 골목을 지나고 있다. 아마 ‘혁명행동’을 수행하기 위해 어딘가로 가고 있는 중인 것 같다.

31. 조캉 사원 남서쪽 모퉁이 쑹최라에서 촬영한 사진이다. 이곳은 원래 설법과 토론을 하던 곳이다. 티베트 불교 겔룩빠의 창시자 쫑카빠가 티베트력으로 매년 정월에 열리는 기도법회인 묀람첸모를 제정한 것은 1409년이었다. 이후 수도승 및 일반 신도들이 쑹최라에 모여들었고, 나중에는 이곳에서 달라이 라마와 간댄 수도원 원장들에게서 가르침을 받기도 했다. 쑹최라는 또 겔룩빠 최고의 학위 취득을 위한 토론 시험장이기도 했다.[8]

문화대혁명 이전에 쑹최라는 라싸에서 수도원과 포탈라궁 이외에 유일하게 지면이 포장된 곳이었다. 문화대혁명이 발발하면서 쑹최라는 '새로운 것을 세워라' 광장(立新廣場)으로 이름이 바뀌었고, 자주 비판대회나 혁명을 찬양하는 영화, 연극, 발레 등의 야외 공연무대로 이용되었다. 〈홍등기〉와 〈홍색 낭자군〉을 티베트어로 번역해 쑹최라에서 공연하기도 했다. 홍위병들이 쑹최라에서 이 사진을 찍은 1966년 8월 24일은 사구타파를 위한 '혁명행동' 첫날이다. 한때 수만 명의 승려들이 밤색 가사를 걸치고 부처의 가르침을 듣던 장소였다는 사실은 거의 떠올릴 수조차 없다. 역대 달라이 라마를 비롯한 고승들이 앉았던 자리를 이제 마오 주석의 대형 초상화가 차지하고 있다. 그 아래에서 홍위병들은 "쏸쫜수xuanzhanshu", 즉 선전포고라고 적힌 판을 들고 있다. 마오쩌둥의 머리 위 뒤편 붉은 벽과 금빛 지붕을 가린 현수막에 "낡은 세계를 철저히 박살내라! 우리가 새 세계의 주인이 되리라"라고 적혀 있다. 군중 속 어린이들과 햇빛을 가리려고 머리에 수건을 쓴, 그냥 구경하러 나온 것 같은 인근 바르꼬르 여성 예닐곱 명을 제외하고, 붉은 깃발과 붉은 술이 달린 창을 들고 어색하게 두리번거리고 있는 청년들은 대부분 라싸중등학교 학생들이다.

문화대혁명이 끝난 후 쑹최라는 더 이상 정치 집회에 이용되지는 않았지만, 그렇다고 본연의 종교적인 역할로 완전히 돌아가지도 못했다. 1980년대에는 지역민이나 관광객들을 대상으로 남부 로카에서 가져온 야크 모직물을 비롯해 다양한 상품을 파는 노점상들이 모이면서 시장이 형성되기도 했다. 중국인들과 후이족 상인들도 자주 눈에 띄었다. 2013년 소위 '라싸 옛 시가지 보존 사업'의 일환으로 쑹최라와 바르꼬르 전역의 노점상과 가판대가 모두 철거되었다. 그래서 이제 조캉 사원 인근 시장은 사라졌고 쑹최라는 출입 제한구역이 되었다. 부처님의 가르침을 배우던 이 정원에 출입할 수 있는 것은 조캉 주재 중국 공산당 공작단 소속 사람들뿐이고, 그들은 이곳을 주로 주차장으로 사용한다. 바르꼬르와 인근 거리는 바르꼬르 고성(故城)이라는 새로운 이름의 관광 상품이 되었다.

묀람첸모는 1989년 심각한 '소요 사태'로 취소된 이후 한 번도 열리지 않았다. 일부 소식통에 따르면, 당시의 소요 사태는 조캉 사원 위층 태양의 방을 사용하고 있던 관원들 때문에 촉발되었는데, 태양의 방은 원래 달라이 라마가 행사를 관람하던 방이다. 결국 조캉 사원에 들이닥친 무장 경찰들이 승려들을 구타하고 거칠게 트럭에 태워 감옥으로 이송했는데, 대다수 승려들의 죄목은 '분열주의' 선동이었다.

32. 선전대와 공연단은 혁명의 핵심 도구다. '해방농노'의 복장을 한 중등학교 학생들이 군중의 사기를 고취시키려고 만든 혁명가로 공연하고 있다. 당시에는 마오쩌둥과 공산당, 인민해방군에 대한 감사를 표현한 가사를 티베트 민요에 붙여 부르는 경우가 많았다. 다음은 그중 가장 유명한 곡 가운데 하나다.

베이징 황금산 위 햇빛이
사방을 비춘다.
마오 주석은 진정 황금빛 태양!
얼마나 따사롭고, 얼마나 자상하게
우리 농노들의 마음을 밝히는가.
우리의 발걸음 사회주의 황금대로로 나아가리라.

33. 라싸중등학교 학생 선전대의 두 대원. 쑹최라에서 촬영했다.

34. 완장을 찬 홍위병들이 대담하고 결의에 찬 표정으로 쑹최라에 정렬해 있다. 이날은 햇빛이 강했나 보다. 붉은 술을 단 창이 앞쪽 젊은 여성의 왼쪽 어깨에 선명한 그림자를 드리우고 있다. 같은 여성이 사진 36에도 등장하는데, 아마도 같은 날 찍은 것으로 보인다.

35. 1966년 '혁명행동' 직후의 조캉 안마당 대정원. 홍위병들이 사구를 때려 부수기 위해 조캉 사원에 온 날 저녁 무렵 촬영한 이 사진에는 대정원에 아무렇게나 던져 놓은 부서진 불상과 법구들이 찍혀 있다. 대부분 법당 밖으로 끌고 나와 2층 발코니에서 던진 것이다. 2층 발코니에 홍위병 십여 명이 창을 들고 서 있는 모습이 보인다. 아직 양 갈래로 땋은 머리를 늘어뜨리고 있는 젊은 여성들도 있다. 두 명은 아주 어린 아이 같은데 막 뭔가를 던지려 하고 있다.

아래층 정원에는 보초라도 서듯 홍위병 세 명이 서 있다. 그들 뒤로 회랑 그늘 속을 군복 입은 남자 네 명이 걸어가고 있다.

1층 마당은 전통적으로 묀람첸모에 참석한 승려들을 위한 장소였다. 대뿡 수도원에서 온 승려들이 가운데 앉고, 다른 승려들은 지붕 아래 회랑이나 발코니에 앉았다. 달라이 라마는 정원이 내려다보이는 위층 태양의 방에서 행사를 관람했지만 가끔은 아래층에 내려와 법회에 참가하기도 했는데, 그럴 때면 정원 왼쪽 황금 법좌에 앉았다.

1988년 묀람첸모 기간에 무장 경찰들이 승려 수십 명을 구타하고 체포한 곳도 바로 이곳이다.[9] 불교 축제 기간에는 지금도 이곳에 사람들이 길게 줄을 서고 티베트 전역의 사원에서 순례자들이 모여들지만, 당국의 제재가 강화되면서 과거 민간 기금으로 열렸던 행사들도 이제는 거의 찾아볼 수 없게 되었다.

36. 두 홍위병 모두 라싸중등학교 학생들이다. 왼쪽(사진 34의 인물)은 부유한 상인 집안 출신으로 이후 달라이 라마의 친척과 결혼해 바르꼬르 근방에 살았고, 나중에 들은 바로는 독실한 불교 신자가 되었다고 한다. 이 여성은 수년 전 라싸에서 사망했다. 옷에 얼룩이 있는 오른쪽 홍위병 역시 상인 집안 출신이다. 당 간부를 지냈고 지금은 은퇴했다. 출신만 보면 홍위병에 가입할 수 없었을 것 같지만 아마도 올바른 정치적 태도를 인정받아 가입이 허락되었던 것 같다.

사진 35에서 조캉 사원 2층 발코니에 서 있던 홍위병들 가운데 이 두 사람이 있었다는 몇몇 사람의 증언을 들었다. 아마도 이 사진은 두 사람이 함께 부서진 물건들이 쌓여 있는 아래층을 내려다보고 있는 장면인 것 같다.

37. 쇠스랑으로 조캉 사원 지붕 테두리의 금장식을 긁어내고 있는 이 홍위병은 누구일까? 2004년 이 사진을 문화대혁명 당시 라싸중등학교 학생이었던 라싸 주민들에게 보여 주었다. 서로 다른 두 무리의 사람들에게 각각 물어 보았는데 모두 이 사람을 안다고 말했다. 하지만 정확한 신원에 대해서는 의견이 갈렸다. 어떤 사람들은 그녀가 라싸중등학교 학생 행동대원 출신으로 이후에 티베트자치구 여성연맹 관원이 되었다고 했다. 또 다른 사람들은 그녀가 과거 루구 거민위원회 관할 '농노' 집안 출신이라고 했다.[10] 사람들은 그녀를 매우 적극적인 학생 행동대원, '가장 열성적이고, 가장 대담한' 무리 중 하나로 기억했다. 홍위병이 무장 파벌로 나뉘어 싸울 때는 '대연합', 티베트어로 냥델파의 하부 조직을 지휘했고,[11] 문화대혁명이 끝난 후에는 아나운서로 일했다고 한다. 처음에는 티베트자치구 TV 방송국에서 일하다가 나중에는 중국 국영 라디오 방송국으로 옮겨 갔다는 이야기도 들었다. 퇴직 후 베이징으로 이주했다고 한다.

38. 1966년 조캉 사원 정문의 모습이다. 2년 전 같은 장소에서 찍은 사진(사진 3)과 비교해 보면 그 사이 많은 부분이 달라졌음을 알 수 있다. 발코니 아래로 드리웠던 야크 모직물 장식이 사라졌고, 지붕 꼭대기의 거대한 황금 장식과 그 주변에 달려 있던 여섯 개의 종도 없어졌다. 부처의 가르침을 상징하는 여덟 개의 바퀴살이 달린 황금 바퀴와 그 양옆에 있던 사슴 두 마리도 온데간데없고, 대신 그 자리에 마오쩌둥의 초상화를 걸기 위해 지붕 위에 올라간 홍위병 스무 명가량의 모습이 보인다. 오성홍기는 2년 전과 다름없이 펄럭이고 있다.

지붕 바로 아래로 눈물방울 모양의 장식물이 발코니 양쪽 벽에 하나씩 붙어 있다. 오른쪽 눈물방울 장식 테두리 안에 있던 남쭈왕댄*이 새겨진 판이 이제 막 철거되었고, 누군가 왼쪽에 붙어 있던 판도 떼어내려고 하고 있다. 정문 앞 기둥에 붙은 구호와 포스터들도 확인할 수 있다.

사진 속 인물들은 모두 지붕 위의 상황이나 사원 정면 벽으로 시선을 향하고 있는데, 가까이에서 카메라 쪽으로 얼굴을 향한 단 한 사람만 다른 쪽을 보고 있다. 그는 당시 라싸 제2초등학교 교장이었던 중국과 티베트 혼혈 응악왕이다. 그는 나중에 라싸시 문화국 부국장을 지냈고 1970년대 말 사망했다.

* 남쭈왕댄(rnam bcu dbang ldan): 티베트 전통 문양. '열 가지 힘을 가진 것'이라는 뜻으로, 열 개의 문자 및 상징이 이어진 문양이다. 나쁜 기운으로부터 보호해 주는 힘이 있다고 믿어 티베트에는 이 문양을 건물 벽에 걸거나, 몸에 부적처럼 지니고 다니는 문화가 있다.

39. 학생 홍위병들이 조캉 사원 정문 앞, 담장을 두른 나무를 바라보며 카메라를 등진 채 한 줄로 서 있다. 완장을 두른 홍위병들 뒤쪽이 조캉 사원 방향이다. 교사나 거민위원회 간부로 보이는 성인 세 사람이 손에 들고 있는 종이에 적힌 내용을 큰 소리로 읽고 있는 것 같다. 종이는 아마 행동대원들의 정치적 각오를 담은 '결심서'일 것이다.

나무를 등진 채 조캉 사원을 마주보고 있는 사람들 중에는 호기심 많은 아이들과 그냥 구경만 하는 대다수의 어른들, 그리고 지역 거민위원회에서 나온 '해방농노'들이 섞여 있다. 왼쪽에 있는 몇몇 사람은 손에 삼각형 깃발을 들고 있고, 오른쪽에 있는 사람들은 현수막과 좀 더 큰 깃발을 들고 있다. 모두 지역 주민들인데 아마도 거민위원회가 의도적으로 동원한 사람들인 것 같다. 깃발, 북, 징, 마오쩌둥의 초상화, 티베트어 구호가 적힌 현수막 등도 있는데 자세히 보면 혁명'이란 뜻의 티베트어 '사제'라는 글자도 보인다. 사람들 뒤 나무 아래 출입구 오른쪽에 짙은 색 재킷을 입은 키 큰 남자가 서 있다. 아마도 행사를 지켜보러 나온 관원일 것이다.

카메라 바로 앞 폐허에는 버려진 기도깃발, 경전, 부서진 구리 팔, 산산조각 난 불상 파편과 법구들이 나뒹군다. 모두 조캉 사원이 유린당할 때 2층에서 던진 이른바 '사구'들이다.

사진의 큰 부분을 차지하는 버드나무는 조캉 사원 맞은편, 담장을 두른 별도의 부지 안에 서 있다. 티베트인들이 잘 아는 나무다. 642년 티베트의 통치자 손챈감포와 혼인한 당나라 왕실 출신 원청공주가 심었다는 전설 때문이다. 원청공주는 조캉 사원의 본존인 조오 불상을 가지고 왔다. 그래서 이 버드나무를 '당나라 버드나무', '공주의 버드나무' 또는 티베트어로 '조외우따' 즉 '부처의 머리카락'이라고 부른다.

사진이 촬영된 1966년 8월 24일, 이 버드나무에 위기가 닥쳤다. 압수한 기도깃발, 책, 마니차* 등을 태우려고 쑹최라에 불을 피우면서 이 버드나무 가지를 꺾어다가 땔감으로 썼기 때문이다. 그리고 얼마 후 혁명대중이 파벌을 갈라 서로 싸우면서 유해물질인 사이클로헥산 분말로 서로를 공격하는 바람에 이 유서 깊은 버드나무는 또 다시 훼손되었고 결국 죽어 버렸다.

버드나무는 현재 그루터기만 남아 있다. 요사이 이곳에 가보면 나무가 서 있던 부지 담장 너머로 잎사귀가 드문드문한 버드나무가 보이는데, 이것은 문화대혁명 이후 어딘가에서 옮겨 심은 것으로 원래의 나무가 아니다.

하지만 이 부지의 또 다른 입주민은 여전히 원래의 모습을 간직하고 있다. 823년에 세워진 도링, 당-토번 회맹비다. 사진에서는 담장 안 오른쪽 구석에 서 있는데 버드나무에 가려 아주 희미하게 보인다. 회맹비에는 티베트 황제 티쭉데짼과 당나라 목종이 맺은 평화 조약문이 새겨져 있다. 이 조약문은 두 나라 사이의 국경을 정하고 양국 간 평화를 선언하고 있다. 문화대혁명 이후에는 담을 이전보다 더 높게 새로 쌓아서 회맹비에 접근할 수 없었지만, 2013년 담을 철거하여, 비록 거의 읽을 수 없는 상태긴 했지만 조약문이 다시 공개되었다. 조약문의 내용을 알고 있는 사람들은 비문을 보면서 두 나라가 한때 평화롭게 공존했었다는 사실을 다시금 떠올릴 수 있다.

부지를 둘러싼 돌담과 사람들 사이에 표면이 아치 모양으로 움푹 들어간 하얀 벽돌 조형물이 있다. 여기에는 1794년 천연두를 비롯한 질병 예방법을 새겨 넣은 석판이 들어 있다. 청(만주족) 황제가 라싸에 주둔시킨 제국의 암반이 이 기념비를 제작했는데, 아마도 당시에 이미 티베트에 대한 종주권을 주장했던 청나라가 티베트에 대한 관심을 과시하기 위해 세웠을 것이다.[12]

부지 뒤편의 오래된 건물은 이후 철거되었는데 그곳에 살던 가문의 이름을 따 뺄죠르랍땐이라고 불렸다. 1950년대에 판첸 라마의 자문위원단인 낭마강의 관계자들이 라싸에 머물 때 이 건물을 숙소로 이용했다.

* 마니 진언이 적힌 두루마리가 들어 있는 원통형의 바퀴.

40. 경전을 태우는 홍위병 가운데는 학생도 있고 일반인도 있다. 땔감으로 쓴 나뭇가지는 조캉 밖에 서 있던 버드나무 '조외우따'에서 꺾어오기도 하고, 인근 민가의 지붕에 있던 것을 가져오기도 했다. 티베트에는 민가 지붕에 기도깃발을 거는 풍습이 있는데 이때 나뭇가지를 사용한다.

41. 사구를 태우는 모습을 지켜보고 있는 사람들 뒤로 대형 주거 건물들이 보인다. 조캉 사원이 라싸 도심의 중심지로 자리 잡은 후 까루쌱, 까톡쌱, 체쑴쌱 같은 대형 주거 건물이 세워졌다. 1959년 이전에는 티베트 정부가 이런 건물들을 소유하면서 상인이나 지역주민에게 임대했다. 1959년 '민주개혁' 기간에 새 정권이 이 주택들을 가난한 사람들에게 나눠주기도 하고 일부는 거민위원회 사무소로, 일부는 극영 상점이나 단웨이로 사용했다. 이후 이런 주거 건물들은 대부분 철거되거나 전면 재건축되었다.

42. 학생 일고여덟 명이 커다란 마니차를 불 속에 밀어 넣고 있다. 다른 마니차들처럼 여기에도 마니 만트라가 수없이 반복적으로 새겨져 있었다.[13] 이 마니차는 조캉 사원 2층에서 뜯어낸 것이다. 한때는 참쿵 수도원을 포함해 라싸 내 단 세 곳의 비구니 수도원 여승들만이,

그것도 1년에 단 한 번 이 마니차를 돌릴 수 있었다고 한다. 구경꾼들 뒤편 건물 입구에 티베트어와 중국어로 "바르꼬르 가"라고 적힌 표지판이 보인다.

43. 작열하며 치솟는 불꽃이 사원에서 가지고 나온 경전에서 뜯어낸, 셀 수 없이 많은 경문들을 집어 삼키고 있다. 누가 주도적으로 불을 붙이고 누가 단지 구경만 하는지 구별하기 어렵다. 모두 똑같이 몰입해 흥분한

듯 보이기 때문이다. 사람들의 복장과 표정은 당시 중국 본토의 여느 장소에서 찍은 사진들과도 구분이 가지 않는다. 배경의 건축물들만이 이곳이 티베트 라싸의 조캉 사원 쑹최라임을 알려 준다.

44. 라싸중등학교의 홍위병들이 당시 주요 간선도로였던 인민로를 따라 행진하고 있다. 원래 이 도로의 이름은 '유톡람'이었다. 유톡이라는 이름은 광택이 있는 청록색(티베트어로 '유') 기와로 된 중국식 지붕(티베트어로 '톡')을 얹은 티베트의 유명한 다리에서 가져 온 것이다. 행렬 뒤편으로 인민로가 뻗어 있고 멀리 도로 끝에 조캉 사원이 어렴풋이 보인다. 행진하는 방향으로 보아 이 학생들은 시짱일보 기사에 실린 학생들처럼 "강철 빗자루를 높이 들고 낡은 세계를 쓸어내는"(사진 25-27) 사구타파 활동을 마치고 교사들의 인솔하에 학교로 돌아가고 있는 것 같다.

라싸 홍위병, 혁명행동에 나서다

1966년 8월 하순의 어느 날이었다. 조캉 사원에 대한 혁명행동에 가담했던 사람들 다수가 그렇게 말했다. 그들은 이제 정확한 날짜도 기억하지 못하고 그저 그해 8월 말이라는 것만 알고 있었다. 대다수에게 정확한 날짜는 중요하지 않은 것 같았다. 끊임없이 변화하는 시기였고, 상황은 언제든 뒤집힐 수 있었으며, 매일 매일이 어제와 달랐기 때문에, 사건에 대한 기억도 서로 뒤섞이거나 겹치곤 했다.

혁명행동에 가담하지 않았던 사람들에게 그날 조캉 사원에서 있었던 일은 그때나 지금이나 여전히 큰 충격이다. 마치 티베트 역사에서 드물게 일어났던 지진 같았다. 쭈쑴(가명)은 당시 라싸중등학교 학생이었는데, 그녀의 어머니는 조캉의 사구에 대한 라싸 홍위병의 첫 '혁명행동'을 생생하게 기억했다. '수요일'이었다고 쭈쑴의 어머니는 주장했다. 독실한 불교 신자인 그녀에게 그 수요일은 특별한 의미가 있었을 것이다. 그녀에게는 신성한 참배의 장소가 공공연하게 유린당하고 성스러운 법구들이 망가지고 약탈당한 날이기 때문이다. 살아오면서 한 번도 경험한 적 없는 재앙이었을 것이다. 그래서 그날은 지금도 그녀의 기억에 온전히 남아 있다.

수요일, 정확히는 1966년 8월 24일이었다.

20년 후, 이 사건은 "티베트 주요 사건 기록 1949~1985"[14]이라는 당 내부 출판물에 단 한 문장으로 언급되었다. "8월 24일, 라싸 내 일부 학교 '홍위병'들이 가두시위를 시작으로 사구타파에 나섰다." 당시 티베트자치구 내에서 유일하게 일반인을 대상으로 배포된 신문인 시짱일보는 같은 주 금요일인 8월 26일 1면에 "반항은 정당하다. 문화대혁명 만세! 라싸 홍위병, 강철 빗자루 높이 들고 낡은 세계를 쓸어내다"라는 제목의 머리기사를 냈다. 그 아래 기사는 당시 전형적인 혁명 용어들을 사용해 라싸 홍위병의 '혁명행동'을 추상적이고 서정적으로 보이도록 기술했다. 홍위병들이 구체적으로 어떻게 "낡은 세계를 쓸어"버렸는지에 대해서는 확실하게 이야기해 주지 않았고, 14대 달라이 라마가 "티베트에서 가장 존귀한 사원"이라고 부른 조캉 사원이 어떻게 또는 왜 혁명행동의 표적이 되었는지에 대해서도 아무런 언급이 없었다.

그날 거리에 나선 홍위병들은 티베트 사범학교와 라싸중등학교 학생들이었다. 티베트 사범학교는 같은 해 3월에 설립되었으므로 생긴 지 겨우 몇 달밖에 되

西藏日报

伟大的战略思想

造反有理 革命万岁

我們什么都不怕

45. 조캉 사원이 유린된 지 이틀 뒤인 1966년 8월 26일 시짱일보 중국어판의 1면 사진. 두 번째 기사의 “반항은 정당하다. 문화대혁명 만세”라는 제목 아래에 제목보다 조금 작은 글씨로 “라싸 홍위병, 강철 빗자루 높이 들고 낡은 세계를 쓸어내다”라고 적혀 있다. 아래 사진에는 창과 마오쩌둥의 초상을 들고 행진하는 학생들의 모습이 찍혀 있다. 저자 촬영.

지 않았다. 티베트어를 사용하는 현지 간부를 키워내기 위해 1951년에 세워진 중등 간부양성학교가 전신이다. (수십 년이 흐른 1985년에 티베트대학으로 개명, 승급되었다.) 학생 대부분은 티베트 농촌이나 유목민 지역 출신이었다. 학교에 다녀본 경험이 적은 학생들이었으므로 사범학교의 교육은 매우 기초적인 수준이었다. 급변하는 정치상황 때문에 수도원을 떠나온 승려 출신 학생들도 있었다.

라싸중등학교는 1956년에 세워졌다. 설립 당시 14대 달라이 라마가 명예교장이었고 그의 개인 교사 걉제 티쟝 린포체가 실질적인 교장 업무를 수행했다.[15] 라싸중등학교는 티베트 최초의 중등교육 기관이었다. 학생들은 라싸 내 세 곳의 초등학교에서 선발되어 우선 중등부에 입학한 후 고등부에 진학해 계속 교육을 받았다. 교사진의 실력도 최고 수준이라는 평가를 받았다. ‘구 사회’에서 수도원이나 개인 교사에게 교육을 받은 귀족들이 티베트어를 가르쳤고, 그밖의 과목들은 중국 본토의 다양한 대학 출신 한족 교사들이 중국어로 가르쳤다. 중국인 교사 가운데는 중국에서 대학 강단에 섰다가 출신 성분에 문제가 있어서 티베트로 ‘밀려난’ 사람들도 있었다. 하지만 그 외 다수는 공산당 선전에 감화되고 이상주의적 열정에 이끌려 중국 각지에서 찾아온 사람들이었다.

교사들 가운데는 장차 티베트 문화대혁명에서 중요한 역할을 하게 될 타오창쑹도 있었다. 그는 문화대혁명 초기부터 전면에 나서 학생 홍위병을 이끌고 사구타파 운동을 주도하는 등 수년간 눈에 띄게 활약했다. 중국 여타 지역에서처럼 티베트 홍위병 내에도 파벌 다툼이 일자, 그는 곧바로 ‘조반파’ 갠록의 사령관이 되어 ‘대 연합파’인 냠뎰을 주적으로 삼았다.[16] 당시의 사건들을 겪고 살아남은 티베트인과 한족 중국인들은 모두 타오 사령관을 기억했다. 1968년 그는 티베트자치구 혁명위원회(시짱 쯔즈취 거밍 웨이위안후이 또는 간단히 거웨이후이) 부주임이 되었다. 지금의 티베트 자치정부 부주석에 해당하는 지위였다. 그는 문화대혁명이 끝난 후 체포 및 수감되었지만 1980년대 중반에 학자라는 새로운 신분으로 라싸 내 주요 정부 출자 연구소에 다시 나타났다.

타오창쑹은 장쑤성 양저우 출신으로 1960년 화둥사범대학을 졸업하고 같은 해 티베트 근무를 자청해 라싸중등학교에 중국어 교사로 부임했다. 그는 학생들 사이에 인기가 높았다. 그가 교사로서 누린 권위는 이후 학교에서 홍위병을 조직하고, 나아가 라싸에서 홍위병의 한 파벌인 갠록을 지휘하는데 있어서 정치적 밑거름이 되었다.

나는 2001년 타오창쑹을 두 번 찾아갔다. 그는 60대였고 이미 은퇴한 상태였지만 당시에는 아직 라싸에 살면서 티베트 사회과학연구원에서 정부 지원을 받는 연구 프로젝트 고문으로 계속 일하고 있었다.(수년 후 그가 청두로 이주했다는 소식을 들었다.) 문화대혁명 이후 30여년이 흘렀지만 그는 여전히 날렵한 몸에 혁명 시절처럼 제복 모자와 안경, 중산복 차림이었다. 그는 한때 강력한 권위를 자랑하던 전설적인 인물이었다고는 상상하기 힘들 정도로 언행이 온화했다. 대화를 시작할 때의 그는 차분하고 조용하며 점잖은, 평범한 중국 지식인 같았다. 하지만 티베트 문화대혁명에 대해 이야기가 진행되면서, 그는 서서히 변해갔다. 젊은 시절의 혈기를 간간이 드러내면서 목소리에 점점 힘이 들어갔고, 눈에는 감정이 실렸다. 때때로 그는 내게 겸연쩍은 미소를 지어 보였다. 마치 정신없이 이야기에 취했다가 막 깨어난 것 같은 표정이었다. 하지만 이내 영광과 불운이 교차했던 극적인 영웅담으로 다시 돌아가곤 했다.

라싸 홍위병의 탄생에 관해 그는 허심탄회하게 털어놓았다.

티베트 지역 홍위병 창설은 완전히 새로운 작업이었다. 학생들은 뭘 해야 할지 몰라 우왕좌왕했다. 당시 나는 라싸 중등(학교)에서 근무했고, 젊은 교사로서 학생들에게 어느 정도 영향력이 있었다. 그래서 사실상 내가 일을 진행시켰다. 아무튼 홍위병은 순식간에 조직되었다. 하지만 정확히 몇 월 며칠에 조직되었다고 날짜를 지정하기는 힘들다. 팔-일-팔(8월 18일)이라고 봐야 할까.[17] 아무튼 바로 그날 이후로 라싸에도 홍위병이 생겼다.

중국 본토에서처럼, 라싸 최초의 홍위병은 모두 학생들이었다. 나는 라싸 중등학교 홍위병 지도자였고, 사범학교 홍위병들은 '미미'라는 별명의 티베트인 남자 교사가 지휘했다. 하지만 내가 사범학교에서도 가르친 경험이 있었기 때문에 그곳 학생들도 나를 알았고, 그래서 내 말을 잘 따랐다. 나중에는 홍위병 입단이 유행처럼 번지면서 다양한 사람들이 들어왔다. 어디를 가나 홍위병이 있었는데 대부분 라싸 각 지역 거민위원회 소속 일반인이거나 단웨이에 소속된 사람들이었다. 모두 온 나라가 일어서야 한다는 마오 주석의 명령 때문이었다.

홍위병들이 조캉 사원에 쳐들어가 저지른 사구파괴는 민감한 사안이었다. 타오는 다른 사건들은 놀라울 정도로 상세하게 기억했지만, 조캉 사원에서 일어난 사건에 대해서는 분명하게 표현하지 않았다.

우리가 사원을 부수려고 달려든 건 아니다. 더구나 나는 개인적으로 사원을 파괴하는데 동의하지 않았다. 그곳의 물건들은 문화적 유산이고 보호해야 한다는 것을 알고 있었기 때문이다. 사원이 피해를 입은 것은 일반인들 때문이다. 그들이 홍위병에 섞여서 사원 내부로 들어갔다. 홍위병들은 주로 오체투지를 하는 사람들의 몸에 대자보를 붙이고, 그들의 행위가 봉건시대의 미신이라고 규탄하는 일을 했다. 참배하던 사람들은 금방 자취를 감추었다.

물론 때때로 홍위병들이 수도원에 가서 행패를 부리기도 했다. 어쨌거나 수도원이 사구의 상징인 것은 사실이었으니까. 하지만 홍위병들이 사원과 수도원을 찾아가 무작위로 물건을 부순 것은 아니다. 가령 쎄라 수도원에서 멀지 않은 곳에 작은 사원이 하나 있었는데, 우리는 그곳에서 물건들을 부수기 전에 우선 어떤 물건이 있었는지 기록부터 했다.

조캉 사원에 갔을 때도 우리는 오래 머무르지 않았다. 선전부 사람이 나와서 사원을 보호하라는 총리(저우언라이)의 명령을 전했기 때문이다. 우리는 즉각 철수했다. 남은 사람들은 아마도 지역 거민위원회 소속 홍위병들이었을 것이다. 그들이 우리 뒤에 사원 안으로 진입했다. 사실 우리는 조캉 사원 내부에서 거의 아무것도 건드리지 않았다. 총리의 명령 때문에 우리는 서둘러 그곳을 나왔다. 솔직히 (우리 학교) 홍위병들은 굉장히 온순했다. 말이 통하는

아이들이었다. 조캉 사원이 조금 부서진 건 사실이지만, 석가모니상 말고는 죄다 박살이 났다느니 하면서 나중에 사람들이 떠들어 대던 이야기는 다 과장된 소문이다.

저우언라이의 지시가 구체적으로 어떤 내용이었는지는 불분명하다. 다른 인터뷰에서 들은 바에 따르면 조캉 사원을 내버려 두라는 내용이었다지만, 다른 사원이나 수도원에 대해서는 별다른 조치가 없었다.

쭈쑴은 당시 라싸중등학교 학생이었다. 내가 단체 사진(사진 31)을 보여주자 조금 놀란 표정을 지었다. 사진에서 커다란 천으로 기운 자국이 두어 군데 있는 바지를 입고 첫째 줄 오른쪽 맨 끝에 서 있는 키 크고 날씬한 소녀가 쭈쑴이다. 여리고 수줍어 보인다. 다른 학생들과 달리 완장을 차지도, 붉은 술이 달린 창을 들고 있지도 않다. 어쩐지 다른 사람들과 서먹서먹한 것 같다. 이 점에 대해 쭈쑴은 당시에 이미 문제가 있는 집안 출신 학생들은 홍위병에 넣어 주지 않았기 때문에 창을 들 자격이 없었다고 설명했다.

붉은 술을 단 창이 뭐길래? 그다지 날카롭지 않은 금속 창촉을 나무 막대 끝에 고정시켜 만든 옛날식 무기에 붉은 술 장식을 단 것이다. 오늘날의 기준에서 보면 진짜 무기라기보다는 장난감에 가깝다. 중요한 것은 창이 지닌 상징적 의미였을 것이다. 1949년 이전, 중국 공산당이 시골 여기저기에 흩어져 떠돌던 민병대에 지나지 않았을 때부터 이미 붉은 술을 단 창은 떠오르는 공산주의 체제를 수호하기 위해 만든 상징적인 의미를 지닌 장식품이었다. 붉은 술이 달린 창을 들고 붉은 머플러와 붉은 완장을 착용하는 것은 그 사람이 혁명적 이상의 붉은 횃불을 전달할 자격이 있음을 의미했다. 그래서 개개인의 '계급 성분'이 끊임없이 강조되던 문화대혁명 기간 동안 붉은 술을 단 창은 청소년들에게 중요한 의미였다. 창을 가지고 있느냐 그렇지 않느냐로 많은 것이 달라졌다. 혁명 캠프에 받아들여지느냐 혹은 배제되느냐가 창 하나로 결정되었다.

홍위병에 들어갈 수 없었던 당시를 떠올리며, 쭈쑴은 괴로워하는 것 같았다. 이미 35년이나 지난 2001년이었는데도 쭈쑴은 여전히 그때 느꼈던 수치와 열등감을 극복하지 못했다. 1966년 당시 그녀는 열일곱 살이었고, 라싸중등학교 중등부 졸업반이었다(문화대혁명 때문에 1969년에야 졸업할 수 있었다). 그녀는, 동급생들은 홍위병에 가입하는데 자신은 상인 집안 출신이라는 사실에 발목을 잡혀 고개조차 떳떳

이 들 수 없었던 당시의 상황을 들려주었다. 또 조캉 사원 공격 하루 전날 타오창쑹 교사가 소집한 모임에 대해서도 기억하고 있었다. 그녀는 타오창쑹이 학생들에게 매우 진지한 어조로 말했다고 전했다. 쭈쓺이 기억해낸 타오창쑹의 말은 다음과 같았다 .

비록 우리, 십대 홍위병이 모두 해방농노의 자녀들이지만, 우리는 출신 성분이 나쁜 학생들도 차별하지 않는다. 우리는 가족을 선택할 수 없다. 중요한 것은 우리가 어느 편에서 어떤 행동을 취할지 선택할 수 있다는 점이다. 내일의 행동은 여러분 모두에게 스스로를 시험할 기회다. 내일 여러분이 어느 편에 설지, 혁명의 편인지, 반혁명의 편인지 두고 보자.

전통적으로 자녀를 학교에 보내는 사람들은 귀족, 지주, 부유한 상인들이었기 때문에 라싸중등학교에 등록된 학생들은 대부분 당시 기준으로 출신 성분이 불량했다. 반면 하층민들은 가난해서 아이들을 학교에 보낼 수 없었다. 아이들을 수도원이나 전통 사립학교에 보내는 관습을 타파하는 한편, 문화대혁명 이전에 '소수민족 간부'를 양성해 두기 위해, 새로운 공산 정권은 출신 계급과 상관없이 라싸중등학교나 초등학교에 등록하는 학생 전원에게 매달 은화 30개씩을 장학금으로 지급했다. 하지만 장학금의 액수는 점차 줄어들었고, 문화대혁명이 시작될 무렵에는 대다수 학생이 은화 15개밖에 받지 못했다

중국 본토에서나 티베트에서나 출신 성분이 나쁘면 차별을 받았다는 것은 분명한 사실이다. 체도르라는 중학생을 예르 들어보자. 체도르는 상인 집안 자식인데다가 할머니가 1959년 "반란에 가담했었다"고 한다.[18] 체도르는 또 교과서에 실린 웨페이의 사진에 찰리 채플린 모자를 그려 넣었다가 호되게 곤혹을 치렀던 일을 잊지 못한다. 웨페이는 당시 정부가 치켜세우던 중국사의 전설적 영웅이다. 동급생이 체도르의 행동을 학급 담임교사에게 일렀고, 담임교사는 자신도 체도르처럼 출신 성분이 불량했으면서도 매우 '혁명적'으로 대처했다. 그는 체도르가 웨페이에 대해 '계급적 원한'을 품고 있는 것이 분명하다고 주장하여 사건을 크게 만들었다. 비판대회가 열렸고 당시 13세였던 체도르는 자아비판문을 써야 했다. 그는 너무나 큰 고통에 목숨을 끊을 생각까지 했었다고 수십 년이 지난 후 내게 털어놓았다. 당시는 1964년, 문화대혁명 발발 2년 전이었지만 '계급 성분만이 유일한 기

준'이라는 원칙은 이미 학교 안팎에서 많은 젊은이가 겪는 현실이었다.

라싸중등학교는 기숙학교였다. 1966년 8월 기준 360명의 학생이 12개의 학급 (중등부 8개, 고등부 4개)으로 나뉘어 공부했다. 여기에 빈곤 가정 출신으로 다른 지역에서 편입한 학생 200명이 섞여서 모두 학교 안에서 생활했다. 이 중 100명에 가까운 한족 학생은 55명의 교직원과 식당에서 따로 식사하는 특권을 누렸다.

8월 24일은 구름 한 점 없이 화창했다. 라싸 주재 신화통신 기자들은 이른 아침부터 북과 징을 두드리며 거리로 나섰다. 그들은 당시 가장 세련된 '혁명행동'이었던 '대자보 전달'을 위해 라싸중등학교로 향했다. 라싸의 다양한 단웨이, 특히 라싸의 여러 거민위원회 구성원들이 주축이 된 행동대원 100여 명이 기자들과 동행했다. 학교에서 언어를 가르치는 교사 세팡이가 확성기를 들고 말했다. 그는 홍위병의 모든 '어린 장군'들과 '혁명 교사 및 학생'들을 운동장으로 불러 모았다. "티베트 구석구석에 문화대혁명의 불을 밝히자"라고 구호를 외친 후, 교사와 학생 및 각 단웨이의 적극적인 행동대원들은 대오를 가다듬었다. 그들은 혁명가를 부르며 라싸 시내 동쪽으로 행진했다. 사람들은 종종 당시 라싸중등학교와 조캉 사원 사이의 거리가 지금보다 훨씬 멀게 느껴졌었다고 말한다. 아마도 당시에는 지금처럼 상점도 사무실도 없고 사람들로 북적대는 시장도 없었기 때문일 것이다. 행렬은 빽빽하게 자라난 나무들을 지나야 했을 것이고, 쎄라 수도원 뒷산에서 흘러 내려오는 강물로 도시 북부에 군데군데 형성된 습지도 지나야 했을 것이다. 지금은 이 습지들도 물이 거의 말라 버렸다. 행렬 선두에 선 사람들은 홍위병으로 선발된 '어린 장군'들로 모두 붉은 완장을 차고 붉은 술 장식이 달린 창을 들고 있었다. 하지만 행렬 뒤편은 사정이 달랐다. 일부는 학교에서 나누어준 막대기와 몽둥이를 들었지만, 나머지는 빈손이었다. 자랑할 만한 집안 출신이 아니어서 '혁명 교사 및 학생'의 범주에 들지 못한 사람들이었다.

그런데 출신이 불량한 사람 중 일부는 홍위병에 들어갈 수 있었다. 어떻게 된 걸까? 예를 들어 사진 31에서 앞줄 가운데 옅은 색 셔츠를 입은 소녀는 1966년 졸업반 학생이었는데 귀족 집안 딸이어서 엄밀히 말하면 붉은 완장도, 창도 지닐 자격이 되지 않았다. 같은 사진 맨 앞줄 왼쪽에서 세 번째 소녀는 그녀의 여동생인데 역시 홍위병에 선발되었다. 사진 36에서 창을 든 채 조캉 사원 2층에서 아래를 내려다보고 있는 두 여성 홍위병도 상인 집안 출신이므로 원칙대로라면 자격 미달이다. 당시 이런 사람들은 대개 티베트어로 응아-닥('주인'), 중국어로는 싼다링주, 즉 삼대 영주의 자녀로 불렸다. 삼대 영주란 티베트 옛 정부, 귀족, 수도원을 가리킨다. 이들은 티베트의 노예 주인으로 중국 본토의 '흑오류', 즉 다섯 가지 검은 부류처럼 제거 대상이었다.[19] 많은 응아-닥 아이들이 사구타파 활동에 앞장섰다고 알려져 있다. 그들을 행동하게 만든 논리는 간단하다. 삼대 영주의 후손들은 선조들의 계급적 악행을 만회해야 하므로 다른 사람들보다 더 노력해야 했다.

같은 단체 사진(사진 31)에서 앞줄 가장 왼쪽에 밀짚모자를 목 뒤에 걸고 절반만 찍힌 사람에 대해서는 언어 교사 셰팡이라고 하는 사람도 있고, 수학교사 리즈위안이라고 하는 사람도 있다. 셰팡이는 라싸중등학교 공산당 지부 총서기이면서 교내 홍위병을 처음 일으킨 사람 중 하나다. 이후 그는 갠록을 이끌기도 했다. 1980년대에 고향인 푸젠성으로 옮겨간 그는 얼마 후 그곳에서 사망했다. 내가 들은 바로는 출신 배경이 '나쁜' 학생들을 골라 8월 24일 작전에 참여시킨 것이 바로 셰팡이였다. 결국 그날 그가 아니었으면 붉은 완장을 차거나 붉은 장식이 달린 창을 들 수 없었을 학생들이 이후 홍위병 활동에 적극 가담하게 되었다. 이것이 그날의 진실인지 아닌지는 겨우 50년 전 일인데도 확실하지가 않다. 왜 그때 홍위병이 되지 못했는지, 왜 더 열심히 노력해서 홍위병이 되려고 하지 않았는지 쭈쑮에게 물어본다 한들 그녀도 설명하기가 쉽지 않았을 것이다.

같은 사진 속 다른 소녀 세 명(왼쪽에서 각각 다섯 번째, 여섯 번째, 여덟 번째)도 신원이 확인되었다. 이 학생들은 티베트인이 아니다. 세 사람은 라싸중등학교 중등부 중국인 반 1966년 졸업생들이었다.

이날 단체 사진에는 교사와 학생 가운데 극히 일부만 찍혔다. 다른 사람들은 왜 사진에 없을까? 이 사진을 찍은 것은 조캉 유린 이전일까, 이후일까? 이 질문들에 대한 답은 찾지 못했다. 분명히 말할 수 있는 것은 내가 보여 준 이 사진이 그날의 참가자 다수에게 충격을 주었다는 사실이다. 사진에서 자신이나 지인들의 모습을 발견하게 될 줄 몰랐던 것이다. 그들은 자신의 과거와 마주하게 되어 흠칫 놀라는 것 같았고, 과거 젊은 시절을 애써 떠올리려고 한다기보다 혼란스러워하는 것 같았다. 그중 한 사람은 한참을 침묵하다가 입을 열었다. "우리도 역사 앞에 죄인들이야."

조캉 사원은 어떻게 유린당했나

나는 라싸에서 1966년 8·24 '혁명행동' 참가자와 목격자들을 만나 인터뷰할 수 있었다. 쭈쑴은 그날의 사건들에 대해 혁명행동, 선전공연과 어느 정도의 폭력이 혼재했다고 말했다.

> *우리가 도착했을 때, 아직 신도들이 조캉 사원 앞에서 오체투지를 하고 있었다. 우리는 그들에게 대자보를 붙였다. 그리고 사원 정문 옆에 있는 수호신상 두 개에도 대자보를 붙였다. 그리고 그 대자보 위에 두꺼운 붓으로 빨간색 엑스(X)자를 커다랗게 그려 넣었다. 그런 다음 우리는 스님들이 설법하는 쑹최라에 모여서 선서를 했다. 우리가 집회를 하는 동안 학교 선전대원들이 공연을 했다. 많은 사람이 서서 우리를 지켜보았다. 거민위원회의 홍위병들도 무대에 올라가 라싸중등학교 홍위병들에게서 배우겠다고 다짐했다. 그날 학생들은 주로 마니차를 부수고, 거기서 꺼낸 기도문과 경전을 태웠다. 하지만 불상이 훼손될 만한 일은 별로 하지 않았다.*

쭈쑴은 라싸 사구타파 운동에 불을 붙인 것이 라싸중등학교와 티베트 사범학교의 홍위병들이라는 사실을 인정했다. 하지만 타오창쑹과 마찬가지로 쭈쑴도 나중에 도착한 각지의 거민위원회 소속 홍위병들이 더 거칠었다고 강조했다. 쭈쑴은 그들을 이렇게 묘사했다.

> *사실 학생 홍위병들은 모두 굉장히 단순하고 열성적이어서 마오 주석과 베이징 중앙당에서 하라는 대로 충성했을 뿐이었다. 학생들은 사회를 잘 몰랐다. 거민위원회의 홍위병들은 달랐다. 그 사람들은 출신도 제각각이고 각자 속셈도 달랐다. 그래서 그 사람들이 수도원을 부수고, 집을 뒤지고, 우귀사신을 규탄하는 집회에 참여하면, 문화재나 값나가는 물건들이 도난당하고 주변이 난장판이 되었다. 학생 홍위병들은 그런 행위에는 휩쓸리지 않았다.*

나는 1966년 라싸중등학교 고등부 졸업반이었던 다와를 만났다. 그는 티베트 자치구에서 다니던 직장을 은퇴한 상태였다. 문화대혁명 당시 그는 학생 홍위병의 하부조직 리더였다. 그는 어떻게 조캉이 공격의 표적이 되었는지에 대해 더 많이 알고 있었고, 당시에 일어난 일에 대해서도 더 자세히 기억하고 있었다.

전날 밤, '상부'에서 내려온 지시에 따라 홍위병 지휘부는 라싸중등학교에 모였다. '상부'는 티베트자치구를 의미했지만 정확히 누구의 지시인지는 모른다. 다음날 바르꼬르에 가서 선전활동을 수행할 것이고, 거민위원회 대중들도 참가할 것이라는 말만 들었다. 하지만 폭력에 휘말리지도, 물건을 부수지도 말라고 했다. 그날 회의에서 조캉 사원을 훼손하라는 어떤 지시도 없었다. 우리는 그저 선전활동을 하라는 지시를 받았을 뿐이다. 확실히 전달받은 것은 거기까지였다.

다음날 아침, 동도 트기 전에 거민위원회 사람들이 학교에 떼를 지어 몰려왔다. 성관구 내 모든 거민위원회 청년들이 모였다.[20] *백 명도 넘었다. 우선 사람들을 한데 모아 줄을 세웠다. 그런 다음 우리는 학교를 나섰다. 우리 학교 사람들만 상급반, 교사, 신입생을 포함해 700명이 넘었고, 여기에 거민위원회까지 합류했으니 아마 전체 인원은 천 명에 가깝거나 그 이상이었을 것이다.*

출발할 당시 햇볕이 따가웠던 것으로 기억한다. 우리는 구호를 외치며 행진했다.

조캉 사원 남쪽에 있는 쑹최라에 도착한 다음에는 공연을 하고, 선전 작업을 한 뒤 집회를 가졌다. 셰(팡이) 선생님이 단상에 올라가 연설을 했다. 하지만 연설이 다 끝나기도 전에 이미 주변이 소란스러워졌다. 주변을 둘러보니 사원 위층에 사람들이 많았다. 거민위원회 사람들인 것 같았지만 나중에 들은 바로는 그날 참가자들 중에 라싸 외부 현에서 온 행동대원들도 있었다고 한다. 아무튼 나는 무슨 일이 일어나는지 제대로 알지 못했다. 하지만 위층에 올라가 있는 사람들은 모두 곡괭이나 삽 같은 것을 손에 든 일반인이었다. 갑자기 어디서 나타난 사람들인지 알 수가 없었다. 우리는 건물 밖 쑹최라에 있었다. 거민위원회 사람으로 보이는 청년 몇이 곡괭이로 벽화가 그려진 벽을 뜯어냈다. 벽 한쪽이 큼지막하게 떨어져 나갔다. 우리 학생 중 몇 명이 "어떻게 감히 그 그림에 손을 대느냐!"며 말렸다. 하지만 아무도 귀담아 듣지 않았다. 그러는 동안 또 다른 사람들은 지붕으로 올라가더니 가장자리 금장식을 떼어내 아래로 던졌다. 이제 아래층도 무질서해지면서 더 이상 집회를 계속할 수 없었다. 우리로서는 상황을 진정시킬 방법이 없었다. 사람들은 사원 건

물로 달려들었다. 나도 그들을 따라 달렸다.

조캉 사원 안으로 들어가니 도처에 사람들이 있었다. 온갖 사람들이 다 모여 있었다. 바르꼬르 거민위원회 관할지역 일반인들도 있었다. 모두 젊은 사람들이었다. 행동대원들 다수는 사람들의 관심을 즐겼다. 그들 중에는 한족들도 꽤 있었다.

나는 황금 조형물이 있는 지붕으로 달려갔다. 동급생 하나가 와서 내게 뭔가 잘못된 것 같다며, 그냥 값나가는 물건을 훔치는 것이 목적인 사람들도 있다고 말했다. 순간, 나는 이 물건들의 주인이 국가라는 사실을 떠올렸다. 그 당시에는 아직 문화재라는 개념이 없었지만, 그래도 사원의 물건들이 국가의 자산이라는 정도의 생각은 있었다. 그래서 나는 망설이지 않고 우리 학교 학생들을 불러 모아 아래층과 위층에서 교대로 보초를 서게 했다. 나는 학생들에게 허가 없이 사람들이 안으로 들어오거나 사원 밖으로 물건을 가지고 나가지 못하도록 감시하라고 지시했다. 그러다가 수상한 노인을 발견했다. 인근 주민이었을 텐데 머리에 쓰는 관을 들고 나가려고 했다. 보통 불상 위에 얹혀 있는 그런 관이었는데 순금과 보석으로 만들어져 있었다. "뭐 하는 거요?" 내가 물었다. 그는 겁을 내며 서둘러 말했다. "이건 '사구'니까 내다 버리려고." 나는 그에게 왕관을 놔두라고 말했다. 그는 왕관을 내려놓고 가버렸다. 혹시 아는지 모르겠지만 조캉 사원 본전(本殿) 옆에 타라보살(될마)을 모신 법당, '될마 라캉'이 있었다. 동급생 하나가 될마 라캉 앞에 사람들이 100명가량 모여 있다고 알려 주었다. 한족도 있고 티베트인도 있다고 했다. 그들은 그곳을 관리하는 승려에게 법당 문을 열라고 요구했다. 승려는 거부했다. 그러자 사람들이 승려를 위협했고, 겁을 먹은 승려가 열쇠를 막 내주려는 참이었다. 내 동급생이 그를 막았다. 법당 안에는 불상과 귀한 물건들이 많았기 때문이다. 모인 사람 중 일부 티베트인들이 동급생과 언쟁을 벌였다. 동급생은 라싸중등학교 홍위병이라고 신분을 밝히고 내부의 물건들은 국가의 귀중한 소유물이니 "함부로 들어가서는 안 된다"고 말했다. 그는 또 그곳에 모인 중국인들을 향해, "당신들 한족은 모르겠지만 이 안에 있는 물건은 모두 국가의 자산"이라고 말했다. 그러자 한족들은 물러갔다. 하지만 티베트인 수십 명이 계속 주변을 떠나지 않았다. 잠시 후, 뜻대로 안 될 것을 깨달았는지 그들도 떠났다. 그래서 될마 라캉은 그날만큼은 무사했다. 하지만 결국은 그곳도

부서졌다고 들었다.

조오 불상이 모셔진 본전은 잠겨 있었기 때문에 석가모니 조오 린포체 불상도 그날은 무사했다. 관리를 맡은 승려가 열쇠를 내주지 않았다. 그래서 본전은 훼손되지 않았다. 나중에 라싸중등학교 학생들이 곡괭이로 석가모니상을 산산조각 냈다는 이야기를 듣고 의아했다. 그날 거의 전교생이 조캉 사원에 갔었지만 그들이 정말 불상을 훼손하려고 했는지는 모르겠다. 당시에는 그런 이야기를 들은 적이 없다. 사진에 찍힌 것처럼 다른 물건들이 파손된 것은 맞다. 어디를 가나 멀쩡한 것이 없었다.

실은 나중에 조캉 사원 승려들한테 들은 말이 있다. 이건 적어둬야 한다. 그들 말이 그날 훼손된 것은 단지 겉으로 보이는 부분에 불과하다고 했다. 물건들을 밖으로 던지는 정도에서 끝났다. 사진처럼 엉망인 상태로 한참을 내버려 두었다. 아무도 나서거나 감히 손을 대지 못했다. 시간이 지나고 나서야 사람들이 서서히 돌아와 치우기 시작했다. 3개월 동안 이 상태였고, 정말 귀한 물건들은 사라져 버렸다. 금이나 은으로 만든 것들은 가장 먼저 빼돌렸고, 그 다음이 구리나 철로 된 물건들이었다. 흙으로 만든 것은 아무도 건드리지 않았다. 그런 것들은 결국 폐기처분되었다.

당시 오래되거나 버리는 물건들을 수매하는 둑챌래쿵이라는 관청이 있었다. 대외무역청 소속이었는데 거기서 사람이 나와서 특히 수도원이나 사원에서 나온 물건들을 수거해 갔다. 사실 버리는 물건이라고 하지만 쓰레기가 아니라 모두 귀한 것들이었다. 조캉 사원의 경우 석가모니상을 제외하고 그곳에 있던 거의 전부가 삼 개월 내에 다 사라졌다. 그러니 그날 파손된 것은 표면적인 피해에 불과했다. 진짜 피해를 입은 것은 나중이다. 진짜 '청소'를 한 것은 국가가 보낸 사람들이었다.

중국인 화가 예싱성은 티베트 골동품 수집가로도 유명하다. 그는 원래 쓰촨성 출신이지만 40년 넘게 라싸에 살았다. 사구타파 운동이 시작되었을 때 그는 이미 라싸중등학교를 졸업한 후였다. 그는 재능 있는 화가였기 때문에 '홍위병 사구타파 주요 성과 전시 사무소'에 자리를 얻었다. 이 사무소는 조캉 사원 안에 있었다. 나는 예싱성과 이야기를 나눌 수 있었다.

외세 *문화대혁명 기간 중 조캉 사원이 홍위병에 의해 훼손되었다. 어떤 일이 있었는가?*

예 *아주 또렷하게 기억한다. 사원을 부순 것은 거민위원회 사람들이었다.*

외세 *라싸중등학교 학생들도 가담했는가?*

예 *학생들도 참여했다. 어쨌든 가장 많이 눈에 띈 것은 거민위원회 사람들이었다고 기억한다. 그들이 삽으로 벽을 파냈다.*

외세 *벽화가 그려진 벽 말인가?*

예 *그렇다. 그들은 마치 흙을 파내듯이 기도길을 따라 그려진 벽화를 삽으로 파냈다. 바르꼬르 주민들이 다수였다. 당시 개별 거민위원회는 관할 구역 내 사구들을 책임지게 되어 있었고 조캉 사원은 바르꼬르 거민위원회 소관이었다. 사원 파괴는 위원회가 조직적으로 주도했다고 생각한다. 윗선에서 그러라고 지침이 내려왔을 것이다.*

외세 *그 말은 조캉 사원을 부수라는 명령이 있었다는 건가?*

예 *그런 조직들이 통상 활동하는 방식을 고려하면 아마 바르꼬르 파출소, 바르꼬르 거민위원회, 성관구 등에 명령이 떨어졌을 것이다. 물론 이런 기관들은 얼마 못 가 제 기능을 못하게 되었지만, 당시에는 아직 그런 상황이 아니었다.*

조캉 사원이 유린당하는 장면을 보여주는 사진에는 사원 지붕에 달린 장식을 쇠스랑으로 긁어내는 홍위병 여학생(사진 37)처럼 라싸중등학교 학생들의 모습이 많이 찍혀 있다. 옆모습이라 여학생의 얼굴은 제대로 보이지 않고 복장은 중국식이지만, 느슨하게 땋아 뒤로 내린 머리카락, 살짝 홍조를 띤 뺨과 보일 듯 말 듯한 미소, 앞으로 숙인 자세 등에서 그녀가 티베트인임을 알아볼 수 있다. 사진을 본 사람들 사이에서는 그녀가 누군지에 대해 의견이 갈렸지만, 결국 오래지 않아 신원이 확인되었다. 그녀는 지금쯤 60대이거나 그보다 고령일 것이다. 그녀가 누구인지보다 그녀가 50년 전 조캉 사원에서의 그 순간에 대해 과연 어떻게 생각할지가 궁금하다. 거북해 할까? 후회할까? 사진 속 그녀는 어리고, 알 수 없는 거대한 열정에 압도되어 오늘날 티베트인들을 충격에 빠트릴 만한 행동을 하게 된 것처럼 보인다. 무엇이 그 열정을 촉발시켰을까? 티베트 민족에게 종교적인 에너지이자 역사적인 장소이며 예술적 영감의 원천인 수도원과 사원이 왜 그녀에게는 주저

없이 소거해 버려야 하는 사구의 쓰레기장으로 여겨졌을까? 왜 그녀는 과거를 망가뜨리면 밝은 새 세상이 올 거라고 믿었을까? 한때 사원 파괴와 같은 혁명적 행사에 참가했던 열성 행동대원들 가운데 이제는 매일 아침 조캉 사원이나 포탈라궁 안을 돌며 기도하고, 매일 저녁 집에서 발우를 정성스럽게 닦으며 살아가는 사람들을 많이 볼 수 있다. 사진 속 그녀 역시 이제는 부처의 가르침에 따라 살아가고 있지 않을까?

하지만 1966년 8월의 그날, 조캉 사원에 최초로 피해를 입힌 가해자는 라싸 중등학교 학생들과 바르꼬르 거민위원회 사람들만이 아니다. 인터뷰를 통해 나는 그 곳에 학생들과 지역 주민 외의 사람들, 특히 당시 이미 조캉 사원에 상주하고 있던 삼교공작단이 있었다는 사실을 알게 되었다.

삼교공작단은 특별한 형태의 조직으로 그 성격에 대해 약간의 설명이 필요하다. 1963년 9월, 베이징 공산당 중앙 위원회의 호소에 부응하여 티베트에 삼대교육운동(중국어로 '싼다이 자오위', 티베트어로 '롭쏘첸뽀쑴')이 시작되었다. 계급, 애국, 사회주의적 미래에 관한 교육을 수행하는 것이 이 운동의 목표였다. 티베트와 중국의 수많은 군인, 간부, 학교를 갓 졸업한 청년들이 삼대교육운동을 티베트 대중에게 전파한다는 특별한 사명을 안고 파견되었다. 이후 수년간 삼교공작단원들은 공산당식 표현을 빌자면 "계급 교육을 이용해 농촌과 유목민 지역에서 계급 투쟁의 봉인 마개를 열도록" 파견되었다.[21] 하지만 삼대교육운동의 진짜 목적은 개개인을 감시하고 반대 세력을 색출해 숙청하는 것이었다.

중국 본토에서 시행된 다양한 사회주의 교육 운동은 대부분 문화대혁명이 시작되기 이전에 중단되었지만, 늘 중국 여타지역보다 정치적 변화가 더딘 티베트에서는 여전히 삼교운동이 진행 중이었다. 그래서 삼교공작단이 사구타파에도 관여했을 가능성이 매우 높다. 문화대혁명 발발 훨씬 이전부터 이미 많은 라마가 비판투쟁을 당했고 많은 수도원과 사원들이 이미 파괴되었던 점을 고려하면, 삼교공작단이 문화대혁명 기간에 벌어진 투쟁대회와 문화재 파괴에 관여하지 않았다고 생각하기는 어렵다. 중국 공산당 스스로 삼교운동이 한창이던 바로 그 시기에 "계급투쟁이 확대되면서 많은 문제를 야기하고, 당의 민족정책과 종교 자유정책을 손상시켰다"고 추후에 인정했다.[22] 내가 인터뷰했던 어느 나이든 티베트 지식인은 티베트 문화대혁명이 삼교운동과 함께 시작되었다고 말했다.

내 생각대로 만약 문화대혁명 이전부터 이미 조캉 사원을 전담하는 삼교공작

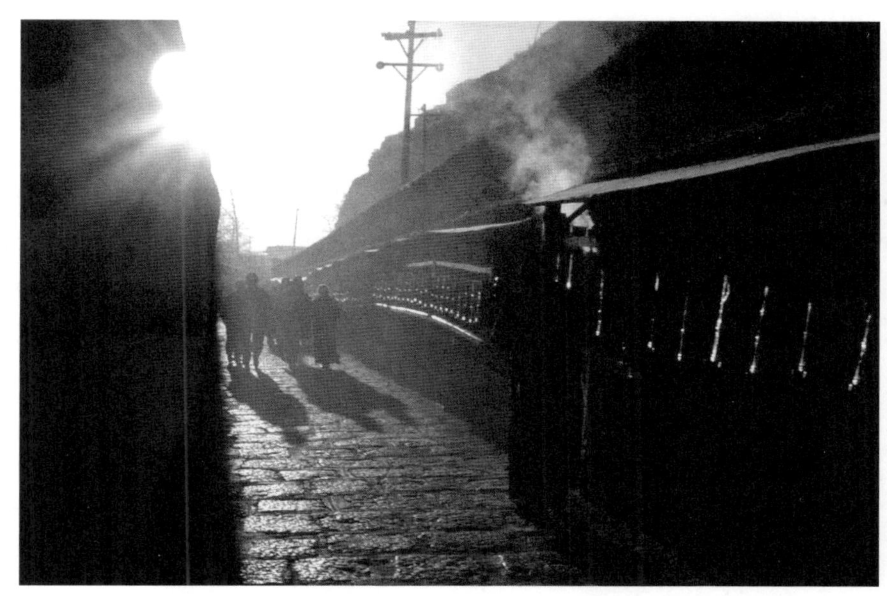

46. 매일 아침 일찍 포탈라궁 둘레길을 돌며 기도로 하루를 시작하는 노년의 라싸 시민들은 마치 금방이라도 시간의 터널을 지나 과거로 사라질 것 같다.

단이 있었다면, 사원이 처음 공격당한 날에도 그들이 사원 주변에 있지 않았을까? 내가 인터뷰한 사람 중 일부가 그 점을 뒷받침해 주었다. 그들에 따르면 8월 24일 아침 학생들과 지역 주민들이 도착하기 전에 삼교공작단원들이 그곳에 있었고, 귀한 법구, 공양물, 오래된 경전, 탕카* 등은 이미 군용트럭에 실어 어딘가로 보내 버린 뒤였다고 한다. 어떤 사람들은 당시 조캉 사원 주재 삼교공작단의 지도자는 리팡이라는 사람이었는데 나중에 성관구 서기가 되었다고 말했다. 사람들은 또 리팡이 언젠가 조오 불상 앞에 있던 황금 램프 하나를 착복했었다고도 주장했다. 정말로 삼교공작단이 당시 바르꼬르에서 여전히 활동 중이었음을 보여주는 사진(사진 119)도 있다. 사진에는 그해 8월 바르꼬르를 '새로운 것을 세워라' 대로(立新大街)로 개명하면서 만든 대자보가 찍혀 있다. 거기에는 "삼교공작 제2단 혁명가 일동"이라고 서명되어 있다.

과거 라싸중등학교 홍위병이었다는 한 인물은 자신 같은 학생들이 그동안 억울하게 비난받았다고 말했다.

---

* 탕카: 티베트 사원의 벽이나 본당의 정면에 걸어 예불에 사용하던 탱화. 두루마리 형태로 만들어 필요할 때 벽에 걸어 사용한다.

1969년이 되자 문화대혁명 직전에 입학한 신입생들을 제외한 우리 학생들 전부를 소위 '지칭', 즉 '지식청년'으로 분류해 시골로 내려보냈다.[23] *우리는 티베트에서 가장 먼저 '지식청년'이 되었다. 라싸의 일반 시민들은 우리가 조캉 사원을 부수는 데 앞장섰던 업보를 치르는 것이라고 말했다. 이번에는 우리가 문화대혁명의 표적이 된 것이라며 우리가 자초한 일이라고 했다. 저학년 학생들도 우리를 원망했다. 자기들을 끌어들인 것은 선배들이라며 우리 때문에 모두 부끄러워 고개를 들 수 없다고 했다. 사실 우리는 희생양이었을 뿐이다. 우리는 혁명적 야망을 지닌 자들의 손에서 놀아난 것 뿐, 방아쇠를 당긴 건 그들이었다. 우리는 어린아이들이었다. 겨우 열여덟, 열아홉에 불과했다. 우리가 뭘 알았겠는가. 어떻게 보면 우리도 희생자다.*

나는 바르꼬르 거민위원회 주임이었던 쭈시(가명)라는 여성에게 조캉 사원이 파괴된 것은 누구의 책임인지 물었다. 사진을 본 그녀의 반응은 의미심장했다. 우선 그녀는 조캉 사원이 파괴되었다는 사실은 인정했다. 하지만 '학교 애들'이 그랬다고 재빨리 덧붙였다. 라싸중등학교 학생들이라는 의미였다. "지역 주민들도 가담하지 않았나?"라고 내가 물었다. "주민들도 많이 참여했다고 들었다"라는 말에 그녀는 눈을 한 번 깜빡이더니 대답했다. "어쩌면 그랬을 수도 있지만, 난 모른다. 나는 들어가지 않았다. 내가 아는 건 학교에서 나온 홍위병들이 사원을 부수러 갔다는 것이다. 주민들 일부가 나중에 합세했는지 모르지만, 그때 감히 그런 짓을 할 수 있는 건 학생들뿐이었다. 학생들 말고 누가 감히 그런 짓을 할 수 있었겠는가?"

나는 쭈시에게 사건 당시 현장에 있었는지 물었다. "그때 우리는 조캉 사원이 당했다는 소식을 듣고 무슨 일인지 보러 달려갔다. 하지만 안으로 들어가지는 않아서 피해가 어느 정도였는지 몰랐다. 나중에 쑹최라에 가보고서야 상황을 알았다. 홍위병들이 조캉 사원을 얼마나 망가뜨렸는지 보려고 온 사람들이 많았다. 도처에서 사람들이 왔다. 애초에 주변 거리에 있던 사람들도 있고, 사원 둘레를 돌며 기도하던 사람들도 있었는데 모두들 이야기를 듣고 모여든 것이다."

사람들이 그때도 여전히 사원을 돌며 기도를 하고 있었는지 내가 묻자, "그렇다"라고 그녀가 대답했다. "홍위병들은 느닷없이 들이닥쳤다. 얘기는 들었지만 언제 나타날 것인지는 몰랐다. 그래서 그들이 갑자기 나타났을 때 사원 주변에 기도하는 사람도 있었고, 오체투지를 하는 사람도 있었다." 여기까지 말하고 그녀는 사진 중 하나를 가리켰다. "하지만 빨간색 작은 깃발을 흔들면서 구호를 외치고 있는 이 사람들은 거민위원회가 조직한 사람들이다." 나는 그녀에게 그날 상황을 보고 어떤 생각이 들었는지 물었다. 그녀는 잠시 망설였다. "그걸 어떻게 설명하나. 나는 망가진 사원이 걱정이었다. 하지만 누구도 드러내 말하지 못했다! 낙인찍히고 싶어 하는 사람은 없었으니까! 아무도 그럴 배짱이 없었다." 그녀의 목소리가 흥분으로 고조되었다. "하지만 마오쩌둥이 '사령부를 포격하라'고 부추기는 대자보가 아니었다면, 이런 저런 캠페인이 아니었다면, 어떻게 학생들이 그런 일을 저지를 수 있었겠는가? 그 이전까지 학생들이 불교 사원에 손을 댄 적은 단 한 번도 없었다." 쭈시는 티베트어로 이야기했지만, 정치적인 단어들은 중국어로 말했다. '조직하다'라는 말은 '쭈즈', '낙인찍히다'라는 말은 '커우 마오쯔'라고 했다.[24] "사령부를 포격하라"는 말은 '파오다 쓰링부'라고 했다.

잠빠 린첸은 아직 어린아이였을 때 승려가 되었고, 문화대혁명 이후 다시 불교에 귀의했다. 그는 한때 행동대원으로서 손색이 없는 이력을 지녔다. 1959년 이후부터 이어지는 문화대혁명 기간에 그는 라싸 내 거민위원회 민정위원, 민병대원, 홍위병, 조반파 '갠록'의 일원으로 활동했다. 그는 공산주의를 종교처럼 믿었고, "인민을 위해 복무하라"는 교의에 순종했으며, 이념을 곧이곧대로 실천했다. 그래서 그의 기억은 모순과 혼란으로 가득하고, 바로 그런 이유 때문에 그의 이야기는 당시 한 개인이 실제로 무엇을 생각하고 어떤 일을 겪었는지를 분명히 보여준다.

47. 2003년, 잠빠 린첸. 친척 어른의 소개 덕분에 그를 만나고 이야기도 들을 수 있었다.

얼마 후, 우리는 또 다른 회의에 나갔다. 거기서 승리사무소의 당서기 장씨에게서 지시를 전달받았다.[25] *그*

는 우리의 임무가 수르시와 조오시를 때려 부수는 것이라고 말했다.[26] 수르시도 조오시도 모두 사구라고 했다. 거민위원회가 책임지고 관할 구역 내 수르시와 조오시를 부숴야 한다고 했다.

톰시캉 거민위원회 소속이었던 우리는 까니고시를 철거하는 임무를 맡았다. 까니고시는 네 개의 면이 있는 흰색 불탑으로, 바르꼬르 북쪽 낭쩨쌰과 마니 라캉 근처에 있었다. 지어진 지 500년 가까이 된 유서 깊은 불탑이었다. 까니고시를 세운 사람은 노르부 상뽀라는 부유한 상인이고, 그 상인이 죽은 뒤 그 시신을 불탑 안에 안치했다고 한다.

당시 나는 민병대에서 하급 지휘관 정도의 위치였다. 당시 민병대를 지휘한 사람은 강축인데 아직 살아 있다. 지금은 톰시캉 거민위원회 서기다. 강축이 우리를 까니고시로 데리고 가서 나와 지금은 죽고 없는 쐬남이라는 청년에게 불탑 위로 올라가라고 했다. (거민위원회) 높은 사람들 말은 무조건 복종해야 했다. 우리는 시키는 대로 불탑 위로 올라갔다. 불탑 꼭대기에는 해와 달의 모양을 본뜬 구조물이 있었다. 쐬남과 나는 들고 올라간 곡괭이로 구조물을 떼어내려고 했다. 하지만 잘 떨어지지 않았다. 해와 달이 아주 단단하게 고정되어 있었다. 그래서 이번에는 밧줄에 걸어서 당겨 보았다. 그러자 장식이 떨어졌고 수많은 보물이 모습을 드러냈다. 구안(九眼)천주, 터키석, 산호, 비취옥과 금, 은도 있었다.[27] 나는 보물들을 카딱으로 싼 뒤 동료들에게 손대지 말라고 단단히 일렀다. 나는 카딱으로 싼 꾸러미를 거민위원회의 또 다른 간부인 노르노르-라에게 전달했다. 그러면서 생각했다. "나도 한때는 다바(승려)였는데, 그런 내가 불탑을 부쉈으니 나쁜 업보를 쌓았구나. 그렇다고 혁명에 가담하지 않을 수도 없다." 나는 조용히 속으로 빌었다. "다음 생에는 불탑을 만들 수 있을 만큼 아주 부유한 집안에 태어나서 내가 부순 것과 똑같은 불탑을 새로 만들어 세울 수 있게" 해 달라고.

그때, 라싸중등학교의 학생들이 북과 징을 들고 도착했다. 그들은 사구를 없애러 왔다며 여러 가지 구호를 외쳤다.

하지만 우리는 하던 일을 마무리하지 못했다. 성관구 건축대 대장이 와서 불탑이 톰시캉 거민위원회의 소관이 아니므로 자신들이 인수하겠다고 했다. 그래서 그들이 이어서 불탑을 철거했다. 그들은 불탑 안에서 노르부 상뽀의 시신을 끌어냈다. 시신은 쪼그라들어서 매우 작았다. 그들은 시신을 이리저리 끌고 다

니며 구경시켰다. 시신을 나중에 어디다 버렸는지는 아무도 모른다. 그들은 또 불탑 안에 남아있던 보물도 꺼냈다. 건축대가 그 보물을 자기들 선임자에게 제대로 전달했는지 착복했는지는 알 수 없다. 확실한 것은 아무도 그 보물을 다시 보지 못했다는 것이다.

같은 날 조캉 사원이 파괴되었다. 대부분의 피해는 바르꼬르 거민위원회의 소행이었다. 조캉 사원은 그들의 관할이었기 때문이다.

내가 인터뷰한 쭈찌(가명)라는 여성은 메루 거민위원회 관할 주민이었다. 그녀가 기억하는 사건의 진상은 다음과 같았다.

어느 날 모두 옷을 제대로 차려 입고 다음날 아침 집회에 참석하라는 거민위원회의 통지가 있었다. 우리는 괭이, 곡괭이, 등에 지는 바구니를 준비해 가야 했다. 누구도 집에 남아서는 안 되고, 어떤 사정도 불참의 사유로 인정되지 않았다. 집회에 나타나지 않는 사람은 호적이 말소되고 식량 배급이 취소된다고 했다. 그래서 무엇을 하러 가는지도 모르면서 우리는 아침 일찍 집을 나섰다. 거민위원회가 빠짐없이 참석했는지 확인하기 위해 가구당 머릿수를 확인했다. 곧이어 회합이 시작되었고, 사구를 부수러 갈 거라는 통보가 있었다. 우리는 시키는 대로 줄을 섰다.

어디로 가는지도 모르고 따라갔다. 일부는 체빡라캉으로, 일부는 규매로 다른 일부는 시토라캉으로 데리고 갔다. 체빡라캉은 라모체 사원 옆에 있는 법당이다. 시토라캉은 제붐강 부근에 있고, 규매는 티베트 내 두 곳의 밀교(탄트라 불교) 사원인 상밀원과 하밀원 중 하밀원으로 메루 사원 부근에 있다. 체빡라캉, 시토라캉, 규매 모두 메루 거민위원회 관할이었다. 홍위병과 거민위원회 행동대원들이 먼저 법당들과 하밀원을 부수고 나면 우리 일반 주민들이 부서진 불상 조각들을 등에 진 바구니에 담아다가 길에 내다 버렸다. 우리는 또 경전도 찢어서 길에 버렸다. 모두 거민위원회의 지휘에 따라 움직였다. 나는 불상 조각을 버리는 작업조였다. 불복종은 있을 수 없었다. 지시를 따르지 않았다가는 불호령이 떨어지고 심지어 호적이 말소되어 식량 배급에서 제외되는 심각한 조치를 당할 수도 있었다. 모두들 시키는 대로 움직였고 감히 거역하지 못했다. 다들 무서워서 달리 선택의 여지가 없었다. 행동대원

말고 좋아서 참여한 사람은 없었다.

제2위원회(쭈찌는 제붐강 거민위원회를 이렇게 불렀다)의 임무는 라모체 사원을 부수는 것이었다. 라모체 사원에 모신 석가모니상은 (7세기) 네팔 브리쿠티 공주가 혼인할 때 라싸로 가지고 온 불상이다. 라모체 불상은 금속으로 만들어졌다. 점토 불상은 부숴서 길에 버릴 수 있었지만, 이 금속 불상은 톱으로 잘라야 했고 그렇게 해서 두 동강 난 불상을 라싸에 있는 창고에 보관했다. 믿어지는가? 문화대혁명이 끝나고, 불상의 위쪽 절반이 베이징에서 발견되었다. 판첸 린포체(10대 판첸 라마)가 불상의 라싸 귀환을 추진했다. 결국 두 동강 났던 불상을 복구해 다시 라모체 사원에 모셨다.

두 사람의 진술을 바탕으로 짐작해 볼 때, 라싸의 거민위원회들이 사구타파 운동을 계획하고 실천하는데 중요한 역할을 한 것 같다. 하지만 그들 윗선, 그리고 그 윗선의 윗선으로부터의 지시 없이 감히 거민위원회가 나설 수 있었을까? 당시 거민위원회 간부였던 사람이 이 부분에 대해 설명해 주었다. "거민위원회에 임무를 할당한 것은 성관구였다. 성관구 위에 라싸시정부, 그 위에는 티베트자치구 정부…."

물론 학교도 그 과정에서 영향을 미쳤다. 마오쩌둥을 등에 업은 홍위병들은 대부분 중고등학생 및 대학생이었다. 학생 홍위병은 일종의 성자들처럼 비쳤다. 그들이 무슨 짓을 하건 그것은 반항이었고, 당시 그들이 외친 구호처럼 반항은 무엇이든 정당했다.

많은 사람들은 사원과 수도원 파괴의 초기 단계에 가담한 것이 학생 홍위병과 거민위원회 행동대원들이었다고 진술했다. 하지만 사구타파 운동이 전개되면서 승려들도 강제로 사원 파괴에 동원되었다. "너희 승려들이 만든 우귀사신의 불상이니 너희 손으로 박살내라"는 논리였다. 내가 인터뷰한 사람들 거의 모두가 거부하면 사람들의 비난을 받고 감옥에 갈 수도 있었기 때문에 어쩔 수 없이 사원 파괴에 가담했다고 말했다. 극한의 공포에 내몰렸을 것이다.

이 모든 사태를 처음 촉발한 것은 베이징 톈안먼 광장이 내려다보이는 연단에서 손을 흔들던 마오쩌둥일 수도 있고, 아니면 당시 티베트의 정치권력과 무력을 손에 쥐고 있던 장궈화일 수도 있다. 어쩌면 라싸 성관구의 어느 공산당 서기나 어느 지역 거민위원회 우두머리였을 수도 있다. 하지만 자각이 있었건 없었건, 고

의였건 실수였건, 맹목적인 복종이건 강요에 의한 가담이건, 많은 지역민들이 참여한 것도 부정할 수 없는 사실이다. 어쩌면 그들은 상황을 이해하지 못했거나, 조종당했거나, 착취당했던 것인지도 모른다. 하지만 이른바 대중이라고 부를 만한 보통사람뿐만 아니라, 홍위병이 된 학생, 홍위병이 된 일반 주민, 홍위병이 된 노동자, 홍위병이 된 농민, 홍위병이 된 유목민도 그들 중에 있었다는 점 또한 의심할 여지없는 진실이다.

왜 그렇게 되었을까? 새로운 사상이 약속하는 미래, 새로운 세상을 지향하는 강력한 이상주의적 열정과 소망에 이끌려 자발적으로 나선 이들은 얼마나 되고, 권위주의 체제가 만들어낸 홍색의 공포 분위기에 압도당해 의지와 무관하게 극단주의의 강력한 파도에 휩쓸릴 수밖에 없다고 느낀 이들은 또 얼마나 될까? 이 둘은 서로 배타적인 별개일까, 하나 안에 공존하는 양면일까?

조캉 사원 지붕위에 마오쩌둥의 초상을 걸고 있는 사진(사진 38)을 자세히 보다가 나는 초상화와 그 위에 나부끼는 오성홍기가 티베트의 종교적 전통과 얼마나 이질적인 상징물들인지 새삼 깨닫는다. 초상화와 오성홍기는 불교 상징물인 법륜과 두 마리 사슴이 있던 자리를 차지했다. 그런데 이 사진은 그때까지 티베트에서 전례가 없었던 또 다른 현상도 보여준다. 불교 상징들을 마오쩌둥의 초상화와 오성홍기로 바꿔달고 있는 이 사람들은 티베트 전통 의상을 입지도 않고, 염주와 마니차도 버렸다. 대신 이들은 군복을 입고, 홍위병 완장을 차고 있다. 그러나 이 티베트 청년들은 조상들의 신앙심에 결코 뒤지지 않을 신념을 가지고 행동하고 있는 것 같다. 마오쩌둥의 초상을 사원 지붕에 내다 거는 이 젊은이들이 혹시 마오 주석을 전지전능한 새로운 신으로 여겼던 것은 아닌지 의아해진다.

사진은 조캉 사원 앞에 모여 지붕 위에서 벌어지는 일을 지켜보는 군중의 모습을 포착했다. 문화대혁명 이전이었다면 오체투지를 하는 사람들로 발 디딜 틈이 없었을 장소다. 50년이 흐른 지금 이 곳은 다시 오체투지에 몰두하는 신도들로 붐비고 있다. 변하지 않은 것은 무엇인가? 또 완전히 변한 것은 무엇인가? 사진에 찍힌 사람들은 남녀 모두 당시 중국 어디에서나 천편일률적으로 유행했던 군복 차림이다. 얼굴이 선명하게 찍힌 단 한 사람, 응악왕 교장의 머리 모양이나 옷만 보고는 그가 티베트인인지 중국인인지 판단할 수 없다. 물론 당시에는 그런 구별이 별로 의미가 없었고 응악왕 교장은 심지어 티베트와 중국의 혼혈이다. 하지만 이 순간은 상당수의 티베트인이 한족을 비롯해 중국의 다양한 민족들과 동일한 신앙을 얻은, 역사적으로 특별한 순간이다. 그 하나의 신앙 안에서 신심으로 충만한 이들이 마음으로 섬기는 새로운 신은 마오쩌둥이었다.

왜 이런 일이 벌어졌는지 그 이유는 불분명하다. 갑작스러운 변화가 모든 것을 전복시키고, 낡은 상징들이 새로운 상징들로 교체되도록 허용하고, 이전의 신을 대체할 새로운 신을 요구한 것일까? 티베트인들은 자신들의 신을 그리 쉽게 버릴 사람들이 아니다. 하지만 1950년에서 1959년 사이 여러 사건들을 겪은 티베트인들은 새로 나타난 신이 너무나 강력해서 오랫동안 티베트 땅에 머물던 신들이 패배했다고 생각하게 된 것 같다. 티베트인들은 눈앞에서 벌어진 모든 일들에 큰 충격을 받고 망연자실한 나머지 문화대혁명이 벌어졌을 때는 새로운 현실을 받아들일 수밖에 없었는지 모른다. 그렇게 조캉 사원은 폐허가 되었고 새로운 신이 티베트를 장악했다.

중국에서 온 홍위병들

티베트자치구에는 지역 홍위병들 외에 중국 본토에서 온 홍위병들도 있었다. 그들은 라싸의 사구타파 운동에 어디까지 관여했을까?

우선 타오창쑹의 말대로 라싸 홍위병은 중국 타 지역에서 온 홍위병들과 '거의 무관하게' 생겨났다. "내륙에서 온 홍위병들 중에 베이징에서 온 사람들만 좀 영향력이 있었다. 그들조차도 지역 홍위병 창설과 특별히 관계가 있는 것은 아니었다."

베이징에서 귀환한 대학생 홍위병 다와 체링에 따르면 티베트자치구 외부에서 들어온 홍위병들의 주요 역할은 '열정을 불러일으키는 것'이었다. "우리의 목표는 그 뿐이었다. 새로운 조직이 생기건 말건 우리와는 상관없었다." 하지만 그도 역시 외부 홍위병들이 불러일으킨 열정이 처음에는 매우 효과를 발휘했음을 인정했다.

앞서 언급했듯이, 다와 체링이 같은 대학 한 학년 아래의 응악왕 체링과 함께 티베트로 귀향한 것은 1966년 8월 초였다. 수도 베이징에서 시작된 문화대혁명을 고향에 전파하기 위해 그들은 기차를 타고 당시 중국과 티베트자치구를 잇는 중요한 운송수단이었던 칭짱(칭하이-시짱) 철드의 분기점인 간쑤성 류위안까지 갔다. 류위안에서부터는 차로 라싸까지 이동해 티베트자치구 제2초대소(중국어로는 간단하게 '얼쒀(二所)'라고 부른다)에 묵었는데, 이곳은 달라이 라마의 가족이 1959년 망명 전까지 거주하던 관사로 원래 이름은 '얍시 딱체르'였다. 문화대혁명이 시작되자 이 관사는 중국 전역에서 온 홍위병들을 위한 숙소로 제공되었다. 이후 라싸의 홍위병들이 두 파벌로 나뉘어 싸울 때 갼록이 얍시 딱체르를 본부로 사용했다.

다와 체링에 따르면 중국 본토에서 처음 라싸에 들어온 홍위병들은 '기본적으로 모두 티베트인'이었다. 대다수가 중국 본토로 공부하러 갔던 티베트 학생이었다고 그는 말했다. 산시성 셴양에 있는 티베트민족학원 학생이 대부분이고, 나머지는 주로 베이징 중앙민족학원 학생이었다. "처음에는 한족이 거의 없었다. 나중에는 수가 늘었지만 대부분 아주 잠깐 머물다 갔다. 우리가 라싸에 있는 동안에는 한족이 약 1~2백 명이었고, 며칠 머물다 가는 사람이 조금 더 있는 정도였다. 하지만 잠깐 머무는 사람들까지 전부 합해도, 주변에 한족 홍위병은 기껏해야 천 명을 넘지 않았다." 다와 체링의 친구 응악왕 체링은 나중에 라싸 티베트 사회과학연구원 현대 티베트 연구소장으로 재직했다. 그 역시 혁명을 실현하고자 라싸로 달려온 한족 홍위병의 수에 대해 비슷한 기억을 가지고 있었다.[28]

48. 현재의 포탈라궁과 매일 그 앞에 게양되는 중국 국기. 포탈라라는 이름은 지상에 구현된 순수한 땅을 의미하지만, 현실의 포탈라는 티베트인들과 주변을 둘러싼 풍경이 그랬듯 기나긴 세월 동안 온갖 종류의 극적인 사건들을 목격했다.

49. 14대 달라이 라마의 가족이 거주했던 얍시 딱체르. 라싸의 짱쏍쌰르라는 곳에 있으며 지난 60여 년 동안 여러 차례 운명이 바뀌었다. 문화대혁명 초기에 이곳은 티베트자치구 제2초대소였다. 이후에는 조반파 갼록의 사령부로, 1980년대에는 국영 티베트 호텔의 직원 기숙사로 사용되었다.

다와 체링과 음악왕 체링이 다니던 칭화대학교는 중국 전역의 홍위병을 양성한 요람이었을 뿐만 아니라, 한때 이름을 떨쳤던 홍위병 지휘관 콰이다푸의 모교이기도 하다. 문화대혁명이 끝난 후 베이징 외곽 친청 교도소에 수감되었다가 지금은 선전시에서 사업가로 활동하고 있는 콰이는 다와 체링, 음악왕 체링과 아는 사이였다. 40년이나 지났지만 그는 여전히 그 둘을 또렷이 기억하고 있었다. 2003년 인터뷰에서 콰이는 당시 상황을 이야기하다가 다와 체링이 칭화대학교 한족 학생들 몇 명과 함께 티베트에서 문화대혁명을 촉발시키는 임무를 띠고 라싸로 돌아갔다고 회상했다. 그는 또 라싸에서 베이징으로 돌아온 다와 체링이 자신에게 54형 권총을 선물했다고도 했다. 다와 체링에게서는 듣지 못한 이야기였다. 음악왕 체링과의 인터뷰에서 들은 바에 따르면 음악왕 체링과 다와 체링이 라싸 갠록 지휘관이었던 타오창쑹과 베이징의 콰이다푸 사이에서 다리 역할을 했고, 이렇게 콰이다푸를 통해 라싸 혁명 세력과 베이징 중앙문화대혁명 소조 간의 소통이 이루어졌다.

나는 또 셴양 티베트민족학원에 다니다가 라싸로 갔던 홍위병, 옌전중도 인터뷰했다. 옌은 허난성 출신 후이족이다. 이후 그는 〈티베트 문학(시짱원쉐)〉의 편집장으로 나와 함께 일했다. 옌은 당시의 경험에 대해 다음과 같은 이야기를 들려주었다.

나는 1966년 10월 티베트에 도착했다. 그 당시 나는 22살이었고, 티베트민족학원 학생이었다. 우리 학교에서 티베트로 간 사람들은 아마 우리가 처음일 것이다. 적지 않은 인원이었는데, 수백 명은 됐다. 한족만 약 200명이었고, 정확한 인원수는 기억이 안 나지만 티베트인도 많았다. 류위안에서부터는 트럭으로 이동했다. 라싸에 도착해 보니 베이징에서도 벌써 홍위병들이 와 있었다. 베이징 여러 학교와 대학에서 온 홍위병들이었고 다수가 티베트인이었다.

처음 얼마간 퀸델링 수도원에서 지냈지만, 곧 제2초대소로 옮겼다. 원래는 달라이 라마 일가가 살던 곳이었지만 당시에는 이미 베이징 홍위병과 우리를 위한 숙소로 사용되고 있었다. 우리의 활동은 주로 대자보를 만들고 집회를 여는 것이었다. 그러다가 가끔 티베트자치구 당위원회, 티베트군구 및 다른 단웨이에 쳐들어가곤 했다.

당시 지역 홍위병들과의 접촉은 적었다. 우리는 주로 같은 학교 학생들끼리 다녔다. 하지만 조반이면 누구나 동지였고, 우리들끼리는 형제자매, 심지어 부모보다 더한 친밀감을 느꼈다. 우리는 늘 가장 좋은 것을 서로 나누었다. 모두 돈 없는 가난뱅이였다. 우리는 여기저기 돌아다녔고 아무데서나 먹었다.

나는 여행을 좋아했다. 라싸로 온 지 얼마 안 돼서, 친구 둘과 함께 시가체에 갔다. 시가체의 타시룸포 수도원은 이미 공격을 당하고 있었다. 법당들은 부서지고 부서진 불상과 찢어진 경전들이 여기저기 쌓여 있었다. 그래도 작은 금불상 같은 괜찮은 물건들이 아직 눈에 띄었고, 아주 오래된 골동품들도 주워 담을 수 있었다. 그래봐야 작은 거였다. 나는 나무 장식품을 하나 주워 외투주머니에 넣었다.

1967년 1월이 끝나갈 무렵, 옌은 티베트를 떠났다. 그는 티베트에서 총 3개월을 지냈다.

칭짱 철도 류위안 분기점을 지나 티베트 북쪽에서 진입하지 않지 않고 쓰촨성 청두를 거쳐 티베트 동쪽에서 들어오는 홍위병들도 있었다. 베이징 제47 고등학교에서 졸업을 앞두고 있던 청더메이도 그중 하나였다.[29] 청더메이는 베이징 내 다른 학교에 재학 중인 일행 여섯 명과 함께 '수도의 홍색 임무를 잇는 원정대'를 조직했다. 1966년 12월 베이징을 출발한 원정대는 쓰촨-라싸 경로를 따라 3개월간 약 2400킬로미터를 걸어서 이동했다. 당시의 관행대로 이들은 '티베트행 원정 선언'이라는 제목으로 자기들끼리 선언문을 발표하기도 했다.

우리는 5천리 촨짱(쓰촨-티베트) 도로와 해발 수천 미터 티베트 고원 위에 문화대혁명의 불을 밝혀 마오 주석이 밝힌 문화대혁명의 횃불이 티베트 고원은 물론 온 나라에 퍼지고, 문화대혁명의 거센 물결이 나라 구석구석까지 기세를 떨치고, 사회주의 사상이 온 세상에 꽃피도록 하겠다.

앞으로 만나게 될 '혁명대중'을 교화하겠다는 홍위병들의 열정이 얼마나 대단했는지 드러나는 문장이다. 문화대혁명이 끼친 피해를 생각하면 청더메이 일행이 선언문을 통해 밝힌 목표는 대체로 달성된 듯하다. 청더메이의 회고록은 비록 미화와 반성 없는 향수로 일관하고 있긴 하지만, '수도에서 온 홍위병'이 변방의 구석구석까지 사구타파의 격랑이 미치도록 인민들을 감화했다는 사실만큼은 분명히 드러내고 있다.

청더메이의 일행이 남긴 기록에 따르면 그들이 쓰촨성 티베트인 거주 지역인 얼랑산 인근 삼림지역에 도착했을 때 다른 지역 출신 원정 홍위병 부대들과 마주쳤다. 즉 쓰촨-티베트 노선을 거쳐 티베트에 들어온 홍위병들이 적지 않았다는 뜻이다. 이 노선을 따라 이동하다 보면 당시 이미 쓰촨·윈난·간쑤·칭하이성 정부 하의 '자치주' 또는 '자치현'으로 편입된 상당한 규모의 티베트인 거주 지역을 다수 거치게 된다. 이런 티베트인 거주지에는 사구로 분류될 만한 물건들이 많이 남아 있었을 테고 그런 물건들은 그 일대를 지나 이동하던 홍위병들에게 압수당했을 것이다. 대체로 멀리서 온 홍위병보다 지역 홍위병의 수가 더 많았고, 사구를 때려 부수겠다는 지역 홍위병의 열정 또한 만만치가 않았다. '베이징'이라는 말만 들어도 마치 '마오 주석'이라도 나타난 것처럼 흥분하던 시대였으니, 소위 '본토' 출신들, 무엇보다 수도에서 온 홍위병이 지역 홍위병에게 미친 영향력은 대단했을 것이다.

쭈쑴은 내게 라싸의 홍위병들이 중국 본토에서 온 홍위병들을 우러러보는 경우가 많았다고 말했다. 당시 라싸의 어린 학생들에게 베이징 홍위병들은 특별했다. 그들은 중앙당의 정신과 기운을 띤 사람들이므로 당연히 신뢰할 수 있었고, 그들에게 복종하는 것이 당연했다.

사원 유린의 여파

1966년 8월 24일 조캉 사원에서 벌어진 사건에 관해서는 그동안 수많은 논란이 있었다. 하지만 그때 그곳에서 실제로 어떤 일이 벌어졌는지 이해하는데에는 여러 마디의 말보다 당시 내 아버지가 찍었던 사진들이 더 도움이 될지 모른다.

조캉 사원이 심각하게 손상된 것은 사진상으로도 분명하다. 2층 발코니에서 아래층 대정원으로 던져진 불상과 불교 유물들의 잔해(사진 35)만 봐도 알 수 있다. 자세히 보면 티베트인들이 수호신으로 섬기는 뺄댄 라모의 법의와 마니차들이 보인다. 바로 얼마 전까지 조캉 사원 경내의 기도길을 걷던 순례자들이 관세음보살(쨴래식) 진언을 읊조리며 돌렸을 마니차들이다.[30] 그밖에도 특별한 의례에 사용하기 위해 천상 궁전의 형상을 재현해 만든 목제 만다라, 버터 램프를 보관하는 선반,

법륜 양쪽에 세워져 있던 것으로 2500여 년 전 인도의 녹야원에서 붓다가 행한 첫 설법을 상징하는 두 마리 사슴상도 보인다. 조캉 사원이 얼마나 엄청난 재난을 겪었는지 한눈에 보여주는 사진이다. 원래의 모습을 알아볼 수 없을 정도다.

"꾄촉쑴, 삼보에 귀의하나이다.*" 어느 티베트 민속학자가 이 사진을 보더니 내게 말했다. "사진을 보는 것만으로도 두렵다. 어떻게 이 사진을 찍었는지 감히 상상도 못하겠다."

사진만 봐서는 이 폐허 속에 또 무엇이 묻혀 있는지 알 수 없다. 이 폐허 더미에 조캉 사원 1층 조오 린포체 좌측 법당에 있던 십일면 천수천안관세음보살의 파편이 묻혀 있을지 모른다. 티베트인들은 열한 가지의 얼굴, 천 개의 팔, 천 개의 눈을 가졌다는 이 관세음보살을 특별히 '대자대비의 마음'이라는 뜻의 '툭제첸뽀'라고 부른다. 조캉 사원의 툭제첸뽀 관세음보살은 지금으로부터 1300여 년 전인 7세기, 티베트 왕 손챈감포가 여러 성지의 흙을 모아 만든 것이라고 한다. 티베트 전통 문학에서는 손챈감포와 그의 아내들인 네팔 브리쿠티 데비 공주와 중국 원청(문성)공주의 영혼이 관음상 안에 녹아 들어갔다고 전하고 있다. 문화대혁명 이후에 떠돌던 소문에 따르면, 독실한 신자들이 조캉 사원을 공격하러 들어간 행동대원들 틈에 섞여 망가진 관음상의 얼굴 여덟 개와 불상 안에 들어있던 보석, 약초, 향료, 신성한 곡식 등 복장물(숭슉)을 몰래 빼내다가 숨겼다고 한다. 굉장한 위험을 감수한, 어쩌면 목숨까지도 건 행동이었을 것이다.

관세음보살의 얼굴과 불상 내부에서 꺼낸 보물인 복장물은 신성시되었고 이후 여러 사람들의 손을 거쳐 마침내 인도에 있는 관세음보살의 현신, 달라이 라마의 손에 들어갔다. 1970년, 달라이 라마가 체류하고 있는 인도 다람살라에 새로운 조캉 사원이 세워지면서, 달라이 라마의 교지에 따라 새로 만든 십일면 관세음보살상에 구출된 여덟 개의 얼굴 중 일곱 개를 복원해 넣었다. 여덟 번째 얼굴은 문화대혁명이 끼친 참상을 기억하기 위해 새로 모신 관세음보살상 바로 옆에 따로 남겨두었다. 라싸에서 가져온 신성한 복장물들은 다시 특별한 의례를 거쳐 새로운 관세음보살상 안에 모셨다. 그때부터 라싸 조캉 사원에서 상처 입은 관세음보살의 영혼은 다람살라 관세음보살의 영혼과 하나가 되었다.

1980년대 티베트에서 인도로 도피해 독학으로 학자가 된 후 타이완 달라이 라마 재단 이사장이 된 다와 체링(칭화대학교 홍위병과는 다른 인물)은 이 이야기를 뒷받

* 꾄촉쑴(삼보): 삼보(부처, 가르침, 승려) 또는 불교에 귀의한다는 간절한 기원 또는 맹세

침할 만한 자세한 내용을 편지로 써서 보내 주었다.

홍위병들이 닥치는 대로 물건을 부수고 다니는 동안 네팔계 티베트인 하나가 관세음보살의 머리를 챙겨서 집으로 가지고 갔다. 그는 원래 조캉 사원 인근 메루닝빠(메루 사원) 소속 승려였는데 당시에는 이미 승려의 신분을 버리고 홍위병이 되어 있었다. 법적으로 그와 그의 가족은 티베트인이 아니라 카짜라, 즉 티베트계 네팔인이었기 때문에 당시 광범위하게 시행되던 가택 수색을 면했다. 그리고 엄밀히 말해 외국인이었던 이 사람은 신앙심이 투철했다. 이런 여러 가지 상황의 도움으로 그는 나중에 관음상의 머리를 가지고 티베트를 떠날 수 있었고, 이것이 걜와 린포체, 즉 달라이 라마에게 헌납되었다. 그래서 이 관음상의 머리가 다람살라 조캉 사원에 모셔질 수 있었다.

조캉 사원의 본존불인 조오는 열두 살의 석가모니를 형상화한 불상으로, 석가모니가 직접 영을 불어넣었다고 전해진다. 이 불상은 1300년 전 티베트에 도래한 이후 티베트 신앙의 구심점으로 자리 잡았고, 조캉 사원뿐 아니라 라싸 그리고

50. 조캉 사원의 석가모니 불상인 조오 린포체 또는 조오. 왼쪽 허벅지에 난 구멍이 선명하게 보인다. 승려들 중에는 이 구멍이 홍위병의 소행이라고 믿는 사람들도 있지만, 다른 사람들은 이 구멍이 불교를 탄압했던 9세기 랑다르마 왕 때부터 있었고, 홍위병의 첫 번째 공격 때 원래 구멍 옆에 새로 구멍이 뚫렸는데 이후에 복구되었다고 말한다. 홍위병 공격 때 생긴 구멍은 이제 보이지 않지만, 불상 표면을 두드려 보면 구멍이 있던 부분은 속이 비어 있는 듯한 소리가 난다고 한다.

티베트 전역 모든 사람의 삶을 지탱해 왔다. 하지만 이 불상도 문화대혁명 중 훼손되었다. 많은 사람들은 조오가 조캉 사원에서 유일하게 파괴되지 않고 살아남은 불상이라고 생각하지만 사실 내가 인터뷰하면서 알게 된 것처럼 조오도 홍위병들의 곡괭이를 피하지 못했다. 당시 현장에 있었던 라싸중등학교 중등부 66년 졸업생은 동급생이 조오의 다리에 구멍을 냈던 일을 떠올렸다. 그 동급생은 지금 관직에 있는데 과거 자신의 '혁명적 행위'에 대해 적어도 겉으로 보기에는 전혀 후회하지 않는다고 한다.

현재 조캉 사원에 있는 고령의 승려들 중에는 한때 조오 불상을 덮었던 보석 장식과 비단덮개가 다 사라지고, 불상에 욕설이 적힌 고깔모자를 씌워놓아야 했던 시절을 기억하는 사람들도 있다. 불상의 얼굴과 몸을 칠했던 금박도 벗겨지고, 눈썹 사이에 박혀있던 보석도 누군가 뽑아버렸다. 불상에 달려 있던 오래된 금귀고리도, 불상 앞에 두던 역시 금으로 된 등(燈)과 그릇들도 모두 마찬가지였다. 까니고시 불탑 철거에 참여했던 쟘빠 린첸은 조오 린포체를 비롯해 조캉 사원 내 여러 불상 안에 봉안된 보리 이삭과 보물들을 모두 누군가 꺼내갔다고 말했다. 그는 또 곡식은 식량국이 꺼내다가 빻아서 짬빠 가루로 만들었다고 말했다. 조오 불상은 금속 연꽃 방석 위 제자리를 지킬 수 있었지만, 곡괭이에 맞아 부서지고 옷과 장신구를 빼앗겼다. 다행히 조오 불상 위에 드리운 금속 일산은 수년간 향 연기를 쐰 덕에 완전히 검게 변했기 때문에 약탈당하지 않았다. 이 일산은 중국 공산당이 만든 지역 자문 위원회인 라싸 인민정치협상회의가 조캉 사원 안에서 운영하던 사무소 내에 오랫동안 보관되었다. 수년 후 조캉 사원이 다시 개방된 후에야 일산은 원래 자리로 돌아왔다. 이후 여러 번 닦고 문지르기를 거듭한 결과 본연의 황금색을 되찾았다.

조오 상은 원래 보석이 박힌 다섯 개의 금관을 쓰고 있었다. 각 금관은 다섯 부처를 상징하는 다섯 개의 꽃잎 형상이었다. 다섯 금관은 긴 세월에 걸쳐 완성되었는데, 처음에는 15세기 종교 개혁가 쫑카빠, 이후에는 썌다 가문, 제5대 달라이라마, 20세기 초 군 사령관이자 각료대신이었던 차롱 다상 다뒬, 그리고 승려 겸 상인이었던 갠라메가 나누어 완성했다. 금관은 삼교공작단이 조캉 사원에 주재하는 기간에 모두 사라졌다고 들었다. 지금의 조오 상이 쓰고 있는 금관도 매우 훌륭하지만 원래의 금관은 아니다. 다른 불상에 있던 것을 가져다 놓은 것이기 때문에 조오의 두상에 비해 너무 커 보인다.

조캉 사원 공격 때 행동대원 중 하나였던 강축은 나와 인터뷰할 때도 여전히 톰시캉 거민위원회 서기였다. 그는 사원이 파괴되고 얼마간 시간이 흐른 후의 상황을 들려주었다. 당시 그는 조캉 사원을 임시 숙소 삼아 지내고 있던 군인들에게 음식을 전달하는 임무를 맡았기 때문에 조오 불상 주위의 법당들이 어떻게 사용되었는지 직접 목격했다. 법당들은 돼지우리가 되었다. 1층 전각은 악취가 너무 심해서 군인들은 2층에서 지냈고, 군인들이 오르내릴 수 있게 계단도 만들었다. 메루 거민위원회 관할 주민이었던 쭈찌라는 여성은 당시의 상황을 자세하게 기억하고 있었다.

우리는 조캉 사원에 있는 돼지데게 먹이를 가져다주라는 명령을 받았다. 돼지가 많았고, 군인들이 돼지를 도축하는 모습도 자주 보았다. 조오 린포체 말고 불상은 하나도 없었다. 모두 부서져 버렸다. 조오에 달려 있던 보석과 장신구들은 모두 떼어내고 없었다. 불상에는 먼지만 두껍게 내려앉아 있었다. 조오의 무릎에는 구멍이 나 있었다. 처음에는 별로 크지 않은 구멍이었다. 하

51. 조캉 사원 오른쪽 출입문 바로 옆 툭뢴라캉(다르마 왕의 법당)에 있는 손챈감포상. 쌓아둔 방석에 가려 눈에 띄지 않았던 덕에 문화대혁명 중에도 훼손되지 않았다.

지만 사람들이 구멍을 자꾸 쑤셔대니까 점점 커졌다. 구멍에 손을 집어넣으면 석탄처럼 검은 찌꺼기가 딸려 나왔다. 나중에야 그 검은 찌꺼기가 쪼탤이라고 하는 아주 귀한 티베트 약재라는 것을 알았다. 그때 나는 티베트의 오래된 귀족 가문 출신인 랄루 체왕 도제와 함께 작업에 투입되어 같이 다니곤 했다. 그는 내게 조캉 사원에 돼지 먹이를 주러 갈 때 숟가락을 준비하라고 말해 주었다. "왜 숟가락을 가져가야 하느냐?"라고 내가 묻자 그는 부처님의 몸에서 나온 약이라서 매우 효험이 좋다며 숟가락이 있으면 약을 조금씩 퍼낼 수 있다고 말했다. 그는 노동개조 대상이어서 자주 사원에 돼지 먹이를 주러 다녔다. 그는 사원에 갈 때마다 늘 숟가락을 가져가서 약을 조금씩 퍼내다가 먹는다고 말했다.

단순히 부수고 파괴하는 것 말고도 사구로 간주되는 귀한 유물들을 훼손하는 방법은 또 있었다. 쑹최라에서 경전, 기도깃발, 마니차 등을 태웠던 것처럼 물건에 불을 붙이는 경우도 있었다(사진 40-43). 사구에 해당하는 물건들은 너무 많았다. 부술 수 있는 물건은 모두 박살이 났고, 불이 붙는 물건은 모두 재가 되었다. 부수거나 태울 기력이 없을 때에는 길에 버리거나 재래식 변소, 강물에 던졌다. 내 어머니는 문화대혁명 시기 내내 라싸에 사셨는데, 하루는 나와 함께 이 사진들을 보던 어머니가 잊을 수 없는 기억이라며 해 주신 이야기가 있다.

네가 태어나고 처음 외출한 날이었다. 그날도 조캉과 주변의 사원들을 약탈하고 있었던 모양이다. 경전을 뜯어서 마구 날려 버리는 바람에 군구 청사 후문에서부터 바르꼬르 남쪽 루구 버스정류장이랑 사진국 사무소까지 길바닥이 온통 뜯어낸 책장들로 뒤덮여 있었다. 쉴 새 없이 계속 떨어져서 낙엽보다도 그 수가 많았다. 밟으면 바스락 소리가 날 정도였다. 나는 혹시 불경을 밟았다가 그 업보가 너에게 미칠까 겁이 났다. 하지만 어쩔 수가 없었다. 발 디딜 틈 없이 깔려 있어서 도저히 피해서 걸을 수가 없었다. 차들도 그냥 종이 위를 지나갔다. 종이는 찢어지고 더러워졌다. 그때가 벌써 가을이라 바람이 불 때마다 하늘은 온통 날아오른 종이로 뒤덮였다. 그날 일이 잊히지 않는다.

쭈찌는 벌써 70대의 나이지만 아직도 그때의 공포를 잊지 못한다.

부서진 불상 조각들을 등에 지고 가서 길에다 버렸다. 찢어진 경전도 거리에 내다 버렸다. 그러면서 정말 무서웠다. 그때의 그 두려움은 말로 표현할 수도 없다. 매번 불상을 버리러 가면서, 내가 버린 불상 옆을 지나가면서, 부서진 불상 파편과 찢어진 책장을 밟으면서 두려웠다. 그래도 그만둘 수 없었다. 맙소사! 그때는 경전을 철할 때 쓰던 나무판자까지도 화장실을 만든다고 가져가 버렸다. 삼보에 귀의하나이다! 사람들이 그 위에 용변을 봤다. 죄 무서운 줄 모르고. 메루닝빠 부근에도 그런 화장실을 만들었고, 라모체 부근에도, 메루 거민위원회 옆에도 만들었다. 사람들은 무서워서 그런 화장실은 쓰기 싫어했다. 하지만 감히 거부라도 했다가는 위원회 간부들한테 혼이 났다.

부서진 불상, 찢어진 경전이 도처에 굴러다니는 시내의 거리와 슬퍼하며 무너진 신도들을 기억하는 라싸의 노인들은 두 사람만이 아니었다. "오래 살아서 뭣하나. 너무 오래 사니까 보살님들 돌아가시는 것까지 이 눈으로 보고 말았어. 세상에 그보다 더한 일이 어디 있겠어?" 어릴 적 내 유모인 모 예쎄-라도 그런 노인들 중 하나다. 하루는 그녀가 백발이 된 머리를 설레설레 저으며 한숨을 쉬었다. "왜 아니었겠어? 문화대혁명 때는 보살님들도 고초를 겪고 돌아가셨으니…."

누구의 잘못인가?

티베트에서 혁명의 표적이 된 종교 시설은 조캉 사원만이 아니었고, 이곳이 최초의 공격 대상도 아니었다. 티베트인 인구가 밀집한 동티베트의 캄과 암도에서는 이미 1950년대 중반부터 군대에 의한 사찰 파괴가 자행되고 있었다. 문화대혁명 시기와는 다른 명목이었다. 중국 공산당은 소위 '반혁명 반란 평정'을 구실로 군대를 투입한 후 사원과 수도원이 '반란분자'들의 근거지이니 부숴버려야 한다며 공격을 시작했다. 이후, '사회 저변의 대중들에게까지' 파고들어가 '사상 개조'를 실현하기 위해 다양한 정치운동이 펼쳐지면서 수많은 공작단이 동티베트 전역에 파견되어 새롭게 '해방된 농노들'을 동원하기 시작했다. 이들 이전 '농노'들의 '혁명 행동' 중 하나가 종교시설 파괴였다.

즉, 1950년대 중후반 민주개혁과 1963년-1966년의 사회주의 교육 운동 기간에도 이미 사원과 수도원은 폭력의 표적이었다. 10대 판첸 라마가 1962년 비밀리에 공산당 지도부에 제출한 그 유명한 7만자 탄원서에는 "민주개혁 이전 티베트에는 2500여 개의 크고 작은 사찰이 있었는데, 민주개혁 이후 정부가 남겨 놓은 사찰은 겨우 70곳도 되지 않는다"고 적혀 있다. 97퍼센트가 넘는 사찰이 사라진 것이다.

이에 대한 정부의 입장은 어땠을까? 〈티베트 중국 공산당 역사 주요 사건 연보〉에 따르면 1966년 3월 2일 티베트자치구 공산당 위원회는 중앙당 남서지국과 베이징 중앙당 통일전선부에 제출한 보고서에서[31] '대중'이 사찰 파괴를 원한다고 주장했다.

티베트의 일부 대중은 사찰을 허물라고 요구했다. 우리 티베트자치구 공산당 위원회 통일전선부는 그간 보존해온 국경 근방, 도시 중심지, 주요 간선도로에 세워진 사찰들은 허물지 말도록 대중들을 설득했다. 대중들이 원한다면 이 사찰들은 대중들이 주거 시설로 나누어 쓸 수 있을 것이다. 외딴 벽지에 있거나 이미 낡아서 허물어져 가는 사찰은 정말로 불필요하고, 대다수 대중의 적극적인 요구가 있을 경우 해당 지역 당위원회가 절차에 따른 철거를 허가해야 한다. 빈민협회가 철거 과정을 감독할 수 있을 것이다.

보고서에는 수도원을 허물고자 하는 대중의 의도를 저지하려는 의지가 별로 보이지 않는다. 오히려 경우에 따라서 그런 행동을 부추기거나 묵인하려는 의도도 보인다. 그리고 한 줄에 한 번씩은 등장하는 이 '대중'은 대체 누구인가? 그들의 수는 얼마나 되었을까? 왜 대중의 요구는 그 이전도 이후도 아닌 이 시기에 나타났을까? 사찰이 사라지기를 원하는 이 대중의 소식이 왜 하필 해방과 민주개혁 이후에야 알려졌을까?

티베트 자치정부 부주석이었던 부충 체링은 1987년 기자회견에서 1959년 당시 지금의 티베트자치구 경계 내에서 종교기관으로서 활동하던 사찰의 수는 2700개가 넘었지만, 1966년 문화대혁명 직전에는 그 수가 550개로 줄어 있었다고 말했다. 1962년 판첸 라마의 탄원서와 수치는 다르지만, 둘 다 사찰 폐쇄가 문화대혁명 공식 발발 시점에는 이미 상당히 진행되어 있었다는 사실을 보여준다. 티베트자치구에서 접근할 수 있는 자료에 따르면 1976년까지 살아남은 시설은 이 550개 가운데 단 여덟 개뿐이다.

1966년의 사구타파 운동에 대해 조사하던 나는 저우언라이라는 이름이 반복해서 등장한다는 점을 깨달았다. 그는 당시 중국의 총리였다. 처음 조캉 사원이 공격당했을 때 폭력 행위를 중단하라는 지시를 내린 것도, 1972년 조캉 사원 복구를 지시한 것도, 숄 거민위원회 행동대원들이 포탈라궁으로 몰려갈 때 인민해방군의 개입을 지시한 것도 저우언라이였다고 한다. 수많은 보물이 사라졌고, 고대로부터 전해 내려온 아름다운 벽화가 마오 주석의 어록으로 뒤덮였고, 수백 년에 걸쳐 쌓은 황금을 약탈당했지만, 그래도 포탈라궁이 완전히 무너지지 않도록 막은 것은 저우언라이였다.

하지만 티베트 문화를 문화대혁명의 과도한 폭력으로부터 지키는 것이 저우언라이의 진정한 목적이었는지는 불분명하다. “중국문화대혁명 데이터베이스”에 따르면 1966년 10월 15일 저우언라이는 티베트인 간부들과 티베트로 파견될 중국인 엘리트들을 양성하는 베이징 중앙민족학원 간부 양성반 대상의 강연에서 이렇게 말했다.

티베트에서 종교는 장기적으로 접근해야 할 문제다. 그렇지만 티베트에서 정치와 종교는 반드시 분리되어야 하고 티베트 민족의 발전을 심각하게 저해해 온 라마불교는 궤멸되어야 한다. 해방 전 티베트와 네이멍구의 인구 감소 원인은 무엇인가? 라마불교의 영향 때문이다. 지금의 문화대혁명은 사상 대혁명이다. 문화대혁명은 라마불교를 철저히 분쇄하고 어린 라마승들을 해방시킬 것이다. 하지만 미신 타파는 하루아침에 이루어지지 않는다. 새로운 사상이 미신을 대체하지 않는 한, 미신은 즉각 소멸되지 않는다. 사상의 개조는 기나긴 과정이다. 지금 티베트에서는 사구타파 운동이 진행 중이다. 사찰과 라마불교를 표적으로 삼는 것은 좋다. 하지만 사찰을 모두 부숴야 할까? 학교나 창고로 활용할 수는 없는가? 불상의 경우 일부는 대중의 뜻에 따라 파괴해도 좋을 것이다. 하지만 주요 수도원이나 사원 중 일부는 보존하는 것도 고려해야 하지 않을까? 그렇지 않으면 우리의 일에 대해 나이든 사람들이 불만을 가질 것이다.

저우언라이의 조심스러운 충고는 행동대원들과 홍위병에 의한 조캉 사원과 포탈라궁 약탈을 막기 위해 개입한 것이 티베트 전통문화의 보존을 위해서가 아니었음을 시사한다. 만약 문화재 보호가 그의 의도였다면 티베트 전역에서 이미 벌어진 파괴 행위를 막기 위해 진작 나섰을 것이다. 1950년대 중반 이후 벌써 사찰 상당수가 공격을 당했기 때문이다. 훼손을 막으려는 실질적인 노력이 있었더라면, 최고위층이 명령을 내리고 저우언라이가 수족처럼 부리는 정예 병력이 움직였더라면 상황은 전혀 달라졌을 것이다. 그러므로 그의 주장과 달리 저우언라이가 정말 우려한 것은 "나이든 사람들의 불만" 따위가 아니었다. 그가 조캉 사원과 포탈라궁이 더 이상 망가지지 않도록 발 빠르게 명령을 내리게 된 배경에는 가령 중국의 국제적 이미지 같은 다른 요소가 있었을 것이다. 두 종교 시설이 갖는 상징적 의미가 너무 뚜렷했기 때문이다.

하지만 티베트 문화대혁명에서 저우언라이가 맡았던 역할이 그렇게 두드러지지는 않는다. 적어도 그는 이 분야에서 가장 눈여겨봐야 할 인물은 아니다. 그가 문화대혁명 초기에 티베트군 관계자, 지역 지도자, 대중 대표 등을 최소 열여섯 차례나 만났고 중요한 연설을 하고 지시를 내린 것은 사실이지만, 그래 봤자 그는 멀리 베이징에 있었다. 비교하자면, 단순히 멀리 떨어져 있다는 이유 하나만으로도 그가 할 수 있는 일은 실제로 라싸에 있던 중국 공산당 간부들에 비해 아마도 훨씬 적었을 것이다.

저우언라이보다 더 눈여겨봐야 할 것은 아마도 오늘날 티베트자치구 공직자들의 태도일 것이다. 나는 어느 티베트 학자에게서 2000년에서 2004년까지 티베트자치구 공산당 서기였던 궈진룽(이후 베이징시 공산당 서기까지 올라간 인물)이 2002년 티베트 사회과학연구원이 개최한 티베트어 게싸르 왕 서사시에 관한 세미나에서 했다는 연설에 대해 들었다. 궈진룽은 '달라이 분열 집단'이 티베트에서 티베트 전통 문화가 손상되어왔다고 비난하는데 대해 격분했다. "외국인들은 늘 우리가 많은 사찰을 파괴했다고 비난한다"고 궈는 말했다. "하지만 왜 우리가 비난받아야 하는가? 인민해방군이 사찰을 부쉈는가? 한족이 그랬는가? 어처구니가 없다. 그들은 문화의 문제를 정치화하려고 한다."

그의 말은 강력하고 조리 있게 들렸을지 모른다. 하지만 하나하나 따져 봐도 과연 그 말이 진실일까? 그는 문화대혁명 당시나 지금이나 무소불위의 권력을 지닌 체제를 대표하는 사람이다. 하지만 그는 마치 자신이 대표하는 체제가 문화대혁명 기간 티베트에서 일어난 일과 아무런 상관도 없다는 투로 이야기한다. 그렇다면 의문을 가질 수밖에 없다. 도대체 누구의 책임인가?

내가 이야기를 나눠 본 바르꼬르 거민위원회 소속 주민도 스스로 이런 의문을 제기했다. "사찰 파괴에 자발적으로 참여한 티베트인이 있었을까? 사실 그런 사람들도 있긴 있었다"고 그는 말했다. 하지만 책임의 소재는 그렇게 단순한 문제가 아니라고 그는 생각했다.

많은 사람이 강제로 참여했다. 궁극적인 책임은 여전히 정부에 있다. 정부가 대중을 막으려고 했다면 충분히 가능했다. 알다시피 대중은 응아퇴를 끌어내리려고 했었다.[32] *하지만 그는 결국 무사히 살아남았다. 중앙 정부가 그를 보호하기로 결정했기 때문이다. 그러므로 정부가 정말로 사찰들을 보호하려고 했다면 군대를 보낼 수도 있었다. 군대가 와서 지킨다는데 누가 감히 사찰을 공격했겠는가? 아무도 그런 배짱은 없었을 것이다.*

나는 2000년대 초 인터뷰 당시 정부 관원이던 티베트 여성에게서도 비슷한 말을 들었다. "사찰을 부수고 승려들을 비판한 사람들, 지금은 그 사람들이 정말 나빴다고 생각한다"라면서도 그녀는 다음과 같이 말했다.

당시에는 아무도 그들의 행위가 나쁘다고 생각하지 않았다. 그들처럼 행동하라고 부추겼다. 사람들은 스스로 혁명적이라는 것을 증명하기 위해 뭐든 해야 한다는 것을 깨달았고, 그래서 여기저기 돌아다니면서 부수고 비판했다. 물론 그 이전에는 감히 그런 식으로 행동할 수 없었다. 집집마다 불전을 두고 불상을 모시던 사람들이다. 어느 날 그 모든 것이 다 부서지리라고 누가 상상이나 했겠는가. 하지만 티베트자치구 정부에서 라싸시 정부로, 거민위원회로 정책이 하달되었다. 각급 정부가 모두 같은 정책을 수행했다. 이런 식으로 체계적인 동원이 이루어지는 상황이었는데 통제 불가능이라니? 그 정도로 피해를 끼치고 싶어 하는 사람은 없었다. 누가 그런 걸 원했겠는가. 중앙 정부로부터 보호 명령이 없었다면 아무것도 남지 않았을 거라고들 하는데, 정말로 명령이 실행되기를 바랐다면 왜 군대를 보내서 보호하지 않았는가? 군인들이 와서 막았다면 누가 감히 사찰을 약탈할 수 있었겠는가?

누군들 인민해방군이 두렵지 않았겠나? 1959년 라싸 반란 때도 인민해방군이 발포하자마자 거의 단숨에 진압되지 않았나? 이번에는 그런 조치가 전혀 없었다. 아무튼 우리는 문화대혁명 때 조캉 사원이 돼지우리가 되는 것을 똑똑히 보았다. 그리고 그 돼지를 키운 것이 인민해방군이었다는 점도 분명

히 알고 있다.

객관적으로 말해서, 사구타파 운동이 티베트인들만을 겨냥한 것은 아니었다. 공산주의 이념과 맞지 않는 구시대의 유물은 모두 파괴의 대상이었다. 중국의 불교 사원과 수도원, 도교 사당과 공자의 위패를 모신 사원, 기독교 교회는 물론 몽골 수도원과 위구르족 및 후이족의 모스크까지 각 민족이 신성시하던 종교 시설들은 모두 비슷한 일을 겪었다. 구시대의 '부패한 문화'를 대변하는 시설로 규정된 이상, 티베트 전통 문화는 재앙을 피할 수 없었다. 하지만 티베트 불교는 타 종교들에 비해 유물, 법구, 공양물 등 신앙과 관련된 물리적 대상들에 많은 의미를 부여한다. 이런 물건들은 영적 수행 과정에 구체적으로 도움을 주는 필수품으로 간주된다. 따라서 이런 종교 유물들은 티베트 전역의 사찰들이 수백 년간 쌓아온 부의 상징일 뿐 아니라 티베트인들 사이에 대대로 이어져 내려 온 깊은 신앙심을 이루는 중요한 요소이기도 하다. 인구는 적지만, 티베트자치구와 쓰촨·윈난·칭하이·간쑤성 티베트인 지역을 모두 합하면 1950년 이전에 약 6천 개의 수도원이 있었다. 이 수도원들이 보유한 보물들은 어마어마했다. 그러므로 물질적인 손실만을 따져도 문화대혁명 기간에 티베트인들이 겪은 피해는 아마 다른 민족들과 비교할 수 없을 것이다. 단적인 사례가 있다. 당시 라싸 티베트군구 자동차 정비소에서 일했던 티베트인에 따르면, 정비소 노동자들이 차에 들어갈 여분의 부품을 만드느라 고철이 필요해서 사구타파 운동 때 인근 수도원에서 압수한 물품을 쌓아둔 창고에 갔다. 압수한 물품을 보관만 하는 거대한 창고가 시내에 두 곳 있었고, 그중 한 곳에서 금속 불상과 제사 도구 등을 가져다가 녹였더니 금속이 4톤이나 나왔다고 한다.

약탈 이후

1966년 8월의 그날 파괴된 조캉 사원은 이후 어떻게 되었을까?

책과 인터뷰 등을 통해 이후에 조캉 사원을 장악했던 조직과 기관들을 조사해 보니 길게 줄을 세울 수 있을 정도다. 8월 이후 1966년의 남은 몇 달 동안 조캉 사원을 차지한 것은 홍위병 사구타파 주요 성과 전시 사무소였다. 이 기간 동안 조캉 사원은 라싸 전역에서 몰수한 사구 물품들을 전시하는 전시장의 역할을 했다. 지금의 경찰 업무를 담당하던 라싸시 공안국의 국장이 사무소를 지휘했다. 조캉 사원에 머무르는 수개월 동안 전시 사무소의 작업조는 경판, 경서, 탕카 등을 마구잡이로 가져다가 취사용 연료로 썼다. 예싱성도 작업 조원 중 하나였다.

예싱성 *1966년 가을, 9~10월 무렵이었다…. 당시 나는 전시 작업조에서 일했다. 나는 도안과 만화를 잘 그렸다…. 조캉 사원 2층, 물건을 쌓아 놓는 커다란 방 안에 우리 사무실이 있었던 것으로 분명히 기억한다. 원래는 아마 커다란 회당이었을 것이다. 사구 물품들이 높이 쌓여 있었다.*

외세 *어떤 물품들이었나?*

예싱서 *전부 뒤죽박죽 섞여 있었다. 음반과 레코드플레이어 같은 것들이었다. 조캉 사원 물건은 아니었다. 라싸 여기저기에서 빼앗아 온 사구들을 전부 거기에 쌓아두었다. 모두 가택수색에서 나온 것들이었다.*

외세 *경전을 인쇄할 때 쓰는 경판을 불쏘시개로 썼다는 것이 사실인가? 태운 물건들이 많은가?*

예싱성 *그렇다. 특히 우리 작업조가 많이 태웠다! 경판은 장작이나 땔감용 나뭇가지 같은 것들과 한데 쌓여 있었다. 그걸 우리는 음식 만들 때 연료로 썼다. 하지만 경판에 그림이 새겨져 있는 것은 보지 못했다. 우리가 태운 경판들은 글씨가 새겨진 것들이었다. 아, 실은 그림이 새겨진 걸 하나 찾았는데 내가 따로 빼냈다. 탕카와 목판화도 몰래 빼돌렸다. 목판화 두루마리였는데 경전 두루마리와 비슷했다. 그러고 티베트어 경판도 있었는데 그것도 몇 개 챙겼다.*

이듬해 6월 경, 티베트군구가 대략 100에서 200명 규모의 부대를 보내 조캉에 주둔시켰다. 조오 불상은 금박을 벗겨 쇳덩이만 남기고, 모든 고가의 유품들은 빼돌리고, 점토 불상들은 라싸강에 던져 버렸지만, 당시 티베트군구 지휘관이었던 천밍이가 회고록에 기술한 군인들의 임무는 '사원의 불상들을 엄중히 보호하는 것'이었다.

부대가 사원 안에 얼마 동안 주둔했는지는 분명하지 않다. 하지만 1969년에는 이미 조캉 사원이 홍위병 '냑델'(대연합, 중국어로 다롄즈)파의 본부가 되어 있었다. 그 후에는 다시 또 다른 홍위병 파벌인 '갠록'(조반, 중국어로 짜오쭝)파의 손에 넘어가

52. 문화대혁명 시기에 갼록파 홍위병들이 방송국으로 만든 조캉 사원 3층의 방

이들의 주요 전초기지 노릇을 했다. 갼록파는 조캉 사원 3층, 태양의 방과 같은 쪽에 있는 방 하나를 방송국으로 만들었다. 갼록파 수십 명이 사원 안에서 거주했다. 그나마 남아 있는 물건도 별로 없었던 조캉 사원은 이 시기에도 계속해서 더욱 심하게 훼손되었다.

1969년에서 1970년 초 사이, 조캉 사원은 라싸시의 경비를 책임진 인민해방군 주요 조직인 경비구 사령부가 차지했다. 바로 이 시기에 사원 1층의 법당들이 모두 돼지우리가 되었다. 지금은 승려들의 법회가 열리는 장소인 만다라홀도 이때는 돼지우리였다. 동물의 냄새와 소리가 도처에 가득했다. 조오 불상을 모신 법당만은 돼지들로 더럽혀지지 않아서, 조오 린포체는 장신구를 모두 빼앗긴 상처 입은 몸으로 어둠 속에 고요히 방치되었다. 그 사이 위층 법당들은 경비대의 기숙사로 사용되었다. 당시 돼지 먹이를 주던 늙은 승려가 말해 주었다. "조캉 사원 한 구석은 화장실로 써서 군인들이 바닥에 소변을 보는 모습이 자주 보였고, 다른 쪽 구석에서는 동물을 도축했다." 과거 갼록파 홍위병이었던 사람도 비슷한 이야기를 했다. "조캉 사원은 돼지우리 겸 도축장이어서, 그곳에서 돼지를 잡아 처리했다."

태양의 방은 매년 봄 대법회 때 달라이 라마가 지내던 공간인데, 이 방 벽마다 그려진 벽화들도 훼손되었다. 지금도 태양의 방 벽화의 부처와 보살들은 얼굴이 깊게 혹은 얕게 갈라지거나 긁힌 것을 볼 수 있다. 조캉 사원의 한 승려는 문화대혁명 당시 사원에 거주했던 군인들의 소행이라고 말했다. 그는 태양의 방 바닥이 평평하지 않은 이유가 군인들이 부주의하게 물을 쏟곤 해서 마루가 뒤틀렸기 때문이라고 설명했다. 그는 또 사원 방문객 하나가 태양의 방을 둘러보며 "전에 달라이의 방에서 살았었다"고 자랑스럽게 떠벌리는 것을 들었다고 했다. 조캉 사원을 다시 찾았을 때는 중국 공산당 중앙 조직국 고위 간부로 모든 공직자들의 임명 여부를 결정하는 사람이었다는 그 방문객은 과거 티베트군구 장교였던 시절에 대해 이야기하고 있었다.

1970년대 초, 조캉 사원은 또 한 번 이름이 바뀌었다. 이번에는 라싸시 공산당 위원회 제2초대소였다.* 티베트민족학원 졸업생 옌전중은 당시 라싸에서 동쪽으로 약 48킬로미터 떨어진 맬도공까르현에서 라싸로 출장차 올 때마다 초대소에 머물렀던 경험에 대해 자세히 기억하고 있었다. 옌전중에 따르면 법당 여러 개를 객실로 사용했다고 한다. 당시 버터차를 만들 때 생기는 열과 수증기 때문에 객실 내 벽화가 심각하게 손상되었다. 초대소는 멀리 다른 지구나 인근 현에서 온 남녀 간부들은 물론 일반인에게도 개방되었다. 티베트인, 한족 중국인, 옌전중 같은 후이족을 비롯해 다양한 민족이 드나들었다. 사용료는 처음에는 침대 하나 당 0.13위안(약 5센트)이었다가 이후 0.3위안까지 올랐다. 초대소의 남녀 직원들은 대부분 티베트인이었다. 승복 차림의 수도승은 어디에도 없었다. 옌은 또 오후 서너 시를 넘기면 라싸 거리는 한산해졌고 저녁 여닐곱 시만 되어도 도시 전체에 사람이라곤 찾아볼 수 없었다고 말했다. 오후 10시도 상당히 늦은 시각이어서 그 시간에 초대소로 돌아가면 두꺼운 사원 정문을 두드리며 목이 터져라 소리를 질러야 안에서 누군가 듣고 문을 열어주었다고 한다.

조캉의 나이 지긋한 승려 하나는 내게 조캉 황금 지붕 근처에 있던 화장실에 대해 이야기해 주었다. "원래 뺄댄 라모 불상이 있던 바로 그 자리에 화장실을 지었다. 나무판자 하나를 사이에 두고 한쪽은 남자용, 다른 쪽은 여자용 화장실로 만들어 초대소에서 사용하게 했다. 원래 있던 불상은 어디로 갔냐고? 이미 부서진 지 오래였다."

* 얍시 딱체르에는 티베트자치구 제2초대소, 조캉 사원에는 라싸시 당위원회 제2초대소가 설치되었고, 두 곳 모두 통상 얼쒀(二所)라고 불렀다.

53. 아버지가 문화대혁명 전에 찍은 사진. 백색 라모라고 알려진 뺄댄 라모의 상이다. 뺄댄 라모는 조캉 사원은 물론 라싸시 전체의 수호신이다. 뺄댄 라모 상이 부서진 후 불상이 있던 자리는 화장실이 되었다.

또 다른 노년의 승려는 사람들이 종종 초대소를 중국어로 얼쒀(二所)라고 불렀다고 했다. "문화대혁명이 끝난 후, 초대소는 라싸시청사 옆으로 옮겨갔다. 사람들은 그곳을 중국어와 티베트어가 반반씩 섞인 자오다이(초대) 마르뽀(붉은색)라고 불렀는데 '붉은 초대소'라는 뜻이다. 1981년에 조캉 사원으로 다시 와 보니, 1층과 2층 법당 문틀에 여전히 초대소 때의 객실 번호가 붙어 있었다."

당시 라싸시 공산당 위원회도 조캉 사원의 본전인 만다라홀, 즉 중앙 만다라를 시·군·현급 간부들의 회의 장소로 이용했다. 본전 앞의 대정원은 꽤 오랫동안 혁명 영화를 상영하는 야외 극장으로 활용되었고, 승려들이 기거하던 방들은 라싸시 인민정치협상회의 사무실로 사용되었다.

1972년 티베트자치구 군 간부 및 정치 지도자들이 중국의 저우언라이 총리를 맞이했다. 저우언라이는 미국과의 관계가 개선되고, 일본과 새로 국교를 수립하면서 중국 전역에 '영도하의 개방'이라는 새로운 정책을 실현할 것이라고 말했다. 그는 또 티베트도 새로운 정책에서 예외가 아니라며 자치구 공직자들에게 파괴된 조캉 사원을 복구하라고 지시했다. 세간에는 사원 복구 결정이 캄보디아 노로돔 시아누크 왕을 의식한 것이라는 추측이 떠돌았다. 당시 베이징에서 망명 중이던 시아누크 왕이 라싸 순례를 희망했기 때문이다.

하지만 사원 복구 임무를 맡은 사람들은 텅 빈 법당들을 어떤 불상으로 채워야 하는지, 또 불상 안에 어떤 복장물들을 어떤 의례를 거쳐 넣어야 하는지 제대로 알지 못했다. 그래서 그들은 비밀리에 티베트에서 크게 존경받는 라마였던 10대 데모 린포체를 찾아갔다. 데모 린포체는 혹독한 비판 투쟁을 당한 후였기 때문에(사진 58-59) 몸도 쇠약하고 기억도 흐릿했다. 그는 5대 달라이 라마가 1645년에 작성한 조캉 사원 소장품 목록에 의지해 가며 몹시 힘겹게 조캉 사원 1층 복구에 투입된 장인들과 화가들을 지도했다.[33]

조캉 사원 복구 사업 제1단계는 1974년에 마무리되었다. 불과 얼마 전까지 사구로 분류되어 폐허가 되었던 사원에서 차츰 향 태우는 냄새가 나고 기도 소리가 들리기 시작했다. 하지만 당시 라싸에서는 '라 디쉐량, 꾸녜르 바예-라*Lha diqueliang, kunyer bayi-la*'라는, 티베트어와 중국어가 섞인 자조적인 말이 유행했는데, 대략 '신들은 합성 섬유로 만들었고, 승려들은 중국계 무슬림뿐'이라는 뜻이다(티베트어에서 라Lha는 신을 의미하는데 여기서는 부처를 가리키고, 디쉐량은 당시 유행하던 일종의 합성 섬유인데, 순수한 양모나 면으로 만든 것이 아니라는 의미에서 순수하지 않은 것을 비유적으로 일컫는 말이다. 꾸녜르와 바예-라는 각각 사찰을 관리하는 승려와 중국 후이족 무슬림을 뜻하는 티베트어다). 새로 만든 불상은 진짜가 아니고 사원과 수도원을 관리하는 자들도 불교 신자가 아니라는 말을 이런 식으로 돌려 말한 것이다. 완전히 틀린 말도 아닌 것이, 당시 라싸시 종교국장은 후이족이었는데(후이족에게 흔한 마씨 성을 가진 사람이었다), 이 사람이 조캉 사원의 운영을 총괄했다. 어쨌든 조캉 사원이 복구되면서 라싸 시내의 독실한 불교 신자들은 다시 조오 불상의 미소를 마주하고 부처의 자비를 느낄 수 있게 되었다. 신자들 중에는 문화대혁명 당시 행동대원들의 선봉에 섰다가 과거를 후회하며 불상 앞에서 참회하려는 사람들이 많았다. 하지만 사원 복구에 대해 다른 의견을 가진 사람들도 있었다. 1985년 최초로 라싸 방문이 허락된 외국

54. 2002년 티베트 전역에서 오체투지를 위해 조캉 사원 정문 앞에 모인 티베트인들. 이후 이곳을 꽃을 심은 화분으로 둥글게 에워쌌다. 끊임없이 밀려드는 관광객들이 오체투지를 하는 신자들을 촬영하는 동안에도 공안국 검문 초소, 순찰 중인 무장 경찰대, 감시 카메라 등이 그들을 지켜보고 있다.

인 관광객 중에는 프랑스 기자인 피에르-앙투안 도네도 있었는데 그는 '새로 만든 요란한 석고 불상과 아크릴 수지로 벽마다 그려 넣은 프레스코화'를 보고 느낀 충격과 불편함에 대해, 마치 '무대 배경을 보는 것 같은' 경험이었다며 "서둘러 새로 지어 올리고, 고치고, 손질한 결과물은 하나의 문명을 통째로 역사의 쓰레기통에 던져버린 폭풍의 위력을 너무나 잘 보여 줄 뿐"이라고 적었다.[34]

2003년 3월, 나는 어느 고령의 조캉 사원 라마를 만났다. 그는 7년 동안의 수감 생활과 13년 동안의 노동개조 후, 1981년에 조캉 사원으로 복귀할 수 있었다. 그는 눈물을 흘리며 조캉 사원이 다시 문을 열었을 때의 상황을 들려주었다.

> *문화대혁명이 끝나고, 사찰들이 다시 문을 열었다. 너무 오랜 기간 신앙을 금지당했던 사람들은 그 긴 시간 동안 조캉 사원에 들어갈 수 없었다. 그래서인지 참배를 온 사람들이 유난히 많았다. 지금 사람들이 오체투지를 하는 사원 바깥에 입구를 만들었다. 바리케이드를 치고 입장권을 팔았는데, 하루에 입장권을 2천 장만 발행했고 입장권 한 장 당 1마오(0.1위안, 약 4센트)를 받았다. 사람들이 길게 줄을 섰고 다음날 입장권을 구하려고 밖에서 밤을 새기도 했다. 해지기 전에 시간 맞춰 문을 닫지 않으면 사람들이 계속 몰려 들어가*

55. 2003년 티베트력 정월 초여드레. 순례자들이 사원에 들어가기 위해 순서를 기다리고 있는 이곳은 40년 전 약탈당한 불교 유물들이 부서져 쌓이던 바로 그 대정원이다. (사진 35)

곤 했다. 닝제(가여워라)! 그렇게 많은 티베트인들이 몇 년 동안이나 조오 린포체를 볼 수 없었다니. 많은 사람들이 울었다. 그들은 눈물을 흘리며 이번 생에 부처님을 다시 볼 수 있는 것이 기적이라고 말했다. "그런 날이 오리라고는 생각도 못했다!"고 말하곤 했다. 이후 판첸 린포체가 라싸로 돌아와 법회를 열었을 때, 판첸 린포체의 축복을 받으려는 사람들이 또 줄을 섰다. 사람들이 하도 길게 줄을 서서 줄이 우편통신국 건물(포탈라궁 인근)까지 이어졌다. 사람들이 너무 많이 모여서 밟혀 죽는 사람이 나올 정도였다. 신자들이 정말 많았다. 갑자기 어디서 그렇게 많은 사람들이 나타났는지 모르겠다. 나이든 사람들도 있었지만 젊은이들이 많았다. 문화대혁명 기간에는 감히 상상도 할 수 없는 일이었다. 마치 제방이 무너진 듯, 물밀듯 몰려드는 사람들을 누구도 막을 수 없었다.

조캉 사원은 다시 가장 거룩한 불교 성지가 되었다. 사원을 중심으로 다양한 방식으로 살아가는 사람들의 일상이 다시금 펼쳐지고, 사원을 향해 점점 더 많은 관광객들이 몰려들게 되었다.

갤러리 3. 우귀사신의 규탄

라싸에서 우귀사신에 대한 첫 공개 비판 투쟁이 시행된 것은 1966년 8월 7일이다. 그날 체제의 명령에 따라 라싸 시내 각 거민위원회 행동대원들은 물론 일반 시민들까지 나와 거주 지역의 우귀사신들을 몰아세웠다. 그들은 우귀사신들을 조리돌림하고 부처의 가르침을 듣고 토론하던 조캉 사원 남쪽 쑹최라까지 몰고 가 비판대회에 세웠다.

56번부터 이후의 사진들은 다양한 신분의 우귀사신들을 보여준다. 종교계 인사, 정치가, 1950년대 이전 티베트 정부군 장교, 상인, 농촌 지주와 마름들도 있다. 그들은 대중 집회에 불려나가고, 조리돌림을 당하고, 각 거민위원회 단위로 열린 소규모 비판 투쟁에서 비난받고 모욕을 당했다.

사진에 기록된 사건들은 1966년 8월말에서 9월에 걸쳐 일어났다. 당시 유행하던 정치용어를 사용하자면, 모두 대중독재를 통해 무산계급의 어마어마한 힘이 위력을 드러냄으로써 티베트 사회 각계각층의 사람들을 깊이 '교화'하는 장면들이다.

비판 투쟁은 3~4개월간 이어졌다. 같은 시기에 혁명세력이 양분되면서 우귀사신으로 낙인찍힌 사람들은 양대 파벌 사이에서 이리저리 치이는 신세가 된다. 아울러 거민위원회가 이들을 이른바 노동 소조, 학습 소조에 밀어 넣고 장기적으로 관리했다.

그 결과 사진에 등장하는 인물들 중 일부는 미치거나, 병에 걸리거나, 죽었다. 그 당시에 숨진 사람들도 있고, 문화대혁명이 끝나고 수년이 지난 후 사망한 사람들도 있다. 지금까지 생존해 있는 사람들은 많지 않다. 생존자들 중 일부는 국외로 떠났고, 국내에 남은 사람들은 또 다시 새로운 역할을 부여받았다. 그들은 '통일전선 대상'으로 분류되어 티베트자치구 정치협상회의, 인민대표대회, 불교협회 지부에 유급 직책을 받고 배치되었다. 일단 자리를 얻고 나면, 스스로를 보호하기 위해 국가의 장식품, 정책 선전도구라는 역할을 충실히 이행해야 했다.

56-57. 조캉 사원 외부 설법과 토론장이었던 쑹최라에 모인 군중. 이곳에서는 자주 우귀사신을 규탄하는 대중 집회가 열렸다.

돋보기를 사용해 56번 사진을 들여다보면, 안쪽 연단 뒤 벽 중앙에 걸린 마오쩌둥의 초상화가 보인다. 이 연단은 원래 높은 서열의 라마들이 부처의 가르침을 전하던 곳이다. 초상화 아래에 가로로 걸린 현수막에는 "투쟁 대회(더우정 다후이)"라고 중국어와 티베트어로 적혀 있다. 초상화 양옆으로 걸린 현수막에는 중국어 세로쓰기, 티베트어 가로쓰기 방식으로 "위대한 영도자 마오 주석 만세!"와 "위대한 중국 공산당 만세"라는 글이 적혀 있다. 같은 날 연단에 좀 더 다가가서 찍은 아버지의 다른 사진(사진 93, 98)에는 현수막과 대자보가 더 뚜렷하게 보인다. 촬영 시점에 무대 위에는 이날 비판 투쟁의 표적들 가운데 네 명이 올라와 있다. 각각의 인물마다 홍위병이 두 명씩 배치되어 있다. 같은 행사를 촬영한 다른 사진을

보면 이날의 비판 대상에는 옛 티베트의 귀족 출신 공직자들인 까쑈빠, 쌈포, 싸르즁, 초고, 상인인 뽐다 똡걜(사진 78-79, 93, 95-96, 98)이 포함되어 있었다.[35] 이들을 담당한 홍위병들과, 연단 중앙 테이블 옆에 서 있는 네 명의 연사들도 다른 사진에서 확인할 수 있다.

이 사진에 눈여겨 볼만한 부분이 두 군데 있다. 우귀사신들 앞에서 현장을 기록하고 있는 사람들이 최소 두 명은 있다. 한 명은 사진을, 다른 한 명은 영상을 찍고 있다. 그리고 왼쪽 건물 위층 발코니 구석에서 군복 모자처럼 보이는 모자와 어디 소속인지 알 수 없는 제복을 입은 사람들 최소 세 명이 현장을 지켜보고 있다. 가운데 사람의 뒷짐을 진 자세로 보아 아마도 공산당 관계자인 것 같다. 엄밀히 말해, 이 사람들이 단순히 구경을 하고 있는지, 아니면 임무 수행 중인지는 알 수 없다. 상황을 주시하고 있다는 표현이 아마 가장 정확할 것이다.

58. 데모 왕츅 도제는 1966년 8월 27일이 아직도 기억에 생생하다. 이날은 그의 부모가 처음 길거리로 끌려 나간 날이다. 또 이날은 달라이 라마의 여름 궁전 노르부링카가 인민공원으로 이름이 바뀌기 하루 전날이기도 하다. 데모 왕츅 도제의 아버지 데모 롭상 쟘빠 룽똑 땐진 갸초는 티베트인 사이에서 10대 데모 린포체로 더 잘 알려진 인물이다.

티베트 불교에서 데모 린포체의 지위는 환생을 통해 계승된다. 전임 데모 린포체들은 라싸의 유명 수도원 땐갸링의 원장을 지냈고, 6대·7대·9대 데모 린포체는 각각 당대의 달라이 라마 즉위 초기에 어린 달라이 라마를 대신해 섭정을 맡았다. 10대 데모 린포체는 전임자들과는 사뭇 다른 점 때문에 유명했다. 그는 카메라 워크가 매우 뛰어났던, 티베트 최초의 사진가다.

이 사진을 촬영할 당시, 10대 데모 린포체의 나이는 예순다섯이었다.[36] 머리 위로 높이 솟은 모자에는 “반동적 농노 주 땐진 갸초를 철저히 타도하라”라고 적혀 있다. 목에 걸린 카메라는 그가 외국과 내통한 반동분자임을 드러내는 ‘범죄의 증거’다. 사실 이 35밀리 상하이 58II 카메라의 주인은 데모 린포체의 아들 데모 왕츅이었다. 왕츅도 이후 티베트의 유명 사진가가 되었다. 린포체의 아내가 카메라를 보릿가루 포대 안에 감추려고 했으나, 지역 거민위원회에서 가택 수색을 나온 홍위병들이 카메라를 찾아냈다. 데모 린포체가 소유했던 다른 고성능 카메라들은 ‘간첩 행위에 사용된 도구’라며 이미 압수당한 후였다. 압수당한 카메라 중에는 차이스 이콘도 있었는데 수색조 조장이 가로채서 다시는 돌려주지 않았다.

데모 린포체의 아내는 촬영 당시 마흔일곱 살이었는데, 부유한 여성이라는 것을 드러내려고 라싸 귀족 여성들이 격식 있는 자리에 입고 가는 화려한 옷을 입히고, 장신구를 담은 쟁반을 들게 했다. 아들인 데모 왕츅은 당시를 이렇게 회상했다.

> 매번 거리로 끌려 나갈 때마다 아버지에게는 우리 가족의 수호여신인 체링마의 법의를, 어머니에게는 귀족 여성들의 예복을 입게 했다. 나중에 아버지는 “그때 혹시 그 자들이 나한테 가사를 입힐까 봐 노심초사했다. 그랬다면 정말 죽을 만큼 창피했을 거다. 다행히 그들은 수호신 접신 때 입는 옷만 고집하더라. 그래서 연극하는 기분이었다. 그리고 죄를 자백하라고 소리치던 어린 소년 말고는 구경꾼들 중 아무도 나를 때리거나, 내게 험한 말을 하지 않았다. 참을 만했다.”

하지만 데모 린포체의 아내는 많은 사람들 앞에서 치욕을 당하고, 집을 수색당하고, 거민위원회에 의해 장기간 수감된 후 무너지고 말았다. 정신병 증세를 보이던 그녀는 1년도 안 되어 사망했다. 6년 후 데모 린포체 역시 사망했다. 티베트 전통에 따라 마땅히 치러졌어야 할 격식을 갖춘 장례도 당국이 허가해 주지 않았다.

사진 58의 비판 투쟁과 조리돌림을 주관한 것은 땐갸링 거민위원회였다. 데모 린포체 부부를 붙들고 있는 행동대원 두 명이 주먹을 휘두르며 우귀사신에 대한 분노를 과시하고 있다. 왼쪽의 따씨라는 사람은 원래 마부였는데 문화대혁명 때 거민위원회 부주임이 되었다. 그는 데모 린포체의 집을 수색하면서 사구를 타파한다는 핑계로 집안에 있던 옷가지와 보석 뿐 아니라 1959년 민주개혁 당시 중국 정부가 데모 린포체의 자산을 ‘매입’하고 발행한 인수증도 들고 나왔다. 인수증은 추후 아들 데모 왕츅의 끈질긴 요구로 가족에게 반환되었다. 하지만 당시로서 적지 않은 금액이었던 200위안(약 미화 80달러)은 이미 사라진 후였다. 따씨는 이후 포탈라궁 입구를 지키는 경비로 일했다. 2003년 2월, 나는 따씨와 인터뷰 일정을 잡으려고 했지만 그가 얼마 전에 병으로 죽었다는 소식을 전해 들었다.

너덜너덜한 옷을 입고 주먹을 쳐든 오른쪽 남자는 땐진이라고 하는데, 땐갸링 지역 우귀사신을 감독하는 소조의 조장이다. 그는 우귀사신을 가장 악랄하게 괴롭힌 사람으로 알려져 있다. 데모 린포체의 아내를 심하게 구타한 것도 이 사람이다. 그는 이미 오래전에 사망했다고 한다.

59. 땐걔링 거민위원회가 소집한 조리돌림 헝렬이 조캉 사원 부근을 한 바퀴 돌고 있다. 이 구역은 현재 보행자, 자동차, 상인들로 북적거리는 대로가 되었지만, 당시에는 대체로 한산했다. 배경에 보이는 티베트식 건물들은 원래 대뿡 수도원 승려들이 관리하던 쥐띵링*이다. 무장 파벌 다툼 때 이 건물은 걘록파 홍위병의 근거지가 되었고 한때는 위층 창에 기관총을 배치해 거리를 겨눈 적도 있다고 한다. 이후 이 건물에는 '디코스'라는 패스트푸드점과 각종 공예품과 기념품을 파는 가게들이 입점했다.

* 쥐띵링(Jus gting gling): 1980년대 바르꼬르 광장이 들어서면서 철거된 건물. 쥐띵링은 '전략적인 숙고의 장소'라는 뜻으로 18세기 이곳이 각료 회의장으로 이용된 데서 유래한 이름이다.

사진에는 없지만, 땐걔링 거민위원회가 감독하던 우귀사신 중에 팍빠라 게렉 남결도 있었다. 그는 이후 중국 인민정치협상회의 부주석에 오른 사람이다. 부통령에 해당하는 자리지만, 그 역시 거리에서 비판 투쟁을 당한 경험이 있었다.[37] 그와 사진 속 비판 투쟁 대상들은 모두 반동적인 봉건체제 '삼대영주'라는 범주에 속했다. 이 사람들은 치욕적인 구호를 적은 높다란 고깔모자를 쓰고 자신들의 죄목을 밝힌 플래카드를 목에 걸어야 했다.[38]

데모 린포체의 뒤에서 걷고 있는 사람은 라뮌 예쎼 췰팀이다. 그는 티베트 제2 도시 시가체에서 판첸 라마 행정부의 고관이었다. 10대 판첸 라마는 1959년 중국 체제하에서 최고위 라마였지만, 3년 후 마오쩌둥과 저우언라이에게 중국의 티베트 정책을 비판하는 내부 탄원서를 보낸 후 가택 연금에 처해졌고 수주 동안 비판 투쟁과 탄핵을 당했다.[39] 라뮌 예쎼 췰팀의 동생은 판첸 라마를 가장 격렬하게 탄핵한 인물 가운데 하나였음에도 불구하고, 본인도 '매국 판첸 집단'의 일원으로 엮여 고발당했다.[40] 라뮌 예쎼 췰팀은 빈번하게 비판 투쟁에 불려 나갔다가 결국 병을 얻어 1978년 사망했다. 라뮌 예쎼 췰팀의 뒤에서 한 손에는 보석이 박힌 만찰(만다라 공양에 사용하는 법구)을, 다른 손에는 종을 들고 걷고 있는 사람은 아마 라싸 서쪽 외곽 쎄라 수도원의 라마 라쮠 린포체일 것이다. 당시 그는 80대 노인이었다. 이날 비판 투쟁을 당하고 얼마 후, 지역 거민위원회에서 나온 홍위병이 가택 수색 중 압수한 도제(금강저, 벼락을 상징하는 밀교 의식용 법구)로 라쮠 린포체의 머리를 내리쳤고, 피를 많이 흘린 린포체는 그 다음날 사망했다. 당시 티베트 전통 장례는 꿈도 꿀 수 없었고 그의 시체는 서둘러 천장을 치르는 장소로 옮겨져 독수리들의 차지가 되었다.

두 번째 줄의 비판 표적들을 여성 행동대원 두 사람이 맡아 끌고 가고 있다. 라뮌 예셰 췰팀을 붙잡고 있는 왼쪽 여성은 데모 린포체 일가의 하녀였던 빼된이다. 라뮌 예쎼 췰팀과 그의 왼쪽(사진상 오른쪽), 또 다른 우귀사신 사이에 보이는 여성은 라모라고 하는데 사진 58에서 주먹을 휘두르던 행동대원 땐진의 내연녀로 이미 사망했다고 한다. 땐진은 이번 사진에도 데모 린포체의 아내를 호송하는 역할로 등장한다.

우귀사신들 뒤로 구경꾼들의 접근을 막기 위해 로프를 둘렀다. 로프는 우귀사신 행렬과 '대중'을 공간적으로 분리하는 동시에 일반 대중, 즉 로프 건너편에서 바라보는 구경꾼들과 행사를 주관하는 행동대원들을 구분함으로서 행동대원들과 그들이 수행하는 혁명에 정당성과 권위를 부여한다.

60-62. 땐걔링 거민위원회가 소집한 우귀사신 행렬이 바르꼬르를 따라 늘어선 건물들 앞을 지나고 있다. 답시쌱은 한때 쎄라 수도원에 속한 건물이었는데 지금도 여전히 일반인들이 거주하는 몇 안 되는 오래된 건물 중 하나다. 낭쩨쌱은 달라이 라마 시대에 라싸 법원 겸 형무소였는데 지금은 문화유산으로 보존되어 '애국주의 교육'을 위한 박물관으로 이용되고 있다. 까니고시 불탑은 이때 이미 홍위병들에 의해 철거되고 없다. 간댄 다르첸은 바르꼬르 북동쪽 모퉁이에 세워진 높은 깃대다. 행렬의 최종 목적지는 조캉 사원 모퉁이 쑹최라였고, 이곳에서 다른 거민위원회가 끌고 온 우귀사신들과 합류시켜 합동 비판대회를 열 예정이었다. 행렬이 북쪽에서 바르꼬르로 진입해 조캉 사원 주변을 시계방향으로 돌았는데, 이것은 티베트 불교 신자들이 기도하면서 성지 주변을 도는 방향과 같다. 아마 티베트 전통 기도 방식 역시 타파해야 할 사구로 간주했기 때문일 것이다. 하지만 그렇다고 '혁명대중'이 사원을 시계반대방향으로 도는 일은 없었다.

원래 매년 티베트력으로 정월 25일이면 많은 사람이 미래불인 쟘빠가 이 땅에 도래하기를 염원하는 기도와 법회에 참가하기 위해 기도깃발이 바람에 나부끼는 이 거리를 유장한 의례용 나팔소리를 들으며 바삐 달려가곤 했다. 사진 속 구경꾼 가운데, 아니 심지어 행동대원 가운데 누군가는 이 길 위나 사원 앞에서 오체투지를 하던 신도가 아니었을까? 사진을 촬영할 무렵, 쟘빠 불상이 있던 자리는 이미 마오쩌둥의 초상화가 차지했고, 기도 깃발이 사라진 자리에는 북소리, 징소리를 몰고 온 오성홍기가 꽂혔다. 북을 두드리고 붉은 깃발을 높이 든 사람들은 라싸의 젊은 혁명 세력이었다.

63. 동일한 행렬이 바르꼬르의 동쪽 길을 따라 이동하는 모습이다. 지금은 예전 수르캉 가문의 저택이었던 건물 앞을 지나고 있다. 행동대원들이 들고 있는 높은 깃발 뒤로 보이는, 수르캉 저택의 왼쪽 가장자리 부분이 수호여신 빽댄 라모를 모시는 불전 짜짜캉이다. 사진이 촬영된 시점에 이 불전은 봉쇄되어 있었다. 원래 벽을 파서 그 안에 점토 양각 신상(짜짜)을 모셨었는데, 벽에 진흙을 발라 버렸고, 불전 앞에 놓아두던 향로도 누군가 부숴 버렸다.[42]

사진 왼쪽 아래, 두 사람이 들고 있는 마오쩌둥 초상화 왼쪽 뒤편으로 말끔한 검은색 중산복 차림에 머리를 단정하게 빗어 넘긴 남자가 보인다. 옷차림으로 보아 비교적 지위가 높은 간부 계급으로 보이는데 아마 본 행사 책임을 맡은 중국인일 것이다. 사진을 더 자세히 들여다보면 오른쪽 행동대원들이 일반인들의 접근을 막기 위해 형성한 저지선 안쪽에 카메라를 든 사람 세 명이 보인다. 카메라를 목에 두르고 웃고 있는 사람, 그 뒤로 두 손에 카메라를 든 채 우귀사신들이 있는 방향으로 고개를 돌린 사람, 그리고 뒷모습만 보인 채 자신을 향해 떠밀리며 걷고 있는 사람을 촬영 중인 사람. 이들은 누구일까? 웃고 있는 사람은 시짱일보의 기자이고, 고개를 옆으로 돌리고 있는 사람은 국영 매체 신화사의 라싸 지부 특파원이다.[43]

당시 티베트 내에는 시짱일보와 신화사 말고도 티베트군구, 이후 티베트 성급 군구가 발행하던 고원전사보, 티베트자치구 인민방송국, 중국 중앙뉴스다큐멘터리제작소 티베트 지부 등의 언론사가 활동하고 있었다. 하지만 지금까지 우귀사신에 대한 비판투쟁 장면을 담은 사진은 단 한 장도 공개된 적이 없었다.

64. 내가 인터뷰한 티베트인들에 따르면, 비판대회에 끌려 나왔다가 다시 끌려 들어가는 사람들의 행렬은 체몬링 사원과 라모체 사원을 잇는 길을 따라 이동했다. 얼굴에 아무렇게나 그림을 그린 이 남자는 복장으로 보아 승려인 것 같다. 두 손으로 작은 불감(불상을 모셔두는 집)을 받쳐 들고, 목에는 띙샤라고 하는 작은 심벌즈처럼 생긴 불교 의례도구를 걸고 있다. 얼굴은 만화 속 악당 같은 낙서로 얼룩졌지만 그 아래 절망적인 표정에 담긴 고통이 생생하게 전해 온다. 강제로 씌운 고깔모자에 '응악왕 갸초'라는 이름과 '우귀사신'이라는 글자가 보인다.

이 사람은 쎄라 수도원의 이름난 뙬꾸인 리부르 린포체이고, 응악왕 갸초는 그의 본명이다.[44] 그는 1976년 석방되었고, 11년 후에는 인도로 망명해 남은 인생을 티베트 밖에서 불교를 가르치며 보냈다.[45] 1990년 미국에서 프랑스 언론인 피에르-앙투안 도네와 인터뷰를 하면서 리부르 린포체는 자신이 비판대회를 서른다섯 번 겪었고, 군중의 규모는 서른 명에서 4백 명까지 다양했다고 말했다. 그는 자신의 경험을 자세히 진술했다.

> 탐징(비판 투쟁)이 벌어지는 동안 나는 높고 뾰족한 모자를 쓰고 가사를 걸쳐야 했다. 내 출신 계급이 나쁘다는 것을 분명히 보여주기 위해서였다. 또 가사 위에 온갖 표시와 의례용 도구들을 부착해 우스꽝스러워 보이게 했다. 나팔과 징 소리에 따라, 홍위병들

의 모욕을 견디며 라싸시장을 통과한 적이 두 번 있다. 탐징은 주로 일과 후 저녁 여덟 시에서 열한시 사이에 벌어졌다. 낮에는 일을 해야 했는데 건물을 짓거나 돌을 깨는 작업을 시켰다. 나를 고발한 사람은 당연히 중국인이었고, 이름은 궈샹지였다. 그 사람을 아주 잘 기억한다. 그는 내가 살고 있던 라싸 지구의 책임자였다. 그는 내가 달라이 라마와 비밀리에 연결되어 있고, '외국 반동분자들'과 접촉하고, 티베트 독립 운동을 모의하려 한다고 고발했다. 나는 시선을 아래로 두고 몸을 숙여야 했고 그러면 사람들이 나를 때리고 욕하기 시작했다. 한번은 개머리판으로 오른쪽 귀를 세게 맞은 적이 있는데, 그 이후로 귀가 잘 안 들린다. 구타가 계속되는 동안, 내 눈에는 때리는 자의 다리만 보였다. 사실 라싸에 있는 라마 중에서 나는 그나마 고생이 덜한 편에 속했다. 지금 살아서 이 이야기를 하고 있다는 사실이 그 증거다.[46]

문화대혁명 후 석방된 리부르 린포체는 귀중한 문화재들을 되찾는 데 중요한 역할을 했다. 앞서 언급한 대로, 손챈감포의 네팔인 왕비 브리쿠티가 티베트에 가지고 온 뒤 라모체 사원에 모셔져 있던 석가모니상은 두 동강이 났다. 위쪽 절반은 베이징으로 갔고, 아래쪽 절반은 라싸에 남았는데 아마도 어느 창고에 방치되어 있었던 것 같다. 문화대혁명이 끝난 뒤 10대 판첸 라마는 위쪽 절반이 베이징의 어느 공장 창고에 있다는 사실을 알아냈다. 그는 리부르 린포체에게 이것을 라싸로 가져오는 임무를 맡겼고, 라싸에서 하나로 합쳐져 복원된 불상은 다시 라모체 사원에 모셔졌다. 리부르 린포체는 또 분실된 티베트 문화재들을 찾기 위해 당국의 허가를 받아 1983년 베이징 여행길에 오른 라마 일행의 일원으로 참가했다. 피에르-앙투안 도네는 이 여행에 대해 다음과 같이 썼다.

라마들은 베이징 한복판 자금성 내 창고에서 26톤이 넘는 불교 문화재를 찾아냈다. 불상과 법구들을 담은 상자 136개가 티베트로 돌아왔다. 아울러 베이징 공자 사원(공자묘, 쿵쯔먀오)에서도 티베트 문화재가 6톤이나 더 나왔다. 이것들도 역시 상자에 담아 티베트로 돌려보냈다. 회수팀은 총 13,537점, 600상자 분량의 불상을 찾아 티베트로 돌려보냈다. 이들은 도난당하거나 훼손된 보물의 극히 일부에 지나지 않았다.[47]

사진 왼쪽의 행동대원, 즉 리부르 린포체의 오른팔을 잡고 있는 인물은 땐걔링 거민위원회가 주관한 조리돌림(사진 58-63)에서 데모 린포체의 아내를 밀던 땐진과 동일인물이다. 오른쪽에 있는, '고개가 갸우뚱한 예쎄'로 알려진 인물은 땐걔링 거민위원회의 보안을 담당하던 사람으로 이후 파벌 다툼 때는 냥델파 산하 농목민 사령부의 부지휘관이 되었다. 문화대혁명 후에는 이혼하고 작은 찻집을 운영해 생계를 유지했고, 몇 년 뒤 병으로 사망했다.

65. 홍위병과 '혁명대중'이 우귀사신 행렬을 끌고 시내를 돌아다니며 조리돌림을 하고 있다. 의상과 고깔모자를 착용한 우귀사신들 앞에서 마오쩌둥의 초상화를 앞세우고 깃발을 든 무리가 걷고 있다. 리부르 린포체는 그들 바로 뒤에서 땐진과 예쎄 두 사람의 행동대원에게 양팔을 붙들린 채 걷고 있다.

66. 옛 티베트 귀족이자 관료였던 퓐캉 체링 된둡. 앞서 사진 60에도 등장했지만, 이번 사진에 더 뚜렷하게 포착되었다. 얼굴에 수염을 그리고 길게 늘어진 귀고리 한 짝을 왼쪽 귀에 달았는데 이것은 귀족 출신임을 보여주기 위해서다. 그의 아버지는 1940년대 달라이 라마 정부 4인 내각의 까뢴, 즉 장관이었고, 그의 형은 시킴 왕의 사위였으며, 그의 아내는 유명한 차룽가 출신이다. 그의 가문은 '얍시'라는 명예를 누렸는데, 얍시는 티베트 전통에서 달라이 라마를 배출한 가문에게 주어지는 경칭이다. 11대 달라이 라마가 퓐캉가 출신이어서 퓐캉 체링 된둡도 얍시 퓐캉이라고 불렸다. 그는 가문 내에서 어른이었지만, 여전히 젊은 나이였고 1959년 티베트 정부가 해체될 때 정부 내에서 중견 관리였다.

사진 속 퓐캉은 광대 같은 차림에 손에는 아마도 손잡이 부분이 상아인 듯한, 반짝이는 나이프와 포크 상자를 들고 있다. 정말 흥미로운 미장센이다! 그가 착취 계급의 일원으로, 사치스럽고 부패한 삶을 살았음을 보여주는 것이 목적이었을 조리돌림의 소품이 왜 하필 이 우아한 은제품일까? '해방농도'들도 이 시선을 사로잡는 아름다움에 매료되었기 때문은 아

닐까? 그렇다면 푄캉으로서는 매우 곤혹스러웠을 이 상황이 은제품 때문에 희극적으로 보일 수도 있다. 누군가는 또 푄캉가 사람들이 서구인들과 가까이 지냈던 증거라며, 은제품이 반역의 증거라는 해석도 내놓았다.

거주지 때문에 푄캉도 땐갸링 거민위원회의 감독을 받았다. 문화대혁명이 끝나고 그는 복권되어 티베트자치구 정치협상회의 부주석 겸 전국 정치협상회의 상임위원으로 임명되었다. 그는 1990년에 사망했다.

푄캉가의 저택은 약 백 년 가까이 된 오래된 건물로, 바르꼬르 북부에 무사히 보존되어 있다. 2003년 신축된 후 처음에는 지역 거민위원회가 배정한 사람들이 거주했다가, 나중에 새 아파트로 재정비된 후 캄 출신의 부유한 티베트인들이 매입했다. 11대 달라이 라마가 어린 시절 지냈던 방이나 가족의 기도실 등에는 여전히 아름다운 벽화와 조각이 새겨진 기둥, 옛 모습을 간직한 처마 등이 있다. 더욱 최근에 이 저택은 중국 투자가들에 의해 호텔로 개조되었고 내부에는 관광객 대상의 공예품 가게가 줄줄이 들어섰다.

67. 당시에는 화난 인민들이 집단의 '계급 원수'에게 달려들어 항의하는 일이 흔했다. 수많은 사람들이 허공에 주먹을 휘두르며, 가운데 인물 하나를 둘러싸고 사방에서 모욕적인 말과 욕설을 퍼붓곤 했다. 사진에서 이런 광경은 일종의 소용돌이 같은 시각 효과를 만든다. 이 사진에서 우리는 공공의 분노가 만드는 소용돌이 한가운데서 머리를 아래로 향하고, 몸통을 앞으로 굽힌 우귀사신의 모자만 볼 수 있다. 가운데 인물은 티베트에서 가장 유명한 여성 뙬꾸, 쌈딩 도제 팍모 데첸 최된이다.[48] 당시 이 여성은 스물네 살이었고, 세 번째 아이를 출산하고 아직 두 달도 되지 않은 몸이었다. 불과 얼마 전까지, 그녀는 중국 전역에서 '애국자'로 칭송받았다. 1959년 말, 달라이 라마를 따라 인도로 망명한지 겨우 6개월 만에 티베트로 돌아

왔기 때문이다. 그녀는 대단히 존경받는 인물이었기 때문에 10월 베이징에서 열린 중화인민공화국 건국 10주년 축하 행사에 귀빈으로 초대되기도 했다. 기념식에서는 마오쩌둥이 직접 그녀를 영접했고, 라싸로 돌아와서는 고위 공직과 호사스러운 특전을 제공받았다.

하지만 우귀사신으로 분류되면서 도제 팍모는 와빠링 거민위원회의 감독을 받게 되었다. 사진 속 비판 투쟁 장소는 바르꼬르 동쪽 라싸 대모스크 인근에 있는 그녀의 자택이다. 그녀의 전남편 까쑈 뢴둡 남갤이 인터뷰에 응해주었다. 내 아버지가 찍은 사진을 본 그는 매우 슬퍼했다. "이 사진들을 보고 사람들이 뭐라고 할까? 도제 팍모가 1959년 인도에서 돌아온 것은 중국이 전 세계를 상대로 '사불'정책을 천명했기 때문이다". 사불은 '죽이지 않고', '수감하지 않고', '심판하지 않고', '투쟁하지 않는다'는 의미다.

그는 슬퍼하며 그날을 떠올렸다.

> 8월도 다 끝나갈 무렵이었다. 오후 두세 시경, 집에서 태어난 지 얼마 안 된 아들을 보살피느라 한창 바쁠 때, 마당에서 북소리, 징소리, 구호 소리가 들렸다. 곧이어 사람들이 안으로 들이닥치더니 집을 뒤지기 시작했다. 그들은 물건을 부수고 태웠고, 도제 팍모를 마당으로 끌고 나갔다. 성관구에서 인민해방군 소속 군인과 관원들이 나와 있었다. 그들은 사람들이 아내를 길거리로 끌고나가지 못하게 막았다. 아내는 자발적으로 고국에 돌아왔으니 일반 우귀사신처럼 취급할 수 없었다. 국제 여론에 악영향을 미치지 않도록 주의하라는 지시가 있었다. 그래서 비판 투쟁 장소는 우리집 마당으로 한정되었고, 고깔모자도 씌울 수 없었다.

"여기가 우리집 마당"이라고 그가 사진을 가리키며 말했다. "오른쪽에 나무가 있고, 왼쪽에 창문이 있다. …아, 여기 아마 끼-라가 있다." 그는 사진 오른쪽 위 나무 옆 벽에 기대서 있는 여성을 발견하고 놀라며 말했다. 어른들 가운데 주먹을 쳐들고 있지 않은 사람은 그 여성뿐이었다. "우리집 마당에서 살던 (행동대원이 아닌) 일반인이다. 도제 팍모를 괴롭히지는 않고, 구경만 했다. …오, 여기 아니 라된도 있다. 라된은 거민위원회 주임이었는데 가장 사나웠다. 치안 주임 뻰빠 체링도 여기 있고 행동대원 푸르부 체링도 있다. 지금은 모두 죽었다…. 이 여자, 마오쩌둥 초상화 왼쪽에 있는 키 큰 여자는 캄 출신인데 이때는 쟈르빠 캉상에 살았다. 이 여자도 지금쯤은 죽었을 거다. 체 라모도 있다…." 사진 속 인물 대다수가 이전부터 알고 지내던 사람들인 것 같았다.

마오쩌둥의 초상화가 유난히 눈에 띈다. 존경의 표시로 높이 들어 올린 초상화 속 인물의 무표정한 응시는 군중이 발산하는 열정과 몹시 동떨어져 보인다. 마치 그가 이 모든 상황을 지휘하고 있는 것 같다.

68. 티베트에서 가장 유명한 여성 환생 라마인 도제 팍모가 필박스 모자와 가사 차림에 보병(寶甁)을 들고 서 있다. 그녀의 양옆에 서 있는 노인들은 그녀의 부모인데 겁에 질리고 불안해 보인다.

그녀의 아버지 릭진 갤뽀는 어느 귀족가의 집사였고 어머니는 상인 가문 출신이다. 딸의 특별한 신분 때문에 부모도 귀한 대접을 받았고, 특히 아버지는 1959년 '라싸 반란' 때 인민해방군에게 정보를 제공했기 때문에 '뛰어난 애국자'로 인정받았었다고 한다. 그는 이날 딸을 비판하는 투쟁대회에 끌려나왔을 뿐만 아니라 2개월 후에는 투옥되기까지 했다.

륀둡 남갤은 회상했다.

> 장인은 정말 아무 죄가 없었다. 하지만 술에 취해 마오쩌둥을 욕했다고 누군가 고해 바쳤기 때문에 몇 번이고 비판 투쟁에 끌려 나갔다. 그때 하도 세게 맞아서 양쪽 어깨가 골절되기도 했다. 같은 죄목으로 형사 고발까지 당했는데, 죄가 매우 중했다. 석방된 후에도 '사류 분자'로 분류되어 대중감독과 재교육을 받아야 했다.[49] 2주에 한 번씩 대중감

독소조가 찾아와 장인을 비판했다. 그때마다 심하게 구타당해 끝날 때쯤에는 얼굴이 피투성이가 되었다. 또, 어디 가서 함부로 발설하지 못하도록 협박을 받았다. 무슨 일을 당하는지 다른 사람에게 이야기하면 더 심하게 폭행당했다.

문화대혁명이 끝날 때까지 상황은 달라지지 않았다. 1976년까지 계속된 것은 물론, 마오쩌둥이 죽은 뒤에도 끝나지 않았다. 마오쩌둥이 죽은 날 거민위원회 간부들이 또 장인을 찾아왔다. 그들은 탁자 위에 놓인 종이를 발견했는데 거기에는 장인이 아무렇게나 끼적인 메모가 있었다. "오늘 우리는 집에서 고기를 먹었다"라든가 "오늘 우리는 버터차를 마셨다" 같은, 그냥 재미로 쓴 글이었다. 하지만 간부들은 몹시 화를 냈다. 그들은 장인이 쓴 글이 반동적이라고 비난했다. "어떻게 감히 고기를 먹고 버터차를 마셔! 마오 주석이 죽었다는 소식이 그렇게 기쁜가!? 당신은 지금도 반혁명분자로 활동하고 있군!" 장인은 다시 끌려가 끔찍하게 폭행을 당했다.

나중에 장인은 과거의 '애국' 행위를 처절하게 후회했다. 1959년 반란 평정 때 인민해방군에 정보를 제공한 일 말이다. 그러다가 1977년인지 78년인지에 돌아가셨다. 도제 팍모의 어머니는 아주 소심한 사람이었다. 매일 노동개조에 나갈 때 말고는 말도 별로 하지 않았다.

"당신은 뛸꾸의 남편이었는데 힘든 일을 겪지는 않았나?" 내가 물었다. "나는 표적이 아니었다. 그들이 나를 찾아내서 가두려고 한다는 말을 듣긴 했지만 어쨌든 나는 무사했다. 적어도 그날은 그냥 넘어갔다." 륀둡 남걜은 다소 부끄러워하는 것 같았다.

사람들은 집을 뒤지기만 한 것이 아니라 우리에게 물건을 밖으로 던지라고 명령하기도 했다. 나는 도자기 그릇을 한 무더기 밖으로 가지고 나가 그중 일부를 던져서 깼다. 그러다가 문득 경전이 떠올랐다. 아버지가 물려준 가보였는데 티베트 전통 시가 실려 있었다. 나는 얼른 그것을 꺼내서 조용히 화장실에 버렸다. 지금은 몹시 후회한다. 그때는 정말 무서워서 죽을 것 같았다. 너무 무서워서 화장실 밖으로 나가지도 못했다. 화장실에서 문을 잠그고 감히 나가 보지도 못했고, 아무도 나를 찾지 않았다. 나는 그렇게 위기를 모면했다. 그런데 이런 사진이 있었다니! 너무 후회된다. 화장실에 숨어있지 않았더라면 나도 이 사진 속에 있었을 텐데. 나는 그때 겨우 스물한 살이었다.

"밖에 있는 도제 팍모가 걱정되지 않았는가?" 내가 물었다.

"아," 그는 미안한 듯 말했다. "그녀는 혼자가 아니라 부모님과 함께였다."

"아이들은 어떻게 되었나?"

"아이들은 너무 어렸고, 집 안에서 울고 있었다. 아무도 아이들을 보살피지 않았고, 아무도 신경 쓰지 않았다. 아이들은 울고 배가 고프다고 보챘지만, 다들 바빠서 아이들에게 신경 쓸 겨를이 없었다."

"갓 태어난 아들은 어땠나?"

"아, 아들, 그 애는 그때 두 달도 채 안 됐었다. 나중에 도제 팍모와 내가 노동개조에 참여하는 동안 그 애를 흙 수레에 눕혀두곤 했다. 추수 기간에는 수레가 몹시 더러웠고 보릿대에는 항상 가시가 솟아 있었다. 우리는 아이가 눈을 찔리지 않도록 머리를 스카프로 덮어 두었다. 아내는 그런 그 애를 보며 울곤 했다."

69-71. 뙬꾸 도제 팍모의 얼굴에 주먹을 들이대고 있는 젊은 여성은 아니 라된이다. 와빠링에서 살았다는 이유로 와빠링 아니라고도 불렸다. 사람들은 그녀가 원래 캄의 다얍에서 라싸로 순례를 온 것이라고 생각했다. 그녀는 머리가 짧았고, 독신에 자녀도 없었으며, 가사를 걸치고 다녔다. 그래서 사람들은 그녀가 아니, 즉 비구니일 것이라고 생각했다. 그녀는 구걸을 하거나 가끔 무슬림 가정에서 허드렛일을 해 주며 살았다. 문화대혁명 이전에는 라싸에 세워진 조합 농장에서 채소를 키우거나 도살장에서 동물 내장을 처리하는 일도 했다고 한다. 문화대혁명 발발 후에는 매우 열성적으로 활동했는데 특히 우귀사신을 공격하는데 적극적으로 앞장서서 지역 내에서 빠르게 이름을 알리고 와빠링 거민위원회 부주임을 거쳐 주임이 되었다. 중국 공산당에 가입해 갼록 산하 '조반공사'의 주요 인사가 되었고 여러 차례 비판 투쟁을 주도했다.

세 장의 사진(69-71)에 모두 등장해 주먹을 휘두르고 있는 아니 라된을 보면 도제 팍모에게 깊은 원한이라도 있는 것 같다. 사진만 봐서는 아니 라된과 뙬꾸 도제 팍모 사이에 이전부터 갈등이 있었는지 알 수 없지만, 티베트의 관습과 전통을 고려할 때 그럴 가능성은 희박하다. 아니 라된 같은 수도승이 (그녀가 정말 승려였다면) 도제 팍모 같은 종교계 고위 인사를 모욕하는 일은 있을 수 없는 일이다. 아니 라된은 새로운 체제가 정확히 요구하는 인물이었다. 그녀의 행위는 대중들을 교육하는데 효과적이었을 것이다. 뙬꾸 도제 팍모 주변에 모인 군중들 틈에 주먹을 치켜든 어린아이들도 있다.

나중에 갼록이 라싸에서 주도권을 잃어버리자 아니 라된도 기세가 꺾였다. 그녀는 뇌물 수수로 일 년 이상 감옥살이를 했는데, 그녀가 죄도 없이 벌을 받았다고 생각하는 사람들도 있다. 그녀가 너무 고지식했다고 생각하는 사람도 있고 냠델 쪽으로 대세가 기울었을 때

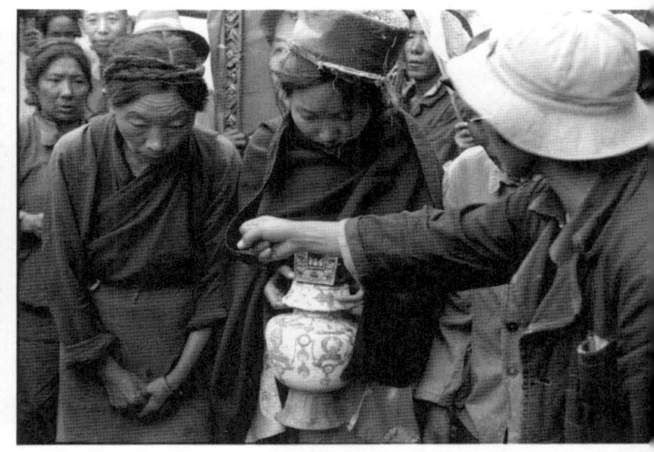

얼른 그쪽 편에 붙었더라면 별일 없이 넘어갔을 거라고 생각하는 사람도 있다. 석방되고 얼마 후 아니 라된은 사망했다. 1985년이었으니 아마도 대략 60대의 나이였을 것이다.

라싸 구시가지 쪽에 살던 주민 다수는 여전히 승복에 중산복 상의를 입고 다니던 아니 라된을 기억하고 있다. 다들 그녀가 전형적인 후르쬔빠, 즉 행동대원이었다고 말했다. 많은 이가 그녀에 대한 혐오감을 드러냈지만, 좋게 말하는 사람들은 그녀가 올곧은 사람이어서 절대로 사리사욕을 채우지는 않았다고 기억했다. 그녀의 종교에 대해 묻는 질문에 어떤 사람은 "그 사람은 종교가 없었다. 머리가 짧았고 사람들이 아니(비구니)라고 부르긴 했지만, 부처를 믿지 않았다. 적어도 겉으로는 봐서는 절대로 신자가 아니었다. 속으로야 무슨 생각을 했는지 알 수 없다. 어쩌면 공산주의가 그 사람한테는 종교였고 그래서 공산당에 들어가고 싶어 했는지 모른다"고 말했다.

72. 도제 팍모에 대한 비판 투쟁은 갈수록 더 혹독해졌던 것 같다. 자신이 저지른 착취의 죄를 남김없이 드러내기 위해 도제 팍모는 등에 비싼 옷감을 잔뜩 짊어지고 다녀야 했다. 옷감의 무게를 감당하지 못하는 그녀에게 군중 틈의 어린아이들이 돌을 던진 직후처럼 보이는 사진이다.

머리에 쓴 모자도 사연이 있다. 일반적인 모자가 아니라 종교적인 의미가 있는 신성한 물건이다. 사진 속 모자가 너덜너덜해 보이는 이유는 그녀가 비판 투쟁의 표적으로 지목되기 전, 원래 붙어 있던 작은 금불상, 비단, 진주 등의 장식을 다 뜯어서 지역 은행에 헐값에 팔았기 때문이다. 륀둡 남걜은 "거민위원회가 주선을 해서 겨우 2000위안(약 미화 800달러) 정도를 받고 은행에 팔았던 것으로 기억한다. 사실 금 불상은 말할 것도 없고, 모자에 달린 진주만 모아도 세숫대야 하나를 가득 채울 양이었다"고 말했다.

티베트에 그런 검은 모자는 단 두 개뿐이었다고 한다. 하나는 티베트 불교 까르마까규파 수장인 카마빠의 검은 모자이고, 다른 하나는 샹빠까규파 쌈딩 수도원장 도제 팍모가 가지고 있던 모자다. 둘 다 '다키니' 또는 티베트어로 '칸도마'라고 하는 여신들의 머리카락으로 만들었다고 전해진다. "아내는 1959년 인도로 떠날 때 모자를 가지고 갔었다." 륀둡 남걜이 말했다. "그리고 티베트로 돌아올 때 가지고 왔다. 하지만 그날의 비판 투쟁에서 그 모자는 불에 탔다고 들었다. 손실된 수많은 물건들 중에서 그 모자가 가장 귀한 것이었다."

도제 팍모가 손에 들고 있는 보병은 '붐빠'라고 하는데, 특별한 종교적 의식을 거쳐 신성해진 곡식이나 기타 물건을 넣어 보관하는 용기로 집안이나 산속 또는 물속에 숨겨 두면 복을 가져다준다고 한다. 티베트 민간에서 매우 중시하는 풍습이다. 도제 팍모의 붐빠는 일반적인 붐빠와는 달리 매우 공들여 만든 골동품이었던 것 같다. 하지만 이 사진이 촬영된 후 붐빠는 사라졌고, 이후의 행방을 아는 사람은 아무도 없었다.

73. 이 혼잡한 상황에서 유난히 시선을 사로잡는 부분이 딱 한 군데 있다. 뉴스보이 캡을 쓰고 손목시계를 착용한 젊은 남자가 도제 팍모의 붐빠 위에 있는 가우를 손으로 집어 유심히 살피는 모습이다. 가우는 티베트인들이 흔히 부적을 넣어 가지고 다니는 오각형의 상자다. 도제 팍모가 가지고 있는 것처럼 정교하게 만든 가우는 대개 금이나 은 혹은 두 가지 재료를 모두 사용해 만들고 보석으로 장식한다. 모자를 쓰고 시계를 찬 이 청년은 무엇을 하고 있는 걸까? 너무 궁금해서 그냥 만져보는 걸까? 아마도 그건 아닐 것이다. 사구타파는 결국 '공격하고 부수기'와 더불어 '빼앗는' 행위였다. 당시에 그런 일은 흔히 벌어졌고 별다른 제재도 없었기 때문에 많은 사람을 행동대원으로 끌어들이는 요인이 되기도 했다.

주변 사람들의 표정도 흥미롭다. 어처구니없다는 듯 눈을 굴리는 사람, 얼굴을 찌푸리는 사람, 소리를 지르거나 호통을 치는 사람이 있는가 하면 의미 없이 주먹을 흔드는 사람도 있다. 개중에는 아무것도 안 하는 사람들도 있는데, 두려워하고 있는 것 같지만 무슨 생각을 하고 있는지는 짐작하기 어렵다. 가우에 관심을 보이는 젊은 남자는 위루쓰라는, 와빠링 출신 무슬림 행동대원으로 밝혀졌다. 문화대혁명이 한창일 때 위루쓰는 냠델파벌의 농목민 본부 지휘관으로 활동하기도 했다. 마지막으로 그에 대해 들은 이야기는 (중국어판이 나온 2006년 기준) 그가 50대 후반이고 집에서 마작장을 운영하며 풍족하게 잘살고 있다는 소식이었다. 그 옆에 있는 여성은 체 될마라는, 조합 구두공이면서 역시 행동대원인데 이미 사망했다. 오른쪽, 체 될마의 뒤에서 작은 깃발을 들고 있는 나이든 여성은 매우 얌전한 사람으로 알려져 있어서 아마도 거민위원회의 지시 때문에 마지못해 나온 듯하다. 도제 팍모 뒤편에 있는 짧은 머리 소녀는 사마라고 하는데 지방 무슬림 공동체 일원이었고 지금은 가정주부라고 한다.

74. 비판 투쟁이 도제 팍모의 집 마당에서 정문으로 옮겨갔다. 도제 팍모가 고개를 숙였지만, 군중의 시선은 그녀가 아니라 자신들의 왼쪽으로 향하고 있다. 배경에 높이 치켜든 남자의 한쪽 팔이 보이고 손에 든 상자 같은 물건에서 끈이 아래로 늘어져 있다. 좀 더 선명한 이미지로 보면 이 남자가 검은 재킷을 입고 제복 모자를 쓰고 있는 것을 알 수 있다. 이 사람은 중국 종군 사진사 란즈구이이고 손에 든 물건은 롤라이플렉스 120 카메라다.

란즈구이는 중국어 자료에 "신중국 사진 역사의 중요한 인물, 1950년대부터 70년대까지 티베트 사진계의 대표적인 인물로 해당 20년간 티베트를 대표하는 이미지들을 만들어 낸 사진의 명인"으로 소개되어 있다.[50] 1932년생인 란즈구이는 1940년대 말 쓰촨성에서 수습기간을 거쳐 제18군 소속 종군 사진기자가 된 후 1950년대에 티베트로 왔고, 1978년 은퇴한 뒤 2016년에 여든네 살로 사망했다. 내 기억에 란즈구이는 내 아버지와 매우 가까운 사이였다. 두 사람은 문화대혁명 이전에 티베트군구 정치부에서 함께 근무하면서 1956년 로바족 거주지, 1962년 인도-중국 전쟁터, 1965년 티베트자치구 설립 현장에서 함께 사진을 찍었다. 1980년대에 아버지를 따라 청두에 있는 란즈구이와 그 가족을 방문했던 기억이 있다.

문화대혁명 기간 동안, 란즈구이는 티베트에서 홍위병 집회와 우귀사신의 비판 투쟁을 촬영한 사람으로 알려져 있다.[51] 당시 그가 촬영한 사진 일부만이 세상에 나왔지만, 일반에 공개된 사진들은 집회나 각종 행사에 모인 '대중'을 보여준다.[52] 예를 들어 학생으로 보이는 홍위병들이 조캉 사원 바깥에 대열을 맞춰 앉아 어린아이의 지휘에 따라 노래를 부르고 있는 사진 등이다. 일반에 공개된 란즈구이의 사진 가운데 혁명행동이라고 할 만한 장면을 보여주는 사진은 한 장도 없다.

란즈구이와 내 아버지는 티베트군구 소속이었기 때문에 문화대혁명 기간 중 라싸에서 일어나는 사건들을 촬영할 수 있었다. 당시 정부 기관에 소속된 다른 사진사들도 아버지의 사진 속에 등장하는데, 가령 쑹최라에서 토론하는 승려들을 찍은 중앙뉴스다큐멘터리제작소 티베트 지부 소속 체링(사진 6), 티베트 문화대혁명의 시작을 기념하는 대규모 집회 사진에 등장하는 세 명의 사진사(사진 12) 등이다.[53] 사진 63에는 바르꼬르의 우귀사신 행렬을 촬영하는 사진사가 있다. 하지만 내가 아는 한 티베트에서 있었던 비판 투쟁이나 이와 유사한 홍위병들의 행위를 담은 그 어떤 사진도 당시 신문이나 매체에 실린 적이 없고, 지금까지도 중국 내에서 그런 사진이 공개된 적은 없다.

75. 아마 거민위원회와 국영 라디오의 발표 내용을 전달하기 위한 것으로 보이는 스피커가 도제 팍모의 집 대문 위에 걸려 있다. 사진 오른쪽에서 도제 체링이라는 젊은이가 특이한 각도에서 도제 팍모를 바라보고 있다. 그는 행동대원이었는데 이후 사망했다.

사진 속 장면은 어수선하고 무질서하다. 이날 비판 투쟁에서 체링 왕모라는 여성 행동대원이 마치 도제 팍모의 눈을 파내기라도 할 것처럼 사납게 손가락질을 하는 바람에 너무 겁에 질렸던 도제 팍모는 집안으로 들어가자마자 서럽게 울었다.

사진 속에서 도제 팍모는 한 번도 고개를 들거나 허리를 펴지 않는다. 흐트러진 머리가 얼굴 위로 마구 흘러내려서 그녀가 무슨 생각을 하고 있는지 표정을 읽을 수가 없다. 한때는 많은 사람들이 숭배하던 뛸꾸에게 이보다 더 큰 굴욕은 없었을 것이다. 문화대혁명의 목적 하나는 달성된 셈이다. 바로 한 집단을 부추겨 다른 집단을 모욕하는 것이다. 이런 식으로 모욕을 당한 집단은 존엄을 박탈당하고, 그 집단에 속한 어느 누구도 자존감을 지킬 수 없게 된다.

문화대혁명 이후, 도제 팍모는 자치구 인민대표대회 부주임 겸 정부 내 관직에 올랐고 지금도 공식 회의에 참석하는 장면이 뉴스나 방송에 자주 비친다. 나는 어느 공직자 집안 결혼식장에서 그녀를 본 적이 있다. 걸음이 부자유스러웠고, 내내 조용했으며 겉으로 보기에는 라싸의 여느 노부인들과 다르지 않았다. 나는 그녀에게 이 사진들을 보여주고 인터뷰를 요청해 볼까 생각했지만 사람들이 만류했다. 그녀는 많은 시간을 조용히 수행하며 보냈고, 적어도 1년에 한 번은 쌈딩 수도원으로 돌아간다고 했다. 비록 수도원의 규모는 예전에 비할 바가 아니지만. 나는 그녀가 자신의 방 창문으로 수도원 바로 뒤 얌독 호수의 옥 같은 표면을 바라보는 모습을 상상한다.

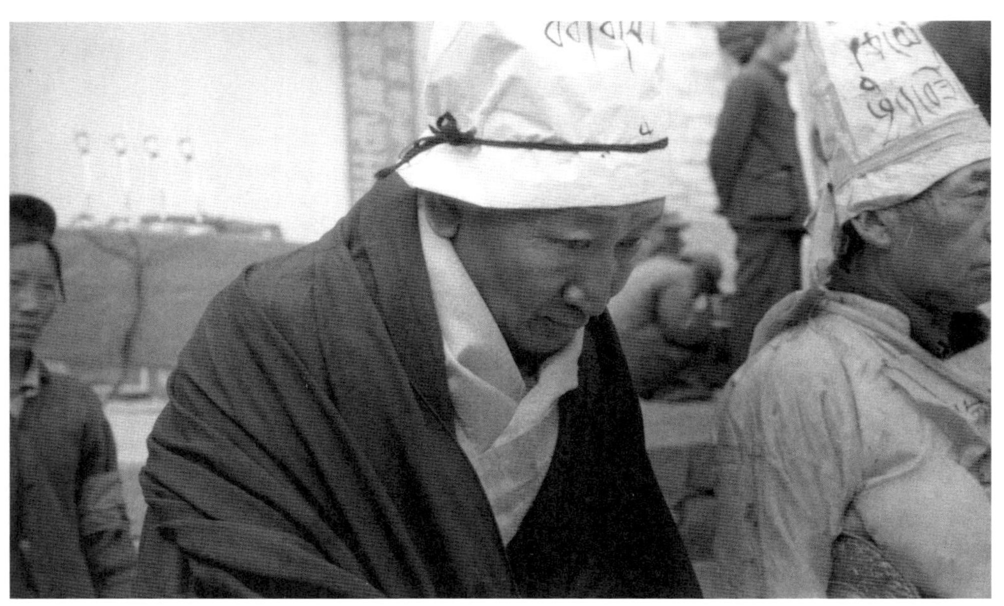

76. 사진 76에서 고초를 겪고 있는 인물은 참도 인근 빽바르 현 갸촐링 수도원의 원장인 갸촐링 린포체 툽땐 깰상이다. 그는 14대 달라이 라마의 개인교사 중 하나였지만, 1959년 달라이 라마를 따라가지 않았고 '매국 달라이 일당' 규탄에 비교적 적극적으로 참여했었다. 1964년 판첸 라마의 비판 투쟁에서 가장 거세게 판첸 라마를 공격했던 인물 중 하나였다고도 알려져 있다. 그밖에도 타시룸포 수도원의 쎙첸 린포체와 판첸 라마의 자문단에 속했던 라뫼 쐬남 뢴둡도 적극적으로 판첸 라마를 비판했다. 새로운 주인 중국은 그들의 행위에 매우 만족스러워했다.[54]

1965년 갸촐링 툽땐 깰상은 이미 자치구 정치협상회의 부주석, 티베트 불교협회 부회장 겸 전국 불교협회 상임이사 자리에 있었다. 그로부터 1년도 채 안 되어 그의 운명이 이렇게 달라질 줄 누가 예상이나 했겠는가? 그는 복권을 노렸지만 뜻대로 되지 않은 것 같다. 중국 공산당은 계속 그를 불신해 반혁명분자로 낙인찍었고, 그는 계속해서 비판 투쟁에 끌려나갔다. 비판 투쟁을 거듭하다 나중에는 "반역자", "문화대혁명 파괴자"라는 비난과 함께 1969년 소요사태인 "빽바르 현 사태 때 반란군을 물질적으로 지원했다"라는 비판까지 나왔다. 문화대혁명 이후 많은 '상층 애국인사'가 복권되고 추앙받았지만 갸촐링 툽땐 깰상은 1974년에 죽었다. 사후 복권되긴 했지만 살아있었다면 누렸을 세속적인 안락이 그에게는 소용없는 것이 되어 버렸다.

사진에 드러난 세부적인 정보로 미루어 아마도 쑹최라에서 열린 대규모 비판대회였던 것 같다. 갸촐링의 표정이 이상하다. 멍한 시선만 빼면 흡사 웃는 표정으로도 보인다. 그의 옆에서 역시 고통스러운 시간을 보내고 있는 사람은 뿜다 똡걜이다. 그 역시 당시 티베트 사회 고위층 인사다(사진 98 참조). 두 사람 뒤에 보이는 티베트 여성은 홍위병 소속 지역민인 듯하고, 뒷짐을 지고 있는 남성은 현장을 감독하는 한족 간부인 것 같다.

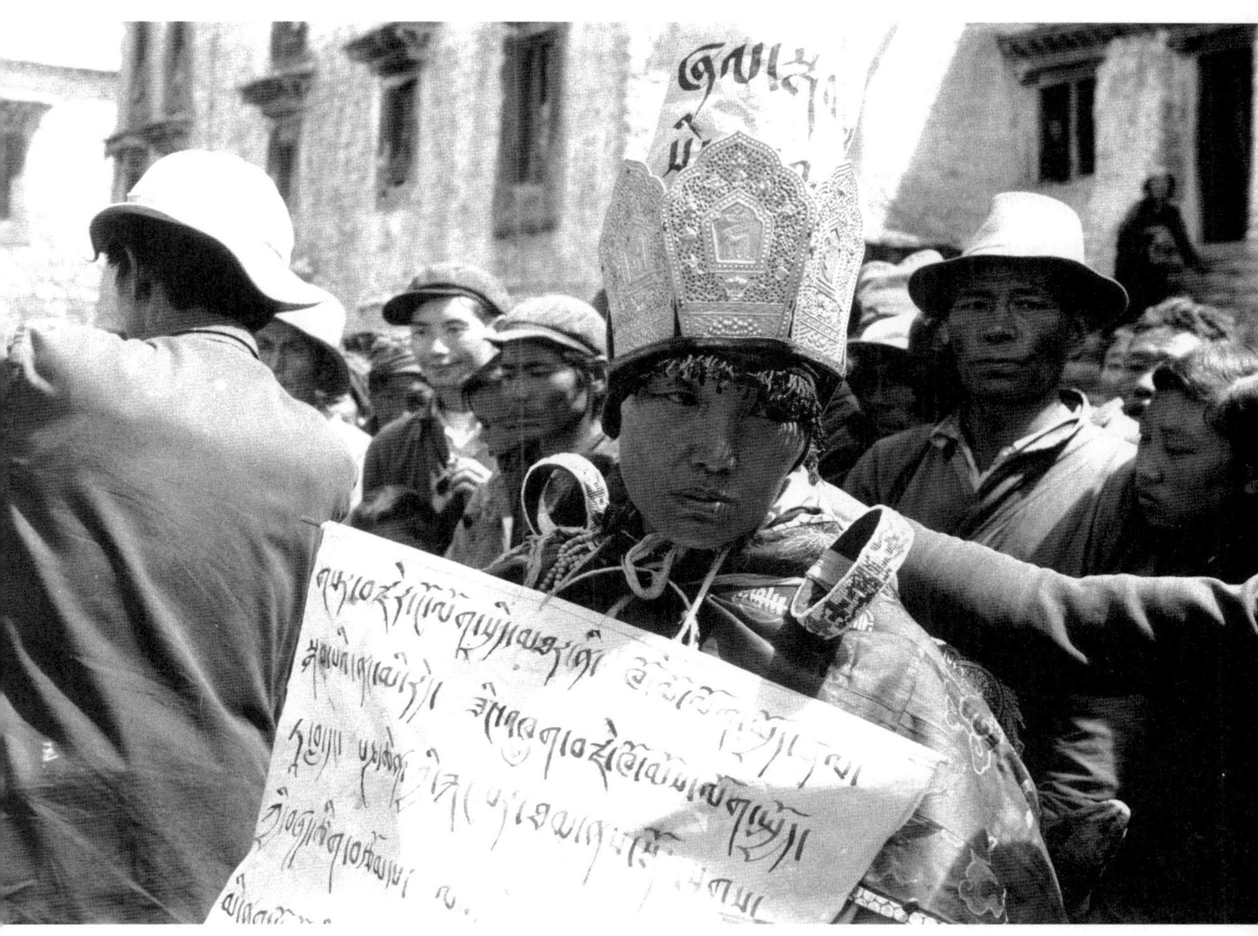

77. 나이 지긋한 라싸 시민이라면 대부분 이 슬픈 표정의 여성을 아직 기억하고 있다. 그들의 표현에 따르면 그녀는 부유한 귀부인으로서 누릴 수 있었던 삶을 버리고 승려가 되려고 했었다. 그녀는 매우 온화한 성품에 신앙심이 깊은 수도자였고, 사람들은 그녀를 아니 씨타-라라고 불렀다(티베트에서는 존경의 의미로 이름 뒤에 '-라'를 붙인다).

비판대회에 끌려나온 씨타-라는 중요한 법회에만 사용되는 오불관*을 쓰고 있다. 끈으로 목에 묶어서 어깨 위에 얹어놓은 두 개의 둥근 물건은 만다라 공양 때 사용하는 고리다. 만다라 공양을 하는 수행자들은 쌀을 층층이 쌓아올리는데 이때 각 층은 부처에게 공양하는 최고의 보물을 상징한다. '혁명대중' 가운데 누군가가 내민 것으로 짐작되는 손이 그녀의 목을 향해 뻗어 있다.

도대체 뭘 잘못했기에 그녀는 이런 치욕을 당하고 있는 걸까? 목에 건 대자보에 적힌, 철자도 의미도 불완전한 글은 그녀의 죄를 다음과 같이 설명하고 있다.

> 반혁명분자 씨타는 반동 샤갑빠 집안 출신으로 반란 이후에도 반동 달라이와 판첸 무리를 따랐으며 그들을 찬양하는 노래를 만들어…

* 오불관: 탱화나 불상에 자주 묘사되는 다섯 개의 꽃잎이 달린 관. 다섯 개의 꽃잎은 오불부족의 다섯 부처를 가리킨다.

오불관 위로 드러난 고깔모자 꼭대기에 적힌 글 중에 "샤갑빠"라는 단어만 겨우 알아볼 수 있는데, 그나마 철자도 틀렸다. 샤갑빠는 1939년부터 1950년까지 달라이 라마 치하 티베트 정부의 재무장관이었던 샤갑빠 왕축 데댄을 가리킨다. 그는 티베트 현대사의 여러 중대 사건에 관여했고, 공산주의자들을 강력하게 비난했으며, 망명지에서는 역사책을 출판해 티베트를 독립국가로 소개하기도 했다.[55] 그는 망명한 '분열분자'로 규탄받았다.

씨타-라와 샤갑빠는 남매였다. 둘 다 같은 귀족 가문 출신이었다. 핏줄 하나가 모든 것을 결정하는 시대에 스스로 종교에 귀의했을 뿐 아니라 '극악무도한' 인물을 오빠로 둔 씨타-라는 화를 면할 도리가 없었다. 그녀는 쎄라 수도원 인근 동굴에서 은거 수행을 하다가 끌려 나갔다고 한다. 이후 그녀는 정치학습반에서 더욱 비판을 받았다. 그녀가 겪은 수많은 고통이 사진 속 그녀의 애처로운 표정에 모두 드러나 있다. 사진에 대해 조사하면서 마음이 아팠다. 한번은 또다시 비판 투쟁에 끌려 나갈 것을 알고서 스스로 목숨을 끊으려고 한 적도 있다고 한다. 씨타-라는 8년간 수감되었고 문화대혁명이 끝난 후 당국이 '친절'을 베풀어 마침내 풀려날 수 있었다. 그녀는 석방 후 즉각 종교 수행을 재개하고 은거에 들어갔다. 하지만 지난날의 고통스러운 기억으로 늘 괴로워하다가 1981년 인도로 떠났고, 그곳에서 종교 수행을 계속하다가 2000년 80세의 나이로 다람살라에서 사망했다.

아니 씨타-라 뒤에 서양식 모자를 쓰고 서 있는 남성은 체링 퓐촉이라는 사람인데, 샤르빠-래빠(동부에서 온 노동자)라는 별명으로도 알려져 있다. 그는 지역 거상의 집사로 일했고 바르꼬르 거민위원회 관할 주민이었으며 체제를 위해 일한 정보원이었다고 한다.

78. 비판 투쟁에 끌려나온 사진 속 남자는 티베트 현대사의 또 다른 중요 인물인 까쑈빠다. 본명은 까쑈 최걜 니마인데 중국 밖에서는 여러 저작물에서 부정적인 인물로 자주 언급되곤 했다. 멜빈 골드스타인의 〈티베트 현대사A History of Modern Tibet, 1913~1950〉를 비롯한 여러 책의 저자들은 티베트인들에게 좋지 않은 기억으로 남게 된 1934년 룽샤르 사건,* 1947년 라뎅 린포체†와의 내전, 1949년 라싸 중국인 추방 등 일련의 사건에 그가 연루되었다고 비판했다. 이 사건들의 진실이 무엇이건, 모두 티베트 지배층 내에 오래 묵은 갈등을 드러난 사례들이고 당시 여러 정황과 맞물려 티베트를 무너뜨리고 혼란에 빠트린 결정적 요인들이었다.

까쑈빠는 1950년대 새로운 정권이 들어선 후 어느 정도의 지위를 보장받았었다. 1956년 티베트 최초의 공항인 담슝 공항이 건립되고 나서는 공항의 부사장으로 임명되었고, 1960년대 초에는 티베트 정치협상회의 상임위원을 지냈다. 하지만 얼마 안 있어 다른 우귀사신들과 같이 고문과 치욕을 당했다. 그가 쓰고 있는 고깔모자에는 티베트어로 "우귀사신, 권력을 쥔 악당 까쑈빠는 철저히 파멸할 것"이라고 적혀 있다. 사진 속 까쑈빠는 구시대의 비단 관복을 입고 목에는 귀족 여성들이 주로 착용하던 장신구와 함께 티베트 지폐 다발을 걸고 있다. 오른손에 들고 있는 모래시계 모양의 물건은 다마루라고 하는 양면 북인데 불교 의례에 사용된다. 비판 투쟁 참가자에게 들은 바로는 "어떤 노인이 까쑈빠의 손에 억지로 다마루를 쥐어 주었다"고 한다. 1940년대 초 라싸에서 당시 기회주의자로 대중들에게 인식되

* 룽샤르 도제 최걜(1880-1938): 티베트의 정치인. 13대 달라이 라마의 신임을 얻어 근대화를 추진했으나 달라이 라마 사망 후 반란죄로 체포되어 두 눈을 잃는 형벌을 받았다.

† 라뎅 린포체: 5대 라뎅 린포체, 툽땐 잠뺄 예셰 걜첸(1912-1947). 1933년 13대 달라이 라마 사망 후 섭정에 임명되었다가 1941년 물러났으나 1947년 후임 섭정의 암살 기도 혐의로 체포되면서 라싸가 잠깐 내전 상태가 되었다. 체포된 해에 감옥에서 사망했다.

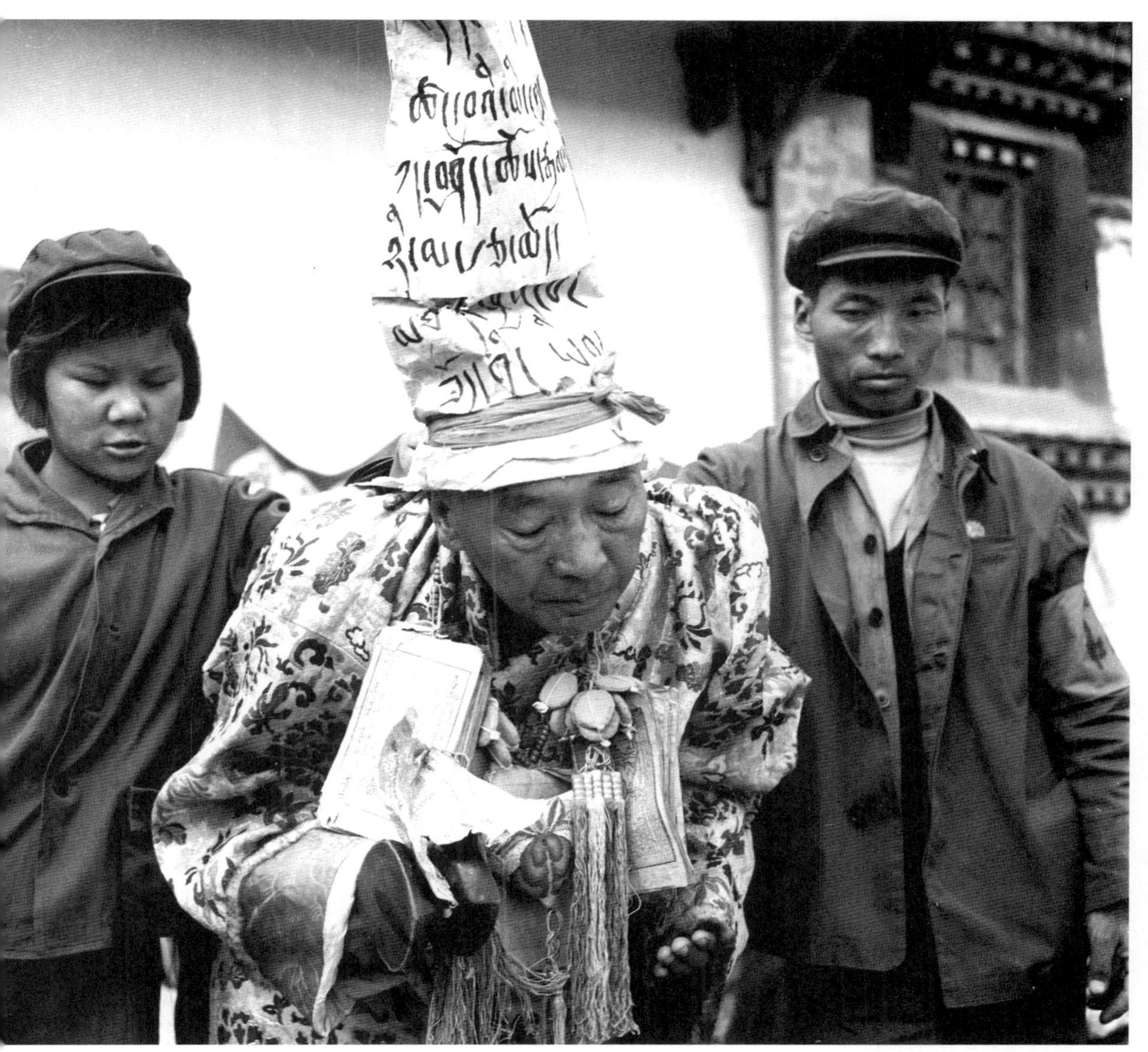

던 까쏘빠를 다마루라고 부르며 조롱하는 노래가 널리 유행했던 적이 있기 때문일 것이다.

그는 자주 계급 투쟁의 타도 대상으로 지목되어 비판 투쟁에 끌려나왔는데 14일간 연속 동원된 기록도 있다. 그는 낮에는 들판에서 고된 노동에 시달리다가 밤늦게까지 비판 투쟁에 끌려 다녔다. 비판을 받는 동안에는 내내 고개를 숙이고 몸을 굽혀야 했고 어떤 불평도 할 수 없었다. 하지만 그는 유달리 강인한 정신력을 보였다. 그는 문화대혁명이 끝난 후 다시 중국 공산당의 통일전선 대상에 포함되어 귀족, 라마 등을 비롯한 '비공산당 분자'들과 함께 포섭되었다. 까쏘빠는 전국 인민정치협상회의에 참여했고 티베트자치구 정치협상회의 부주석을 지냈다. 그는 1986년 여든셋의 나이로 라싸에서 사망했다.

하지만 까쏘빠의 네 아들(조카들이라고 하는 사람도 있다) 중 장남인 까쏘 된둡은 아버지만큼 잘 버텨내지 못했다. 그는 인도의 유명 대학에서 공부를 하고 돌아와 티베트 옛 정부에서 중진급 관료로 일했다. 그는 외국어가 능통했기 때문에 달라이 라마의 영어 통역을 맡기도 했다. 새로운 체제 아래서 그는 티베트 애국청년회 부회장이 되었고 1960년대에는 시짱일보의 부편집장으로 일했다. 그의 아내는 까수르 쐬남 될마라는 여성으로, 내가 찾아갔을 때는 우아한 노부인이 되어 있었다. 그녀는 남편이 1956년 중국 공산당 대표단의 일원으로 세계청년축제에 참석하기 위해 부다페스트에 갔을 때 찍은 사진을 보여 주었다.[56] 사진 속 까쑈 된둡은 정말 준수하고 자신감 넘치는 티베트 청년의 모습이었다! 그는 중국 공산당이 원하는 티베트인 협력자의 모습에 정확히 부합하는 인물이었지만 그가 젊은 나이에 목숨을 잃은 것도 바로 그 공산당 때문이었다. 문화대혁명 당시 그는 끊임없이 공개 비판에 끌려 나가 비판 투쟁을 당했고, 결국 1966년 12월 마흔넷의 나이로 자살했다.

사진 왼쪽, 까쑈빠를 뒤에서 붙들고 있는 젊은 여성 행동대원은 깰상 될마다. 그녀의 부모는 뙬꾸 도제 팍모의 집에 상주하던 가난한 하인들이었고, 그중 어머니는 나중에 거민위원회에서 우귀사신을 감독하는 일을 맡았다. 깰상 될마는 내가 취재를 하던 시기에 아직 생존해 있었지만, 시력을 잃었다고 한다.

홍위병 완장을 왼팔에 두른 오른쪽 남자는 깰상 뺄죠르라고 하는 또 다른 지역 주민이다. 사람들은 그를 오른쪽 뺨에 검은색 반점이 있는 남자라고 기억했다. 그는 이미 사망했다고 한다.

79. 까쑈빠가 사진 78에서와 같은 의상을 입고, 이번에도 역시 장신구와 지폐 다발을 목에 걸고 있다. 그는 허리를 굽히고 있지만 강제로 고개가 들려 있다. 꾹 다문 입술에 분노와 억울함이 느껴진다. 하지만 배경은 사진 78과 다르다. 무대 위로 끌려 올라간 것으로 보아 이날 비판 투쟁은 전과 다른 장소에서 벌어진 것 같다. 여기가 성관구 사무실이 있던 건물 마당이라고 하는 사람들도 있는데, 그곳에는 비판 투쟁을 위한 장소가 따로 마련되어 있었다.

양쪽에서 지키고 있는 사람들도 다르다. 왼쪽에서 아랫입술을 물고 있는 여성은 체링 왕모다. 그녀는 와빠링 거민위원회 행동대원이었는데 매우 사나웠다고 한다. 뙬꾸 쌈딩 도제 팍모와 호르캉 쐬남 뺄바르의 비판 때에도 인정사정없었다.[57] 체링 왕모는 제화공 어머니와 몹시 가난하게 살았는데, 체제가 바뀌고 문화대혁명이 시작되기 전에는 어머니와 함께 와빠링 거민위원회 조합에서 신발을 만들었다. 두 사람은 호르캉 쐬남 뺄바르 소유의 땅에서 살았는데 호르캉의 집에 물건을 압수하러 몰려가는 행동대원들의 선봉에 선 사람이 바로 체링 왕모였다. 뛰어난 작가이자 대학자인 겐뒨 최펠이 1951년 사망하기 전 호르캉에게 맡긴 필사본들을 당시 행동대원들이 갈취했다는 이야기는 잘 알려져 있다.[58] 필사본 일부는 그 자리에서 불탔고, 다른 일부는 흔적도 없이 사라졌다. 내가 인터뷰한 어느 티베트 작가는 필사본의 훼손에 대해서 특히 분개했다. "티베트 역사와 문화에 대해 저지른 엄청난 죄악이다. 그 귀중한 필사본들을 이제 어디에서 찾는단 말인가? 무엇으로도 메꿀 수 없는 손실이다. 체링 왕모 일당은 정말로 큰 피해를 입혔다."

홍위병으로서 체링 왕모는 갼록파였고 냥델파와의 파벌 싸움에서 목을 다쳤다고 한다. 나중에 그녀는 와빠링 거민위원회 간부가 되었고 위원회 당 지부 서기까지 올랐다. 2003년 초, 티베트 달력으로 새해 전날 와빠링 거민위원회 사무실을 방문했을 때 체링 왕모는 더 이상 예전과 같은 지위는 아니었지만, 여전히 위원회 부주임 자리를 차지하고 있었다. 아마도 나이 때문에 최고위직에서는 물러난 것 같았다. 그녀는 여전히 사나워 보이는 얼굴의 노인으로 사무실 보온병을 열심히 닦고 있었다. 문화대혁명 이야기를 꺼내자마자 경계하는 태도를 보이더니 인터뷰도 촬영도 거부하고 사라졌다. 그 자리에 있던 거민위원회 관계자들은 여전히 그녀를 '노서기'라고 불렀다.

그녀에게 '계급의 적'으로 지목되었던 어느 티베트인은 가끔 길에서 그녀와 마주친다면서 "서로 마주치면 보통 그녀 쪽에서 민망한 표정을 지으며 고개를 숙이고, 나를 '갠라, 갠라(선생, 선생)' 하고 부른다"고 말했다.

사진 오른쪽에서 까쑈빠를 붙잡고 있는 남자는 오로라고 하는 제붐강 거민위원회 간부다. 어떤 이들은 그가 차롱 일가의 운전기사였다고 하고, 또 어떤 사람들은 그가 걘체시 부근에서 농사를 지었다고도 했다. 그는 나중에 거민위원회 조합과 조합의 마차 관리를 맡았고 한동안 1980년대 외국인 관광객들이 주로 머물렀던 끼레 호텔에서 매니저로 일하기도 했다. 그는 이미 사망했다.

80-81. 1966년 8월이 끝나갈 무렵, 와빠링 거긴위원회에서 나온 한 떼의 '혁명대중'이 바르꼬르 동부의 넓은 저택으로 쳐들어갔다. 그 이후의 상황이 이 사진들 속에 기록되었다. 여우털 모자와 코트를 입은 남자는 호르캉 쐬남 뺄바르다. 털모자는 티베트 옛 정부 4급 이상 공무원들이 겨울에 착용하던 것으로 계급을 표시하는 징표였다. 8월이었으니 털모자를 쓰고 있기가 몹시 불편했을 것이다. 호르캉의 집에서 이 모피를 발견한 행동대원들은 호르캉이 '봉건 농노제의 부활을 소망'한 증거라면서 그에게 이 범죄 증거물을 착용하도록 명령했다고 한다. 고급 비단을 끈이나 허리띠로 여미지도 않고 그냥 몸에 두른 여성은 호르캉의 아내 될마 양좀이고 옛 티베트 군대의 군복과 군모를 착용한 노인은 호르캉의 장인이다.

세 사람의 자세가 묘하다. 아내인 여성은 오른손을 머리에 대고 마치 빠툭이라고 하는 전통 머리장식이 떨어지지 않도록 붙들고 있는 것 같다. 왜 사진 속 두 남자는 같은 형태의 깃발을 들고 있는 걸까? 깃발에 그려진 표식은 무슨 의미일까? 어떤 사람들은 이것이 옛 티베트 군대의 군기라고 생각했고, 또 어떤 사람들은 중앙의 둥근 부분이 중국의 전통 음양론을 상징한다고 생각했다. 하지만 호르캉의 아들 잠빠 땐다르는 둥근 문양이 '노르부', 즉 보물을 뜻하는 티베트 전통 문양이며, 예로부터 노르부 간킬이라고 하는 이 깃발을 큰 저택의 지붕이나 입구에 달아 악한 기운을 쫓는 풍습이 있었다고 설명했다. 아마 두 남자가 봉건시대의 미신과 사구를 신봉하는 사람들이라는 것을 보여주기 위해 이 깃발들을 들고 있게 했던 것 같다.

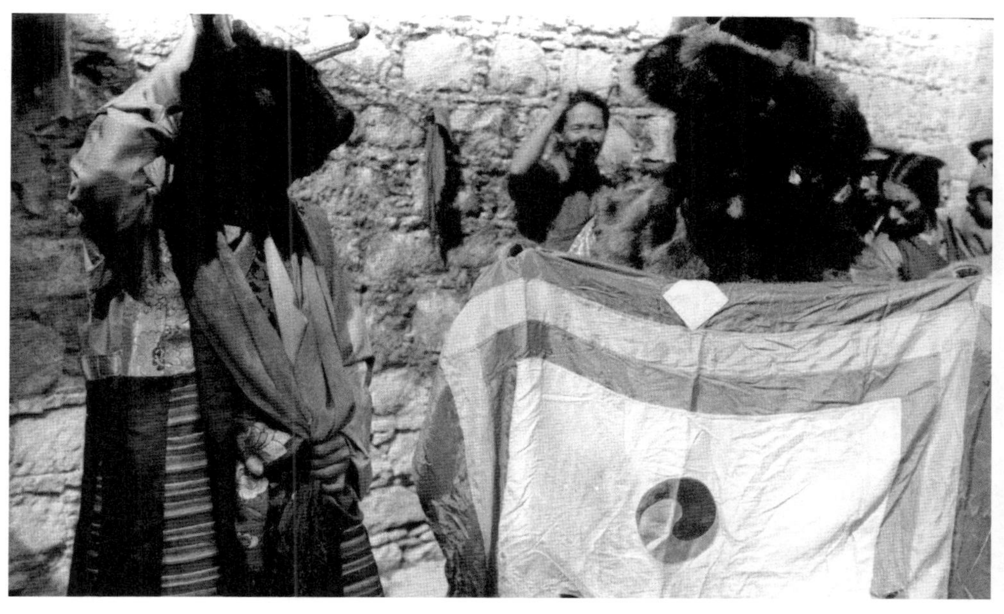

호르캉 쐬남 뺄바르는 호르캉가의 10대손이었다. 그는 19세부터 티베트 옛 정부에서 일했다. 그는 착실하게 3급 관직까지 올랐고 티베트 군대에서 장교로도 복무했다. 그는 1950년 참도 전투에서 인민해방군에게 사로잡혔지만, 통일전선정책의 일환으로 곧바로 참도 지구 인민해방위원회라는 곳에 가입되었다. 티베트의 '평화적 해방' 이후에는 티베트군구 간부학교 교무처장이 되었다가 이후 티베트자치구 준비위원회 고문으로 임명되었다. 그는 중국 공산당에 협력한 대표적인 티베트 귀족-관료 응아푀 응악왕 직메의 사촌동생이다. 1959년 3월 라싸 봉기 이후 응아푀 응악왕 직메는 안전을 위해 호르캉을 티베트군구로 데리고 갔다. 하지만 6년 후 문화대혁명이 본격화되고 응아푀 응악왕 직메는 본인의 안전도 장담할 수 없는 처지가 되어 베이징으로 몸을 피했다. 그도 더 이상 호르캉을 보호해 줄 처지가 아니었다.

우귀사신 호르캉의 '죄목' 중 하나는 유명 작가이자 학자인 겐뒨 최펠과의 돈독한 우정이었다. 겐뒨 최펠의 후원자이자 제자였던 호르캉은 궁핍한 학자가 곤궁에 처했을 때 여러 번 도와주었다. 그 보답으로 겐뒨 최펠은 1951년 사망하기 전 호르캉에게 많은 초고와 필사본을 맡겼다. 바로 와빠링 거민위원회 행동대원들이 빼앗아 불태운 원고들이다. 그 자신도 티베트 역사, 문학, 문법 학자였던 호르캉은 문화대혁명 후 겐뒨 최펠의 글을 힘닿는 대로 수집해 마침내 세 권으로 된 〈겐뒨 최펠 전집〉을 출판했고, 이것이 겐뒨 최펠의 삶과 작품을 연구하는데 귀중한 자료가 되었다.[59] 호르캉 쐬남 뺄바르는 1995년 77세에 병으로 사망했다.

82-84. 사진 속 노인은 호르캉의 장인이다. 라싸 사람들은 여전히 그를 뻴시뽀-라로 기억한다. 뻴시는 라싸 남쪽 로카 지구의 이름난 귀족 가문이었지만, 뻴시뽀-라는 딸이 당시 호르캉 가문의 젊은 주인이던 쐬남 뺄바르와 결혼하기 전까지는 그저 평범한 지주였다. 뻴시뽀-라와 그의 아내는 1950년대 말 영지를 아들에게 맡기고 라싸에 순례를 왔다가 1959년 라싸 봉기를 맞고 말았다. 부부는 민주개혁의 일환으로 땅이 '해방농노'들에게 재분배되고 고향에 있던 아들도 비판 투쟁을 당하자 로카의 집으로 다시 돌아가지 않았다. 뻴시와 아내는 라싸에 머물면서 결혼한 딸의 집에서 함께 살았고, '혁명대중'이 쳐들어왔을 때도 호르캉 저택에 있었다. 행동대원들은 호르캉의 예전 군복을 끄집어내 뻴시뽀-라에게 입도록 했다. 토피 모자같은 군용 헬멧과 목 주변에 늘어뜨린 매듭은 영국군의 전통인데 옛 티베트 군대 장교들에게도 지급되었다.

당시 뻴시뽀-라는 60대였다. 뻴시의 뒤에 서 있는 사람들 중에 뙬꾸 도제 팍모의 비판 투쟁에 참가했던 사람들이 보인다. 사진 84에서 지치고 완전히 체념한 듯한 뻴시 노인의 표정은 사진 81 배경에서 구호를 외치는 사람들의 고조된 분위기와 대조적이다. 그는 이날 사건이 있은 지 몇 년 후 라싸에서 사망했다.

85. 내가 내민 외할아버지 빨시뽀-라의 사진을 본 호르캉 잠빠 땐다르는 조용히 눈물을 흘렸고, 그가 느끼는 절절한 슬픔이 내게도 전해왔다. "비판 투쟁을 당하고 있을 때 누군가 사진을 찍는 걸 봤다고 아버지가 말씀하셨다. 하지만 나는 당시 라싸에 없었다. 그날의 상황을 이렇게 보게 될 날이 올 줄 몰랐다."

사진은 빨시뽀-라가 무표정하게 카메라 렌즈를 바라보고 있는 순간을 포착했고, 아마도 그때 노인은 카메라 뷰파인더 너머의 인민해방군 장교, 내 아버지와 찰나의 시선을 나누었을 것이다.

86-87 미뾘은 옛 티베트 정부에서 4급(5급이라고 말하는 사람도 있다) 관직이며, 따라서 상당한 권력자였다. 멜빈 골드스타인은 〈티베트 현대사〉에서 미뾘이 '라싸시장'에 해당하는 지위라고 설명했다.

사진 86-87에는 1950년대 이전에 미뾘이었던 차디 체땐 도제가 찍혀 있다. 당시 차디 미뾘(차디시장)은 라싸 법원 및 형무소였던 바르꼬르 낭쩨쌱의 공동 책임자였다.

차디 체땐 도제의 집안은 귀족 중에서 지체가 낮은 편에 속했다. 그는 또 나의 외할머니와 아버지가 다른 남매지간이었으므로 내 어머니에게는 외삼촌인 셈이지만, 어머니는 그에 대해 별로 기억나는 것이 없다고 하셨다. 그의 아내는 응아푀 응악왕 직메의 처형이다. 부부는 슬하에 자녀가 없었기 때문에 젊은 하인의 딸을 입양했다. 그는 1959년 라싸 봉기 때 '반란'에 참여하지 않았기 때문에 '상층 애국인사'로 분류되었다. 당시 인민해방군이 그를 티베트군구 영내로 데리고 가 보호해 주기도 했다. 하지만 1966년 우귀사신으로 재분류되면서 그는 비판과 규탄을 당했다. 그는 거주지 인근 루구 거민위원회의 감독을 받았다고 한다.

높이 솟은 고깔모자에 티베트어로 "미뾘 차디"라고 쓴 글자가 보인다. 목 주변의 둥근 깃을 단 점이 다른 우귀사신들과 다르다. 목게 두른 것은 전통 사회에서 징벌이나 고문을 목적으로 죄인들의 목에 두르던 널빤지 모양의 형틀을 상징하는데 그 위에 '노동인민의 도살

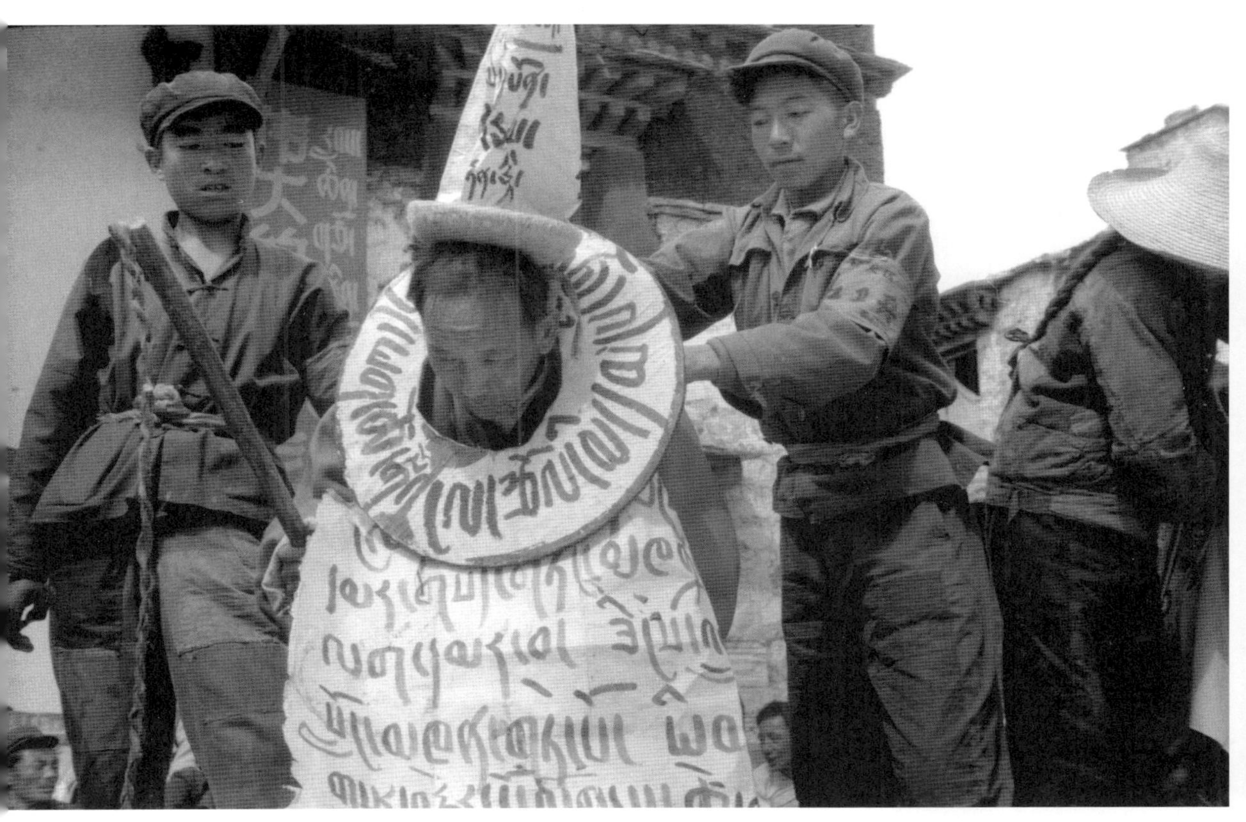

자'라고 티베트어로 적혀 있다. 그의 목 아래로 두루마리를 펼치듯 걸어놓은 대자보에도 이와 비슷한 "노동인민의 도살자, 숨은 반혁명분자, 구시대의 미뻰-체땐 도제" 등의 죄목이 적혀 있다. 손에 든 채찍과 족쇄는 과거 그가 노동인민들에게 사용한 고문 도구를 상징한다.

차디는 우귀사신들 중에서도 가장 혹독한 고문을 겪었다고 한다. 그는 사진과 같은 규탄 대회에서 구타를 당했을 뿐 아니라 많은 사람들 앞에서 먹기 곤욕스러운 뭔가를 삼켜야 했다. 당시 비판대회를 지켜보았던 노인은 거민위원회의 홍위병이 그의 머리를 움켜쥐고 입안으로 분변같이 보이는 검은 덩어리를 자꾸만 밀어 넣었다고 말했다. 한동안 입안에 검은 덩어리가 가득한 채로 그는 삼키지도 못하고 고통스러워하는 것 같았다고 했다. 호르캉 쟘빠 땐다르의 설명에 따르면, 그 덩어리는 까끄라기를 제거하지 않은 보리 낟알을 섞어 만든 짬빠 반죽이라고 한다. 과거 죄수들에게 제공되던 음식인데 삼키기가 힘들어 죄수들조차 거부하는 경우가 많았다. 홍위병들은 차디가 낭쩨쌱의 형무소 책임자로서 많은 사람들에게 고통을 주었을 것으로 보고 보복을 하려고 했던 것 같다. 그의 입 한쪽 귀퉁이로 뭔가가 삐져나온 것이 사진에 어렴풋이 보인다.

차디는 문화대혁명 후반기에 사망했고 그의 아내도 곧 뒤따라 사망했다. 어떤 이들은 그가 비교적 이른 나이에 사망한 것이 보리 까끄라기로 인해 위가 손상되었기 때문이라고 했다.

이날 차디를 공격한 홍위병들은 루구 거민위원회 소속이지만, 그중 한 명의 완장에 "성관구 홍위병"이라고 티베트어로 적혀 있다. 차디의 왼쪽(사진 오른쪽)에서 비판 투쟁을 당하고 있는 여성은 귀족 출신 쌰다와 데쬬라고 한다. 그녀를 누르고 있는 행동대원은 깰상이라는 여성으로 밝혀졌는데, '래제빠 깰상-라', 즉 '간부 깰상'이라고 불렸다. 나중에 정말 간부가 되었고 지금은 사망했다.

88-89. 사진 88과 89에서 군복 모자를 쓴 여성이 차디 체땐 도제를 적극적으로 규탄하고 있다. 참쬐라는 이름의 이 여성은 루구 거민위원회 관계자로 잘 알려진 행동대원이다. 그녀는 종종 '루구 아짜(루구 출신 누나)'라고 불리기도 했고, 1959년 이전에 걸인이었던 이유로 '루구 방고', 즉 티베트어로 '루구 출신 걸인(방고)'이라고도 불렸다. 이 여성은 현재 소규모 자영업을 하며 살아가고 있다. 고아를 한 명 입양해 인도로 유학 보내놓고 매일 사원을 돌며 기도한다고 한다.

그녀 뒤에 있는 노년의 여성도 매우 빈곤해 보인다.

차디의 목에 걸린 대자보가 바닥까지 펼쳐져 있다. 매우 긴 대자보다. 루구 아짜의 머리 뒤에 중국어와 티베트어가 적힌 세로로 긴 간판이 있다. “위대한 중국 공산당”이라는 글자만 어렴풋이 보인다.

비판대회가 열리는 장소는 쑹최라다. 조캉 사원의 처마 바로 아래에 보이는 현판에는 쑹최라를 부르는 새로운 중국식 이름, ‘리신광창’(‘새로운 것을 세워라’ 광장 立新廣場)이 적혀 있다.

90. 애처롭게 콧물을 흘리고 있는 인물은 쌈포 체왕 릭진이다. 그도 18세기 초 7대 달라이 라마를 배출한 얍시 집안 출신이다. 호르캉 쐬남 뺄바르(사진 80, 81)의 사촌형이고 초고 된둡 체링(사진 94)의 아저씨뻘이다. 젊은 귀족들이 관행적으로 거치던 수순을 밟아 그도 열여덟 살에 옛 티베트 정부 관직에 올랐고, 1950년에는 티베트군 지휘관이었다. 티베트 정부가 인민공화국 내 지방 정부로 강등되었을 때, 중국 공산당과 협력한 전력 덕분에 인민 해방군 소장 계급의 티베트군구 부사령관이 되었다. 하지만 이런 직함도 그가 지금 허리에 찬 빈 총집이나 기다란 장식 술처럼 대체로 쓸모없는 것들이었다.

그가 티베트 현대사에 자주 언급되는 이유는 아무도 기억하지 못하는 긴 공식 직함 때문이 아니라 1959년 어느 결정적 순간에 발생한 예상 밖의 사건 때문이었다. 〈티베트 중국 공산당 역사 주요 사건 연보〉에 따르면,

> 1959년 3월 10일 아침, 라싸 시민들은 노르부링카로 향했다. 오전 11시에 이미 상점들은 문을 닫았고 대중은 서둘러 식수를 비축했다. 시내에는 "티베트군구가 달라이 라마를 독살하려 한다", "군구가 달라이 라마를 베이징으로 납치해 가려고 헬리콥터를 대기시켜 놓았다" 등의 소문이 돌았다. 정오 무렵 팍빠라 게렉 남걜(나중에 중국 인민정치협상회의 부주석이 되는 인물)의 형인 진보 애국인사 팍빠라 쐬남 갸초가 노르부링카 밖에서 반란군에게 살해당했다. …천 명도 넘는 사람들이 한꺼번에 거리로 나와 작고 하얀 깃발을 흔들며 "티베트에 독립을!", "중국인은 나가라" 등의 구호를 외치며 가두 행진을 했다. 노르부링카 바로 앞에서 전임 각료이자 티베트군구 부사령관 쌈포 체왕 릭진이 탄 차를 폭도들이 막아 세우고 돌을 던져서 쌈포 체왕 릭진이 다치고 차가 망가졌다.

그날 입은 부상 덕분에 쌈포는 역시 국외로 탈출한 달라이 라마를 따르지 않았던 응아푀 응악왕 직메와 마찬가지로 이후 당국에 의해 모범적인 '상층 애국인사'로 간주되었다. 나중에는 티베트 군사관제위원회의 부주임에 오르기도 했다. 새로 들어선 공산당 체제는 티베트에서 '반란 평정' 활동 상황을 발표할 때 그의 이름을 자주 언급했다. 그 결과 라싸에는 "쌈포가 맞은 것은 돌멩이가 아니라 노르도"라는 말이 돌았다. 노르도는 티베트어로 귀한 돌, 즉 보석을 뜻한다.

하지만 그런 쌈포 체왕 릭진도 1966년 8월에는 우귀사신으로 지목되어 비판을 당했고, 콧물을 흘리는 사진이 그 증거로 남았다. 그는 "반란을 조직하고, 외국과 내통하고, 당과 무산계급 독재에 맞섰다"는 죄목으로 비판받았다. 그와 그의 아내는 여러 번에 걸쳐 비판 투쟁을 당했고 전 재산을 몰수당했다고 한다. 1973년 그는 극심한 우울증 끝에 사망했다. 얼마 후 그의 아내도 사망했다.

사진 속 쌈포는 캘카숙을 입고 있다. 전통 티베트 관직 체계에서 승려가 아닌 4급 이상의 관리들이 입었던 것으로 자수 장식이 풍성하게 들어간 공단 재질의 몽골식 관복이다. 하지만 그의 머리에 씌워진, 매듭과 보석이 달린 짝다라는 모자는 여름용이다. 전통 캘카숙 차림에 맞지 않는 모자다. 한쪽 귀에만 단 긴 귀고리는 쏙질이라고 하는데 역시 그의 지위를 나타내기 위한 물건이다. 또 가슴에서부터 늘어뜨린 술 장식은 4급 이상의 관리가 타는 말에만 달았던 돔돔이라는 마구다.

쌈포의 몸에 손을 대고 있는 행동대원들은 랍쌜 거민위원회에서 나온 사람들이다. 오른쪽 사람은 뽀 체링이라고 하는데 이후에 사망했다. 왼쪽의 툽땐이라는 청년은 툽땐 샤르고라고도 불렸다. 눈이 보이지 않는 툽땐이라는 뜻인데, 그는 정말 한쪽 눈이 보이지 않았다(샤르바)고 한다. 그는 1987년 이후 바르꼬르 거민위원회의 치안 담당 주임을 맡았고 지금은 사망했다. 과거 그의 지인 중 하나는 "툽땐은 적극적이었다. 너무 적극적이었다. 그래서 그렇게 일찍 죽었다"고 말했다.

91-92. 1966년 8월 비판 투쟁에 끌려 나갈 당시 쌈포 체왕 릭진은 62세였다. 사진 91과 92를 보면 그는 당시 지팡이가 필요한 노인이었다. 보행용 지팡이보다 더 긴 막대기 두 개가 그의 등에 엇갈려 묶여 있는데, 아마도 죄인의 팔 다리를 비틀 때 쓰던 고문 도구인 것 같다. 사진에는 쌈포의 아내가 비판 투쟁을 당하는 모습도 찍혀 있다. 사진 속 여성은 캄 출신 거상인 뽐다 야르펠의 딸인데 쌈포의 두 번째 아내다. 군데군데 흰 머리가 보이기 시작하는 것을 알 수 있다. 어쩐지 그녀는 지역 홍위병들에게 '특별 대우'를 받는 것 같다. 다양한 종류의 금은 장식을 걸치게 하고 의례에 사용되는 물건을 쟁반에 담아 들게 했을 뿐 아니라 대부분의 티베트 가정에서 대출로 받은 보리를 계량할 때 쓰는 '보'라고 하는 상자를 등에 지게 했다.[60] 허리를 깊숙이 숙인 자세로 판단할 때 보가 많이 무거운 듯하다. 부인은 무표정하게 땅을 응시하고 있어서 그 절망이 어떤 것이었을지 우리는 그저 상상만 할 뿐이다.

부인을 붙잡고 있는 젊은 남성은 잠빠 쵀끼라는 라싸 건설대의 목수라고 한다. 사진 92에서 왼쪽 가장자리에 흰색 상의를 입고 서 있는 남자는 바르꼬르 경찰서 소속의 체땐이라는 경찰관인데 이후에 사망했다.

어떤 사람들은 사진 92의 촬영지가 쌰르촉, 즉 동관구라고 말했다. 쌰르촉은 문화대혁명 기간에 '동쪽은 붉다' 행정 사무소로 이름이 바뀌었다. 사진을 촬영한 구체적인 장소는 행정 사무소 소속의 말과 마차를 관리하는 마구간인데, 인근에는 모스크가 있고 길만 건너면 와빠링 거민위원회가 있었다. 마구간은 '동쪽은 붉다' 행정사무소 산하 조합이 사용했는데 비판 투쟁이 자주 열리는 장소이기도 했다. 한편 이곳이 지금의 라걀링까라고 하는 사람들도 있었다. 라걀링까는 과거 무슬림 도축업자들이 도축한 야크의 뿔을 처리하던 매립지에 울타리를 둘러 텃밭으로 가꾼 곳이다. 어느 쪽이건, 쌈포 부부는 혁명대중의 표적이 되어 시내 여기저기에서 치욕을 당했다.

쌈포의 여섯 자녀 중 장남인 쌈포 땐진 된둡은 역사적으로 중요한 인물이다. 그는 옛 티베트 군대의 4급 장교(연대장에 해당)였고 1951년 17개조 합의문 조인 협상을 위해 베이징에 파견된 다섯 명의 티베트 대표단에 포함된 인물이다. 군대 내 계급을 고려할 때, 그는 1959년 3월 라싸 사태에 관여하지 않을 방법이 없었고, 그에 따른 징벌도 피할 수가 없었다. 그는 거의 20년 가까이 수감되었다가 석방된 후 인도로 떠났다. 쌈포의 셋째 아들은 다른 젊은이들과 함께 인도로 탈출하려다가 국경에서 체포되었고 1970년 공개재판에서 반역자로 몰려 총살당했다. 당시 스무 살도 채 안 된 젊은 나이였다. 쌈포의 다른 자녀들은 지금도 라싸에 살고 있으며, 그중에는 정치협상회의에서 고위직에 있는 사람도 있고 마약에 중독되어 모든 것을 잃은 사람도 있다. 공산당을 지지하고 당에 협력한 대가로 쌈포 체왕 릭진의 가정은 엉망이 되었다.

93. 공들여 준비한 네 개의 마이크로 알 수 있듯이, 이 사진은 쑹최라에서 열린 대규모 비판 대회에서 촬영한 것이다. 행동대원들 뒤쪽으로 일부만 보이는 간판에는 "위대한 영도자", "위대한 중국 공산당" 같은 중국어 글자들이 보인다. 이날 비판 대상의 얼굴은 보이지 않지만 입고 있는 옷으로 보아 역시 쌈포 체왕 릭진이 틀림없다.

집회를 주도하는 사람들은 바르꼬트, 톰시캉, 루구, 랍쌜 총 네 개 거민위원회 위원들과 행동대원들이다. 네 개 거민위원회 모두 중국어로 '성리', 즉 승리 사무소 소속이었다. 거민위원회 관할 주민들은 자주 집회, 집단 학습, 우귀사신의 비판 투쟁에 참여하도록 지시를 받았다. 당시 바르꼬르 거민위원회 주민이었던 사람은 "여기서 한 명, 저기서 한 명 닥치는 대로 잡아다가 한꺼번에 비판 투쟁에 세웠다"고 말했다.

쌈포의 몸을 누르고 있는 홍위병 두 명 중 소매를 걷어 올린 오른쪽 사람은 톰시캉 거민위원회 소속 강축이라는 악명 높은 행동대원이다. 왼쪽 남자에 대해서는 바르꼬르 거민위원회의 뻴죠르 가와라는 의견과 같은 거민위원회에서 치안을 담당하는 간부였던 왕뒤 도제라는 의견이 있다. 뻴죠르 가와는 홍위병으로서 악명을 떨쳤고 나중에 거민위원회의 주임까지 올랐다가 지금은 사망했다. 왕뒤 도제에 대해 어떤 사람들은 그가 몇 년 전 달라이 라마의 탄생을 축하하는 티베트 전통 명절에 라싸 동쪽 퉁라촌에 나타나 달라이 라마의 탄생 수호신을 모신 사당을 훼손하려 했다고 전했다. 그로부터 며칠 후 그가 급사했는데 마치 사당을 훼손한 업보 같았다는 것이다. 하지만 또 다른 사람들은 바르꼬르 거민위원회의 전직 행동대원이자 간부인 왕뒤 도제는 아직 살아 있고, 다른 불교 신자들처럼 매일 바르꼬르 주변을 돌며 기도를 한다고 했다.

테이블 뒤에서 어디론가 서둘러 향하는 남자는 랍쌜 거민위원회 주임인 따씨 체링이다. 그는 사구파괴와 우귀사신 타도에 있어서 매우 '붉은', '좌편향'인 행동대원이었다. 과거에 그는 승려들이 신는 신발을 전문적으로 만드는 수공업자였다. 간부가 된 후에도 제화업을 그만두지 않고 신발 안쪽 바닥에 마른 풀을 채워 넣는 일을 계속했다.

1982년 티베트자치구가 중국 본토에서 열리는 국경절 경축 행사에 보내기 위해 거민위원회 간부들과 승려들로 구성된 소수민족 대표단을 결성할 때, 따씨 체링도 여기에 포함되는 영광을 누린 것으로 보아 행동대원이었던 그가 공산당 내에서 어느 정도 지위였는지 짐작할 수 있다. 하지만 이후 따씨 체링은 독실한 불교 신자가 되었고, 어느 날 사원 주위를 돌며 기도하다가 차에 치여 사망했다.

탁자 앞에서 뭔가 말하고 있는 나이 든 여성은 랍쌜 거민위원회 관할 주민이다. 그녀 같은 일반 주민이나 '해방농노'들도 비판 투쟁에 불려 나와 쌈포 체왕 릭진을 비판해야 했다. 한번은 쌈포의 하인으로 일하던 사람을 앞으로 불러내 옛 주인과 한 무대에 서서 비판을 하라고 시켰다고 한다. 하인은 무슨 말을 해야 할지 몰라 고민하던 끝에 이렇게 말했다. "전에 내가 당신 창문 아래를 지나다가 당신이 전날 밤 꾼 꿈 이야기를 하는 걸 들었다. 무슨 꿈이었는지 자백하라! 어쨌든 꿈을 꾼 것은 사실이지 않는가? 꿈에서 무얼 봤는지 자백해야 한다!" 하인의 비판에 구경꾼들 사이에서 소란이 벌어졌다.

94. 얍시 딱체르 앞에서 비판 투쟁이 벌어지고 있다. 얍시 딱체르는 14대 달라이 라마의 가족들이 거주하던 저택으로, 오늘날 베이징 동로라고 불리는 구역에 있다. 사진 속에서 비판을 받고 있는 인물은 초고 된둡 체링이고 도자에는 "우귀사신, 흉악한 초고 된둡 체링을 철저히 타도하라!"라고 적혀 있다.

초고 집안은 시가체 지역의 비교적 덜 알려진 귀족 가문인데, 초고 된둡 체링은 초고 집안의 피를 물려받은 사람은 아니다. 그는 쌈포 체왕 릭진의 남동생의 아들인데 초고 가의 딸과 결혼해서 아내의 성을 따랐다. 어느 귀족 가문 후손에게 들은 바로는 "이 초고라는 사람이 공산당을 아주 크게 도왔다"고 한다. 그는 1950년 참도에 있던 티베트 정부 기관에서 비서로 일했다. 참도 전투 이후 응아퇴 응악왕 직메를 비롯해 티베트 승려 및 일반인 관리 약 40명이 인민해방군에 사로잡혔다. 초고는 티베트 정부 내에서 공산당의 통일전선에 기꺼이 합류해 당에 협력하기로 한 관리들 중 하나였고, 그중에서도 특히 중국 정부와의 타협을 지지하는 무리에 속했다. 그 대가로 그는 티베트군구의 대령계급까지 승진했다. 그는 1959년 '반란'에 참가하지 않았던 것으로 인정되어 상층 애국인사로 분류되었다. 그 결과 그는 라싸 시장 겸 티베트자치구 인민위원회 부주석이 되었다. 하지만 그도 문화대혁명 기간에 가혹한 비판을 피하지 못했다. 그는 쌈포 체왕 릭진(사진 90-93, 98), 뽐다 똡걜(사진 98-99, 101-103), 갸촐링(사진 76)과 함께 소규모 반동 조직을 결성했다는 혐의를 받았다. 그 결과 티베트 최고 지도자 장궈화는 그들의 사건을 다룬 특별 보고서를 내고 '대중'에게 그들을 더욱 강력하게 비판하라고 촉구했다.

아마도 대령이라는 군대 내 계급 때문이겠지만 초고는 비판을 받는 동안 빈 권총집, 안장, 쌍안경을 들고 있어야 했다. 더불어 그는 긴 염주를 몸에 걸고 티베트의 오래된 전통 관복을 입어야 했다.

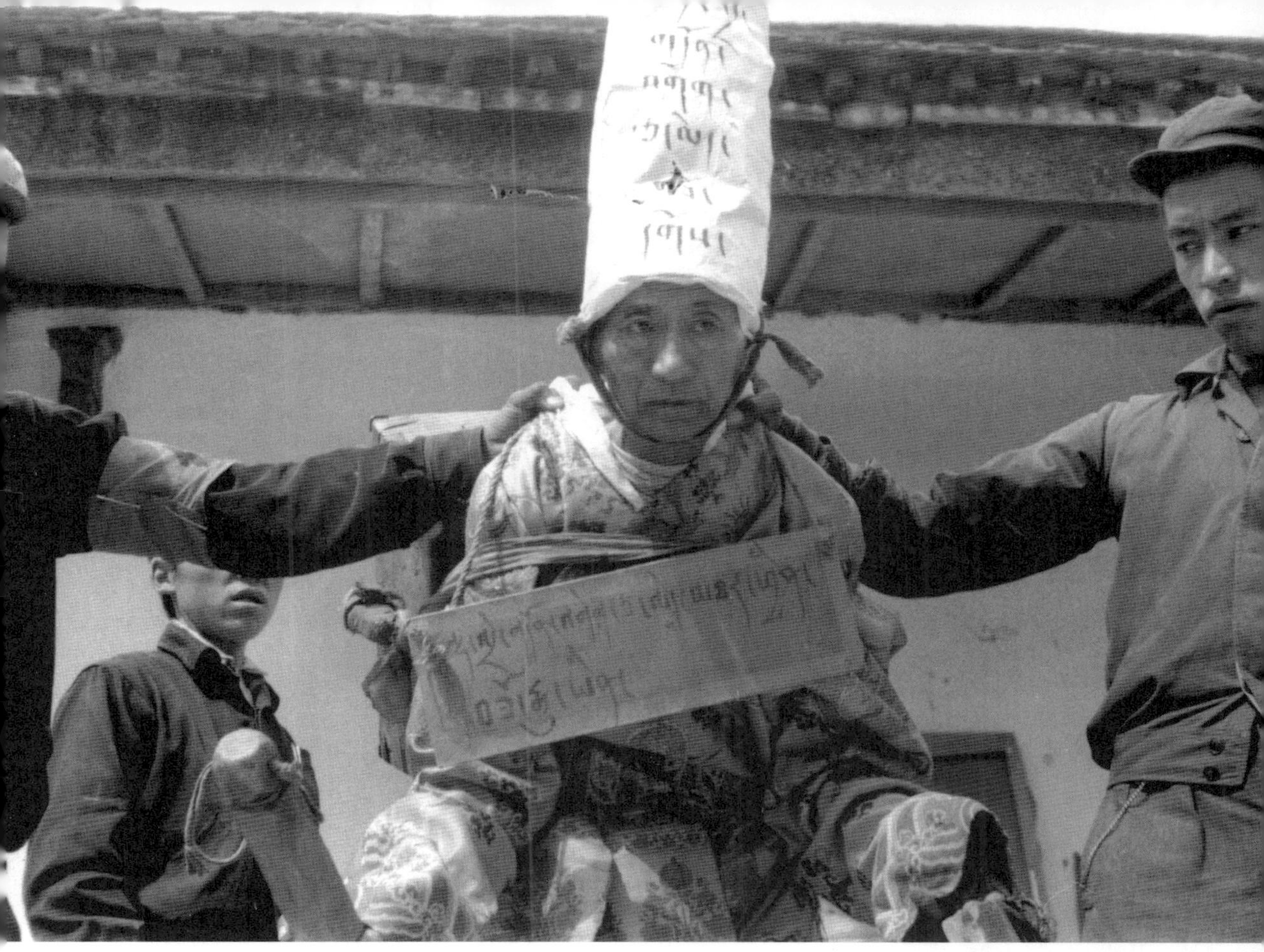

초고는 자녀가 없었지만 양자가 있었다. 이 양자도 와빠링 거민위원회의 감독하에 우귀사신으로 분류되어 비판을 당했다.

초고 된둡 체링은 1978년 병으로 사망했다. 1979년 그를 사후 복권시키면서 공산당은 그가 티베트의 평화적 해방에 중요한 역할을 한 '티베트의 이름난 진보 애국인사'라며 또다시 치켜세웠다.

95-96. 사진에서 비판을 받고 있는 우귀사신은 싸르즁 왕뒤 린첸이고, 사진 96에서 싸르즁의 왼쪽(사진 오른쪽)에서 억지로 허리를 숙이고 있는 사람은 까쑈빠다.[61] 싸르즁 가문은 티베트 중부 위짱 지역 귀족이며, 과거 까뢴(장관)을 네 명이나 배출했는데 그중에는 13대 달라이 라마 내각을 주도했던 인물도 있다.

옛 티베트 정부의 3급 관리였던 싸르즁 왕뒤 린첸은 숄빠, 즉 포탈라궁 아래 숄 지역을 다스리는 관리였다. 숄빠는 미뾘과 맞먹는 권력을 지녔는데 둘의 차이라면 미뾘은 바르꼬르의 낭쩨썈 형무소와 법원을 관리했고, 숄빠는 숄 지역 내 또 다른 형무소를 관리했다는 점이다. 숄빠는 또 바르꼬르 인근 와빠링과 루구도 관리했다. 아울러 숄빠는 라싸 밖의 현 열여덟 군데에서 티베트 정부가 곡식으로 거둬들이는 세금 징수를 관장했다. 싸르즁이 비판 집회

내내 세금 징수와 관련된 도구들을 들고 있었던 것도 이런 이유에서다. 95번 사진에서 그는 곡식을 징수할 때 쓰는 보라고 하는 상자를 메고 있다. 또 왼손에는 보리를 계량할 때 사용하는 퓔쭈라는 나무상자를, 오른손에는 상자에 보리를 담은 다음 표면을 평평하게 만들 때 흔히 쓰는 막대기를 들고 있다.

싸르즁에게는 여섯 자녀가 있었다. 우귀사신으로 비판을 받는 동안 그는 톰시캉 거민위원회의 감독을 받았고 1970년 혹은 71년에 사망했다.

사진 95와 96 왼쪽에 자신의 왼손을 싸르즁의 오른쪽 어깨에 얹고 서 있는 사람은 이미 쌈포의 비판대회(사진 93)에서 본 적이 있는 강축이다. 그는 당시 톰시캉 거민위원회 관할지역뿐 아니라 성관구 전체에 이름을 떨치던 행동대원이었다. 1966년 8월 26일자 시짱일보는 라싸 학생 홍위병들의 사구타파 기세가 최고조에 달했다는 기사에서 강축의 이름을 언급했다.

건설공사처의 페인트공 강주(강축)는 일을 마치면 작업복 차림 그대로, 집으로 돌아가지도 않고 방금 배포된 티베트어판 〈마오 주석 어록〉을 집어들고 홍위병들의 연설장소로 달려갔다. 그는 "젊은 혁명가들은 정당했다. 그들은 훌륭한 일을 했다. 그들은 우리의 모범이다. 돌아가면 대중을 소집해 모든 낡은 사상, 낡은 문화, 낡은 풍속, 낡은 습관들을 향해 발포할 것"이라고 말한다.

현재 강축은 자주 시짱일보나 티베트자치구의 주요 TV 채널인 티베트 TV 뉴스 방송에 등장한다. 매체들은 그를 주로 '오랜 시간 낮은 곳에서 묵묵히 봉사해온 평범하고 선량한 당서기'로 소개한다. 하지만 다른 의견도 있다. 혹자는, "시대가 변해도 늘 무대 위에 있는 사람들이 있다. 그들은 계급 투쟁이 한창일 때도, 계급 투쟁이 시들해진 후에도 무대를 떠나지 않는다. 강축은 그런 사람이다. 늘 권력의 가까이에서 바람이 부는 방향을 정확히 꿰뚫고 있는 사람"이라고 말했다.

티베트 달력으로 2003년 새해 직전, 나는 톰시캉 거민위원회에 갔다가 우연히 강축과 만났다. 보통 문화대혁명 행동대원들은 인터뷰를 꺼리는데 그는 달랐다. 그는 기꺼이 인터뷰에 응했고 주저 없이 카메라 앞에 섰다. 그는 "낡은 사회에서 나무를 깎는 가난한 목공노동자로 먹고 살았다"고 강조했다. 그는 문화대혁명에 대해 이야기했지만, 교묘하게 얼버무리면서 말을 아꼈고 계속해서 '삼개대표'*, '먹고살 만한 사회 달성'† 등 최신 정치 용어와 구호들을 반복했다. 그가 '낮은 곳에서 봉사하는' 평범한 간부가 아니라는 점은 확실했다.

인터뷰를 하면서 나는 강축에게 아버지의 사진을 보여 줄지 말지로 고민했다. 한편으로는 자신의 젊은 시절 사진을 보고 그가 어떤 반응을 보일지 궁금하기도 했다. 하지만 그가 여전히 거민위원회 당서기로 있기 때문에 문화대혁명에 관여했던 과거 기록이 드러나는 것을 원치 않을 수도 있다고 생각했다. 결국 민감한 사진일 수 있다는 점을 우려해 보여주지 않기로 했다.

최근에는 강축이 불교 신자이고 다수의 종교 행사를 사비로 지원한다는 소문이 있다.

---

* 삼개대표론: 2002년 중국 국가주석 장쩌민이 제시한, 중국 공산당은 '선진사회 생산성', '선진문화', '최대 다수의 이익'을 대표해야 한다는 이론. 사실상 과거였다면 자본주의자로 매도되었을 기업가, 관리자 등에게 공산당이 문호를 개방하겠다는 의미다.

† 먹고살 만한 사회 달성(소강사회): 2002년에서 2012년까지 중국 공산당 서기였던 후진타오가 제창하고 시진핑이 선언한 구호. 달성시한은 2021년이다.

97. 바르꼬르 거민위원회가 땐걔링 수도원 인근 골목에서 개최한 비판대회 현장이다. 모자를 씌우고 얼굴에 마구 그림을 그려서 세워둔 세 사람은 바르꼬르 동쪽 가옥에 거주하는 냐롱쌰 일가다. 냐롱쌰 가문은 대대로 티베트 전통 의원 집안으로 잘 알려져 있었다. 사진 속 비판 대상들은 '맨쿠'라고 하는 작지만 무거운 주머니 여러 개를 각각 목에 매달고 있다. 맨쿠는 약을 담는 주머니인데 각각의 맨쿠에는 작은 숟가락이 달려 있다. 가장 연장자인 남성의 목에 매달린 인도 지폐 다발은 그가 인도에서 환자들을 치료하고 받은 치료비다.

연장자인 남성의 이름은 초제 릭진 륀둡 뺄죠르이지만 라싸 시민 대다수는 그를 냐롱쌰 의원이라고 불렀다. 그는 의사로서도 평판이 좋았지만 교육자이기도 했다. 그가 세우고 운영한 학교는 불교 학교를 제외하면 티베트 내 최대 규모였고, 이곳에서는 귀족 가문 어린이들이 공부했다. 학교는 1959년 봉기 이후 폐교되었다.[62]

노인을 팔로 부축하고 있는 젊은 여성은 냐롱쌰 의원의 셋째 딸 체뻴이다. 체뻴 역시 의사였다.[63] 나와 인터뷰를 했던 2003년 당시 체뻴은 여전히 바르꼬르에 살고 있었고 예순여섯이었으며, 인터뷰를 한 지 얼마 안 되어 사망했다. 사진을 손으로 짚으며 체뻴이 설명해 주었다.

> 이때 나는 딸을 출산한 지 삼사일 정도밖에 안 된 산모였고, 여전히 출혈이 있었다. 사람들의 손에 억지로 허리를 굽히자 땅바닥으로 피가 떨어져 내리는 것이 보였다. 삼보에 맹세코 이 사람들은 피도 눈물도 없는 사람들이다. 그들은 우리를 이 골목 저 골목으로 끌고 다니며 구경거리로 만들었고 마니캉* (바르꼬르 낭쩨쌱 옆에 있는 마니차 사당)을 부수라고 강요했다. 그들은 파시스트 같았다.

냐롱쌰 의원 왼편(사진 오른쪽)의 남자는 의원의 차남 뀐규르다. 그는 수년 전 인도로 가서 망명 중인 달라이 라마의 개인 주치의로 일했다. 그도 지금은 사망했다.

늙은 의사는 비판 도중 심하게 구타당했고, 이후 회복하지 못한 채 자리보전을 반복하다가 1979년 82세로 사망했다. 그는 사망 당일에도 환자를 열일곱 명이나 진료했다고 한다.

군중 속에서 구호를 외치는 인물 중 사진 오른쪽 아래에 모자와 안경을 착용한 남성은 바르꼬르 거민위원회 부주임 롭상이다. 그는 13대 달라이 라마를 배출한 얍시 랑뒨가를 위해 일하던 재봉사였는데, 이 사람에 대해서는 이후 다시 이야기하도록 하겠다. 선글라스를 끼고 긴 막대기와 담배를 든 남성은 북동부 암도 출신의 롭상 예쎄라는 사람이다. 암도는 행정구역상 대부분 칭하이성에 속한다. 롭상 예쎄는 바르꼬르 거민위원회 치안위원이었는데 냐롱쌰 일가의 집을 습격할 때 가장 앞장선 인물이다. 그는 온갖 상자며 벽장의 자물쇠를 도끼로 부수고 안에 들어 있던 물건들을 강탈했다. 그는 여러 우귀사신들에게 모욕적인 별명을 붙이는가 하면 그들의 얼굴에 마구잡이로 낙서를 했다. 문화대혁명 이후 그는 칭하이성으로 돌아갔고 이후 사망했다.

---

* 마니캉: 대개 길가나 사찰 입구에 있는 커다란 마니차를 모신 사당.

꿘규르의 뒤에 티베트 전통 복장을 하고 서 있는 여성은 락빠다. 락빠에 관해서는 재미있는 일화가 있다. 1976년 마오쩌둥이 사망하고 얼마 후 거민위원회가 개최한 추모식에서 락빠는 큰소리로 울면서 기절이라도 한 것처럼 바닥에 쓰러졌다. 하지만 행사장을 나오자마자 주변을 쓱 둘러보고는 아무도 안 본다고 생각했는지 옷에 묻은 먼지를 털고 재빨리 집으로 달려갔다고 한다.

투쟁대회가 한창인 사람들 뒤를 인민해방군 병사 두 명이 걸어서 지나가고 있다.

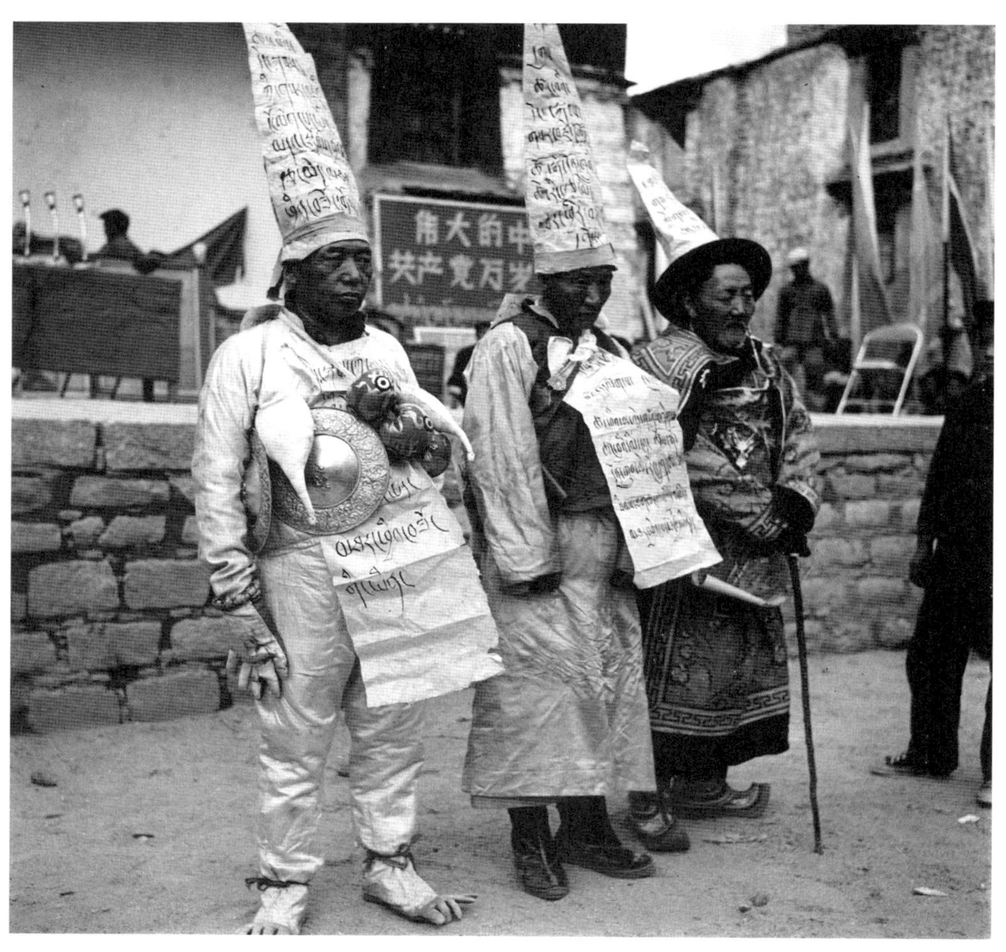

98. 쑹최라에서 구경거리가 된 우귀사신 세 명 중 맨 오른쪽, 콧물을 흘리고 있는 사람은 쌈포 체왕 릭진, 겨드랑이 아래로 총집이 삐져나온 가운데 사람은 초고 된둡 체링이다. 이전 사진들과 복장이 다른 것으로 보아, 별개의 집회에서 촬영된 사진이다. 쌈포 노인은 높은 고깔모자를 썼고, 초고는 등과 가슴에 대자보를 붙이고 있다. 초고에게 씌워진 모자에는 "반동분자 초고 된둡 체링을 철저히 타도하라!"라는 글자가 보인다. 옷이며 장신구가 서로 짝이 안 맞지만, 어쨌든 두 사람이 입은 옷은 과거 티베트 정부 관료들이 실제로 착용했던 관복이다. 반면 왼쪽에 서 있는 사람은 서커스 광대 같은 복장이다. 이 사람은 상인이라서 정부 관리나 승려처럼 옷이나 장신구로 신분을 쉽게 표시하기 어렵기 때문에 대신 가문의 수호신으로부터 신탁을 받는 무속인의 옷을 입고 있다. 이 사람은 캄빠(캄 지역 사람이라는 뜻) 거상 뽐다창가의 뽐다 똡걜이다. 전설에 따르면 뽐다창 가문에 악명 높은 여신 싸꺄 바모(싸꺄 사원의 '바모', 즉 마녀)의 환생이 태어났고, 이후 가문에서는 이 싸꺄 바모를 수호신으로 모시게 되었다고 한다. 뽐다 똡걜에게 입혀진 옷이 바로 이 싸꺄 바모의 옷이다. 손과 발까지 온몸을 덮는 옷을 몸에 꼭 맞게 입고 여기에 호심경 두 개와 속을 채운 유방 모양의 주머니 두 개 그리고 마녀의 안구를 형상화한 구슬 세 개를 목에 걸고 있다. 모자에는 "반혁명 분자 뽐다 똡걜을 철저히 처단하라!"라고 적혀 있다.

뽐다 똡걜에게는 뽐다 야르펠과 뽐다 랍가라고 하는 두 명의 형이 있다. 삼형제 모두 정치, 군사, 상업 분야에서 두각을 나타낸 비범한 인물들이었다. 티베트 고원 중부 위짱과 캄 근대사에 이들 형제가 남긴 흔적은 매우 이례적이었고 그들의 역할은 간단히 설명하기 어렵지만, 한마디로 삼형제는 변화를 추구하는 새로운 세력을 대표하는 인물들이었다. 아울러 캄빠라는 출신 배경을 가진 형제들은 라싸 귀족들의 나태함과 편협함을 실감하면서 출신지역 캄의 이익을 추구하게 되었고, 결국 캄의 자치 실현을 끈질기게 시도할 수밖에 없었을 것이다. 이런 경향은 역사상 중요한 순간에 이들이 내린 여러 가지 결정에 영향을 미쳤고 그 선택에 따라 이들의 인생도 굴곡을 겪었다.

예를 들어, 1950년 참도 '해방'전쟁에 돌입한 인민해방군을 지원한 덕분에 뽐다 똡걜은 참도 해방위원회 부주임으로 임명되었고, 이후 티베트자치구 정치협상회의 부주석에 올랐다. 하지만 이런 과거도 문화대혁명으로 얻은 '반란 획책 및 조직', '지속적인 개혁 저해'라는 죄명으로부터 그를 보호해 주지 못했다. 그는 참혹한 고문을 당한 뒤 회복하지 못한 채 1974년 사망했다. 그는 사후인 1979년에 복권되었다.

삼형제 중 맏형인 뽐다 야르펠은 1950년대 말 티베트에서 적극적으로 반공산당 운동에 참여했고, 1959년 1월 망명 티베트 관원들과 협력해 티베트 정부 재건 계획에 참여하려고 인도로 떠났다. 하지만 무슨 이유에서인지 1964년 라싸로 돌아왔다. 라싸에서 그는 병에 걸려 1976년 사망했지만, 문화대혁명 기간에는 비판을 당하지 않도록 보호를 받았던 것 같다.

뽐다 랍가는 1911년 청나라의 멸망과 중화민국 건국에 결정적인 역할을 한 쑨원의 추종자로 알려졌다. 랍가는 쑨원의 가장 유명한 저서인 〈삼민주의(싼민주이)〉를 티베트어로 번역했고 1939년 인도에서 쑨원의 정치사상을 기반으로 진보적인 정치조직 티베트 혁명당(티베트 향상당)을 창설했다. 그는 인도 칼림퐁에 남았고 다시는 티베트로 돌아오지 않았다.

99. 1950년대 인민해방군이 들어왔을 때, 뽐다가는 바르꼬르 남부의 300년도 넘은 고택에서 살고 있었다. 그들은 곧 인민해방군에 고택을 팔고 라싸강 옆 뽈링카 부근의 새 집으로 이사했다. 이 일대가 와빠링 거민위원회 관할이었기 때문에 뽐다 똡걜은 와빠링 거민위원회의 감독을 받았다. 사진 속에서 비판을 받고 있는 인물이 뽐다 똡걜이다. 이번에는 검은색 싸꺄 바모 의상을 입고 있다. 아마 싸꺄 바모의 의상은 검은색과 흰색 두 벌이 있었던 것 같다. 옷이 너무 작아서 몸에 꼭 끼는 바람에 우스꽝스럽게 보일 지경이다. 그는 지치고, 늙고, 기운이 없어 보인다.

사진이 찍힌 장소는 초고 된둡 체링의 비판 집회(사진 94) 때와 같이 얍시 딱체르 앞이다. 사진을 본 사람들은 뽐다 똡걜의 목을 붙잡고 있는 여성이 체 될마라고 했다. 체 될마는 뙬꾸 도제 팍모의 비판집회 사진에도 등장했었다(사진 73).

밀짚모자를 쓴 남성은 와빠링 거민위원회 주임이다. 이름은 허비인데 당시 사람들은 그를 '허비 형'이라고 불렀다. 지금은 사망한 허비는 '갸 카체', 즉 중국 무슬림이다. 라싸의 무슬림 가운데서도 원래 네팔이나 인도의 카시미르에 뿌리를 둔 무슬림들을 '카시미르 카체'라고 부르는데 이들은 대부분 바르꼬르 인근에 거주한다. 반면 갸 카체는 쓰촨성, 산시성, 윈난성 등 중국 출신 무슬림을 가리킨다. 갸 카체들은 주로 와빠링에 산다. 문화대혁명 기간 중 티베트인 사이에 벌어진 소요에 비해, 라싸의 무슬림들은 비교적 평화롭게 지냈다. 카시미르 카체는 대부분 네팔인이거나 네팔과 연고가 깊은 사람들이었기 때문에 라싸 주재 네팔 영사관의 눈치를 보느라 카시미르 카체가 예배를 보는 모스크의 종교 활동에는 위해를 가하지 않았다. 반면 라싸의 중국 무슬림들은 혁명행동에 깊이 관여했다. 조캉이 습격당한 날, 홍위병들과 '혁명대중'은 중국 무슬림 사원에도 몰려갔지만 한번 둘러보고 사원 내부가 너무 비어 있다는 것을 깨달았다. 부술 것이 없었다. 그들은 벽에 구호만 몇 개 쓰고 돌아갔다. 대신 티베트어로 아홍이라고 불리는 이맘은 이후 '작은 달라이'라며 규탄을 받았고, 아홍의 집도 습격을 당했다. 시간이 지나고 무슬림 사원도 결국 훼손되었지만 그렇게 심각한 정도는 아니었다고 들었다. 사원 내부에 약탈할 만한 것이 별로 없었기 때문이다. 무슬림 사원을 약탈한 것은 주로 거민위원회 행동대원들이었고 그들 중에는 티베트인과 무슬림이 섞여 있었다. 무슬림 사원의 예배당은 회의 장소로 사용되거나, 노래 부르고 춤추는 장소로 사용되다가 나중에 와빠링 거민위원회가 인수해 사무소로 썼다.

100. 뽐다 똡갤의 비판대회를 보고 있는 사람 대부분은 와빠링 거민위원회 관할 주민들이다. 이 사람들 중에 학생 홍위병들은 손에 창을 든 사람들이다. 밀짚모자를 양손으로 들고 팔에 홍위병 완장을 찬 젊은 여성은 지역 주민인데, 당시의 정치적 혼란 때문에 가족이 흩어졌다고 한다. 캄의 데게 출신 상인인 형부는 원래 쎄라 수도원 승려였는데 1959년 3월 노르부링카에서 벌어진 '무장반란' 때 총상을 입었다. 그는 체포되어 라싸 밖에서 노동개조를 받았고, 그녀의 언니는 남편과 전혀 접촉할 수 없게 되었다. 하지만 그녀나 그 가족에 대해 더 이상의 정보는 얻지 못했다.

101-103. 이 세 장의 사진은 와빠링 거민위원회가 관내 우귀사신들을 조리돌림과 규탄대회에 끌고 나온 날 찍은 것이다. 사진 101은 우귀사신 행렬이 혁명 이전에 유톡람이었던 길(인민로)을 지나가는 모습이다. 맨 앞에서 가택 수색 중 압수당한 물건을 수레에 실어 끌고 가는 사람은 초고 된둡 체링이고, 그 뒤를 검은색 싸꺄 바모 의상을 입은 뽐다 똡걜이 뒤따르고 있다. 그 옆에서 흰색 싸꺄 바모 의상을 입고 따라가는 사람은 아들 뽐다 직메다. 두 사람 모두 힘없이 고개를 숙이고 있다. 뽐다 직메는 응아푀 응악왕 직메의 사위다. 응아푀의 딸은 구경꾼들 틈에 섞여 있다가 갑자기 싸꺄 바모의 옷을 입은 남편이 나타나자 크게 놀랐다고 한다. 당황해서 어쩔 줄 모르는 그녀에게 옆에 있던 사람이 조용히 도망가라고 일러 주었다. “어서 가요. 여기 있으면 안 돼요. 도망가지 않으면 당신도 끌려 나갈 거예요.” 그녀는 서둘러 그 자리를 피했다.

사진 102에서 행렬은 얍시 딱체르 근방을 지나가고 있다. 얍시 딱체르는 왼쪽 숲에 가려 보이지 않는다.[64] 초고의 오른쪽 바로 뒤(사진 왼쪽), 등 뒤로 넘긴 밀짚모자가 어렴풋이 보이는 행동대원은 깰상 뻴죠르다. 깰상 뻴죠르는 까쑈빠의 비판대회(사진 78)에도 참가했었다. 초고의 왼쪽(사진 오른쪽)에서 납작한 모자를 쓰고 완장을 차고 걸어가는 사람은 위루쓰라는 무슬림 행동대원인데 뙬꾸 도제 팍모의 비판대회 사진(사진 73)에서도 본 사람이다. 숲을 등지고 서 있는 낮은 건물은 라싸시 우편 전신국이다. 이 건물은 이후 헐리고 우편 전신국이 운영하는 게스트하우스가 대신 들어섰다.

사진 102의 배경에 보이는, 작은 창문이 네 개 달린 정사각형 모양 건물은 일반적인 티베트 건축물과는 전혀 다른 모습인데 티베트군구에 딸린 보루다. 1950년대 인민해방군은 이런 보루를 많이 지었다. 라싸 시민들은 처음에 이런 석조 구조물들의 용도를 몰랐다가 1959년 3월 라싸 봉기가 시작되고 군대가 보루를 장악한 뒤 창문으로 기관총을 발사해 수많은 사상자를 내고 나서야 비로소 그 용도를 알게 되었다. 사진에 보이는 보루는 나중에 철거되었고 이 거리는 이제 베이징 동로로 불린다. 보루가 서 있던 자리 건너편에 높게 들어선 사이캉 쇼핑센터에 올라가면 철거된 터를 내려다볼 수 있다.

사진 103은 쑹최라에서 촬영했다. 모인 사람들은 대부분 티베트인이지만 간혹 무슬림도 섞여 있다. 가운데서 벌어지는 비판과 조롱에 박수를 치며 환호하는 사람도 있다. 배경에 보이는 3층짜리 티베트식 건물은 옛 티베트 정부가 상인들이나 도시민들에게 임대했던 까루쌱이다. 건물 3층에는 유명한 학자 겐뒨 최펠이 1951년 사망하기 전까지 살았던 방이 있다.

104. 섀다와 데쬬의 비판대회다. 섀다와 데쬬는 빠툭이라는 티베트 전통 머리장식을 쓰고, 목에는 무거운 보석을 건 채 자신의 죄명이 나열된 대자보를 몸에 붙이고 있다. 첫 번째 죄명은 판독이 불가능하지만 두 번째와 세 번째는 또렷하게 보인다. "소문을 퍼뜨리고", "반혁명적 물품들을 몰래 감춰두고 행동대원인 척했다"는 것이다. 네 번째 죄명은 "금은을 비롯한 귀금속을 외국인에게 팔았다"는 것이다.

섀다와의 목에 손을 얹고 있는 두 명의 여성 가운데 오른쪽에 보이는 뻰충은 바르꼬르 거민위원회 소속의 유난히 악랄한 행동대원이다. 나중에 뇌졸중을 앓았다. 왼쪽의 행동대원도 같은 거민위원회 출신으로 나중에 재봉사가 되었지만 그녀가 원래는 대장장이(전통 티베트 사회에서 소외된 계층) 집안의 딸이고 라싸중등학교 학생이라고 말하는 사람들도 있다.

이름에서 알 수 있듯이 섀다와 데쬬는 라싸의 이름난 귀족[65] 가문인 섀다가 사람과 결혼한 여성으로 지금은 이미 사망했을 것이다. 당시 섀다와 데쬬는 바르꼬르 남쪽에 있는 친정의 옛 저택 라당닝빠에 살고 있었다. 라당닝빠는 '해방' 이후 '해방농노'들의 손에 넘어갔다. 1995년까지 라당닝빠는 바르꼬르 거민위원회 사무소 및 지역민의 주거 시설로 사용되었다. 1997년부터 1999년 사이에 독일인 건축 보존가인 안드레 알렉산더와 그가 이끄는 티베트 유산 기금이라고 하는 소규모 외국 단체가 건물을 허물지 않도록 지역 정부를 설득하고 저택 복원[66] 작업 허가를 얻었다. 티베트에서 처음으로 옛 건축물이 보존된 사례다.

牛鬼蛇神
莫建
反革命份子 莫建章
(一) 由青海多次偷运枪支子弹来西
藏支援叛乱、在青海盗窃国家大
洋三十多箱运往印度支援叛匪。
(二) 勾结达赖集团以种菜为名进行
叛國活动、勾结班禅集团与拉敏
等叛乱头子一贯搞叛乱活动。
(三) 一貫屯积居奇抬高市價偷税
漏税 抽逃資金勾结干部盗窃国
家经济情报纠集几个坏分子搞

105. 투쟁대회에 끌려 나온 두 사람 중 여성은 쌔다와 데쬬이고 그녀의 모자에는 티베트어로 "우귀사신 데쬬"라고 적혀 있다. 남성이 쓴 모자에 적힌 중국어와 목에 걸린 대자보에 따르면 이 남성의 이름은 모젠장이다. 대자보에는 그의 죄명이 적혀 있다.

1. 반란군을 지원하기 위해 칭하이성에서 티베트로 여러 차례 총과 탄환을 밀반입했고, 칭하이성에서 트럭 서른 대 분량의 은화를 훔쳐 인도의 반란 폭도들에게 지원 자금으로 보냈다.

2. 달라이 라마 일당과 접촉하기 위해 채소 농사로 위장한 반역행위를 일삼았고, 무장반란을 일으키기 위해 반란 우두머리 판첸 일당, 라뮌 등과 결탁했다.

3. 사재기로 물가를 올리고, 세금을 회피하고, 비밀리에 자금을 빼돌리고, 국가의 경제 정보를 빼돌리고, 부패분자들을 모아 자본주의 재건 활동을 도모했다.

네 번째 죄명은 사진상으로는 보이지 않는다.

모젠장과 쌔다와 데쬬가 왜 함께 끌려 나왔는지, 왜 대자보를 남들과는 다르게 나무 창틀에 붙여 등에 지고 있는지는 알 수 없다. 다만 두 사람 모두 바르꼬르에 살았고 그래서 같은 거민위원회가 이들 둘의 비판을 주관했다는 것만 알 수 있다.

이 사진에는 또 다른 특이점이 있다. 모젠장의 죄명이 모두 중국어로 적혀 있다는 점이다. 모젠장이 한족임을 표시하기 위해서일까? 모젠장은 칭하이성 출신 상인으로 추정된다. 바르꼬르에서 잡화점을 경영하던 그는 갸미 체링, 즉 중국인 체링으로 불렸다. 그의 딸 모유전을 기억하는 사람들이 아직도 많았다. 모유전은 가족이 운영하는 가게에서 일했다. 부녀는 문화대혁명이 끝난 후 칭하이성으로 돌아갔다고 한다.

쌔다와 데쬬의 목을 붙잡고 있는 남성은 뺄쬬르라는 사람인데 바르꼬르 거민위원회 행동대원이 되기 전에는 도둑이었다고 한다. 반대쪽 손에 든 것은 무엇일까? 돌멩이 아니면 구겨진 모자? 주먹을 쳐들며 구호를 외치는 여성들 중 한 사람에게 유난히 눈이 갔다. 입을 크게 벌리고 있는 여성은 라모 모-라, 즉 라모 할머니다. 내가 취재를 하러 갔을 때 라모 할머니는 여전히 생존해 있었다. 라모 할머니는 말을 못 하는 사람이었다. 도대체 말도 못 하는 사람에게 어떤 구호를 외치라고 시켰는지 의문이다.

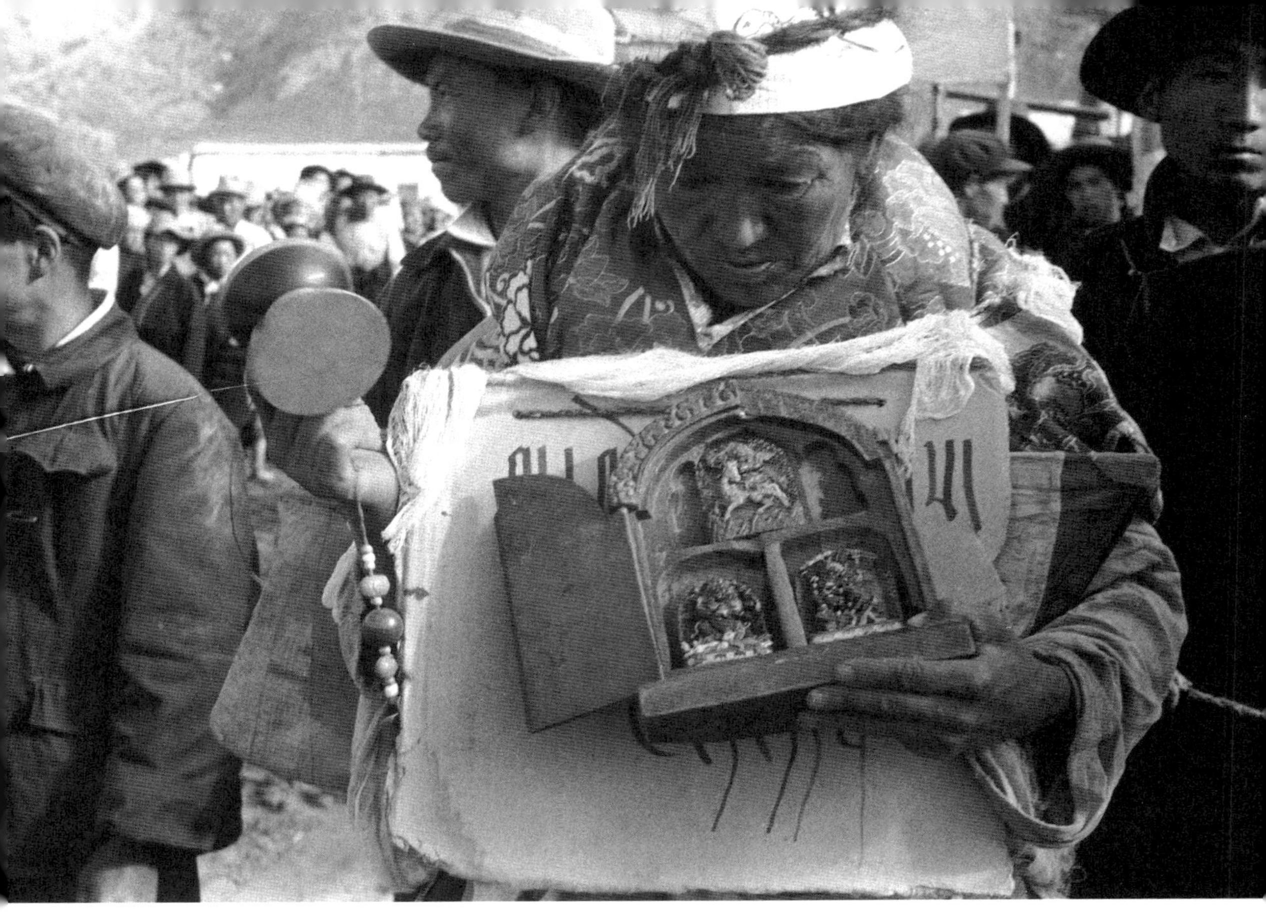

106. 배후의 풍경과 사람들의 복장으로 보아, 사진 속 투쟁대회가 열리는 장소는 라싸 시내가 아니라 시 외곽의 어느 촌락인 것 같다. 1966년 8월 어느 날짜에 찍힌 사진인지는 모른다. 비판 투쟁이 잠시 중단된 틈에 고개를 숙이고 있는 이 여성의 이름도 모른다. 여성은 한 손에는 다마루라고 하는 북을, 다른 한 손에는 불감(불상을 모셔두는 집)을 들고 있다. 불감 안에는 여신 빨댄 라모와 수호신 괸뽀의 점토상 짜짜가 모셔져 있다. 북과 불감으로 미루어 보아 이 여성이 신탁을 전하는 무속인이라고 짐작하는 사람도 있었다.

그녀와 같은 직종의 사람들은 시골의 농부나 유목민들의 영적인 생활을 담당했다. 무속인들은 그들을 따르는 일반인들 마음속 깊이 뿌리박혀 있는 수많은 관념을 구체화하는데 중요한 역할을 한다. 하지만 문화대혁명이 일어나자 이런 사람들은 비판 투쟁에 끌려 나와 사기꾼, 흡혈귀, 악당으로 비난받고 폄하되었다.

107. 어린이 홍위병이 목에 핏줄이 설 정도로 열심히 뭔가 외치고 있다. 어떤 이들은 이 소년이 나중에 지역 민병대장이 된 응악왕 게렉이라고 했다. 지금은 50대가 되었을 이 소년은 사원 주위를 돌며 기도를 하는 등 여느 불교 신자들과 같은 하루하루를 보내고 있다고 했다.

기운 자국이 있는 재킷을 입고 고개를 돌려 소년을 바라보는 남성은 현재 와빠링에서 자전거를 수리한다. 머리에 스카프를 두르고 소년 뒤에 앉아 있는 여성은 중국계 무슬림으로, 최근에 바르꼬르에서 빵을 파는 모습이 자주 눈에 띈다고 한다.

군중 속에 뽐다 똡걜도 있다. 소년 바로 뒤, 차양이 달린 토피처럼 보이는 모자를 쓴 남자다. 얼굴과 어깨밖에 보이지 않는다. 걱정스러운 표정으로 비판 투쟁이 진행되는 모습을 멍하니 바라보고 있다. 이제나 저제나 자신이 불려 나갈까 봐 불안해하는 것 같다. 한 시대를 호령하던 걸출한 인물이었지만, 실의에 빠진 모습이다.

내 인터뷰에 응한 어느 티베트인은 자신도 이런 군중 속에 자주 섞여 있었다고 말했다. 또 다른 사람은, "저 허름한 창문을 보라. 소년의 옷도 남루하긴 마찬가지다. 소년이 손에 든 종이는 아마 큰소리로 읽으라고 누가 미리 건네주었을 것이다. 종이에 적힌 말이 무슨 뜻인지 알기는 했을까? 사람들은 뭐든 시키는 대로 다 할 것처럼 멍한 표정이다. 이것이 바로 티베트 문화대혁명의 실체다"라고 서글프게 말했다.

108-109. 쑹최라에서 열리고 있는 투쟁대회의 사진이다. 두 사진 모두 왼쪽에 웃는 얼굴의 남성이 서 있다. 투쟁대회 책임자가 분명하다. 겉모습으로 보아 한족인 듯하고, 자세나 태도로 보아 간부인 것 같다. 뒤로 몸을 살짝 젖히고, 비판에 끌려나온 라마를 오른손 집게손가락으로 가리키고 있는 모습이 거만해 보인다. 팔을 아래로 내리고 있을 때조차 여전히 집게손가락을 내밀고 있다. 아버지가 찍은 우귀사신의 공개 비판대회 사진 모두를 통틀어 미소 짓는 인물은 이 사람이 유일하다. '해방농노'들의 얼굴에서도 이와 같은 미소는 볼 수 없다. 흥분된 표정이나 열정과 분노가 가득한 얼굴인 경우가 많기는 하지만, 해방농노들은 오히려 초조해 보이고, 동시에 자신들이 목격하고 있는 갑작스러운 이변에 놀라는 모습이다. 라마의 왼쪽 어깨에 손을 얹고 있는 티베트 홍위병의 자세와 표정에는 공격성도 폭력성도 보이지 않는다. 오히려 예로부터 티베트인들이 극한 존경을 나타내는 표시인 혀를 내미는 모습과 약간 앞으로 숙인 상체는 그가 느끼는 두려움과 염려를 드러내고 있다. 한족 간부만이 미소 짓고 있다. 그것은 어쩌면 새로운 주인의 미소인지도 모른다.

그는 누구일까?

그가 삼교공작단 단장이자 성관구 서기인 리팡인 것 같다고 말하는 사람도 있었다. 다들 리팡을 고압적이고 탐욕스러운 인물로 기억했다. 티베트를 떠날 때도 귀한 골동품 여러 점을 몰래 챙겨갔다고 한다. 그가 타고 떠난 차가 사고로 뒤집혀서 심한 부상을 입었고 골동품들이 길바닥에 굴러다녔다는 소문도 있다. 그래서 그가 한 짓이 만천하에 드러났다는 것이다. 하지만 리팡은 수염이 있었고, 그래서 중국어와 티베트어가 혼합된 '수지 갸오-라', 즉 '털북숭이 서기'로 불렸다. 따라서 이 사진 속 간부가 리팡일 가능성은 적다. 그러나 이 사람이 누구이건 미소가 갖는 상징적 의미는 그대로다.

우리는 높은 곳에 서서 팔짱을 끼거나 양 옆구리에 손을 얹은 자세로 공터를 내려다보고 있는 사람들도 간과해서는 안 된다. 서 있는 자세로 보아 이들은 간부 혹은 군인이다. 이들이 티베트의 새 주인이다.

곤욕을 치르고 있는 라마에 대해서는 모자에 적힌 "갸초"라는 글자가 이름의 일부라는 것 말고는 아무 정보가 없다. 경전에서 뜯어낸 낱장들을 포개어 어깨에 메고, 탕카와 법구 등 수레 한가득 분량의 사구를 앞에 두고 있는 승려의 모습이 당시의 실상을 압축해서 보여준다. 사진 속 라마가 조캉 사원에서 조오 법당을 보살피던 꾸녜르 뻰-라라는 사람들도 있고, 대뽕 수도원의 사대 원장 가운데 하나인 갸와 라마 아니면 쎄라 수도원이나 간댄 수도원의 고승이라는 사람들도 있다. 정확한 신원을 알 수는 없지만, 이 사진을 보고 있으면 체링마의 옷을 입어야 했던 데모 린포체(사진 58-62)와 홍위병이 휘두른 쇳덩이에 맞아 죽은 라쮠 린포체(사진 59)가 떠오른다.

사진 109에서 라마 뒤 오른쪽 구석에 다른 우귀사신들이 비판받을 차례를 기다리고 있는 것이 보인다. (그들 가운데 모자가 씌워진 여성은 왜 몸에 신발을 주렁주렁 달고 있을까?) 로프 통제선 뒤에서 구경하고 있는 어린이에서 노인까지 다양한 사람들도 못지않게 흥미롭다. 그들 중 '해방'의 즐거움을 만끽하기 위해 그 곳에 나온 사람들은 몇 명이고, 두려움과 혼란 때문에 혹은 참가하는 것이 여러모로 도움이 될 것이라는 계산으로 그 곳에 있는 사람들은 또 얼마나 되는지 우리는 알 수 없다. 확실한 것은 단 하나, 노예는 그대로 노예일 뿐, 선택의 자유는 없는 것이나 마찬가지였다는 점이다. 그들을 우귀사신들에게 자행되던 학대의 공범이었다고 부르는 것은 지나칠지 모른다. 하지만 적어도 그들에게 눈앞에서 벌어지는 비난과 학대에 대해 의문을 제기하거나, 거역하려는 기색은 전혀 보이지 않는다.

이 사진들이 촬영된 쑹최라는 문화대혁명과 함께 종교적인 의미를 상실했다. 티베트어로 '릭네 사제(rigné sarjé)', 중국인들의 귀어는 인류를 도축하고 약탈한다는 뜻의 '런레이 사제'로 들렸던 문화대혁명이 여기까지 치닫는 동안, 쑹최라 바닥에 깔린 포석 하나하나에는 그곳에서 벌어진 이루 말할 수 없는 온갖 형태의 치욕과 수모의 흔적이 새겨졌을 것이다. 이것이 1966년을 시작으로 쑹최라가 목격했던 혁명이었다.

티베트의 우귀사신들

'뉴구이서선', 즉 우귀사신은 원래 중국 고전 문학에서 유래한 말이다. 종교 의식에서 동물 가면을 쓰고 인간이 아닌 악령이나 신령한 존재의 역할을 담당하는 배역을 뜻한다. 문화대혁명 기간에 이 말은 '계급의 적'을 지칭하게 되었다. 티베트어에는 여기에 상응하는 말이 없다. 세상 만물에 의식이 있다고 여기며 인간이 다른 존재에 비해 반드시 우월하다는 인식이 없는 티베트인들에게 성품이 제각각인 존재들을 한데 싸잡아 지칭함으로써 암묵적으로 부여하는 경멸의 의미는 깊이 와 닿지 않았을 것이다. 물론 우귀사신을 티베트어로 번역하려는 시도는 있었다. 그중 하나는 '라데된게'였는데, 신을 뜻하는 '라', 귀신을 뜻하는 '데', 그리고 좀 더 추상적인 의미의 재난을 뜻하는 '된게'를 합쳐 만든 말이다. 하지만 라데된게는 우귀사신의 정확한 상응어가 아니다. 중국어 '우귀사신'이 뜻하는 바를 완전하게 전달하지 못하기 때문이다. 그래서 티베트인들은 티베트어로 번역된 단어는 잘 쓰지 않는다. 이해하기 어려운 라데된게보다 그냥 뉴구이서선(우귀사신)이라는 말이 입에서 더 쉽게 나오나 보다. "나는 당시 우귀사신이었다"라고 어느 티베트 점술사가 문화대혁명 때의 경험을 이야기했다. 그는 중국어를 할 줄 몰랐지만 우귀사신이라는 말은 중국어 단어를 사용했다.

티베트에서 우귀사신으로 분류된 사람들의 배경은 중국 내 다른 지역의 우귀사신들만큼 다양하지 않다. 우귀사신은 주로 '싼다링주', 즉 삼대 영주의 범주에 속하는 옛 정부의 관리, 귀족, 라마를 가리켰다. 앞서 보았듯이 티베트 우귀사신의 다수는 새로운 중국 공산당 체제가 손잡으려 했던 바로 그 고위층 인사들이었다. 1950년부터 문화대혁명 발발 전까지, 이 사람들은 중국 공산당의 통일전선 전략의 포섭 대상으로서 융숭한 대접을 받았다. 1959년 '달라이 분열주의자 집단'과 결탁하지도, 조국을 버리고 달아나지도 않았기 때문이다. 당시 그들의 행위는 '어둠을 버리고 밝음에 의지한(棄暗投明)' 것으로 간주되었다.

랄루 체왕 도제는 이와 관련한 경험을 회고록에 썼다. 그는 달라이 라마 정부에서 까륀(장관)이었고, 1959년 3월 '라싸 반란' 때 티베트군 지휘관이었기 때문에 감옥에서 6년을 보냈다. 석방된 후 그는 농촌으로 보내져 1965년까지 노동개조를 당했다. 랄루 체왕 도제는 문화대혁명 기간에 우귀사신으로 분류된 사람들 대다수가 1966년 이전까지 공산당 체제에 협력해 '애국자' 칭호를 받던 사람들이었던 반면 자신과 같은 사람들은 처음부터 '반란 참가자', '반혁명분자'로 분류되었었다고 말했다. 서로 완전히 다른 진영에 속했었다는 것이다. 하지만 문화대혁명이 시작되자 양 진영을 가르던 경계가 희미해졌다. 랄루는 다소 냉소적인 어조로 말했다. "그때까지 나는 그 사람들은 애국자라서 행복하게 살고 나는 1959년에 저지른 잘못으로 인해 개조를 당하는 것이라고 믿었다. 하지만 어느새 그 사람들도 길거리에서 조리돌림을 당하고 있었다. 그들도 우리와 다를 바가 없다는 것을 느꼈다." '애국자'건 '반역자'건, '반란'에 참가했건 안 했건, 결국 우귀사신으로 몰려 고깔모자가 씌워지는 건 매한가지라니 이 얼마나 아이러니인가. 모두 하나같이 '혁명대중'의 비난을 받을 운명이었던 것이다.

문화대혁명 기간 동안 비판대회에서 공격을 당한 종교계 인사의 수는 어마어마하다. 모든 중생을 해탈의 길로 인도하는 본연의 역할로 인해 승려들은 부처, 불법과 더불어 예로부터 불교의 세 가지 보물, 즉 삼보의 하나로 여겨졌다. 그중에서도 라마는 티베트 불교의 혼이라고 해도 과언이 아니다. 하지만 공산주의 독트린에 따르면 종교는 착취계급이 가난한 인민을 무력화시키기 위해 사용하는 아편이고, 승려는 사회를 좀먹는 파렴치한 기생충이다. 문화대혁명 기간 동안 티베트에서 종교에 가해진 모략과 멸시는 전례가 없는 것으로, 많은 티베트인들에게 소중한 의미를 갖는 신앙을 완전히 말살시킬 수도 있을 정도였다.

문화대혁명이 격렬해지면서 과거 수십 년간 공산당 체제를 위해 싸웠던 일부 관원과 군 고위 장성들 역시 '자본주의의 길을 택한 당권파'로 낙인찍혔다. 그들은 사회 공공의 적으로 전락해 끊임없이 시달렸다. 수많은 행각승, 고행자, 민간의원, 민속공예가, 화가 등도 우귀사신으로 분류되었다.

문화대혁명이 끝난 후에도 랄루 체왕 도제처럼 처음부터 '반란 참가자'였던 사람들과 뙬꾸 도제 팍모(사진 67-75)처럼 처음에 '애국자'였다가 우귀사신이 된 사람들의 운명은 다를 바가 없었다. 모두 정치협상회의나 인민대회나 아니면 티베트자치구 내 또 다른 공산당 산하 기관에 부주석이나 부주임 같은 자리에 임명되었다. 크고 작은 공식 회의 석상에서 정치적 구색을 맞추는 장식품으로서의 역할로 다시 돌아간 것이다.

다양한 행동대원들

지금은 홍위병을 단일 집단으로 지칭하는 경우가 많다. 하지만 홍위병의 구성은 빠른 속도로 변화했고, 홍위병은 더 이상 학생들만으로 구성된 집단이 아니었다.

110. 왼쪽부터, 랄루 체왕 도제와 호르캉 쐬남 뺄바르(사진 80-81)가 역시 구 귀족 관원 출신 괸빠싸르 툽땐 직댈과 함께 있다. 문화대혁명 이후, 아마도 1980년대 말로 보인다. 모두 티베트자치구 정치협상회의 위원으로서의 역할을 충실히 수행하고 있다. 사진 제공 호르캉 잠빠 땐다르.

홍위병은 중고등학교와 대학교에서 각급 기관, 거민위원회, 공장 및 촌락으로 모집 대상을 확대해 갔다. 그렇게 홍위병에 가입한 행동대원들을 당시에는 중국어로는 '지지펀지(적극분자)', 티베트어로는 '후르쬔빠' 또는 '후르쬔짼'(또는 '후르쬔캔')이라고 불렀다. 티베트에서도 그런 행동대원들이 한동안 활동했었다. 1950년에 처음 티베트에 들어온 공산당은 '찬란한 새 티베트' 건설을 약속했다. 정치선전과 정치교육을 펼치고 물질적 풍요를 약속함으로써 공산당은 상류층 젊은이들뿐 아니라 사회 최하층으로부터도 많은 지지자를 끌어 모았다. 티베트에서 공산당은 주로 인과와 내세 같은 불교적 개념들을 부정하는 동시에 '착취', '억압' 등의 관념을 주입함으로써 '대중 기반'을 구축했다. 1959년 이후, 소위 '반란 평정'을 완료하자, 공산당은 민주개혁, 삼교운동, 사청운동에 차례로 착수했다.[67] 이들 정치운동의 목적은 규탄의 대상으로서 구시대의 '싼다링주'를 색출할 뿐만 아니라 '행동대원'으로 치하받을 사람들을 골라내는 데 있었다. 1966년 문화대혁명이 시작될 즈음에는 이미 꽤 많은 사람을 행동대원으로 가려내고 훈련시킨 후였다.

우귀사신에 대한 공개비판대회 사진들에서 알 수 있듯이, 이런 행사에서 두 부류는 완전히 정반대의 입장에서 서로 대립했고, 양측의 관계는 그 성격이 근본적으로 달라졌다. 과거 티베트인들은 비록 빈부의 격차는 극명했을지라도 대체로 하나의 민족이라는 의식이 있었다. 평신도로 남건, 어느 종파의 수도원에 들어가 승려가 되건 모두 동일한 신앙을 공유했다. 하지만 문화대혁명이 야기한 두 계급 간의 분열은 너무나 첨예해서 티베트 역사상 처음으로 사회 밑바닥에 있던 사람들이 최고위층, 그중에서도 특히 티베트어로 보석을 뜻하는 '린포체', 즉 '존귀한 존재'로 추앙받던 승려와 라마를 향해 정면으로 주먹을 휘두르게 되었다. 왜 이렇게 변한 걸까?

왕리슝은 자신의 책 〈천장〉에서 이렇게 주장했다.

티베트에는 그때까지 계급 투쟁이 존재하지 않았기 때문에 사회 전체가 하나로 묶여 있다는 점을 중국 공산당은 잘 알고 있었다. 티베트 사회는 하나의 종교와 민족이라는 기치 아래 통일된 사회였다. 이 두 개의 기치는 모두 티베트 사회 상류 계급의 수중에 있었고, 이를 이방인인 중국 한족에게 넘어오게 할 방법은 없었다. 그래서 티베트 사회를 분열시키고 하층 계급의 지지를 이끌어 내기 위해 중국 공산당은 자신들이 마음대로 흔들 수 있는 새로운 기치를 내걸 필요가 있었다. 그러려면 티베트 민족 내부에 계급 투쟁을 유발해야 했다. 계급 투쟁이 공산당의 전문분야라는 점을 감안할 때, 일단 사회를 계급에 따라 분열시키기만 하면 하나의 민족과 종교라는 통일된 정체성은 붕괴될 수밖에 없었다.[68]

"결국, 민족문제는 계급문제"라는 마오쩌둥의 유명한 한마디가 적용된 셈이다.

하지만, 일부 무산계급 행동대원들은 불량배처럼 굴었다. 어느 티베트 극작가는 이를 두고 이렇게 증언했다. "질이 몹시 나쁜 사람들도 있었다. '반란 척결' 활동을 수행하고 '반란 참가자'의 재산을 몰수하는 과정에서 온갖 부정을 저질렀다. 대개 과거에 착취당하던 사람들인데 세금을 수탈당하던 농민(탤빠), 남의 집 종살이를 하던 머슴(낭샌) 출신이 많았다." 성관구 사무소에서 일하다가 은퇴한 어느 티베트인도 비슷한 이야기를 했다. "거민위원회 간부들 중에는 사구를 파괴한다는 핑계로 수도원이나 귀족들의 집에서 물건을 마구 빼돌리는 사람들이 있었다. 수도원을 부수고 가택수색을 한다며 남의 집에 쳐들어간 것도 그 사람들이다. 나중에 부자가 된 것도 결국 그들이다."

하지만, 어느 우귀사신에게 들은 바로는 비록 수는 많지 않았지만, "행동대원인 척, 홍위병인 척하면서 실상은 문화재 보호가 목적인 사람들도 있었다". 특히 문화대혁명 중에는 시가체에서 행동대원 우두머리로 이름을 알렸다가 이후 오랫동안 관직에 있었던 사람에 관한 이야기가 인상적이었다. 10대 판첸 라마가 문화대혁명 후 처음 티베트로 돌아오자, 이 사람은 눈물을 흘리며 역대 판첸 라마들의 유물을 비롯해 여러 가지 귀한 보물들이 가득 담긴 자루를 여러 개 가져와 헌납했다고 한다. 이후 1989년 5대에서 9대까지 판첸 라마들을 추모하기 위해 시가체에 새로 불탑을 세우면서 귀한 보물들을 탑 안에 모셨는데, 이때 그 정부관리가 바친 물건들이 주를 이루었다고 한다.

물론 결연한 의지와 열정으로 진심을 다해 혁명에 투신했던 행동대원들도 적지 않다. 사진가 데모 왕축 도제는 양친이 모두(사진 58, 59) 문화대혁명 기간에 가혹하게 시달려 목숨을 잃고, 가정이 파괴되는 경험을 했으면서도 그러한 열정에 깊이 공감했다.

> *그 시절 많은 사람들이 그렇게 행동했던 것은 공산당과 마오쩌둥 주석에 대한 진정한 애정 때문이었다. 속으로 다른 꿍꿍이가 있었던 사람들도 많았겠지만, 사실상 대다수는 진심이었다. 또 어떤 사람들은 완전히 판단력을 잃었는데, 사실 혁명 초기에는 나도 마오쩌둥을 맹목적으로 신봉했었다. 그의 말 한마디 한마디가 보편적 진리라고 생각했었다. 그 당시 우리는 그의 말이나 결정에 조금이라도 오류가 있다고는 생각조차 못했다. 한참이 지나고 나서야 사람들은 각성하기 시작했다. 혁명 기간에 행동대원으로 활동했던 사람들 다수가 이후 끊임없는 고통에 시달리며 살아가는 것을 보았다. 그들 중에는 또 다른 극단에 빠지는 사람들도 있었다.*

실제로 많은 행동대원들이 문화대혁명 이후 신앙으로 급격히 돌아섰다. 그들은 기도문과 경전을 외우고, 사원 주변을 돌며 기도를 하고, 수많은 수도원을 순례했다. 과거 광적으로 파괴에 몰두했던 사람들일수록 그만큼 종교에 깊이 빠져든다는 말을 자주 듣는다. 한때 극악무도하게 수도원을 파괴하고 우귀사신들을 괴롭혔었다는 어느 거민위원회 주임이 있었다. 그에게 당한 사람들 중에는 백골이 흙이 되어도 그의 악행을 잊지 못한다며 치를 떠는 사람들이 있을 정도였다. 하지만 몇 년 전 바로 그 주임이 문화대혁명 기간에 심하게 파손된 시가체 인근의 샬루라는 유명 수도원에 수십만 달러를 기부해 불탑을 재건했다고 한다. 또 라싸 인근 어느 향의 당서기는 은퇴할 무렵이 되어 사원 주변을 돌며 기도를 시작했다. 그런 사실이 언론에 보도되자 그는 사람들에게 알려지는 것이 거북해서 당에 보고하고 탈당 허가를 요청했다. 그의 말을 옮기자면, 자신은 젊은 시절 당에 충성했지만, 이제 나이를 먹으면서 종교 없이 살아가기 힘들어졌는데 공산당원은 종교를 가져서는 안 되니 당에서 나가기로 했다는 것이다. 그의 요청은 받아들여지지 않았지만,

소위 '기층 간부'들 중 이런 생각을 가진 사람들이 적지 않았다.

이런 극단적인 변화는 어디에서 온 것일까? 그런 변화의 저변에 깔린 정신적 압박과 후회를 어떻게 이해해야 할까? 전직 행동대원이었던 잠빠 린첸은 다음과 같이 설명했다.

> *처음에 우리는 혁명이 우리를 잘살게 해줄 거라고, 지금까지와는 전혀 다른 삶을 살게 해줄 거라고 믿었다. 이제는 우리가 주인이라고 하지 않았는가? 그 말은 우리도 관직에 오르고, 많은 돈을 벌게 될 거라는 뜻이 아니었나? 우리들 대부분은 이제부터 특별한 삶, 다른 삶을 살게 될 거라고 확신했다. 하지만 이후 혁명에 더 깊이 관여할수록, 그렇지 않다는 것을 알게 되었다. 현생에서의 삶은 이미 이전의 삶에 의해 결정되어 있고, 내가 이전에 뿌린 씨앗이 자란 결과를 지금 내가 거두는 것이다. 복을 타고난 사람은 계속 복을 받고, 타고난 복이 없는 사람은 계속 없는 대로 사는 것이다. 이게 우리의 '래', 우리의 업보다. 이제 나도 늙어서 하루하루 죽을 날만 바라보고 있다. 이만큼 살았으면 종교에 대해 생각하기 마련이다. 예전에는 참 젊고 철이 없었다. 종교와 연관된 것들을 많이도 부수고 다녔다. 그 죄를 다 어찌 갚을까! 죽기 전에 더 참회해야 한다. 그러지 않으면 죽어서 독수리에게도 외면당하는 몸이 될 것이다. 얼마나 부끄러운 일인가.*

어느 노년의 라마는 한때 자신도 혹독한 고통을 겪었으면서도, 행동대원이었다가 종교에 귀의하는 사람들을 자비로운 시선으로 바라보았다. "과거 행동대원 다수가 지금은 믿음이 깊은 신자가 되었다. 불교적 관점에서 볼 때 이들은 참회하

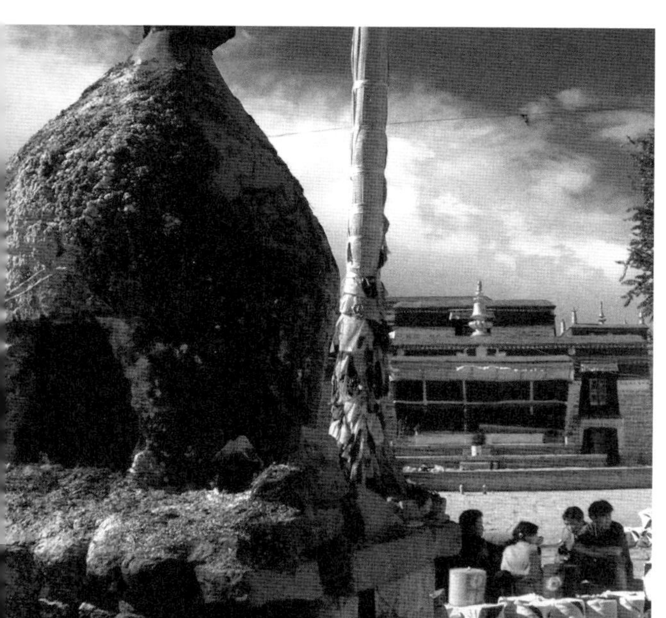

111. 이곳 쑹최라에서 많은 우귀사신이 공개적으로 치욕을 당했다. 1980년대 이후 이곳에서는 농부들이 집에서 짠 모직물이나 펠트 등을 가져와 팔았는데, 최근에는 울타리를 둘러서 일반인의 입장을 막고 조캉 사원에 상주하는 정부 관리들의 주차와 휴식 공간으로 사용하고 있다.

고 있다. 이 얼마나 좋은가! 진심으로 뉘우치기만 한다면 지금의 참회로 과거의 잘못을 만회할 수 있을지 모른다. 그때는 많은 이들이 그저 어리석었고, 무지했다."

하지만 많은 사람들은 과거 행동대원들이 저지른 일들을 혐오하고 그들에게 여전히 분노하고 있다. "그들은 너무 많은 악행을 저질러서 제 명을 다 살지 못하고 죽는 것이다. 인과응보다!" 자신이 저지른 업보로 천벌을 받은 사람들에 관한 수많은 이야기가 전해 온다. 예를 들어 조캉 사원의 천수천안관세음보살상을 훼손한 어느 행동대원은 나중에 홍위병 내분 때 관세음보살을 모셨던 불전 문 앞에서 살해되었다고 한다.

행동대원 중 다수가 이미 사망했다. 그들이 그렇게라도 벌을 받았다고 믿으며 위안을 얻는 피해자들도 있지만, 여전히 적지 않은 과거 행동대원들이 권력과 부를 누리며 아무런 가책 없이 잘 살고 있다. 하늘의 그물은 촘촘해서 죄인은 반드시 벌을 받는다는 말이 있다. 그렇다면 왜 이들은 벌을 받지 않는 걸까? 시간이 흐르면 그들에게도 결국 천벌이 내릴까?

공포의 세월: 무소불위의 거민위원회

문화대혁명 초기, 중국 도시지역에서 행동대원들이 어떤 역할을 했는지 이해하기 위해서는 당시 거민위원회가 어떤 곳이었고 어떻게 운영되었는지를 알아야 한다. 거민위원회는 중국 공산당만의 독특한 권력 체계인 '기층조직' 가운데 하나다. 거민위원회는 당 전체의 위계 서열에서 최하위에 해당하는 단웨이였지만, 무시할 수 없는 존재였다. 거민위원회는 모든 지역사회에 침투해 대중의 정서를 파악하고, 정치 지령을 전파하고, 소위 '대중 감독'이라는 방식으로 주민 한 사람 한 사람을 감시, 감독했다. 그 결과 일반 주민들에게 미치는 거민위원회의 영향력과 통제력은 여타 조직과는 비교할 수 없이 컸다. 거민위원회의 감시망을 벗어날 수 있는 사람은 아무도 없었다.

티베트에 처음 거민위원회가 등장한 것은 1959년의 '반란' 이후였다. 티베트어로 '우욘랜캉'이라고 한다.[69] 문화대혁명 초창기, 라싸 중심지에 해당하는 청관취, 즉 성관구는 세 지역으로 나뉘어져 있었고 각각 동성구, 남성구, 북성구로 불렸다. 각 성구 마다 행정 사무소가 있었는데, 문화대혁명 기간에는 각 사무소마다 이름을 붙여 동성구 사무소는 '동쪽은 붉다' 사무소, 남성구 사무소는 '승리' 사무소, 북성구 사무소는 '동쪽을 지켜라' 사무소라고 불렀다. 각 사무소 마다 네 곳씩, 총 열 두 곳의 거민위원회를 두었다.[70] 문화대혁명이 정점이 이르렀을 때 이번에는 거민위원회 일부가 '새로운 것을 세워라', '새로운 것을 지켜라', '새로운 것은 영원하다', '태양을 향해' 등의 구호로 불리게 되었다. 각 거민위원회는 관할 지역 내 수도원 및 종교 시설을 관리했고, 이들 시설 내의 사구를 파괴하는 것도 해당 거민위원회의 책임이었다.[71]

문화대혁명 막바지에는 일부 거민위원회가 서로 병합되거나 재편성되었다. 그 후로는 거민위원회를 더 이상 구호로 부르지 않고 원래대로 지역 이름을 붙여 불렀다. 또 라싸시가 확장되고 인구도 늘어나면서 거민위원회도 스물여덟 곳으로 늘어났다.[72]

각 거민위원회는 어떻게 구성되어 있을까? 바르꼬르 거민위원회에서 한때 주임을 지냈던 쭈시는 "우리 위원회 위원들은 대개 기층간부들"이라고 말했다. 그녀의 설명에 따르면 거민위원회는 대개 일곱 명으로 구성된다고 한다. 주임 한 명, 부주임 두 명 외에 네 명의 위원이 각각 치안, 여성, 공공보건, 공산주의청년단을 관리한다. 이밖에도 각 거민위원회마다 공산당 지부가 있다. 과거에는 공산당 지부의 서기가 해당 거민위원회의 주임을 겸하는 경우가 많았다. 거민위원회 내에서 주요 직책을 맡은 사람들은 월급을 받았고 기타 노동자들은 수당을 받았다. 지금은 거민위원회마다 눈에 보이지 않는 수입원이 있는데, 가령 노점상, 인력거꾼, 택시 정류소 등으로부터 걷는 자릿세 등이다. 거민위원회 관할 구역 내에서 부동산 거래가 이루어지는 경우 수수료 같은 과외 수입이 생기기도 한다. 사람들 말로는

112-114. 사진 112에는 톰시캉 거민위원회 위원들이 찍혀 있다. 사진 113은 땐걔링 거민위원회, 114는 와빠링 거민위원회 사람들이다. 사진 112에서 모자와 안경을 쓰고 가운데에 서 있는 사람이 그 유명한 행동대원 강축(사진 93)이다. 강축을 제외하면 세 곳의 위원들은 모두 비교적 젊은 사람들이지만, 강축은 여전히 당서기로 근무하고 있었다. (2003년 3월 촬영)

거민위원회 간부 중에는 벼락부자가 되거나, 사치를 누리는 등 구시대의 삼대영주보다 더 부패한 사람들도 있다고 한다. 세상을 지배하는 힘이 정치권력이건 경제력이건, 어느 시대나 지위를 이용하면 '물에 가까운 누각에서 달을 구경할' 기회, 즉 이득을 볼 기회가 생기게 마련이고, 거민위원회 간부들은 마음만 먹으면 언제든 그런 기회를 잡을 수 있다고 쭈시는 말했다.

문화대혁명기간 거민위원회의 주요 임무는 례민얼즈(裂民而治) 즉, "분열시켜 다스리는" 것이었다. 이것을 현실에 적용하려면 우선 파이두이(排隊), 즉 주민들을 줄 세워야 했다. 다시 말해, 의지 대상, 협력 대상, 보호 대상, 공격 대상의 네 가지 범주로 주민들을 분류해야 한다는 말이다.[73] 분류가 끝나면 식량 배급, 가구 등록 등을 이용해 협박함으로써 사람들을 관리했다. 말을 듣지 않으면 식량 배급이나 가구 등록을 취소해 버릴 수 있었다. 그렇게 되면 당시 흑오류로 분류되던 사람들과 크게 다를 바 없이 생존에 위협을 받았다.[74] 이 전술은 효과적이었다. 두려워하지 않는 사람이 없었다. 메루 거민위원회 관할에 거주했던 쭈찌는 이렇게 말했다.

우리들은 각자 26킬로그램의 식량을 배급받았는데, 그중 10킬로그램은 정제하지 않은 회색 밀가루였고 16킬로그램은 짬빠(볶은 보릿가루)였다. 거민위원회의 지시를 따르지 않으면 식량 배급을 취소해 버릴 수도 있었고, 그러면 짬빠도 먹을 수 없었다. 이보다 더 가혹한 벌이 또 어디 있었겠는가?

사람들은 서로를 감시하고, 서로의 잘못을 들춰내고, 서로를 상대로 투쟁하고 규탄했다. "정말로 잔인한 수법"이라며 어느 나이 지긋한 티베트 작가는 당시 상황을 전했다.

거민위원회가 취한 방식은 '극좌 노선'의 전형이었다. 문화대혁명 기간 중 그 어떤 조직도 이들만큼 극단적이지는 않았다. 거민위원회가 조직한 활동에 불참하는 사람은 누구든 '반혁명분자'로 낙인찍히거나 '입장 불확실'이라며 비판을 받았다. 거민위원회 주임들은 '토황제', 즉 지역 황제로 군림하며 무소불위의 권력을 누렸다.

제붐강 거민위원회 관할에 살았던 니마(가명)라는 어느 티베트인은 출신 배경이 올바르지 않다는 이유로 자주 차별을 받았다. 그때의 상황에 대해 그는 이렇게 전했다.

> *거민위원회의 권력은 엄청났다. 당시, 출신 배경이 좋지 않은 집 아이가 새 옷을 입고 있으면 간부들이 붙잡고 우리 애는 새 옷이 없는데 왜 너희 아이는 새 옷을 입었냐며 꼬치꼬치 캐물었다. 집에서 버터차를 끓이고 있으면, 간부들이 버터가 어디서 났냐며, 왜 우리집에는 없는 버터가 너희 집에는 있냐고 따졌다. 음식을 만들려고 냄비에 기름을 두르면, 기름 끓는 소리를 듣고 간부들이 와서 기름이 어디서 났냐고 추궁했다. 그런 시절을 어떻게 견뎠을까! 생각만 해도 무섭다.*

여전히 많은 사람들이 거민위원회라는 말만 들어도 공포를 느낀다. 내가 인터뷰했던 어느 고등학교 교사는 원래 귀족 출신이었다. 그녀는 내가 보여준 사진에서 누가 행동대원인지 알려주고 나서 자신이 나를 도운 사실을 절대로 책에 쓰지 말아 달라고 신신당부했다. "책이 나오고 내가 도운 사실이 알려지면 그들이 틀림없이 복수할 거다"라고 그녀는 말했다. 그때 나는 그녀의 눈에 서린 공포를 읽을 수 있었다. 그리고 그 순간, 나 역시 오래전 문화대혁명이 한창이던 그 시절로 소환되었다.

115. 지금도 라싸의 거민위원회 회의실에는 마오쩌둥의 사진이 걸려 있어서 문화대혁명 시대와 그때의 삶을 생각나게 한다. 과거 행동대원이었던 강축은 여전히 '붉은' 성향을 드러냈다. 2003년 3월 인터뷰에서 강축은 각종 최신 정치용어들을 섞어가며 이야기했다. 그는 나를 티베트 기자로 알고 있었고, 그래서 내가 거민위원회 회의실 연단에 앉은 모습을 찍고 싶다고 했을 때도 흔쾌히 협조했다. 그 후 은퇴했지만, 70대의 강축은 여전히 당국이 '반분열주의' 선전에 열을 올릴 때마다 행사장에 자주 모습을 드러낸다. 비슷한 세대의 다른 사람들처럼 그도 어떻게 하면 '반분열주의'를 이용해 한몫을 챙길 수 있는지, 어떻게 하면 상업사회를 건설하고 부의 흐름을 개선해 개인과 가정 경제를 윤택하게 만드는 국가의 막대한 역량에 편승할 수 있는지 정확하게 꿰뚫고 있다.

갤러리 4: 혁명구호가 이름이 되다

당시에는 옛 이름을 버리고 새 이름을 짓는 일이 중요했다. 이름을 바꾸는 것이야말로 새 세상 건설의 핵심적인 요소라고 여겨졌기 때문이다. 개명은 당대의 유행으로 자리 잡았다. 도로명은 물론, 지역 상점, 향촌, 심지어 사람들의 이름도 바뀌었다. 도시 거민위원회, 공장, 농촌에서는 물론 군대, 관공서, 직장, 학교, 조합 등에서도 구성원들에게 개명을 요구하는 일이 흔했다. 어쩔 수 없이 이름을 바꾸는 사람들도 있었고, 유행에 편승해 자발적으로 이름을 바꾸는 사람들도 있었다. 행동대원, 홍위병, 민병대원 대다수는 이름을 바꾸고 싶어 안달이었다. 내 어머니는 당시를 이렇게 회상했다.

> *그때 (내가 일하던 단웨이에서는) 우리 모두 이름을 바꿔야 한다고 했다. 티베트식 이름에는 봉건적 미신의 흔적이 있으니 사구의 잔재라고 했다. 그래서 우리는 성과 이름을 다 바꾸게 되었다. 티베트자치구 공안국(부속 학교)의 우리 동료들은 개명 신청서를 제출했고 개명 절차는 모두 공안국 내에서 처리되었다. 새로운 이름을 고를 수는 있었지만, 공안국 정치부로부터 승인을 받아야 했다. 다들 마오나 린 같은 성으로 바꾸고 싶어 했다. 아니면 '붉은 고원'이라는 뜻의 가오위안훙으로 바꾸겠다는 사람도 있었다. 나는 '중국을 보호하는 마오 가의 일원'이라는 뜻의 마오웨이화를 새 이름으로 골랐는데, 이미 공안국에 마오웨이화로 이름을 바꾼 사람이 있었다. 그래서 유된이라는 원래 이름이 중국 이름 위전과 비슷하니까 린뱌오 부통령의 성 '린'을 붙여 린위전이 좋겠다고 생각했다.*
>
> *모두 새로운 이름을 사용해야 한다고 했다. 하지만 군사훈련 때 군구 대표들이 와서 출석을 부를 때 말고는 아무도 새 이름으로 부르지 않았다. 중국식 새 이름을 잊어버린 사람들도 많았다. 평소에 작은 다와라고 불리던 내 동료 하나는 중국 이름이 가오위안훙이었다. 하지만 출석을 부를 때마다 가오위안훙이라는 호명에 대답을 하지 않아서 옆에서 쿡 찔러줘야 했다. "다와, 너 부르잖아." 그러면 그녀는 "여기요! 여기 있어요!"라고 서둘러 외쳤다. 지금 생각하니 그때는 참 우스웠다.*

立新大
为立新大
处改名为
革命行动
新大街時,我們表示堅決支持革命
群众这一革命行动,特向立新大街的
革命群众表示热烈的祝賀

116. 리신다제(立新大街), '새로운 것을 세워라' 대로라는 새로운 이름으로 불리기 전 이곳은 수백 년간 바르꼬르였다(중국인들은 바자오제라고 부른다). 바르꼬르는 라싸 옛 시가지의 종교와 상업 중심지였다. 바르꼬르라는 이름은 티베트어로 '가운데 둘레길'이라는 뜻이다. 링꼬르(바깥 둘레길)와 낭꼬르(안쪽 둘레길) 사이에 있는 조캉 사원 둘레의 기도길로, 신자들은 이 길을 따라 사원 둘레를 돌며 기도를 한다. 1966년 8월 29일, 시짱일보는 바르꼬르의 개명을 기념하는 행사에 대해 보도했다.

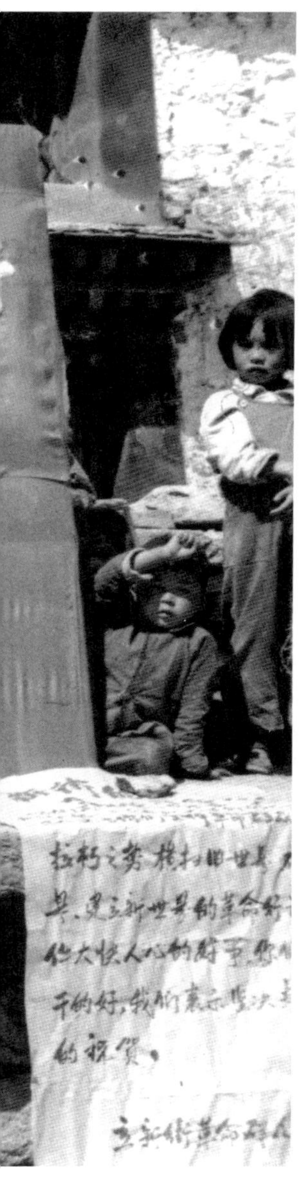

> 어제 라싸 성관구에서 모인 800명의 혁명대중이 라싸 영화관에서 거행된 '낡은 것을 부수고, 새 것을 세우는' 대회에 참여했다. 바자오제에 모인 혁명대중의 제안에 따라, 회의는 티베트어로 둘레길을 의미하며, 봉건적 미신의 색채로 물든 바자오제라는 이름을 '새로운 것을 세워라' 대로로 바꾸기로 결정했다.

사진에는 티베트 옛 건축물의 두터운 돌담과 창문에 기대 세워진 간판이 보인다. 간판에는 '새로운 것을 세워라' 대로라는 바르꼬르의 새 이름이 중국어와 티베트어로 적혀 있다. 간판은 카딱을 두르고 옆에 나란히 놓인 마오쩌둥의 초상만큼이나 시선을 사로잡는다. 그런데 그 아래 네 장의 대자보는 대체 뭘까? 왜 티베트어는 한 글자도 없을까? 신조어가 너무 많아서 티베트어로 옮기기가 여의치 않았을까? 하지만 신조어가 수두룩한 〈마오 주석 어록〉도 이미 티베트어로 번역되지 않았는가?

사진에 등장하는 어린이들도 저마다 사연이 있을 것이다. 사진 오른쪽에 작은 주먹을 앞으로 내민 소년을 보자. 혹시 구호를 외치는 어른들 흉내를 내고 있는 걸까? 사진 왼쪽에 화난 표정을 짓고 있는 아이는 계급의 적을 비난하는 어른들의 무서운 표정을 흉내내는 중일까? 가운데 군모를 쓰고 양반다리를 하고 앉아 있는 아이와 오른쪽에 보이는 단발머리 소녀는 도제(굳센 벼락), 빠쌍(금요일), 니마(태양), 최된(종교의 등불) 같은 이름 대신 웨이둥('동쪽을 지켜라' 혹은 '마오를 지켜라'), 성리(승리), 훙치(붉은 깃발), 융훙(영원한 붉은색) 등의 중국식 이름을 갖게 되었을까? 이 아이들이 지금 어디에서 무엇을 하고 있을지 궁금하다. 확실한 건 지금 아마도 50대의 중년이 되어 있을 이들은 누군가의 부모 혹은 조부모가 되어 있을 것이고, 그들의 자식 혹은 손주들은 이제 만화, 컴퓨터 게임, 코카콜라가 익숙한 삶을 살아가고 있으리라는 점이다.

내가 알아본 바에 따르면, 사진 오른쪽 단발머리 소녀는 체링 양좀이다. 나중에 시눙(서부 농민) 집단 라싸 사무소에서 일하다가 일찍 은퇴했다고 한다. 사진 속 소녀가 하고 있는 짧은 머리를 1960년대 라싸에서는 찹똑이라고 불렀는데 티베트어로 요강이라는 뜻이다.

117-118. 같은 1966년 8월 29일, 시짱일보는 선동적인 용어로 짝뽀리 언덕의 새 이름에 대해 보도했다. 짝뽀리 언덕의 정상에는 17세기에 세워진 티베트 의학원이 있었다.[76] 신문기사에 따르면, 짝뽀리에 있는 의료기관은 "봉건 농노제 아래서 달라이 라마를 우두머리로 하는 농노 주인들을 위해 복무해 왔으므로, 노동자를 가혹하게 착취해온 봉건제도의 보루다". 기사는 다음과 같이 이어진다.

홍위병들은 북과 징을 울리며 환호하는 혁명대중의 지지를 받아 '승리봉'이라는 글자로 찬란히 빛나는 팻말을 들고 언덕 정상까지 올랐다. 언덕을 오르는 동안 홍위병들은 "위대한 지도자, 위대한 지휘관, 위대한 영도자 마오 주석 만세!", "천하무적 마오쩌둥 사상 만세", "낡은 세계를 부숴라!", "우리가 새 세상의 주인이다!" 같은 구호를 외쳤다. 아, 승리봉이여, 이제부터 너는 그 어느 때보다 웅장하고 수려하리라!

사진 117, 118은 짝뽀리가 새롭게 승리봉이 된 것을 기념하기 위해 붉은 깃발, 마오쩌둥 주석의 초상화를 든 홍위병들이 1959년 인민해방군의 포격으로 파괴된, 유서 깊은 의학원 맨빠다창의 잔해를 밟고 서 있는 모습이다. 지금의 티베트인들은 특히 티베트 달력으로 새해나 불교 명절이 되면 사진 속 지점 혹은 인근 닥라루푹 사원에 모여 기도깃발을 걸고, 오체투지를 하며 부처에게 예를 올린다. 아마 오늘날 이곳에서 참배하는 사람들 중에는 승리봉의 팻말을 들고 이 언덕을 오르던 그때의 홍위병도 있을 것이다.

119. 사진 속 사람들은 모두 바르꼬르 거민위원회 관할 주민들이다. 사진 왼쪽에 안경을 쓰고 있는 사람은 거민위원회 부주임 롭상이다. 노의원 냐롱샤와 두 자녀의 비판대회 사진에도 등장했던 인물이다(사진 97). 롭상 옆에 있는 사람들은 거민위원회 선전대원들이다. 왼쪽에서 세 번째 인물은 왕뒤라는 사람인데 이후 거민위원회 조합에서 일했다. 수년 전까지 왕뒤는 티베트 전통 가무인 낭마 공연장에서 전통 현악기 삐왕을 자주 연주하곤 했다.

중국 여타 지역에서와 마찬가지로, 문화대혁명 초기 티베트에서도 대자보가 크게 유행했다. 대자보는 주로 중국어로 썼고, 귀한 선물로 여겨 서로 주고받기도 했다. 새로운 대자보가 나오면 누군가 큰소리로 읽어야 했고, 그런 다음 선전대가 북과 징을 두드리며 공연을 하곤 했다. 이 사진도 바로 그런 장면을 촬영했다. 롭상과 혁명 동지들이 들고 있는 거대한 대자보에도 중국어가 적혀 있고 특별히 큰 느낌표가 찍혀 있다. 유난히 큰 글씨체만 봐도 "낡은 것을 부수고 새로운 것을 세워라"라는 글귀가 갖는 중요성과 함께 새로운 세계를 만들어내고자 하는 영웅적 결의를 드러내려는 의도를 짐작할 수 있다. 롭상과 그의 동지들이 중국어로 된 대자보를 읽을 수 있었는지는 알 수 없지만, 아마 거대한 느낌표가 충분히 그 의미를 전달했을 것이다. 대자보 아래에는 "삼교 제2단 혁명가 일동"이라는 서명이 보인다. 대자보를 작성한 단체명은 일부밖에 안 보이지만, 1966년 8월에도 삼교공작단이 여전히 활동하고 있었다는 것만은 확실히 알 수 있다.[77]

120-123. 달라이 라마의 여름 궁전 노르부링카가 인민공원으로 이름이 바뀐 것을 기념하는 행사에서 촬영한 사진들이다. 시짱일보는 이 행사를 1969년 8월 29일 머리기사로 다루었다.

> 8월 28일, 전역에서 모인 씩씩한 홍위병들이 수공업자, 농민, 도시 거주민, 문예단체 회원, 각급 기관의 혁명 간부 5천여 명과 함께 라싸 주요 도로에 집결했다. 그들은 마오 주석의 초상화와 마오 주석의 어록을 인용한 현수막을 높이 들고, 낡은 세계를 향해 일제사격을 퍼붓겠다는 선전포고, 제안, 결심을 한데 모아, '인민공원', '승리봉' 등의 티베트어와 중국어 글자가 붉은색과 금색으로 적힌 현판을 운반했다. 라싸시 전체가 환호, 구호, 노래, 북소리로 들썩였다.

사진 122에서 가운데 있는 마오쩌둥 초상 오른쪽(보는 사람에게는 왼쪽) 아래에 안경을 끼고 왼팔에 완장을 두른 남자가 있다. 라싸중등학교의 어문교사 타오창쑹이다. 그는 라싸 홍위병을 조직하고 갠록을 지휘했다.

사진 속 장면들은 위 머리기사에 그대로 묘사되었다.

이른 아침부터 인민공원의 혁명 노동자들은 공원 정문에 나와 홍위병과 혁명대중이 당도하기만을 열렬히 기다렸다. 그들은 바로 며칠 전 철저한 토론을 통해 십대 혁명가들에게서 혁명 정신을 배우고 노르부링카의 이름을 '인민공원'으로 바꾸자는 홍위병의 제안을 지지하기로 결정했다. 기만적이고 미신적인 물건들을 뜯어내고 부수는 한편, 노동자들은 오성홍기를 공원 정문에 걸어 낡은 세계와 싸우고자 하는 결의를 선포했다. 그래서 이날 홍위병이 인민공원이라고 적힌 거대한 현판을 가지고 도착하자 노동자들은 달려가 환영하며 현판을 받들고 즉각 공원 정문 밖에 자신들의 손으로 걸었다. 노동자들 모두는 신이 나서 북을 두드렸고 그 소리는 혁명대중 수천 명의 북소리와 합쳐졌으며, 모두 하나 되어 환성을 질렀다. 공원에 놀러 나온 사람들도 공원이 새 이름을 갖게 된 것을 다 같이 축하했다. 모두 함께 노래부르고 춤추며 혁명의 불꽃으로부터 새로 태어난 인민공원을 열렬한 박수로 맞았다.

124-125. 의학은 티베트 문화에서 매우 중요한 부분이다. 과거 의료 기관들은 주로 수도원에 속해 있었기 때문에 독립적으로 운영되거나 정부가 운영하는 기관은 짝뽀리에 있던 맨빠다창을 비롯해 극히 일부였다. 1916년 13대 달라이 라마는 환자 치료와 의사 양성을 위해 티베트 의학 점성학(역학)원인 맨찌캉을 설립하도록 지시했다. 1959년 이후 들어선 신정권은 맨찌캉과 인민해방군 포격으로 건물이 파괴된 맨빠다창을 통합해 라싸 티베트의학병원으로 만들었다.[78]

문화대혁명 기간에 티베트 의학은 쓸모없는 헛소리 취급을 받았고 사구의 전형으로 간주되었다. 정성껏 만든 환약들이 라싸강에 버려지고 목판에 새기거나 손으로 찍어 대대로 전수된 의학서들은 재가 되었다. 이름난 라마나 귀족가문 주치의로 명성을 얻은 사람이건, 일반 가정을 돌아다니며 환자를 돌보는 민간 의원이건 모두 시도 때도 없이 끌려 나가 우귀사신으로 지탄을 받았다.

라싸 티베트의학병원은 봉건적 미신을 부추긴 것으로 간주되어 병원의 이름은 물론 모든 것을 바꿔야 했다. 이번에도 1966년 8월 29일자 시짱일보에 관련 기사가 실렸다.

8월 25일 티베트 사범학교가 보낸 혁명 제안서를 받은 병원의 혁명 노동자들은 동지들의 호소에 응했다. 노동자 개개인은 즉각 행동에 나서 미신적인 색채가 두드러진 약의 이름을 바꾸고, 진료 전에 역술 달력을 확인하는 관행을 없애고, 토론을 통해 '라싸 티베트의학병원'을 '노동인민병원'으로 바꾸기로 결정했다. 28일 홍위병의 지원하에, 병원의 혁명 노동자 전원은 '노동인민병원'의 현판식을 개최하고 붉은색의 두꺼운 비단 매듭으로 장식한 새 현판을 병원 정문에 걸어 마오쩌둥 사상의 위대한 붉은 깃발을 그 어느 때보다 드높이겠다는 결의를 드러내고, 우리의 '노동인민병원'이 대다수의 노동자를 위해 복무하며 마오쩌둥 사상을 학습하는데 앞장서겠다는 각오를 보여주었다.

1980년 9월 1일, 노동인민병원은 다시 티베트자치구 티베트의학병원으로 이름을 바꾸었다. 하지만 티베트인들은 여전히 이곳을 예전처럼 그냥 맨찌캉이라고 부른다.

바르꼬르가 '새로운 것을 세워라' 대로(大路)가 되다.

티베트어 '바르꼬르'의 의미는 무엇일까? 〈라싸 옛 시가지*Lhasa Old City*〉라는 책은 다음과 같이 설명하고 있다.

> *'바르-꼬르'는 쭉라캉(조캉) 내부 벽을 따라 걷는 안쪽 둘레길(낭꼬르)과 짝뽀리, 포탈라궁을 포함한 옛 시가지 둘레를 따라 걷는, 9킬로미터 길이의 바깥 둘레길(링꼬르) 사이에 있는 '가운데 둘레길'이다. 사원의 둘레길에 대한 이야기가 처음 등장하는 것은 챌빠* 왕조 전성기의 통치자들이 수도원을 세우고 라싸 재건을 후원하던 14세기에 들어서이지만, 둘레길이 지금과 같은 형태를 갖춘 것은 17세기 중반 위대한 5대 달라이 라마의 도시 재정비 때였다.*[79]

126. 오늘날 바르꼬르에서는 둘레길을 따라 오체투지를 하는 사람들을 매일같이 볼 수 있다. 이들 중에는 젊은이도 있고 노인도 있고, 일반 신자도 있고 남녀 승려도 있다. 티베트자치구 내 다른 지역에서는 물론 지금은 중국 본토에 속하는 캄과 암도에서부터 이곳까지 먼 길을 오기도 한다.

다시 말해 바르꼬르는 조캉 때문에 존재하게 된 것이다. 초창기 바르꼬르의 모습을 보여주는 오래된 벽화에는 7세기 조캉 사원 주변을 따라 늘어선 석조 가옥과 천막들이 그려져 있다. 오랫동안 바르꼬르는 라싸에서 사람들이 모여 사는 유일한 구역이었다. 〈라싸 옛 시가지〉에 기술된 대로, "상점과 가판대, 민가와 사당을 양쪽에 거느린 오래된 자갈길이 쭉라캉 둘레를 따라 이어지면서 형성된 1킬로미터의 순환로를 사람들은 티베트의 중심지로 여겼으며, 인근 지역은 물론 아주 멀리에서도 신에게 참배하고, 장사를 하고, 축제를 즐기러 모여들었다".

바르꼬르에서는 밥 짓는 연기와 분향 연기, 사고파는 물건과 신에게 공양하는 물건, 일상과 불교 제의가 한데 섞이면서 세속과 신앙이 어우러진다. 중국에 의해 새로운 체제가 들어서기

* 챌빠: 12세기에서 14세기까지 라싸와 주변 지역을 다스리던 왕조

전에는 형무소, 병원, 우체국, 경찰서, 시 청사를 비롯한 대다수 정부 기관이 바르꼬르에 있었다. 그래서 바르꼬르는 그냥 기도하는 길이 아니라 티베트 사회의 축소판 같았다.

바르꼬르를 중국어로 흔히 '바자오제'('제街'는 거리라는 뜻이다)라고 부른다. 어쩌다가 '바르꼬르'를 '바자오'라고 잘못 발음하게 되었는지 기원을 따져보면 1950년대 인민해방군으로 이곳에 온 쓰촨성 출신 병사들, 혹은 그보다 앞서 18세기 이후 청 황실에서 파견을 나온 암반까지 거슬러 올라갈 수 있다. 어쨌든 바자오라는 발음은 쓰촨성 사람들과 관련이 있을 것이다. 사람들에게는 '바르꼬르'가 '바궈'로 들렸을 것이고, 쓰촨에서는 대개 북경어 '자오'를 '궈'로 발음하므로 북경어 사용자들이 '바궈'를 '바자오'로 바꿔 부르기 시작했을 것이다. 많은 중국어 사용자들과 학자들은 바르꼬르 순환로에 여덟 개의 모퉁이가 있어서 중국어로 팔각(八角)을 뜻하는 바자오가 되었다고 주장하지만, 이것은 우연히 발음이 같은 데서 비롯된 주장일 뿐 사실이 아니다. 기원이 무엇이든 1966년 8월 28일, 바르꼬르는 '새로운 것을 새워라 대로' 라는 뜻의 중국어 '리신다제'로 이름이 바뀌었고, 이 말을 다시 글자 그대로 옮긴 티베트어가 '싸르죽람첸'이다.

라싸의 일부 다른 거리들도 이름이 바뀌었다. 예를 들어 도쎙게(돌사자)길은 신화(새로운 중국)로, 유톡(청록색 지붕)길은 런민(인민)로, 짱쎕쌰르(동쪽 버드나무 숲)는 베

127. 골동품, 조립식 장식품 등 관광 기념품을 파는 바르꼬르의 작은 노점들(그리고 사진 오른쪽 아래에 보이는 내 뒤통수). 노점들은 2013년에 모두 철거되었다. 2004년 왕리슝 촬영

이징로가 되었다.[80]

이름이 바뀐 거민위원회들도 있다. 바르꼬르 거민위원회는 '새로운 것을 세워라' 거민위원회, 땐걔링 거민위원회는 광명 거민위원회, 와빠링 거민위원회는 '동쪽은 붉다' 거민위원회로 각각 바뀌었다. 라싸는 도시의 역사, 전통, 문화와는 무관한 신조어와 새 이름의 파도에 매몰되었다.

시간이 흐르고, 강산이 변하고, 세상이 돌고 도는 동안 '새로운 것을 세워라'라는 이름의 사용이 금지되었다. 오랫동안 바르꼬르 거민위원회 주임을 지냈던 쭈시가 경위를 설명했다.

> *우리는 1959년 이후 바르꼬르 거민위원회로 불렸고, 문화대혁명이 일어나고 나서는 '새로운 것을 세워라' 거민위원회가 되었다. 제3차 당 총회 이후, 그러니까 1981년을 전후로 성관구 사무소장 최펠이 새 이름들이 부적절하다며 원래 이름을 고수해야 한다고 말했다. 그래서 위원회의 이름도 다시 원래대로 바뀌었다.*

대자보와 정치 만화로 도배되고, 우귀사신들을 공개 비판하던 장소인 '새로운 것을 세워라' 대로는 다시 티베트어 바르꼬르, 중국어 바자오제로 불리게 되었다. 이름이 바뀌면서 순례와 참배의 거리, 매매와 상업의 거리(그리고 1987년과 89년 '폭동'이 일어난 후에는 비밀경찰들의 근거지)로 다시 태어났다.

128. 2003년 라싸시 성관구 바르꼬르 거민위원회 종합관리사무소의 모습[81]

역시 바르꼬르 거민위원회 간부였던 재봉사 롭상은 한때 위원회 부주임을 지냈다. 1959년 그는 이미 중국 공산당이 기층간부로 점찍은 사람이었다. 문화대혁명 기간에 그는 자주 사구타파 활동에 앞장서곤 했다. 사람들은 그를 '매우 적극적'이었으며 '모든 활동에 참가하는' 인물로 기억했다. 이후 롭상은 은퇴했고, 독실한 불교 신자가 되었다고 한다.

129. 전직 바르꼬르 거민위원회 부주임이었던 재봉사 롭상. 2003년 그가 살았던 라당닝빠 정원에서 촬영.

2003년 2월 말, 티베트 달력으로 새해 직전, 나는 전직 행동대원 잠빠 린첸의 도움으로 롭상을 소개받았다. 우리는 바르꼬르 남부 라당닝빠 3층에 있는 그의 집에서 만났다. 하얗게 센 머리카락과 굽은 허리가 나이를 짐작하게 했고, 돋보기라고 하는 편이 더 어울릴 것 같은 두꺼운 안경 렌즈 때문에 눈은 기괴하게 왜곡되어 보였다. 낯선 이의 느닷없는 인터뷰 요청에 그는 경계심을 드러냈다. 성관구사무소에서 거민위원회로 보내는 소개장이 있어야 인터뷰에 응하겠다고 했다. 하급 당원 특유의 엄격한 업무 방식이 여전히 몸에 밴 것 같았다. 하지만 사진 촬영은 허락했다. 나는 재빨리 스냅 사진을 몇 장 찍고 그 곳을 나왔다. 방을 나서기 전 구석에 놓인 구식 재봉틀이 눈에 들어왔다. 혁명에 평생을 바쳤지만 그가 여전히 재봉사 롭상임을 보여주는 것 같았다.

노르부링카가 인민공원이 되다

노르부링카도 문화대혁명 기간에 이름이 바뀌었다. 노르부링카는 라싸에 있는 두 곳의 달라이 라마 궁전 중 하나다. 둘 중 더 많이 알려진 것은 '붉은 언덕'이라는 뜻의 마르뽀리 산 정상에서 라싸시가지를 내려다보는 포탈라궁으로, 그 역사가 천 년이 넘는다고 보는 사람들도 있다. 1680년대 제5대 달라이 라마 때 지금의 모습으로 지어진 포탈라궁은 그 이름과 형상으로 관세음보살이 현세에서 머무르는 전설적인 도장을 구현함으로써 티베트의 확고한 지도자로서 달라이 라마의 위치, 티베트 영토의 통일, 간댄 포당이라는 신정체제의 설립을 상징한다.[82] 포탈라궁은 달라이 라마의 관저로서 궁 안에는 5대 달라이 라마부터 역대 달라이 라마들의 유해를 보관한 불탑들이 있다.

'보석 공원'이라는 뜻의 노르부링카는 포탈라궁만큼 오래되지 않았고 위엄도

덜하다. 7대 달라이 라마 치세인 18세기 중엽에 세워진 노르부링카는 아름다운 자연 경관과 세속적인 주변 풍경을 품은 궁성과 정원으로 인해 후대 달라이 라마들의 한결같은 사랑을 받았다. 매년 티베트 달력으로 3월 여드렛날이면 달라이 라마는 노르부링카로 거처를 옮겨 여름을 지냈는데, 3킬로미터 남짓한 거리를 행차하는 날은 축제날과 다름이 없었다. 이날 신분고하를 막론하고 모든 사람들은 겨울에 입던 옷을 갈아입고 달라이 라마 일행이 이동하는 길목에 모여 흰색 카딱을 바치며 관세음보살의 현신인 달라이 라마를 경배했다. 14대 달라이 라마는 자서전 〈유배된 자유를 넘어서*Freedom in exile*〉에서 이 경험에 대해 이야기했다. "포탈라에 있는 어두침침한 내 방을 떠나는 날을 일 년 중 가장 좋아했던 것은 물론이다. 이제 막 새순이 돋아나면서 도처에 싱그러운 자연의 아름다움이 쏟아지는 계절이었다.[83]"

하지만, 1959년 3월 17일 늦은 저녁 노르부링카는 달라이 라마의 수십 년 망명 생활의 기점이 되었다. 라싸 역사상 처음으로 포화 공격을 받은 노르부링카는 며칠 뒤 살육의 현장이 되었고, '반란분자'로 낙인찍힌 수많은 티베트인이 이곳에서 피를 흘리며 죽어갔다. 오랜 세월이 흘렀지만 노르부링카의 일부 건물에는 아직도 총탄 자국이 남아 있고, 붉은 담 아래에서 여전히 사람의 유해가 발굴된다. 이로써 1959년 노르부링카는 티베트 역사상 가장 피비린내 나는 한 장면을 말없이 지켜본 목격자가 되었고, 노르부링카라는 이름이 가리키던 보석도 빛을 잃어버렸다.

1966년까지 노르부링카라는 이름은 간직할 수 있었지만, '보석' 혹은 '보석의 정복자'라는 존칭으로 불리는 달라이 라마가 없는 그곳을 노르부링카라고 불러도 되는지 사람들은 아마도 의구심을 느꼈을 것이다. 공산당 체제로서는 그런 의구심이 달갑지 않았을 것이고, 어쩌면 그래서 노르부링카의 이름을 바꾸었는지 모른다. 어떻게 해서든 과거를 지워버리고 싶었을 테니 말이다. 공산정권은 '인민'을 넣어서 노르부링카의 이름을 바꾸는 것이 체제 입장에서 안전한 선택일 뿐 아니라, 논리적이고 정치적으로도 합당하다고 보았을 것이다. 노르부링카와 달라이 라마의 연관성을 끊어버리는 데 어린 조반 홍위병들이 앞장섰다. 노르부링카가 인민공원으로 바뀐 다음날 시짱일보는 개명의 배경을 이렇게 설명했다. "노르부링카라는 이름은 달라이가 본인의 이름을 따서 지은 것이다. 달라이야말로 가장 반동적이고, 음험하고, 잔혹하며, 야만적인 봉건 농노제의 근원이다. 우리는 노동계급의 인민들이 건설한 이 공원을 악명 높은 달라이의 이름을 따서 부르는 것을 결단코 용납할 수 없다."

1966년 8월 28일, 어린 사진광 데모 왕축 도제는 노르부링카에 있었다. 그는 라싸중등학교 학생이었지만 삼대영주로 분류된 출신배경 때문에 학교에서 공개 비판을 당할까 봐 아프다는 핑계를 대고 학교 대신 노르부링카에서 5개월째 티베트문학 교사 룽궈타이의 조수로 일하던 중이었다.[84] 룽궈타이는 노르부링카에 방 하나를 얻어 왕축 도제를 데리고 번역 작업을 하고 있었기 때문에 두 사람은 그날 노르부링카의 이름이 바뀌는 현장을 목격했다. 왕축은 그날을 이렇게 회상했다.

> *우귀사신들이 처음으로 조리돌림을 당한 다음날, 노르부링카 정원 노동자들은 자체적으로 홍위병 조반대를 결성했다. 그들은 나와 룽궈타이 선생님이 지내던 방을 뒤지고 우리의 물건을 전부 공원 문밖으로 던졌다. 내 카메라에서 필름을 뽑아 못쓰게 만들었고, 우리가 가지고 있던 라디오가 '적들의 방송을 들었던' 증거라고 했는데 사실 나는 적들의 라디오 방송국이 어디에 있고, 어떻게 방송을 들어야 하는지도 몰랐다. 그들은 우리에게 공원 문 앞에 고개*

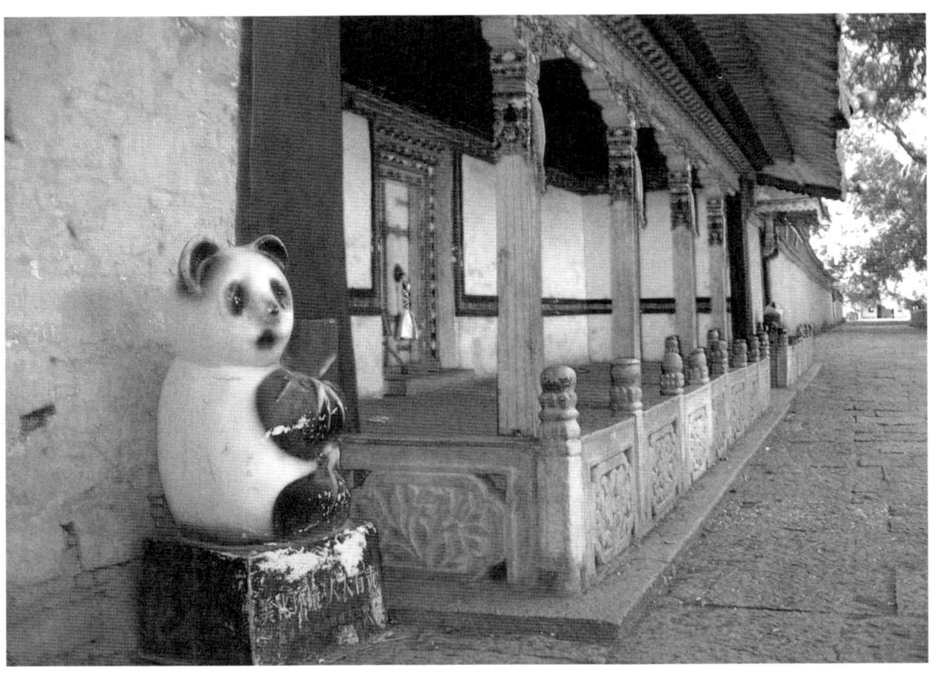

130. 노르부링카에 수년간 자리 잡고 있었던 우중충한 색깔의 판다 쓰레기통. 이것 말고도 수십 개가 더 있었지만 사진을 촬영한 2001년 이후 철거되었다.

를 숙이고 서 있으라고 했다. 우리는 오전 내내 그러고 있었다. 홍위병들이 잔뜩 몰려왔지만, 우리학교가 아니라 다른 학교 홍위병이었다. 그들은 노르부링카의 이름을 '인민공원'으로 바꾸고 새 현판을 거는 행사에 참가하기 위해 온 것이었다. 나중에 우리학교 홍위병들도 마차를 한 대 끌고 왔다. 모두들 빨간 장식 술이 달린 창을 들고 있었다. 우리는 그들의 감시를 받으며 학교로 끌려갔다. 노르부링카가 인민공원으로 바뀌었는데, 왜 포탈라궁은 '인민궁전'으로 바뀌지 않았을까? 두 곳 모두 '삼대영주의 우두머리가 노동자 인민을 착취한 봉건제의 보루'가 아닌가? 사실 포탈라궁을 '동족의 붉은 궁전'으로 개명해야 한다는 의견이 있었다고 한다. 이 의견은 실현되지 않았다. 하지만 포탈라궁 꼭대기에는 문화대혁명 기간에 가장 흔히 사용되던 "마오 주석 만세"라는 구호가 적힌 거대한 팻말이 세워졌다. 중국어로 된 이 다섯 글자(毛主席萬歲 마오주시완쑤이)는 포탈라궁 위에서 수년간 라싸를 내려다보았다. 또, 베이징 톈안먼 광장을 모방해 그 양옆으로 왼쪽에는 "중화인민공화국 만세", 오른쪽에는 "민족 대단결 만세"라고 각각 적힌 팻말을 세웠다. 한동안 포탈라궁 지붕 위에는 오성홍기와 마오쩌둥의 대형 초상화가 걸려 있었다.

아직도 라싸에는 노르부링카를 인민공원이라고 부르는 사람들이 있지만, 인민공원 현판은 사라진 지 오래고 정문 위에 걸려 있던 마오쩌둥 초상화도 사라졌다. 노르부링카는 공식적으로 예전 이름을 되찾았다. 하지만 지금의 공원은 무례한 관광객들, 싸구려 기념품들로 몸살을 앓고 있고, 몇 년 전부터는 흉물스러운 판다 모양 금속 쓰레기통이 경관을 해치고 있다. 차라리 인민공원이라는 이름이 더 어울릴지도 모르겠다.

짝뽀리가 승리봉이 되다

짝뽀리라는 이름은 티베트어로 '철의 언덕'이라는 뜻이지만, 원래는 '각진 언덕' 또는 '봉우리가 뾰족한 언덕'을 의미했다는 기록도 있다. 짝뽀리는 라싸 계곡 한가운데 자리 잡은 세 개의 언덕 가운데 하나로, 서쪽 빠르마리 언덕과 정상에 포탈라궁을 이고 있는 동쪽 마르뽀리 언덕 사이에 있다. 마르뽀리와 짝뽀리는 원래 능선으로 연결되어 있어서 마치 골짜기를 가로질러 한 마리의 용이 누워 있는 것처럼 보였었다. 전설에 의하면 용의 등뼈 위에 포탈라를 세우고 꼬리 위에는 이보다 작은 수도원을 세워, 이 두 건축물의 힘으로 용이 아래에 있는 악귀들을 더 강력하게 제압하도록 만든 것이라고 한다. 하지만 청나라 황실이 라싸에 보낸 웨중치(岳鍾琪)라는 장군은 언덕과 건축물 때문에 이 일대의 풍수가 유난히 강한 것을 보고 장차 자신과 군대에 해가 미칠까 봐 두려워 휘하 부대에 명령해 두 언덕을 잇는 낮은 능선에 포를 쏘았고, 그 결과 마르뽀리와 짝뽀리 사이의 연결이 끊어졌다.

나중에 티베트인들은 이 지역 풍수를 회복하고자 능선이 끊어진 자리에 흰색 불탑 세 개를 세우고 탑 아래로 통로를 만들어 라싸로 들어가는 관문 역할을 하게 했다. 또 두 언덕을 쇠사슬로 연결하고 여기에 구리로 종을 만들어 달았다. 이곳을 중국어로 '능선을 잇는 소리 나는 종들'이라는 뜻의 야오링제마이(搖鈴接脈)라고 부르는데 라싸에서만 볼 수 있는 진기한 명물이다.

또 다른 전설에 따르면 원래 마르뽀리에는 신들이, 짝뽀리에는 귀신들이 살았다고 한다. 그런데 귀신들이 날뛰지 못하도록 신들이 마르뽀리 쪽에서 사슬을 달았고, 이 사슬 때문에 짝뽀리를 '철의 언덕'이라고 부르게 되었다고 한다.

라싸로 들어가는 관문 역할을 한 세 개의 흰 불탑은 '바위 문 탑'이라는 뜻의 티베트어 '닥고깔링'이라고 불렸는데 1960년대에 철거되었다. 이후 두 언덕은 사이에 아스팔트 길이 깔리면서 더 멀어졌다. 폭이 수십 미터인 이 길은 지금은 베이징로의 일부가 되었다. 사람들은 두 언덕 사이의 연결이 또 끊어졌다고 여기고 기도깃발을 길게 이어 달아 끊어진 연결을 다시 살리려고 했다. 오늘날 티베트력으로 새해 전날이면 수많은 참배객이 이곳에 새 깃발을 달러 온다. 1995년에는 흰 불탑 세 개를 예전 위치 그대로 새로 세웠다.

짝뽀리의 중국식 이름인 야오왕산은 '약왕의 산'이라는 뜻인데, 약 300년 전 5대 달라이 라마의 유언에 따라 데씨(섭정) 쌍걔 갸초가 언덕 위에 세운 의학원 맨빠다창 때문에 붙은 이름이다. 맨빠다창 안에는 약사여래의 상을 모셨는데 이 불상이 중국식 이름 야오왕산의 야오왕(약왕)이다. 정상에서 라싸 시내를 조망할 수 있다는 점 때문에 1959년 3월 전투 때 티베트 정부군이 짝뽀리를 장악했고, 결과적으로 이곳이 인민해방군의 집중 포격을 받음으로써 맨빠다창은 파괴되고 말았다.

짝뽀리의 불운은 여기서 끝나지 않았다. 언덕에 옛것이라고는 남지 않았는데도 불구하고 이곳까지 사구타파 운동의 폭풍이 몰아쳤다. 홍위병들은 '승리봉'이라고 쓴 팻말을 들고 이 언덕을 오름으로써 짝뽀리가 낡은 사회와 인연을 끊고 새로운 생명을 얻었다는 것을 보여주려고 했다. 이후에는 '전쟁 대비, 기근 대비'를 이유로 언덕 기슭에 거대한 방공호를 팠다. 1985년에는 붉은 깃발이 나부끼는 언덕 꼭대기에 79미터 높이의 TV 송신탑을 세우고 밤낮으로 이곳을 지키기 위해 기슭에 군 병영도 만들었다. 지금도 이곳에는 보초병이 서 있고, 참배객들은 더 이상 기도깃발을 걸러 갈 수 없게 되었다. 어느 티베트 노인은 "짝뽀리도 이젠 끝이야"라고 말했다.

이제는 짝뽀리 언덕 기슭 절벽과 주변 바위 표면에 새겨진 다양한 불교 형상과 진언, 길고 짧은 불경 등을 다시 볼 수 있다. 바위에 새긴 그림이 5천 개가 넘는다고 하며 그 수는 계속 늘어나고 있다. 지금은 고인이 된 행각 라마 똑댄 다와(동티베트 고록에서 라싸까지 왔다)의 노력과 수많은 신자의 기부로 백 권이 넘는 티베트 대장경 깐규르의 전문이 적힌 석판을 쌓아 만든 새로운 불탑이 짝뽀리에 세워졌다. 주변 동굴에는 다시 향 태우는 냄새가 나고, 버터 램프의 불꽃이 일렁이고, 독경 소리가 울린다. 그렇다고 이곳이 순례자들만의 성지는 아니다. 오늘의 짝뽀리는 순례자들과 관광객들이 한데 뒤섞인, 어쩌면 중국식 야오왕산이라는 명칭이 더 어울릴 수도 있는 관광명소이기도 하다.

131. 짝뽀리 둘레 기도길, 2003.
132. 짝뽀리 기슭 깐규르 불탑 앞 순례길, 2004. 불탑 앞의 라마는 탑을 세운 똑댄 다와로 2007년 사망했다.

II

파벌전쟁

"누구를 믿을 것인가, 파벌을 보고 판단하라!"

갤러리5. 양대 파벌

1. 파벌명

   티베트어: 갠록, 중국어: 짜오쭝(造總)

- 정식 명칭: 라싸 혁명조반총사령부
- 설립일: 1966년 12월 22일
- 해산일: 1969년 3월 25일
- 본부: 티베트자치구 제2초대소(원래 14대 달라이 라마 가족의 관사였던 얍시 딱체르 저택)
- 방송국: 조캉 사원, 땐개링 수도원, 시데다창
- 신문: 홍색조반보. 시짱일보 인쇄소에서 티베트어와 중국어로 발행. 티베트어 편집장은 왕축, 중국어 편집장은 장이라는 성 외에 이름 불명.
- 총사령관: 타오창쑹. 전 라싸중등학교 교사, 문화대혁명 후반기 혁명위원회 부주임. 문화대혁명 이후 티베트자치구 사회과학연구원 학자로 재직. 은퇴 후 라싸에서 거주하다가 청두로 이주.
- 주요 하부조직:

  토착 황제 타도 연락위원회(주요 인물: 베이징 항공학원 '티베트로 향하는 붉은 깃발 소분대'와 함께 티베트로 온 여성 교사 녜충, 산시성 셴양 티베트민족학원 '홍색조반단' 사령관 웨이지핑), 티베트 홍위병 혁명조반사령부, 라싸 혁명조반공사 등
- 구성원: 티베트 홍위병 혁명조반사령부 또는 홍색조반단 소속 학생들(베이징중앙민족학원, 라싸중등학교, 티베트민족학원), 라싸혁명조반공사 소속 농민과 유목민, 시멘트 공장·기계수리공장·운송 1대·운송 2대 소속 노동자
- 구호: "황제 보위는 범죄, 죄인은 만 번 죽어 마땅하다!", "소나무는 늙지 않고, 조반은 쓰러지지 않는다!"
- 노래: '반항은 정당하다!', '고개 들어 북두성을 보라.'
- 라싸와 참도 외 지역 세력 분포: 농촌과 유목민 지구를 포함, 전역에 '대중조직'을 거느림.

2. 파벌명

티베트어: 냠델, 중국어: 다롄즈(大聯指)

- 정식명칭: 무산계급 대연합 혁명총사령부
- 설립일: 1967년 2월 5일
- 해산일: 1968년 11월 9일
- 본부: 포탈라궁 아래 숄촌, 티베트자치구 당위원회 부지 내 판첸 건물
- 방송국: 티베트자치구 교제처(오늘날의 영빈관), 라모체 사원
- 신문: 풍뢰격전보. 원래 교도소에서 인쇄되다가 이후 티베트자치구 제3초대소(지금의 티베트자치구 공산당 학교)로 옮김. 티베트어 편집장은 락빠 퓐촉, 중국어 편집장은 천자진.
- 총사령관: 류사오민. 티베트자치구 당위원회 비서, 문화대혁명 기간 티베트자치구 혁명위원회 부주임, 로카 지구 부행정관 겸 티베트 농목 학교 교장 역임. 퇴직 후 베이징 거주.
- 주요 하부조직: 농노의 창, 농목민 사령부(메루 사원), 노동계급총사령부 등
- 구성원: 농노의 창 소속 티베트민족학원 학생들, 농목민 사령부 소속 농민·유목민·도시민, 노동계급총사령부 소속 주요 공장 노동자
- 구호: 〈마오 주석 어록〉에서 인용.
- 노래: '해방군에 바치는 내 마음의 노래', '혁명 인민의 편이라면 누구든 혁명파'
- 라싸와 참도 외 지역 세력 분포: 농촌과 유목민 지구를 포함, 전역에 '대중조직'을 거느림.

133. 1966년 10월 1일 라싸에서 진행된 인민공화국 건국 17주년 기념집회와 시가행진. 행사에 참여하기 위해 라싸에 5만 명이 모였다. 라싸 인구를 생각할 때 엄청난 규모였다.

이미 서로 대립하는 '대중조직'간 적대 관계가 고조되는 상황에서 중국 본토의 홍위병이 속속 도착하자 상황은 더 긴박해졌다. 국경절 행사 전날, 장궈화는 내부 고위급 회의에서 우려를 표했다. 그는 티베트의 상황이 특수하다며, 중국 본토에서 들어온 학생들이 군 관계자들을 표적으로 삼지 않도록 막아야 한다고 말했다. 당시 티베트 내 최고 서열이었던 장궈화가 개입한 걸 보면 사태가 매우 심각했음을 알 수 있다.

배후에 보이는 산은 빠르마리 언덕이다. 산비탈을 따라 달려 있어야 할 기도 깃발이 오래전에 자취를 감춘 풍경은 중국 본토의 여느 지역과 다를 바 없어 보인다. 저마다 충성심을 과시하려고 안달이 난 지역 지도자들의 영도하에, 라싸는 마오쩌둥을 숭배하는 이들로 붉은 바다를 이루었다.

134. 라싸 인민경기장에서 열린 집회 장면. 인민경기장은 과거 뾜링카 공원이 있던 라싸강 북쪽 제방에 건설되었다. 경기장이라는 이름이 무색하게, 당시에는 운동경기보다는 정치 집회가 더 자주 열렸다(지금도 달라지지 않았다). 문화대혁명 기간 동안에 이곳에서 '계급의 적'들에 대한 공개 재판이 열리기도 했다. 1980년대에는 다시 범죄 혐의가 있는 사람들에게 선고를 내리는 집회 장소로 사용되었고, 2008년에는 연달아 시위가 벌어진 라싸에 투입된 추가 병력을 위한 병영으로 이용되었다. 병영은 2016년까지 존속했다.

伟
大
的
领

135-136. 새로운 중국 건국 17주년 기념행사에 참가한 '해방농노'들이 감사를 표시하기 위해 마오쩌둥의 어록이 실린 빨간 작은 책, 〈마오 주석 어록〉을 인용해 적은 팻말, 티베트 전통 카딱을 두른 마오쩌둥의 사진을 들고 있다.

137. 집회에 나선 '해방농노'의 대표가 구호를 선창하고 있다. 한쪽 손에는 아마도 구호가 적혀 있을 법한 종이를 들고 있고, 다른 손에는 크레이프 색지로 만든 종이꽃들을 막대기에 고정시켜 들고 있다. 종이꽃은 문화대혁명 행사에서 유행하던 소품이어서 이 시기 집회 장면을 찍은 사진에 자주 등장한다. 남자가 재킷 대신 입은 셔츠 호주머니에는 펜이 꽂혀 있다. 당시 펜은 사회적 지위를 드러내는 물건이어서 많은 사람들의 부러움을 샀다. 펜을 꽂은 걸 보니 아마도 이 사람은 간부인가 보다.

万岁！
拉萨各族人民庆祝中华人民共和国成立十七周年大会
读毛主席
的书、听毛主
席的话，照毛
主席的指示办
事、做毛主席
的好战士。

138-140. 집회가 끝난 후, 여성과 아이들을 포함한 다양한 계층의 사람들이 당국의 사열을 받으며 연단 앞을 지나고 있다. 행진하는 사람들은 마오쩌둥의 사진과 〈마오 주석 어록〉을 인용한 팻말 및 오성홍기를 들고 있다.

141-142. 라싸의 대중 행진 장면. 당시 중국 어디에서나 거의 똑같은 장면을 볼 수 있었다. 이 거대한 인파를 보고 있으면 한때 홍위병이었던 중국 작가의 글이 생각난다. "사람들의 바다는 무시무시한 자석이다. 한번 파도가 일면 우리는 어디로 가는지도 모른 채 피할 수 없는 물결에 휩쓸려 버린다."

이런 종류의 행사에서 외치는 정치 구호 중에는 티베트 일반인들이 이해할 수 없는 것들도 있었다. 가령 '무적의 마오쩌둥 사상 만세'라는 구호는 티베트어로 옮기면 매우 복잡해지고, 소위 해방농노들은 자주 구호를 틀리게 말했는데 그런 실수는 정치적으로 매우 심각한 결과로 이어질 수 있었다. 위험을 방지하기 위해 간부가 주요 부분을 선창하면 나머지 사람들은 중국어나 티베트어로 "만세!" 부분만 따라하는 경우가 많았다. 그래도 실수는 계속 나왔다. 예를 들어, '만세'에 해당하는 중국어는 '완쑤이'이지만, 잘못 발음하면 티베트어로 '에너지가 소진되다, 불이 꺼지다'라는 뜻의 '왕씨'가 되어버린다.

나이 지긋한 라싸 주민들은 사진에서 사람들이 행진하는 장소가 티베트군구 앞 대로라고 말했다. 오늘날 이곳은 장쑤로라고 불린다.

143. 최초의 노동인민문화궁이 베이징에 세워진 이후 중국 전역에 복제 건물이 생겼다. 사진 속 건물은 1965년 8월 30일 포탈라궁 아래에 세워진 노동인민문화궁이다. 이 건물은 또 1960년대 초 위안짱 건축물의 대표적 사례이기도 하다. '티베트를 도와라'라는 뜻의 위안짱 건축물은 티베트 건축 양식의 특징을 한두 가지 포함한 것 말고 특별한 개성이 없는 현대식 건축물을 말한다.[1] 건물의 지붕에 보이는 거대한 금색 중국 글자가 건물 이름이다. 아마도 공산당 창당 원로 중 하나인 주더의 친필로 제작했을 것이다.

"1965년에서 1985년까지 티베트자치구 내 중요한 회의는 모두 이 건물에서 열렸다"고 건물 공식 소개문에 적혀 있다. "아울러 영화 상영과 대규모 공연에도 사용되었다. 문화생활을 누릴 기회가 상대적으로 적었던 시대에 문화궁은 라싸 인민들에게 문화적 즐거움을 제공하는 유일한 장소였다. 영화 상영과 다양한 예술 공연은 1997년 이곳이 볼룸댄스 홀로 바뀌면서 중단되었다."

미학적 장점이라고는 찾아보기 힘든 이 공공건물은 2005년 철거되었고, 그 자리는 포탈라 광장이 되었다.

144. 쑹최라에서는 대규모 비판대회를 비롯해 라싸 성관구 내 다수의 거민위원회로부터 수만 명이 동원되는 대규모 행사가 자주 열렸다. 이 사람들이 이해한 문화대혁명의 의미는 무엇이었을까? "집회에서 간부들은 우리가 속한 무산계급 사령부가 자본주의 사령부를 향해 발포할 것이라고 말했다." 까니고시 불탑 철거 경험을 이야기해 준 전직 홍위병 쟘빠 린첸이 말했다.

> 발포? 우리는 그 말이 무슨 뜻인지 궁금했다. 그러자 그들은 우리가 무산계급 문화대혁명에 참여할 것이고 그것이 마오 주석의 가르침이라고 말했다. 그러면 마오 주석이 또 뭐라고 했느냐고 묻자, '시루샤오푸'가 마오 주석의 옆에서 자고 있다고 말했다고 전했다. 시루샤오푸라니? 그건 또 뭘까? 머리에 큰 뿔이 난 악귀인가? 물론 나중에는 그게 무슨 뜻인지 알게 되었다. 류사오치, 즉 류 서기를 말하는 것이었다.[2] 마오주석은 류 서기를 공격하고 싶었던 것이다.

아마도, 문화대혁명이라는 새로운 현상이 쟘빠 린첸 같은 '해방농노'들에게는 좀 어려운 개념이었던 것 같다. 쟘빠 린첸에게는 지금도 류사오치는 '류 서기'이고, 흐루쇼프의 중국식 음역인 허루쉐푸는 마오 주석 옆에서 잠자는 악귀, '시루샤오푸'다. 그는 지금도 왜 류사오치가 소련의 개혁가에 비유되는지 확실히 알지 못한다. 그에게 확실했던 것은 중국 여기저기에 크고 작은 시루샤오푸들이 있고, 그중 일부가 티베트에도 들어와 있다는 것뿐이었다. 어떻게 그 많은 악귀들이 마오쩌둥 옆에서 잘 수 있을까? 그 악귀들을 물리치지 않고서 어떻게 인민들이 행복해질 수 있을까? 인민은 행복한 삶을 누릴 자격이 있다. 그래야 이치에 맞다. 그래서 쟘빠 린첸은 무산계급 사령부에 들어갔다. 그에게 무산계급 사령부란 갼록이었고, 거기서 그도 자본주의 사령부를 향해 '발포'했다.

145. 갼록과 냥델, 둘 중 어디에 들어갈 것인가? 이것은 옳고 그름에 대한 근본적인 입장을 묻는 매우 심각한 질문이었다. 당시에는 사진과 같은 대중 집회가 직장에서건 길거리에서건 거의 매일같이 열려 대중들을 선동하고 교육했다.

사진 속 집회는 티베트자치구 교제처가 입주한 건물 밖에서 열렸다. 인민로 바로 북쪽, 지금의 티베트 영빈관이 자리 잡은 곳이다.

146. 쑹최라에서 열린 집회. 탁자를 앞에 두고 서 있는 남자가 큰소리로 외치는 구호를 군중들이 따라하고 있다. 갼록인지 냠델인지는 알 수 없다. 사실 두 집단이 서로 극렬하게 대립하긴 했지만, 목적과 방식면에서는 거의 구분이 가지 않았다.

147. 인민로(문화대혁명 이전의 유톡람) 모퉁이에서 사람들이 대자보를 만들고 있다. 당시 라싸 내 유일한 포장도로였던 이 길을 따라 두 파벌이 대자보 경쟁을 벌였다. 한 쪽 파벌이 대자보를 붙이기가 무섭게 다른 쪽 파벌이 자신들의 대자보를 덧붙였고, 그러면 처음 파벌이 또 덧붙이고, 두 번째 파벌도 또 덧붙이는 식이었다.

마오쩌둥의 어록을 인용한 대자보들이 사방에 나붙었고 혁명을 향한 대중의 열정은 대자보를 쓰기 위해 길바닥에 주저앉는 것도 마다하지 않을 정도로 고취되어 있었다. 사진 속 무리는 커다란 판 위에 구호를 적고 있다. 어떤 이들은 중국어로, 어떤 이들은 티베트어로 구호를 쓰는 동안 인종의 경계를 뛰어넘는 단합이 실현되었다.

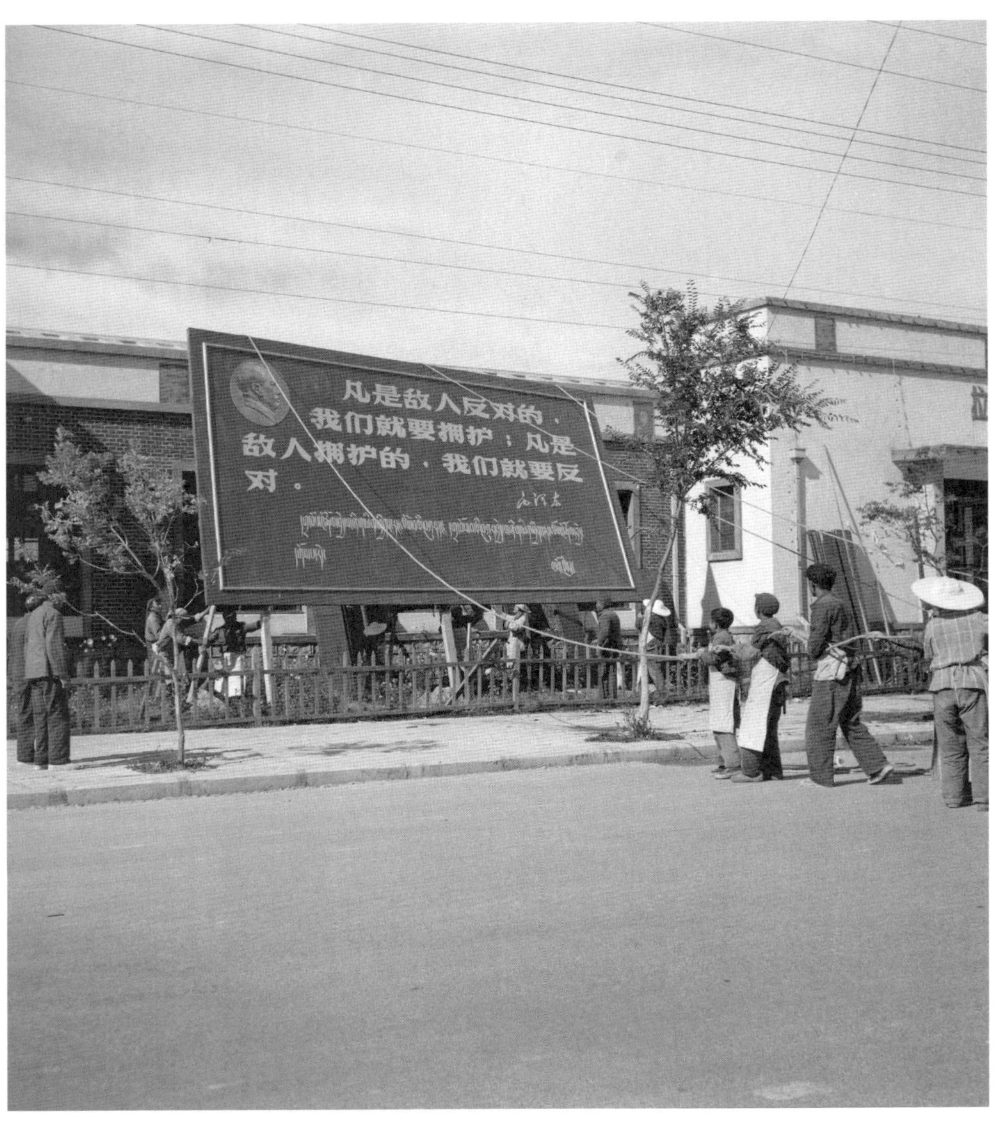

148. 당시 시내에서 가장 큰 상점이던 라싸무역공사 입구에 광고판이 올라가고 있다. 마오쩌둥의 어록을 인용한 "적들이 반대하는 것은 무엇이든 지지할 것이고, 적들이 지지하는 것은 무엇이든 반대할 것이다"라는 문장이 중국어와 티베트어로 적혀 있는 광고판은 사진으로만 봐서는 어느 파벌의 것인지 구별할 수가 없다.

라싸무역공사에서 물건을 사기 위해서는 바우처가 있어야 했다. 당시 사람들은 이곳을 '대강당'이라고 불렀는데, 원래 이 건물이 1950년대에 처음 지어질 때는 회의나 공연에 사용되는 평범한 회관이었기 때문이다. 1960년대 초 불이 난 뒤로 상점이 들어섰다. 지금은 라싸 백화점이 되어 있다.

149. 문화대혁명 기간 양 파벌은 자주 시가행진을 벌였다. 역시 사진만으로는 어느 쪽 파벌이 주최한 시가행진인지 알 수 없다. 어머니에게 이런 시가행진에 대해 여쭤보았더니, 당시에는 다들 제정신이 아니었다고 말씀하셨다. 한밤중이라도 모이라고 하면 벌떡 일어나 신발을 신고 달려 나갔다는 것이다. 모두 지나치게 고양되어 과격하게 행동했다. 그 말은 사람들이 일하러 가지 않는 날이 많았다는 뜻이기도 하다. 사실 일하러 가지 않아도 상관없었다. 다들 혁명하느라 아무도 일을 하지 않았기 때문이다. 매일 여기저기서 집회가 열렸고, 북이며 징 소리가 사방에서 끊이지 않았다. 선전용 트럭과 확성기에서 나오는 연설이 어디서나 들렸고, 저마다 자신이 옳다, 자신의 말이 이치에 맞다, 자신의 입장이 정당하다고 주장하는 달변가들이 넘쳐났다.

사진 속 플래카드에는 중국어로 "교통청 직원 자녀 학교 홍위병"이라고 적혀 있다.

이 와중에 길을 가로질러 달리는 어린아이는 누구고, 아이가 손에 들고 있는 것은 무엇인지 정말 궁금하다.

150-151. '문투', 즉 '비무장 투쟁'을 강조한 혁경이었기 때문에 선전이 매우 중요한 요소였다. 선전공연 무대는 이념 충돌의 격전장이기도 했다. 라싸에서 활동하던 가극 및 연극배우들('문화 노동자')도 두 파벌로 나뉘었다. 당시 라싸에서 무용수 겸 배우였던 어느 티베트인은 그때의 상황을 이렇게 설명했다.

> 홍색예술사령부 또는 홍예사라고 불리던 쪽은 대부분 자치구의 가무단, 연극단, 티베트 가극(장희)단 소속으로 갼록파였다. 냠델파와 손잡은 것은 5·23 사령부였다. 마오쩌둥이 옌안(延安)에서 열린 문예좌담회에서 연설을 한 날인 1942년 5월 23일에서 따온 이름이다. 자치구 연극단 단원 중 일부, 산시 가극(진극)단, 허난 가극(예극)단 등이 여기에 속했다.[3] 따라서 티베트자치구 연극단의 경우 홍색예술사령부와 5·23사령부로 단원들이 갈라졌다.
>
> 예술계 두 파벌은 각각 자체 선전기지와 선전단을 거느렸고, 자체 신문을 발행했다. 마

오 주석의 교지가 하달될 때마다, 우리는 지시 내용을 노래를 비롯한 다양한 예술 형태로 각색한 후 공연을 다녔다. 우리는 모범극도 익혀야 했다. 가령 연극단은 〈사가병(사자빈)〉, 가무단은 〈백발소녀〉를 공연해야 했다. 연극단과 가무단 단원들은 티베트인들이었지만, 모두 중국어로 공연해야 했다. 그렇다, 공연은 모두 중국어였다. 당시에는 흔한 일이었다. 소수민족의 언어에는 아무도 관심이 없었다. 하지만 티베트 가극단이 〈붉은 등의 전설〉을 티베트 가극으로 각색해 무대에 올렸다. 음악은 티베트 전통 가극의 선율을 채용해 현대적으로 편곡했지만, 이야기의 구조와 대사는 원래의 이야기를 그대로 번역했다.

사진 150-151에서 무대 위 배우들은 자치구 연극단 단원들이다. 이들은 1963년 영화 〈농노〉에 출연했고, 나중에는 〈태어나면 안 되는 사람〉의 영화 버전에도 출연하게 된다. 두 작품 모두 '낡은 티베트'를 규탄하는 내용의 사회주의적 사실주의 장르로 유명하다.[4]

152-153. 가무단이나 티베트 가극단 소속일 것으로 짐작되는 배우들이 라싸 거리에 운집한 ‘해방농노’들 앞에서 혁명의 메시지를 전하고 있다.

154. 플래카드에 중국어로 "무산계급 대연합 혁명 총사령부"라고 적혀 있는 것을 보니, 냥델파의 가두행진이다. 1967년에 이미 갠록과 냥델은 서로를 적으로 간주하고 있었다. 첫 번째 충돌에서는 갠록이 '탈권'에 성공했지만, 바로 군에 의해 진압당하면서 냥델에게 주도권이 넘어갔다. 3월 5일, 3만 명에 육박하는 냥델파 사람들이 라싸에서 "반동적 주자파의 새로운 반격을 철저히 분쇄"하기 위한 결의 대회에 참가했다. '3·5 대중대회'라고 알려진 이 행사의 참가자들은 집회 후 온 시내를 돌며 행진했는데, 인민해방군을 포함해 사회 각계각층의 사람들이 포함되었다.

사진 속 냥델파 사람들이 가두행진을 하고 있는 장소는 인민로(유톡람)다. 당시 이곳에서는 이런 종류의 행사가 자주 열렸다. 바닥과 길가 건물 벽에도 구호의 흔적이 희미하게 남아 있다. 왼쪽 벽에 중국어로 "극소수의 반동분자들에 대항하는 티베트군구를 굳건히 지지…"라고 적힌 것을 알아볼 수 있다. 전체 구호의 일부이지만, 이 부분만으로도 군대와 갠록 간에 적대감이 깊어졌음을 알 수 있다.

155. 홍위병들이 “농노의 창” 홍위병 조반총사령부라는 단체의 이름이 적힌 플래카드를 높이 들고 행진하고 있다. 농노의 창은 산시성 셴양에 있는 티베트민족학원의 일부 학생 홍위병들이 주축이 된 냠델파 조직이다. ‘농노의 창’이라는 말은 마오쩌둥의 유명한 시 가운데 “붉은 깃발이 창을 든 농민들을 일으켜 세운다”라는 구절에서 딴 것이다.

같은 학교의 또 다른 학생들은 갠록파 조직인 홍색조반단을 결성했다. 문화대혁명 초기 셴양에서 라싸로 돌아온 학생들은 소속 파벌과 무관하게 모두 매우 적극적이고 영향력도 컸다. 농노의 창은 라싸 내 홍의병 조직 가운데 최대 규모였다고 한다. 농노의 창 구성원들은 주로 티베트의 가난한 집 자녀들이었다.

156-157. 제복을 입은 이 여성들은 지역 행동대원들과의 '연계'를 위해 셴양에서 라싸까지 온 티베트민족학원 홍위병들이다. 대다수는 티베트인이었지만, 한족 중국인도 섞여 있었다. 모두 농노의 창 소속이다. 이들 다수는 문화대혁명 이후에도 계속 티베트에서 일했고 2000년대 초에는 이미 은퇴했거나, 은퇴를 앞둔 나이였다.

158. 집회에서 노래를 부르고 있는 이 여성은 티베트의 이름난 '붉은 가수' 체땐 될마다. 지난 반세기 동안 마오쩌둥이나 공산당을 찬양하는 티베트 혁명 가요는 거의 전부 그녀가 불러 유행시켰다고 해도 과언이 아니다. 이 곡들은 티베트뿐 아니라 중국에서도 인기를 얻었다. 어느 신문 기사는 "1960년대를 살았던 사람이라면 누구나 체땐 될마를 기억한다. 그녀의 목소리는 시대의 피가 되어 시대의 맥박과 함께 흘렀다"라고 당시를 회상했다. 문화대혁명을 공포가 아니라 서정적인 시대로 기억하는 기사다.

농가에서 태어난 체땐 될마는 전형적인 '해방농노'였기 때문에 진심에서 우러나온 감사의 노래를 부를 수 있었을 것이다.

아, 마오 주석은 붉은 태양
해방자 공산당
해방농노들은 노래한다
행복한 노랫소리가 사방에서 들리네

그녀가 유행시킨 노래 중에 지금도 연주되는 곡이 하나 있는데, 비슷한 내용이지만 좀 더 감상적이다. "티베트인과 중국인은 같은 어머니의 딸들, 그 어머니의 이름은 중국이라네."

159. 오른쪽에서 세 번째, 왼팔에 "농노의 창 홍위병"이라고 적힌 완장을 두른 사람이 체땐 될마다. 당시 30세였다. 1964년 대작 뮤지컬 〈동방은 붉은색〉에서 '마오 주석 만수무강하소서'라는 노래를 불러 중국 공산당 내에서 과거 궁정가수들에 필적하는 지위에 올랐다. 공식적인 지위는 부성장급이었다.

사진에 등장하는 다른 인물들은 베이징을 비롯해 다양한 지방 출신 홍위병 소장들이다. 모두 젊고 활기차다. 왼쪽 남자의 팔에 안긴 어린 소년은 어떻게 되었을까, 이 사진을 볼 때마다 궁금해진다.

160. 남자가 사람들에게 혁명 전단을 나눠주려고 손가락에 침을 묻히고 있다. 전단지를 서로 받으려고 손을 내밀고 있는 사람이나, 그냥 보기만 하는 사람들 모두 라싸 외곽 마을 사람들이라고 사진을 본 사람들이 알려 주었다. 어떤 사람들은 이들이 톰시캉 거민위원회 소속 '동쪽을 지켜라' 공사에서 채소와 고산 보리를 재배하는 농부들이라고 했다.

같은 이념, 다른 파벌

1966년 12월 22일, 56개 지방 조직으로부터 1천여 명의 사람들이 모였다. 북과 구호 소리에 맞춰 라싸혁명조반총사령부, 걘록의 공식 발족을 선언하기 위해서였다.

> *우리는 소수의 주자파 당권세력에게 반항해야(造反) 한다! 우리는 자본주의 노선을 견지하는 반동분자들에게 반항해야 한다! 우리는 우귀사신에게 반항해야 한다! 우리는 자본주의 보황파에게 반항해야 한다! 우리는 천하에 두려울 것 없는 혁명 조반파로서 강철 빗자루를 들고, 손오공의 여의봉을 휘두르며, 낡은 세상을 역사의 쓰레기 더미 속으로 쓸어 넣어, 하늘 아래 대혼란을 일으켜야 한다. 우리는 거친 비바람도, 모래 폭풍도 두렵지 않다. …조반, 조반, 끝까지 조반, 찬란하게 붉은 무산계급의 새 세상이 설 때까지 조반!*

오랜 시간이 흐른 후 타오창쑹에게 이 결의에 찬 선언문을 직접 썼냐고 묻자, 그는 대답 없이 웃기만 했다. 나와의 대화가 그를 과거 격전의 현장으로 다시 데려간 듯 그는 얼떨떨한 표정이었다.

걘록, 중국어로 조반총사령부를 뜻하는 짜오쭝 파벌은 당시 티베트의 '지역 황제' 장궈화를 겨냥해 들고 일어났다. 당시 장궈화는 티베트 내 군사, 정치 패권을 한 손에 쥔 최고 권력자였기 때문이다. 걘록의 시각에서 볼 때, 장궈화는 마오의 혁명 노선을 제대로 이행하지 않았다. 걘록보다 나중에 조직된 냠델, 중국어로 무산계급대연합혁명총사령부를 의미하는 다롄즈 파벌은 장궈화를 보호하겠다고 선언했다. 그 결과 냠델은 상대적으로 보수적인 파벌로 인식되었다. 양 파벌 모두 학생, 일반 시민, 간부, 농민, 유목민, 티베트인, 중국인이 섞여 있었다. 당시 "누구를 신뢰할 것인지는 파벌을 보고 판단하라"라는 말이 유행했다. 티베트 내의 상황을 결정하는 것은 늘 군인들이었지만, 군대 내에도 파벌 다툼의 폭풍이 휩쓸고 지나갔다.

문화대혁명 초창기 장궈화를 필두로 한 티베트 정치 기득권 세력은 당시의 상황을 '주자파'와 '학술계 반동 권위파'로 간주된 이들을 숙청할 기회로 보았다. 그들이 희생양으로 점찍은 대상은 진사(시짱일보 편집장 겸 자치구 당위원회 선전부 부부장), 후이이란(자치구 당 위원회 상임위원 겸 조직부장), 허쭈인(라싸시 당 위원회 제1서기) 등이

161. 홍위병 완장. 마오쩌둥의 얼굴을 중심으로 양쪽에 "티베트", "라싸"라고 중국어로 적혀 있다. 얼굴 아래에는 중국어로 "혁명조반총부(총사령부)"라고 적혀 있고, 그 아래에는 티베트어로 "라싸 혁명조반총사령부"라고 적혀 있다.

었다. 동시에 정치권은 스스로를 보호하기 위해 사구타파 운동을 정부가 위에서부터 대중을 움직인 노력의 결과로 포장했다. 그들이 바란 것은 민족적 한(恨), 계급적 분노를 자극해 '삼대영주'에게 모든 공격이 집중되게 함으로써 '해방농노'들이 탈권에 관심을 두지 않도록 만드는 것이었다. 하지만 상황은 기득권층의 의도대로 흘러가지 않았고, 장궈화와 당권 세력은 화를 면하지 못했다.

양대 파벌은 여러 현은 물론, 농촌과 유목지구까지 활동영역을 넓혔다. 베이징 정부는 접경지역 현들은 문화대혁명 활동에 참여하지 말라는 지시를 내렸고, 자치구 내 총 일흔한 개 현 가운데 스물다섯 개가 여기에 해당되었다.[6] 하지만 다른 모든 현들은 파벌투쟁의 영향을 받았다. 우귀사신으로 몰린 사람들을 제외하고, 거의 모든 사람들이 갠록이나 냥델 둘 중 하나를 선택하도록 강요당했다. 어느 편도 들지 않는 것은 불가능했다. 많은 사람들이 주어진 상황에 따라 파벌을 선택했고, 그중 대다수는 상황이 달라지면 다른 쪽으로 옮겨 가는, 소위 '창끝을 돌려 제 편을 겨누는(反戈一擊)'일이 흔했다.

겉으로 보기에 양 파벌은 격하게 대립했다. 하지만 이념적으로 둘은 전혀 다르지 않았다. 서로 자기편이 진정한 마르크스주의자이며 마오쩌둥과 그 사상의 수호자라고 주장했다. 냥델파의 일원이었던 어떤 사람은 인터뷰에서 "두 파벌이 서로 같았다. 동전의 양면이었다. 둘 다 극좌 노선을 걸으며 '마오 주석 만세, 만세,

만만세'라고 외쳐댔고, 마오 주석의 어록을 인용했다. 양쪽 모두 붉은 정권에 영원히 충성한다고 주장했다. 사실상 차이가 없었다. 누가 옳고 누가 그른지 판단할 수 없었다"고 말했다. 급진이건 보수건, 결국 두 파벌 모두가 원한 것은 권력이었다. 문화대혁명의 목적이 기존의 권력체계에 대항하는 것이었던 만큼 양 파벌 모두 탈권, 즉 권력을 뺏기 위해 권력을 공격하는데 똑같이 몰두했다. 그 과정에서 거의 전적으로 중국에서 사용하는 용어와 개념을 토대로 행동과 사고가 전개되었다. 첫 단계는 중국어로 '원더우(文鬥)', 즉 말과 글을 사용한 투쟁이었다. 대자보, 대토론, 대비판, 대'연계'*를 통해 말과 글로 싸우되, 매우 치열하고, 요란하고, 첨예하게 대립했다. 하지만 결국에는 '우더우(武鬥)', 즉 무장투쟁으로 발전했고, 이는 티베트를 비롯한 중국 전역에서 유혈사태, 살상, 내전으로 빠르게 번졌다.

양측은 번갈아 주도권을 잡았고, 권력 쟁탈전은 계속되었다. 티베트에서 파벌다툼은 2년 넘게 지속되었다. 그 결과가 어땠는지, 얼마나 많은 것들이 파괴되고 그 후유증이 얼마나 오래 지속되었는지, 그들의 다툼으로 인해 얼마나 많은 사람들이 억울하게 고발당했는지 등을 여기서 일일이 나열하는데에는 한계가 있다. 하지만 파벌 싸움이 증폭되었다고 해서 사구파괴의 폭풍이 사그라지지는 않았다. 오히려 파괴의 규모를 각 파벌의 혁명에 대한 진정성을 평가하는 잣대로 삼았다. 특히, 드넓은 농촌과 유목지구 여기저기에서 오래된 수도원 등 유서 깊은 장소들이 폐허가 되었고, 전통적인 생산방식과 생활양식, 가치관 등은 지속적으로 규탄을 당했다. 결국 문화대혁명 기간 동안 티베트에서 벌어진 일들은 티베트 문화 전체를 파괴했다.

파벌 다툼이 무력투쟁으로 번졌을 때의 사진은 한 장도 찾지 못했다. 문화대혁명 10년간 내 아버지가 티베트군구 군사관제위원회 선전부 소속 장교의 권한으로 찍은 수백 장의 사진들 가운데 이 시기에 찍힌 것은 없었다. 1968년 여름부터 1969년 봄까지 아버지는 (당시 두 살이었던) 나와 어머니를 데리고 캄에 있는 병든 할아버지를 보러 가기 위해 휴가를 냈기 때문이다. 그래서 아버지는 무장투쟁이 최고조에 달했던 무렵의 라싸를 목격하지도 기록하지도 않았다. 게다가 그 시대의 신문과 이후의 공식 출판물들은 그때나 지금이나 당시 티베트 상황에 대해 침묵으로 일관해 왔다. 물론 양대 파벌은 각자 활발하게 자체 신문을 발행했다. 다 합쳐서 스무 종에 가까운 신문이 한꺼번에 발행되던 시기도 있었고, 그중에는 티베

* 연계(串联): 한족 홍위병들이 타 지역을 방문해 현지 홍위병들을 동원하거나 그들과 협력하도록 장려하던 운동.

트어 신문도 있었다. 하지만 발행 부수가 적었고, 지금까지 남아 있는 경우는 매우 드물다. 티베트와 관련된 모든 문제가 그렇지만, 지리적 단절 못지않게 인위적인 고립이 원인이 되어, 문화대혁명 기간 티베트에서 일어났던 파벌 간 무장투쟁에 대해 외부에 거의 알려지지 않았다. 문화대혁명을 전문적으로 연구하는 역사학자들조차도 티베트에서 무력충돌이 있었다는 사실을 아예 모르거나, 안다고 해도 중국 내 여러 지역에서 벌어진 폭력사태만큼의 규모와 강도는 아니라고 짐작한다. 하지만 티베트의 상황도 다른 여느 곳 못지않았다. 전례 없는 혼란과 무질서, 파괴와 유린이 도처에서 난무했고, 아무렇지 않게 인명이 살상되었다.

하지만 내 나름대로 인터뷰를 하고 당시의 자료를 조금이나마 모을 수 있었던 덕에 이 시기에 벌어졌던 가장 중요한 사건들을 간략하게나마 파악할 수 있었다.

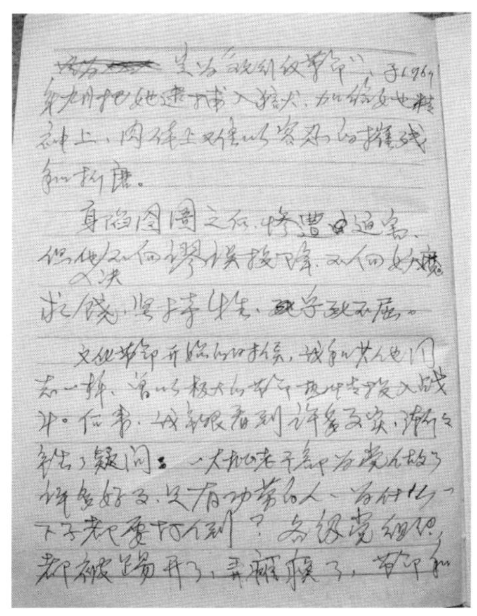

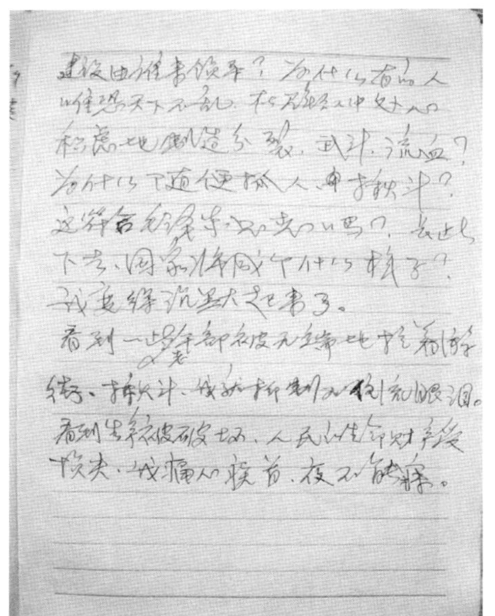

162-163. 1970년대 초 냥델의 일원으로 적극 활동했던 어느 티베트인이 쓴 기록이다. 그는 티베트민족학원 졸업생이고, 이 글은 자치구 인딘방송국에서 일하던 70년대 초, 문화대혁명이 한창이던 5년 전쯤의 상황을 회상하며 쓴 글이다. 서두는 다음과 같다.

(문화대혁명) 초기에는 나도 다른 동지들과 다르지 않았다. 우리는 혁명의 열정으로 충만해 무장투쟁에 가담했다. 시간이 흐르고 여러 사건을 목격한 후 나는 의문이 생겼다. 왜 저 수많은 간부들은 한순간에 몰락해야 했나? 왜 그들이 행한 좋은 일과 공로는 깡그리 무시되는가? 왜 각급 당 조직들은 힘없이 무너졌나? 당 조직이 마비되면 누가 혁명과 건설을 영도할 것인가? 더 큰 혼란을 반긴 사람들은 왜 일부러 대중이 서로를 불신하고 서로의 피를 보게 만들었나? 어떻게 아무렇지도 않게 사람들을 잡아 가두고, 표적으로 삼을 수 있었을까? 그 모든 일들이 마오쩌둥 사상에 따른 것이었을까? 나는 "이대로 두면 이 나라는 과연 어떻게 될 것인가?"라고 자문했다. 나는 아무 말도 하지 않게 되었다. 예전 간부들이 아무 이유 없이 끌려가 조리돌림당하는 것을 보면서, 나는 눈물을 참을 수 없었다. 생산 시설이 훼손되고, 인민들이 생명과 자산을 빼앗기는 광경을 내 눈으로 지켜보면서 나는 침통하기 그지없어 밤에 잠을 이룰 수 없었다.

피와 불의 대결

1967년 1월 6일, 마오쩌둥은 상하이 조반파가 주요 언론사 원후이바오(文匯報)를 비롯, 상하이 내 여러 기관의 권력을 빼앗은 이른바 '탈권(奪權)' 행위를 공개적으로 치하했다. 즉각 각지의 조반조직들이 이를 모방했고, 상하이를 본보기 삼은 탈권 행위가 중국 전역에서 잇달았다. 폭풍이 휩쓸고 지나가듯, 각 성의 당위원회는 차례차례 무너졌다. 티베트에서 스스로 조반이라 여긴 사람들 역시 대담해졌다. 1월 11일 저녁, 그들은 시짱일보의 탈권을 선언했다. 이것이 갠록의 첫 공격이었다. 이를 시작으로 신화통신 티베트 지부, 티베트자치구 인민방송국, 라싸시 임시 당

164. 중산복이나 재킷에 붙이는 패치. "라싸 혁명조반총부"라고 중국어와 티베트어로 적혀 있다.

위원회, 라싸시 인민위원회를 비롯한 자치구 행정부처 및 하위 기관들이 모두 갠록에 권력을 빼앗겼다. 〈티베트 주요 사건 기록: 1949-85〉에 따르면, 1월 23일 라싸 혁명조반총사령부와 라싸 혁명조반공사, 수도에서 티베트로 향하는 베이징 조반혁명총사령부 등이 300여 개 조반조직을 대표하여 라싸에서 '무산계급혁명파 대연합' 집회를 주관했다. 2만 명 넘는 참가자들은 "주자파 당권 세력으로부터 권력을 빼앗자"고 결의했다. 같은 군중은 마오쩌둥에게 보내는 존경의 전보와 '티베트 전체 인민들에게' 보내는 편지를 채택하였다. 이후 참가자들은 횃불을 들고 가두행진을 벌였다.

탈권의 빠른 확산으로 사회 불안이 커지자 대부분 군대 내 요직을 겸하고 있던 중국 지도부 인사들이 불만을 드러냈다. 항의에 직면한 마오쩌둥은 군대가 나서면 질서를 회복할 수 있을 것이라 기대하고 군대의 개입을 지시했다. 1967년 2월 초 마오쩌둥은 '우파' 대중조직은 절대로 군에 저항해서는 안 되며, 군은 자기 방어를 위해 발포하되 '우파' 우두머리들을 진압하는 목적이어야만 한다는 지시를 내렸다. 마오쩌둥의 승낙이 떨어지자, 전국의 군대는 우파로 낙인찍힌 개인이나 단체라면 누구든 진압할 수 있게 되었다. 군의 관점에서 군의 권위를 위협하는 조반조직은 모두 제거해야 할 우파였다. 매일같이 싸움이 벌어졌고, 피바다는 새로운 일상이 되었다.

티베트군구가 갠록이 장악한 시짱일보를 탈환하기 위해 파견한 사람들은 비교적 신중하게 움직였다. 그들은 덮어놓고 총부터 쏘지 않고, 우선 신문사 건물을 포위해 권한을 넘겨받은 다음 군율을 적용했다. 며칠 후 타오창쑹과 갠록 우두머리 열한 명이 체포되었다. 파벌 간의 첫 무력 충돌은 갠록의 패배로 끝났고, 일단 냠델이 기선을 잡았다.

마오쩌둥은 문화대혁명을 위협하는 최대 적이 사실상 혁명에 대해 자신과 다른 의견을 가진 군 내부 반대 세력이라는 점을 곧바로 깨달았다. 조반에 대한 군의 무력 행사는 곧바로 '2월 역류'라는 질책과 함께 부정적인 평가를 받았다. 베이징 중국 공산당 중앙 위원회 소속 중앙문화대혁명소조는 1967년 4월 1일 조반에 대한 진압을 멈추라고 지시하며, 조반에게 다시 권한을 줄 수도 있다는 뜻을 넌지시 내비쳤다. 티베트자치구에서는 타오창쑹이 투옥 71일 만에 풀려났다. 냠델은 일시적으로 우위를 빼앗겼고, 갠록은 다시 기회를 얻었다.

며칠 후, 갠록 지휘부는 '승리'를 자축하기 위해 10만 명 이상을 소집해 냠델을 규탄하는 대중 집회를 열었다. 이들을 지지하기 위해 중국 본토에서도 수많은

165. 각기 다른 형태의 갼록 표지가 들어간 완장들. 과거 갼록 일원이었던 인물의 소장품이다. 냠델 완장은 (저자의) 집에 몇 개 있었는데 여러 번 이사를 다니는 동안 잃어버렸고, 다른 데서도 구하지 못했다.

홍위병이 티베트로 모여들었다. 그중에는 1966년 8월 티베트에서 문화대혁명을 일으키기 위해 처음 라싸로 돌아왔었던 베이징 칭화대학의 다와 체링과 응악왕 체링도 있었다. 당시 두 사람은 라싸에 온 지 약 6개월 만에 티베트를 떠났었다. 티베트군구에서 나온 트럭 두 대가 두 사람을 40명가량의 베이징 출신 홍위병들과 함께 싣고 쓰촨-티베트 고속도로를 달려 청두로 데려갔기 때문이다. 그렇게 함으로써 냠델은 '세상 모르고 순진하기만 한' 대학생들은 이제 티베트에 없다는 것을 보여주려고 했다. 하지만, 4월 1일의 지시로 학생들은 라싸로 돌아왔다. 한때 금지됐었던 갼록의 엘리트 조직 '토착 황제 타도 연락위원회'가 활동을 재개했다.

타오창쑹은 갼록 총사령관이 되어 귀환했다. 나는 그에게 석방되고 나서 동료들과 무엇을 했는지 물었다. "우리는 사령부로 돌아갔고, 이전처럼 핵심 인물로 활동했다"고 그는 설명했다. "우리가 반혁명분자라는 판결은 없었고, 그것은 곧 우리가 옳다는 뜻이었다. 중앙에서 우리가 다시 권한을 가져야 한다고 판단한 것이므로 우리는 이전에 하던 일을 계속했다. 물론 나름대로 배운 점도 있었기 때문에 고칠 부분은 고쳤다. 우리가 석방된 직후 무력 충돌이 벌어졌다."

1967년 5월 장궈화가 쓰촨성으로 전출되면서, 자치구 고위층 내부에서는 장

귀화의 후임 자리를 두고 쟁탈전이 벌어졌다. 그 결과 권력 내부에 분열이 생겼고 경쟁세력들은 각자 대중조직을 자기편에 유리하게 이용하려고 했다. 곧이어 1967년 7월 22일, 당시 베이징 중앙문화대혁명소조 부조장이었던 마오쩌둥의 아내 장칭은 '원공우웨이(文功武衛)'를 주제로 연설을 했다. "말로 공격하고 무력으로 지킨다"라는 이 강연으로 중국 전역의 무장투쟁은 한층 고조되었다. 라싸 거리에서 시작된 충돌은 시내의 전략적 요충지들을 서로 장악하려는 공격으로 빠르게 이어졌다. 군이 직접 통제하는 몇몇 접경지대의 현을 제외한 티베트 다른 지역에서도 무력충돌이 흔하게 벌어졌다. 시짱일보도 일시적으로 발행을 중단했다.

초기에는 사제 총과 폭탄은 물론, 돌, 우르도(티베트 유목민들이 사용하는 돌팔매 도구), 쇠막대기, 길고 짧은 칼 등 매우 단순한 무기들을 들고 싸웠다. 심지어 사원에서 소장하던 옛날 창과 투구를 가지고 나와 싸우기도 했다. 아주 오랜 옛날, 신도들이 살생을 금하겠다는 서약을 하면서 사원에 맡긴 무기들이었다. 하지만 얼마 후, 진짜 총과 총탄이 등장했다. 이 무기들은 어디서 왔을까?

실상은 군이 파벌 간의 무력 다툼을 중재하기는커녕 싸움에 직접 가담했던 것이다. 조직원들이 무기고에 침입해도 못 본 척하거나 암암리에 자신들이 지지하는 쪽에 총과 탄약을 대주기도 했다. 당시 사람들은 이것을 가리켜 "낮에는 빼앗고, 밤에는 선물로 보낸다"는 뜻의 '명창암송(明搶暗送)'이라고 불렀다.

양 파벌 모두 서로에게 난폭하고 잔인했다. 총으로 쏘는 것보다 훨씬 원시적인 방법도 동원되었다. 귀나 코를 베거나, 팔다리를 자르는 일이 예사였다. 바르꼬르 지역에서 몸에 못이 박혀 살해된 갠록파의 시신 두 구가 발견되기도 했다고 한다.

유서 깊은 건축물들도 심각하게 훼손되었다. 이미 홍위병의 사구타파 운동으로 한번 망가졌었던 많은 사원들이 또다시 표적이 되었다. 양 파벌은 입지가 좋거나 넓은 방, 정원 등이 딸린 사원을 서로 차지하려고 싸웠다. 냠델은 라모체 사원과 체묀링 수도원을, 갠록은 조캉 사원, 땐걔링 수도원, 시데다창을 각각 방송국으로 사용했다. 비무장 투쟁이건 무장 투쟁이건 선전은 매우 중요했으므로 이들 방송국이나 다른 이용 가능한 사원을 두고 양측은 격렬하게 싸웠고, 그럴수록 사원들은 심하게 훼손될 수밖에 없었다. 유명한 시데다창의 경우 4층 건물의 맨 위층이 완전히 부서져버렸다. 남은 3개 층은 인민해방군 군영으로, 티베트 가극단과 황메이 극단 본부로 사용되었다. 겔룩빠의 밀교학원으로 유명한 메루 사원의 경

166. 2003년에 촬영한 시데다창. 지금의 베이징동로 바로 북쪽에 있으며, 여전히 폐허로 남아 있었다.

167. 시데다창 내부의 훼손된 벽화. 2003년 촬영.

우, 자치구 연극단과 허난 가극단이 차지했다. 극단 관계자들은 사원이 마치 자기 집인 양 그곳에서 먹고, 마시고, 잠을 잤다.

티베트에서 일어난 무력충돌에 베이징 중앙정부는 경악했다. 9월 18일, 저우언라이, 장칭 등 중앙문화대혁명소조의 구성원들은 티베트군과 정부 관계자들을 접견한 뒤 '티베트 무력투쟁 중지에 관한 5개 지시'를 발표했다. 하지만 이미 상황은 통제 가능한 범위를 넘어섰고, 무력투쟁은 더욱 격화되기만 했다.

티베트자치구에서도 가장 격렬하게 전투가 벌어진 곳은 라싸에서 동쪽으로 직선거리 640킬로미터 떨어진 참도 지구였다. 이곳에서 대략 200명 넘는 사망자가 나온 것으로 추정된다. 지역 규모가 크지 않은 것을 감안하면 매우 높은 수치였다. 냥델과 갼록은 참도에 각각 '열사묘지'를 만들었다. 사망자 중에는 티베트인도 한족 중국인도 있었다.

참도의 무기고에 침입과 무기 탈취가 빈번하게 일어난 것도 무력충돌을 격화시킨 주요 원인이었다. 1968년 참도 무기고가 약탈당하는 현장에 있었던 냥델파 대원 하나가 당시 상황을 들려주었다.

거기는 없는 게 없었다. 54형 권총, 79형 기관단총, 예전 티베트 군대에서

쓰던 영국제 총, 수류탄, 여러 기종의 중기관총, 경기관총, 로켓탄 등등 요사이 TV에 탈레반이 들고 나오는 무기가 다 있었다. 우리는 서너 번 무기고를 털었다. …갠록 쪽 사람들도 분명히 우리가 뭘 하는지 알고 있었을 거다. 그들도 무기고를 털었다. 오늘 우리가 하면, 다음날은 갠록이 하는 식이었다. 양쪽 다 같은 무기고에 눈독을 들이고 있었다. 무기가 너무 많아서 아무리 털어도 끝이 없었다. 군대는 속수무책이었다. 한편으로는 군 내부에도 파벌이 있어서 갠록을 지지하는 쪽과 냑뎰를 지지하는 쪽으로 갈라져 있었고, 또 한편으로는 애초에 무기고를 지킬 인원이 부족했다. 처음에는 1개 소대가 경비를 섰다. 우리는 수백 명이었으므로 상대가 되지 않았다. 우리를 막으려고 했지만, 병사 1명당 우리 쪽 인원 두세 명이 달라붙어 쉽게 제압할 수 있었다. 군인들은 갠록과 냑뎰이 번갈아 무기고를 약탈하는 것을 그저 두고 볼 수밖에 없었다. 그때부터 무력투쟁은 걷잡을 수 없이 격화되었다.

티베트자치구 내 유사한 사건들이 많았는데, 그중에서도 따모 무기고가 가장 심각하게 약탈당했다. 라싸에서 동쪽으로 약 600킬로미터 떨어진 따모는 뽀메현의 현청 소재지였다. 당시에는 행정구역상 참도 지구에 속했다.[7] 따모에는 티베트자치구 최초의 목재가공업 기지, 기계창, 수송기지, 지질 탐사대, 교량 및 주택 건설대 등이 있었다. 게다가 이곳에는 병영, 병참, 곡물창고, 무기고 등의 군사시설과 자치구 내 두 번째로 만들어진 '노동개조캠프'도 있었다. 노동자가 많은 따모는 냑뎰파도 소수 있었지만 기본적으로 갠록의 세력권이었다. 1968년 여름, 따모의 무기고가 1천 명이 넘는 갠록 무리에게 약탈당했다. 무기고 경비들이 갠록을 도와 사실상 무기를 내줬다고 알려졌다. 당시 두기고에는 1개 사단을 무장시키기에 충분한 총과 탄약이 있었다고 한다. 이때 약탈당한 무기는 라싸, 참도 등 다른 지역으로도 넘어갔다. 갠록의 전투력은 급격히 강해졌고, 자치구 전역의 무력충돌도 격화되었다. 다수의 총기가 여러 사람들의 손을 거치면서 유실되었고, 이것이 이듬해 '2차 반란'으로 이어졌다. 무력투쟁은 이제 중앙 정부가 간과할 수 없을 정도로 위협적인 수위에 도달했다.

티베트 문화대혁명 사상 가장 처참했던 유혈사태 가운데 하나가 1968년 6월 7일 조캉 사원에서 벌어졌다. 당시 조캉 사원은 갠록이 장악하고 있었다. 거리로 면한 3층 방들을 라디오 방송국으로 쓰면서 갠록 대원 수십 명이 경비를 섰다. 이

168. 6·7 조캉 사태를 다룬 갠록 파벌의 신문 홍색조반보 티베트어판.

169. 갠록이 6·7 조캉 사태를 추모하기 위해 제작한 마오쩌둥 배지. 마오쩌둥의 1968년 11월 14일 '특별 지시'가 배지 뒷면에 새겨져 있다. "군 지도부는 군인들이 저지른 악행을 옹호해서는 안 된다. 그들은 희생자들이 겪은 부당함을 바로잡아야 한다. 그것이 곧 국가의 강건함을 드러내는 일이다." 배지는 당시 티베트자치구 혁명위원회와 티베트군구가 특별히 제작한 '지녠허', 기념함에 담겨 있다. 갠록 상급자들을 위해 특별 제작된 기념함은 판매하거나 일반인에게 나누어주지 않았다.

들은 주로 와빠링 거민위원회 홍위병이나 라싸중등학교 학생 홍위병이었다. 이곳 방송국은 유난히 공격적인 선전공세로 유명했다. 경쟁 파벌인 냠델과 보수적인 군부를 규탄하는 방송을 온종일 시내 어디에서나 들을 수 있었다. 6월 7일, 먼저 인근 수르캉 저택에 기거하던 산시 가극단과 라싸 가무단원들이 방송국을 폐쇄했다. 그런 다음 냠델파를 지지하는 라싸시 수비대가 공격을 개시했다. 사원 내부에서 10명, 인근 노상에서 2명이 피살되었고, 다수가 부상을 당했다. 사상자 중에는 목소리가 크고 낭랑해서 '고음'이라는 별명으로 불리던 갠록 방송국 아나운서 틴래 최끼도 있었다. 그녀는 복부에 총을 맞고도 창자가 흘러나오는 총상 부위를 법랑 컵으로 막으며 마오쩌둥 어록의 한 구절을 외쳤다. "결단하라, 희생을 두려워하지 마라…." 또 다른 티베트인 아나운서 땐진은 목숨이 위태로웠다. 총알이 모자를 관통했고, 수류탄이 가까이에서 터져 두 다리가 날아가 버렸지만, 당장 병원으로 옮겨 겨우 목숨을 건졌다. 싸움은 순식간에 끝났고 조캉 사원은 인민해방군의 손에 넘어갔다. 그러자 산시 가극단원들이 사원으로 들어가 부상자들을 구타했

170-172. 2001년 6월 나는 왕리숑을 데리고 라싸 대뽕 수도원 아래 열사묘지로 아버지 성묘를 갔다. 같은 날 우리는 울타리만 쳐진 채 방치 된, 6·7 조캉 사태 희생자들의 묘를 찾았다. 내가 티베트 문화대혁명에 관한 기억을 막 수집하기 시작할 무렵이었다. 그리고 그날 내 아버지와 열두 명의 홍위병들이 묻힌 바로 그곳에서, 왕리숑은 내게 그동안 수집한 기억들을 책으로 만들어 보라고 권했다. 〈금지된 기억〉이 하나의 책으로 모습을 갖추게 된 것은 그러니까 그날, 그들의 무덤 앞에서였다. 마치 당신들이 내게 어떤 임무를 부여한 것 같았다. 사진 촬영 왕리숑, 2001.

다. 사상자들을 마차에 아무렇게나 쌓아 싣고 병원으로 끌고 가자, 병원 앞으로 구경꾼들이 겹겹이 몰려들었다.

이 사건은 라싸를 혼란에 빠트렸고, 베이징 중앙 정부는 충격을 받았다. 각 파벌은 베이징으로 대표단을 보내 각자의 입장에서 상황을 해명하려고 했다. 마오쩌둥과 린뱌오 모두 티베트 군부를 비난하고, 갠록에게 사죄할 것을 종용했다. 일부 장교들은 징계를 받았다. 갠록은 즉각 홍색조반보에 중국어와 티베트어로 자신들의 입장에서 사건을 상세히 전하고, 사건을 기념하는 마오쩌둥 배지를 특별 제작하고, 대규모 가두행진을 벌였다. 라싸 서부 외곽에 있는 열사묘지에 열두 명의 사망자를 위해 따로 작은 묘지를 만들고 티베트 혁명위원회와 티베트군구가 묘비를 세웠다.

사망자 열두 명은 모두 티베트인이었고, 대부분 라싸 출신이었다. 가장 어린 사망자는 열일곱 살의 소녀였지만, 나머지는 대부분 이십대였다. 인터뷰를 하다가 이 시신들이 얼마나 끔찍한 일을 당했는지 알게 되었다. 처음에는 '열사'라고 부르며 이들을 추모했지만, 이듬해에는 스스로 자초한 죽음이라며 관을 파냈다. 일부는 가족들이 유해를 수습했지만, 나머지는 개들이 물어가도록 그대로 방치했다.

1968년 6·7 조캉 사태 이후 냥델의 기세는 꺾였고, 갠록이 다시 돌아왔다. 같은 해 9월 5일, 중국 다른 지역에서 이미 이루어진 것처럼 티베트에도 지역을 운영할 자치구 혁명위원회가 설립되었다. 갠록과 냥델의 수뇌인 타오창쑹과 류사오민이 각각 위원회 부주임을 맡았다. 11월 9일 냥델은 총사령부 '해체'를 선언하고, 선전지인 풍뢰격전보의 간행도 중지했다. 4일 후, 티베트군구는 라싸 인민경기장에서 갠록의 명예 회복 집회를 열었다.

하지만 상황은 정부의 기대처럼 쉽게 진정되지 않았다. 1969년 3월, 라싸 인근은 물론 참도, 시가체, 낙추를 중심으로 대규모 소요 사태가 차례로 벌어졌다. 무장투쟁 초기의 희생자들은 주로 민간인들이었지만, 이 무렵에는 인민해방군 병사들이 공격의 표적이 되어 다수가 피살됐다. 중앙 정부는 사태가 매우 심각하다고 여기고 무력 진압을 지시했다. 이제부터 보게 되겠지만, 무력 진압의 결과는 끔찍했다.

당시의 소요 사태를 지금의 공식 문건에서는 주로 '반혁명 폭력난동'이라고 칭한다. 하지만 당시 중앙 정부는 이를 '짜이판', 즉 '2차 반란'이라고 불렀다. 14대 달라이 라마와 티베트 정부가 수만 명의 난민들과 함께 인도로 망명한 계기가 되었던 1956년부터 1959년 사이의 '반란', 즉 티베트인들이 중국 공산당에 항거해 들고 일어났던 무력 저항이 재개되었다는 뜻이다. 두 사건을 공산당 스스로 나서서 연관지었으니, 1969년 사태를 정부에 대한 티베트 민족의 제2차 무력 항쟁으로 보아야 할까? 왜 당국은 10년 전 사건을 문화대혁명 기간에 벌어진 폭력 사태와 연관시키기로 했을까? 그리고 스스로 '2차 반란'이라고 불렀던 사건을 이제 와서 '반혁명 폭력난동'으로 규정하는 이유는 뭘까? 녜모 열사묘지에 새겨진 글귀는 1969년 그곳에서 벌어진 소요 사태를 아직도 1959년 사건의 재개로 설명하고 있다. 그렇다면 1969년 사태를 재정의한 진짜 속내는 무엇일까?

티베트자치구 내 일흔한 개 현 가운데 쉰두 곳이 '2차 반란'에 연루되었다. 그중 열여덟 곳은 '촨판', 즉 전면 반란지역, 스물네 곳은 준반란지역, 나머지는 '반란 모의' 지역으로 각각 규정되었다. 직접가담자의 수를 정확히 파악하기는 어렵지만, 적어도 자치구 내 현들 중 3/4이 영향을 받았다는 말이 된다. 타오창쑹은 자신이 본 공식 통계에는 가담자의 수가 1만 명이 넘는 것으로 되어 있었다면서, 이 역시 실제보다 많이 축소된 기록이었다고 말했다. 그는 농담처럼 "그 '반란'이라는 것에 가담한 혐의를 받는 사람이 너무 많았다면 공산당도 민망하지 않았을까? 대규모 가담자가 나왔다는 사실이 티베트에서 공산당의 부진을 드러내지는 않았을까? 그러면 마오쩌둥의 위신은 또 어떻게 되는 걸까?"라고 말했다. 타오창쑹은 그해의 폭력 사태가 '2차 반란'이 아니라 '대중 조직' 간 파벌 다툼이었다고 주장했다.

당시에 폭력 사태가 가장 두드러졌던 곳은 라싸 인근 녜모현과 참도 지구 뺄바르현이다. 거의 같은 시기에 비슷한 사건이 발생했다. 그런데 사후 조사에서 이 두 사건을 비롯해 당시의 무력 충돌 전반에 관해 한 가지 주목할 만한 부분이 드러났다. 가담자 중에는 삼대영주 가문 출신도, 과거 1959년 '반란'에 참여했던 사람도 없었다는 점이다. 즉, 가담자들은 모두 공산당 측이 말하는 소위 '해방농노'들이었다. 가장 많이 알려진 녜모 사태의 주동자로 유명한 틴래 최된은 비구니였다. 하지만 그녀도 가난한 농촌 출신이므로 '해방농노'로 간주해도 무방할 것이다. '해방농노'들은 인민해방군에 대해 '계급적 증오'와 '민족적 한'을 품지 않았어야 한다. 인민해방군이 그들을 삼대영주의 압제와 착취로부터 이른바 '해방'했기 때문이다. 신화 통신 티베트 특파원이었던 티베트인 기자 빠쌍(가명)은 인민해방군의 녜모 사태 진압 때 통역 역할을 했다. 나와의 인터뷰에서 빠쌍은 다음과 같이 말했다.

원래 녜모 사태는 일반적인 파벌 간 무력투쟁으로 다루어졌어야 하지만, 비무장 상태에서 피살된 인민해방군 병사들이 너무 많았다. 그들은 싸워보지도 못하고 기습을 당했다. 원한과 적개심에 의한 공격이라는 점이 너무나 뚜렷해서 일반적인 무력투쟁으로는 보이지 않았다. (선전이나 정치 선동에 의해) 현혹된 사람들이 벌이고 다니던 당시의 전형적인 사건들과는 달랐다.

전직 티베트 관원이었던 쭈니(가명)는 티베트군구 연락부 소속이었는데, 녜모 사태가 진압된 후 군대가 주관한 순회 전시의 안내를 맡아 녜모에 파견되었다. 오래전 일인데도 그녀의 목소리에는 분기가 서려 있었다.

티베트의 평화적 해방(1950-51) 때는 물론이고, 1959년 반란 평정 때도 그 정도는 아니었다. 1959년 반란은 엄청난 사건이었지만, 그때도 군대가 그 정도로 당하지는 않았다. 군대가 그렇게 처참하게 패한 것은 처음이었다. 1969년 사건은 너무나 충격적이어서 아마 상상도 못할 거다. 너무 끔찍했다. 그러니 그 당시 사건들은 '2차 반란'으로 정의되어야 했다.

빠쌍과 쭈니의 진술이 당시의 폭력 사태를 제대로 설명하는 것이라면 이런 의문이 든다. 왜 티베트가 '해방'되고 수년이 흐른 뒤 그렇게나 많은 수의 '해방농노'들이 작정하고 인민해방군 병사들을 도륙했을까? "좌파를 지원하라"는 마오쩌둥의 지시에도 불구하고 군대가 '좌파'인 갠록을 지원하지 않아서 갠록의 지지자들이 폭력 사태를 일으킨 걸까? 아니면 그냥 상대가 인민해방군이라서 죽인 걸까?[8]

예를 들어, 틴래 최된이 이끈 녜모의 촌민들은 큰 칼, 창, 밧줄, 돌 등으로 자고 있던 군인과 행동대원 수십 명을 살해했다. 노리는 대상이 분명했고, 살해 방식은 잔혹했다. 당시의 통상적인 파벌 다툼과는 전혀 달랐다. 뻴바르에서는 젊은 시골 여성 넷이 밧줄로 군인들의 목을 졸라 죽이는 비극적인 사건이 있었다. 공산당이 전형화한 은혜 입은 '해방농노'의 이미지와는 거리가 멀다. 문화대혁명의 와중에도 티베트 민족주의가 여전히 살아 있었다는 뜻일까? 그렇다면 처음부터 잠재해 있던 민족주의가 적당한 기회에 표출된 것일까? 아니면 '해방'이라는 환상이 깨지고 식민 지배의 현실이 드러나면서 민족주의가 서서히 자라난 것일까? 티베트인들이 환멸을 드러낸 것이었다면 그것은 어떤 형태였을까? 각계각층의 티베트인들이 모두 들고 일어났던 1956-59년의 저항 운동과 같은 모습이었을까, 아니면 사회 최하층에서부터 또 다른 형태의 저항이 싹텄을까? 만약 기층으로부터의 저항이었다면 그것은 공산당 체제가 공들여 가꾼 '새로운 티베트'의 기반이 사라지는 것을 의미했을 것이다. 권력 상층부로서는 인정하고 싶지도, 외부로 드러내고 싶지도 않을 것이다.

녜모와 뺄바르 사태는 티베트 문화대혁명 역사에서 가장 선혈이 낭자하고 참혹한 사건이었고, 수많은 의문을 남겼다.

'2차 반란' 진압을 위한 군사 작전 후, 정부는 수많은 사람들을 수감하고 공개처형했다. 틴래 최된은 반동분자로 규탄당했고, 티베트의 모든 사람에게 이름이 알려졌다. 그녀는 처음으로 '2차 반란'죄가 인정되어 공개처형된 열여덟 명의 '폭도' 가운데 하나였다. 1970년 2월, 라싸 주민 거의 모두가 그녀의 재판이 열린 인민경기장 집회에 불려 나왔다가, 라싸 북쪽 쎄라 수도원 부근 모래톱에 마련된 처형장으로 이동했다. 모두 '제지자오위', 즉 '계급교육'을 받기 위해, 쉽게 말해 틴래 최된의 죽음을 직접 보고 '충격'을 받으라고 불려나왔다.

소위 무장폭도 외의 사형수들은 각종 '반혁명 범죄'를 저지른 현행범들이었다. 그중에는 '반역자'들도 있었는데, 극도의 가난이나 공포 때문에 티베트 남쪽 국경을 넘으려다가 체포된 사람들이 다스였다. 여기에는 라싸중등학교 1966년 졸업반 툽땐 직메도 있었다. 그는 티베트-중국 혼혈인 여자 친구 화샤오칭과 도망가려다가 붙잡혔다. 체포된 날 저녁, 화샤오칭은 간수에게 강간당한 뒤 같은 날 밤 감옥에서 자살했다. 툽땐 직메는 공개처형당했다. 앞서 고위층 우귀사신인 쌈포 체왕 릭진의 아들도 비슷한 일을 당했었다.[9] 쌈포의 아들과 같이 국경 부근에서 붙잡힌 사람들 가운데 또 다른 두 사람도 사형선고를 받았다. 무리 중 유일한 여성은 징역 20년형을 받았다. 쌈포는 1958년 티베트군구 부사령관까지 올라갔었다. 자신이 지휘했던 인민해방군 소속 병사들이 아들을 처형하는 모습을 보면서도 아무것도 할 수 없었던 아버지의 마음이 어땠을지 그저 짐작만 할 뿐이다.

본보기를 보여줌으로써 사람들을 겁주는 것이 당시의 일반 관행이었다. 판결을 받은 죄수의 사진이나 이름 위에 붉은 글씨로 크게 X자를 그어 공개처형을 알리는 포스터들이 여기저기 나붙었다. 또 대중집회 형식으로 사람들을 불러내 공개재판을 지켜보게 한 다음 인민해방군이 배치된 트럭에 죄수들을 태워 처형장으로

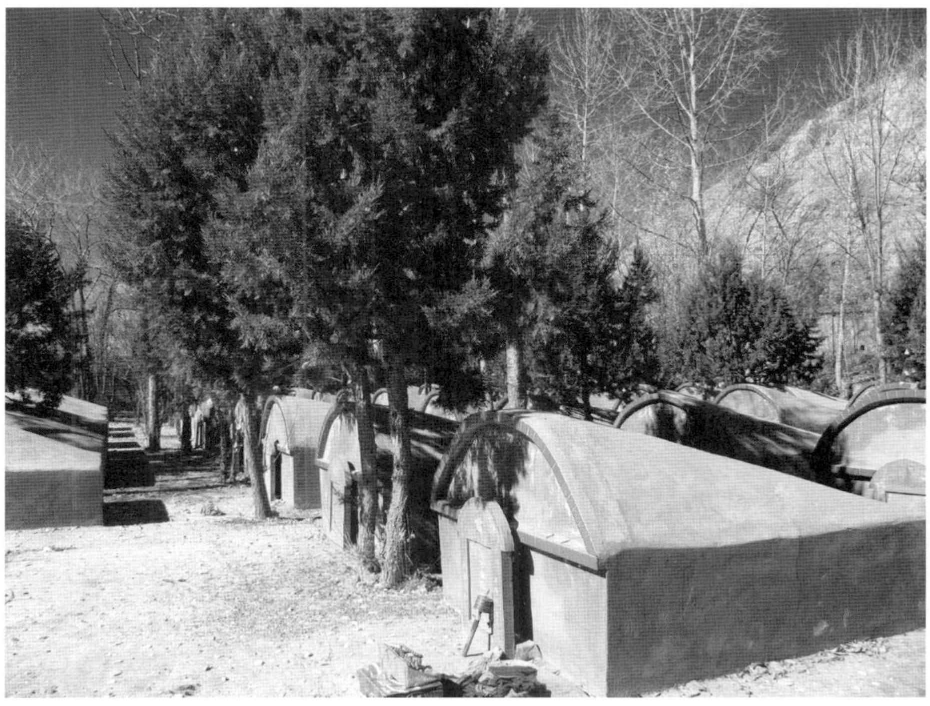

173-174. 녜모 열사묘지. 1969년 녜모에서 시작된 소위 '2차 반란' 때 '무장 폭도'들에게 살해당한 군인 등 피해자들이 안치되어 있다. 2001년 열사묘지는 라싸시 애국사상 교육기지로 재정비되었다.

175-176. 틴래 최된을 비롯한 녜모 폭도의 재판이 열린 1970년 2월 라싸. '대중' 대표들이 들고 있는 현수막에는 "반혁명 분자들을 결연히 진압하라"라고 적혀 있고(사진 175), 무대 위와 아래의 현수막에는 "라싸시 혁명위원회 주관 공개재판", "종교와 미신을 이용해 반란을 일으킨 반혁명분자들을 단호히 제압하라!"라고 적혀 있다(사진 176). 이 사진들은 정부가 녜모 봉기 진압을 기념하기 위해 열사묘지에 전시한 자료들이다.

끌려가는 모습을 보여주기도 했다. 밧줄이나 철사로 목이 묶인 채 끌려가던 죄수들이 처형당하기 전에 목이 졸려 죽기도 했다. 공개재판과 처형 현장에서 사형수의 일가친척들은 구경꾼들의 맨 앞줄에서 '교육'을 받아야 했다. 형이 집행된 뒤에도 가족들은 마음대로 시신을 수습할 수 없었고, 형 집행에 사용된 밧줄과 총알 값을 지불한 다음 '계급의 적'을 처단해준 공산당에 공개적으로 감사 인사를 해야 했다. 많은 죄수들이 수감 중 고문을 견디지 못해 죽거나 스스로 목숨을 끊었고, 수감 중의 가혹행위로 죽는 사람들도 있었다.

한때 뽈링카에서 소풍을 즐기던 라싸 시민들은 이제 라싸 인민경기장이 된 그곳에 불려 나와 수만 명이 함께 공개재판을 지켜봐야 했다. 라싸 인근에는 공개 처형장도 몇 군데 있었다. 쎄라 수도원 근처 제락강변 모래사장, 챌궁탕* 인근 섀답 발전소 옆, 그리고 시 동쪽 구짜 구치소 옆에서 각각 형이 집행되었다. 대부분의 처형장은 천장대 부근에 있었지만, 티베트 전통 천장 의식은 사구의 하나로 간주되어 이미 오래전에 금지되었기 때문에 처형당한 '불량분자'들을 위해 전통 장

* 챌궁탕: 라싸 남동부의 촌. 12-14세기 라싸 일대를 다스렸던 챌빠 왕조의 터가 있다.

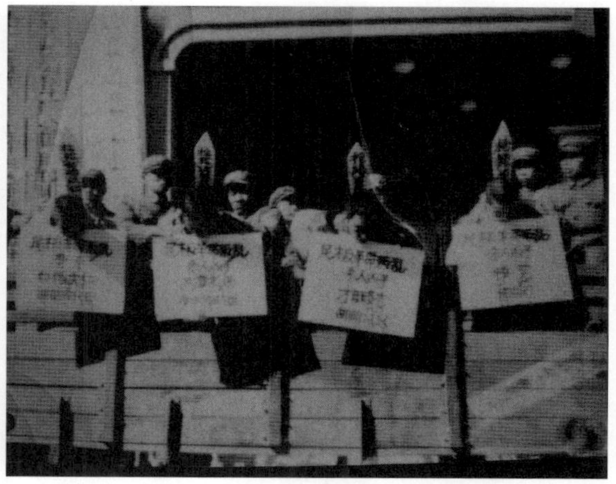

177-178. 1970년 2월, 시 외곽의 공개 처형장으로 실려 가는 도중, 사형수들은 온 시내를 돌며 사람들의 구경거리가 되었다. 녜모 열사묘지 소장 자료.

례 의식을 치러줄 수는 없었다. 사형수들이 총에 맞아 죽으면 시신은 미리 대충 파 놓은 구덩이에 바로 묻었다. 가끔 흙 밖으로 삐져나온 시신의 발을 들개들이 물어뜯기도 했다.

갼록 사령관이었던 타오창쑹에 따르면, 1969년에 일어난 소위 2차 반란에 가담한 죄로 법원 판결을 받아 1970-71년에 사형당한 사람은 295명이었다. 일부는 나중에 사후 복권되었고, 가족들은 각각 200위안(약 80달러), 이후에 800위안(약 330달러)씩 '위로금'을 지급받았다. 타오창쑹은 보상에 대해 이렇게 말했다.

> *티베트인들은 정말이지 너무 착하기만 하다. 형이 집행될 때도 그들은 "툭제"(감사합니다)라고 말했다. 200위안을 받고도 "툭제"라고 말했다. 800위안을 받고도 "툭제"라고 말했다. 모두 정말 가엾다.*

여러 사람과의 인터뷰에서 들은 바로는 당시 처형당한 사람들의 수가 타오창쑹이 말한 295명보다 많았다고 한다. 빼바르와 뗑첸현에서는 한 번에 100명 넘게

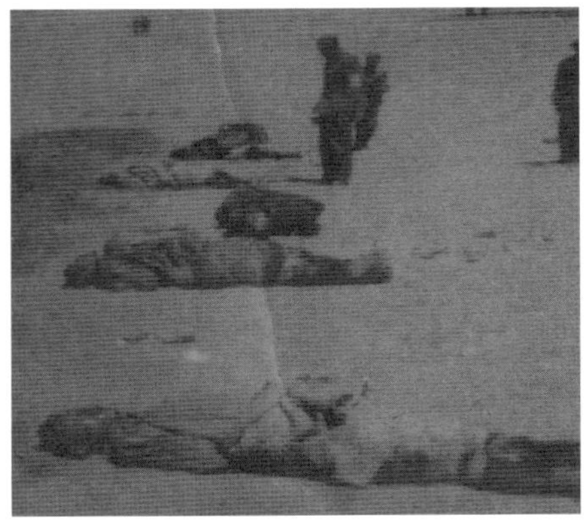

179-181. 1970년 2월 틴래 최된을 비롯한 죄수들이 라싸 북쪽 쎄라 수도원 인근 모래사장에서 처형당할 때의 모습. 죄수의 목에 걸린 플래카드에는 "녜모 반혁명 반란 수괴, 틴래 최된"이라고 적혀 있고(사진 179), 사진 180 아래에는 "처형 직전의 반란 수괴, 틴래 최된"이라고 적혀 있다. 사진 179에서 틴래 최된이라는 이름 위에 그려진 X는 사형수임을 나타낸다. 녜모 열사묘지 소장 자료.

총살을 당하기도 했기 때문이다.

1973년, 정부는 뻴바르에 '정책 실행' 목적으로 실무단을 보냈다. '2차 반란' 진압 과정에서 군대가 저지른 실책을 적발하고 바로잡아야 한다는 명목이었다. 실무단 일원이었던 티베트인 하나가 목격담을 들려주었다.

> *가는 곳마다 여자들뿐이고 남자는 모두 노인과 어린아이들이었다. 젊은 남자는 거의 없었다. 뻴바르현 전체가 다 그랬다. 왜 그랬을까? 모두 죽거나 잡혀가서 남은 사람이 얼마 없었기 때문이다. 어디를 가나 상황은 같았다. 회의라도 열리면 검은 옷을 입은 여자들만 왔다. 남자는 극히 드물었다.*

군의 진압이 어느 정도였는지 짐작할 수 있다.

먼지가 걷힌 후

1969년에 발생한 여러 건의 폭력 사태로 갠록의 입지는 약화되었고, 결국 그들의 활동도 끝을 맺었다. 주도권을 잡은 냑델은 문화대혁명이 끝난 후에도 세력을 굳건히 유지했다. 갠록파이면서 재기를 노리던 사람들은 소위 '세 종류의 인간'으로 분류되어 '기물 파괴를 일삼는 도적떼', '광적인 파벌주의자', '반란 선동자'로 불리다가 결국 숙청당했다. 어떤 민족인지는 상관이 없었다. 이같은 상황은 지금 티베트자치구에 나타나는 이상한 현상의 원인이기도 하다. 한때 냑델이었던 사람들은 자신의 파벌에 대해 자랑스러워하는 경우가 많지만, 갠록이었던 사람들은 죄인처럼 부끄러워한다. 왜 이렇게 되었을까?

문화대혁명 이후 2008년 무렵까지 티베트자치구 고위층에 오른 인물들의 경력을 살펴보면 이해할 수 있다. 거의 예외 없이 모두 문화대혁명 기간에 냑델파와 관련되었던 인물들이다. 락디(중국어로는 라이디 혹은 러디)라는 인물을 예로 들어보자. 그는 1975년부터 2003년까지 티베트자치구 내에서 고위직을 지냈다. 이 시기 내내 자치구 당위원회 부서기였고, 전국인민대표회의 부위원장도 지냈다. 그는 문화대혁명 기간에 낙추지구의 냑델 우두머리였다. 빠쌍은 1971년부터 2003년까지 당위원회 부서기였고, 2008년까지는 전국여성연맹 부주석이었다. 그녀도 로카지구 냑델 책임자였다. 2003년 자치구 인민대표대회 주임이었던 렉촉은 시가체지구 냑델 책임자였다. 1995년 자치구 부위원장, 이후 자치구 인민대표대회 부주임으로 임명된 롭상 된둡은 농노의 창 지휘관이었다. 전임 자치구 정부 부주석이었다가 이후 중국 티베트학 연구센터 총간사가 된 락빠 퓐촉은 냑델이 간행한 풍뢰격전보 티베트어 편집장이었다. 출발은 늦었지만 단기간에 고속 승진한 사람들도 있다. 2003년부터 자치구 당위원회 부서기 겸 자치구 정부 주석인 잠빠 퓐촉은 참도지구 농노의 창 지휘관이었다. 자치구 인민대표대회 부주임 갸초는 따모 기계공장 소속 냑델 지도자였다. 자치구 당위원회 상임위원인 데끼 초모는 티베트민족학원 농노의 창 요인이었다. 자치구 당위원회 부서기 겸 자치구 기율검사위원회 서기 부충은 문화대혁명 기간 중 냑델의 주요 인사였고 총걔현 혁명위원회 주임이었다. 자치구 당위원회 상임위원이자 자치구 정치협상회의 부주석, 자치구 통일전선부 부장 빠쌍 된둡은 이력서상 1969년 11월부터 1970년 12월까지 인민해방군 409부대 통역관이었는데, 해당 시기에 이 부대는 '반란' 진압에 투입되었었다. 끝으로 자치구 정치협상회의 부주석 예쎄 땐진은 문화대혁명 기간에 갠록에서 냑델로 전

향한 사람이다.

1976년 이후 중국 여타 지역에서는 문화대혁명 행동대원들을 지방 정부 인사에서 배제하기 위한 사전 검열이 시행되었다. 위 명단을 보면, 티베트에서는 이런 인사 검열이 없었다는 것을 알 수 있다. 왜 티베트만 달랐을까? 중국 정부의 속셈은 무엇이었을까? 문제는 과거 행동대원들이 경력을 이용해 중대한 이득을 얻었다는 데서 끝나지 않는다. 더 중요한 것은 그들이 번번이 '티베트 문제' 해결과 1979년 간신히 성사된 중국 정부와 망명정부 간 대화에 걸림돌이 되어왔다는 점이다. 대화는 중단되었고 다시는 재개되지 않았다.

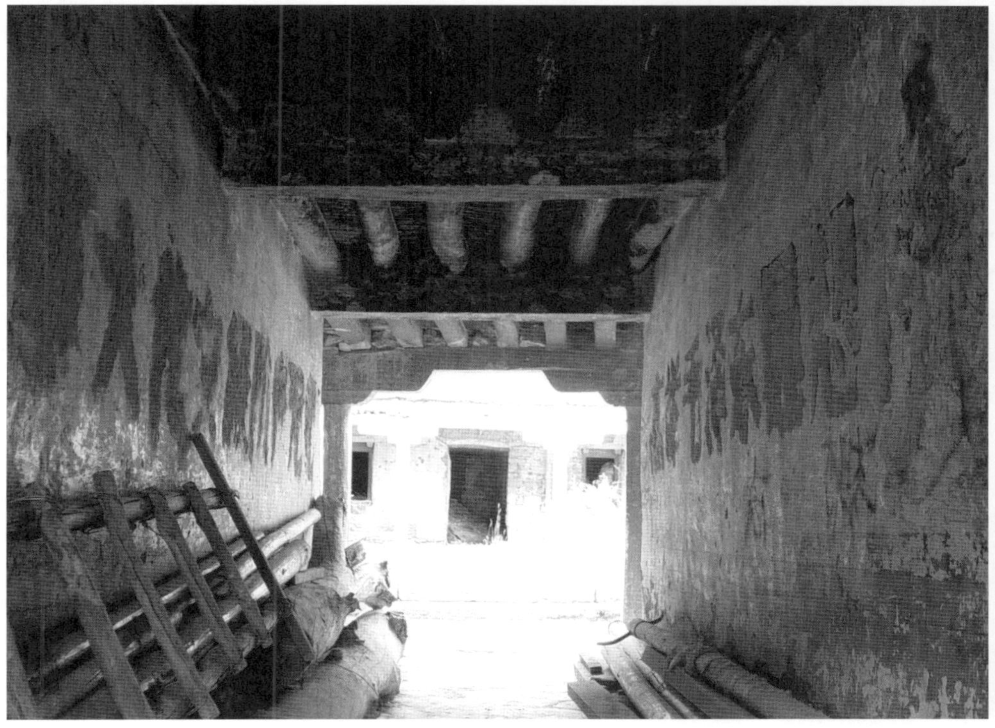

182-184. 마오쩌둥 어록이 적혀 있는 벽들은 라싸에 여전히 남은 문화대혁명의 흔적들 가운데 하나다. 사진 182는 땐걔링의 어느 주거용 건물 벽에 적힌 구호이고, 사진 183은 2004년 관광지에 적합한 환경 조성을 위해 덧칠하라는 지시가 내려올 때까지 대뿡 수도원 벽에 남아 있던 구호다. 사진 184는 라싸 인근 체촉링 수도원 벽에 적힌 구호다. 체링 외세 촬영, 2003-04.

185. 바르꼬르에서 인터뷰하다가 우연히 알게 된 평범한 티베트 여성에게서 받은 사진. 이 한 장의 사진이 수많은 정보를 담고 있다.

1969년 5월 18일 촬영한 사진 위에 누군가가 마오쩌둥의 시 ‘사오산에서七律·到韶山’의 유명한 한 구절 “붉은 깃발이 창을 든 농민들을 일으켜 세운다红旗卷起农奴戟”를 중국어로 써 놓았다. 사람들 뒤 거대한 붉은 기에는 “농노의 창農奴戟”과 “홍위병紅衛兵”이라는 글자가 중국어와 티베트어로 적혀 있다. 사진에는 총 마흔여섯 명의 남녀 홍위병이 세 줄로 나눠 앉거나 서 있다. 이 가운데 다섯 명은 티베트민족학원 소속 티베트인들이다(가운데 줄 오른쪽 다섯 번째부터 여덟 번째까지 인물 네 명, 맨 뒷줄 오른쪽에서 다섯 번째 인물 한 명). 나머지는 전부 지역 주민들로, 메루 거민위원회와 제붐강 거민위원회 소속 홍위병들이다. 모두 냥델파 사람들이다.

다섯 명의 티베트민족학원 홍위병 중에 롭상 된둡이 있다(가운데 줄 오른쪽에서 여덟 번째 인물). 당시 이미 티베트민족학원 강사였던 그는 농노의 창 지휘관을 거쳐, 문화대혁명 이후에는 티베트자치구 인민대표대회 부주임이 되었다. 같은 줄 오른쪽에서 여섯 번째 최펠이라는 젊은이 역시 인민대표대회 부주임이 되었다. 사진 속 인물 중 적어도 두 명이 부성장급 고위인사가 된 것이다.

두 명의 여성은 얼굴 부분이 검게 칠해져 있다. 둘 다 내가 사진을 받기 전에 사망했다. 두 번째 줄 오른쪽에서 두 번째 남성도 사망했다.

사진을 찍은 장소는 지금의 라싸 공안국 뒤, 뻴래촘코르라는 공원이다.

III

용의 지배

티베트의 인민해방군

갤러리 6. 군사통치

1950년 마오쩌둥이 보낸 인민해방군이 티베트에 들어온 이래로 티베트의 실질적인 권력은 모두 군에서 나왔다. '10년간의 재난' 때에도 그랬고, 지금의 티베트도 마찬가지다. 군은 여전히 티베트의 모든 정치 현안을 좌지우지하고 있다.[1] 이것은 티베트가 지니는 전략적 의미, 즉 중국 공산당에 티베트가 갖는 중요성이 매우 크다는 사실을 방증한다.

문화대혁명이라는 이름으로 자행된 폭력이 국가 기구를 마비시켰기 때문에 마오쩌둥은 군에 각급 기관의 모든 권력을 접수함으로써 사회 질서를 회복하라고 지시했다. 중국 전체가 군사 통치하에 들어갔고, 티베트도 예외는 아니었다. 1967년 5월 11일, 중국 여타 지역과 마찬가지로 티베트자치구에도 군사관제위원회가 설립되고 군대가 자치구 내 문화대혁명을 주도하게 되면서 티베트 문화대혁명은 더욱 복잡한 양상을 띠게 되었다.

중국이라는 맥락 안에서 티베트 문제가 갖는 민감성에 중국 군대가 갖는 폐쇄적 성격까지 더해지면서 군대의 개입이 전체적인 그림을 어떻게 바꾸어 놓았는지를 판단할 만한 정보를 얻기가 쉽지 않다. 높은 담벼락과 무장한 경비들에게 가려져 권력에 줄을 대지 않으면 접근이 어려운 티베트군구의 물리적 공간처럼, 이 시기 군대의 역할은 비밀에 싸여 있다. 하지만 내 아버지가 남긴 많은 사진들을 통해 티베트 역사에서 거의 알려지지 않은 이 시기를 조금이나마 엿볼 수 있을 것이다.

186. 1966년 8월 19일, 문화대혁명 개시를 축하하기 위해 라싸에서 열린 집회에 5만 명이 모인 가운데, 장궈화가 '무산계급 문화대혁명'을 축하하며 티베트 고원에 도래한 문화대혁명을 열렬히 환영했다. 사진 속 장궈화는 이미 티베트 사범학교 홍위병들에게서 받은 홍위병 완장을 착용하고 있다. 선글라스를 쓴 장궈화가 "자본가 계급, 봉건적 영주 계급의 사상, 낡은 풍속, 구습의 권위에 맹렬한 공격을 개시"하고 "반혁명 수정주의자, 자본주의 우파, 부르주아 반동 세력을 격파해 그 권위를 박살냄으로써 다시는 일어날 수 없도록 완전히 궤멸해야 한다"고 격하게 부르짖고 있다. 몇 달 후 그는 본인이 부르짖던 공격의 표적이 되어 있었다. 1967년 5월 몸도 마음도 지친 장궈화는 쓰촨성으로 전출되어 당과 정부 내 최고 자리에 올랐고, 1972년 2월 쉰여덟의 나이에 뇌졸중으로 쓰러져 청두에서 사망했다.

장궈화 뒤에 서서 박수치고 있는 사람은 티베트자치구 당위원회 사무국 서기 저우런산이다. 장궈화가 티베트를 떠난 뒤 저우런산이 자치구 공산당 제

1서기 대행을 맡았다. 저우런산은 문화대혁명 기간에 권력 투쟁으로 실각한 티베트 고위 공직자 두 명 중 하나다. 또 다른 한 사람은 1950년 중국 제18군 소속으로 티베트에 들어와 티베트군구 부(副)정치위원을 지낸 왕치메이다. 문화대혁명 발발 초기에 그는 티베트 문화대혁명 영도소조 조장을 맡았다.

저우런산은 1956년 12월 칭하이성에서 티베트로 옮겨왔다. 1967년 초 그는 갠록을 누르려고 했던 당위원회 주요 인물 중 하나였다. 하지만 그가 당 제1서기 대행이 된 이후에 냠델파 사람들이 그를 류사오치와 덩샤오핑(당시 이 둘은 마오쩌둥 정책의 적으로 간주되었다)이 티베트자치구 지도부에 심어 놓은 '검은 손'이라며 비난하고, 그의 집안과 정치 배경을 문제삼기 시작했다. 한편 갠록 측에서는 저우런산에 반대하는 움직임이 티베트군구 정치위원 런룽의 음모이고 장궈화가 뒤에서 모든 것을 조종하고 있다고 주장했다. 이와 맞물려 갠록 지지자들은 왕치메이에 대한 공세를 강화하고 그를 '대역죄인', '류사오치가 티베트에 보낸 앞잡이'라고 비난했다. 왕치메이는 곧 수감되어 심하게 고문당했다. 그는 1967년 겨우 쉰셋의 나이에 감옥에서 자살했다. 1968년 9월, 당국이 티베트 혁명위원회를 설립, 갠록과 냠델 간의 소위 '대연합'을 시도하자, 양 파벌과 군부는 저우런산과 이미 사망한 왕치메이까지 공동으로 규탄하기로 했다. 1968년 9월 7일 인민일보는 티베트 혁명위원회 설립을 보도하고 두 사람에 대한 투쟁은 계속될 것이라고 선언했다. 1971년 8월 라싸에서 열린 티베트자치구 제1차 당대표대회는 두 사람을 공산당에서 영구 제명한다고 선언했다. 문화대혁명이 끝난 뒤 두 사람 모두 복권되어 저우런산은 신장자치구 당서기로 새로이 임명되었다. 이후 그는 다시 베이징으로 옮겨 전국인민대표대회 입법위원회에서 일했고 훗날 병으로 사망했다.

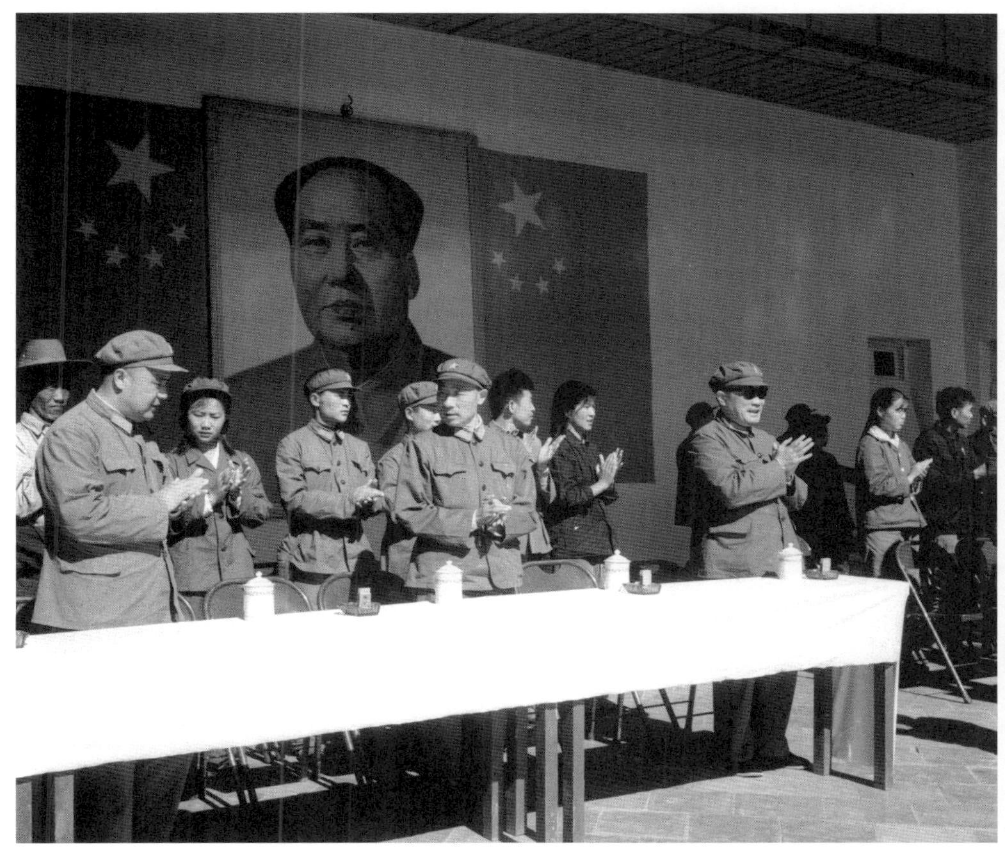

187. 사진 186에 찍힌 8·19 대중 집회 나흘 전, 장궈화는 같은 장소인 인민경기장 무대에서 열린 또 다른 집회에서 연설을 했다. 이날도 히말라야의 태양광으로부터 눈을 보호하고자 선글라스를 끼고 있다. 감개무량한 표정으로 군중을 바라보고 있는 그는 9개월 후 지금의 자리에서 억지로 물러나게 되리라고는 짐작도 못하는 것 같다. 장궈화의 오른쪽에 서 있는 사람은 역시 인민해방군 소속 런룽 장군이다. 당시 티베트군구 부(副)정치위원이었던 그가 자신의 오른쪽에 있는 인물에게 뭔가를 지적하자 상대편이 고개를 살짝 숙인 채 예의바른 미소를 짓고 있다. 티베트군구 부사령관 쩡융야 장군이다. 마치 향후 문화대혁명 기간에 벌어질 자치구 엘리트 집단 내 권력 다툼의 예고편 같은 장면이다. 장궈화가 전출되고 런룽이 냠델의 '보호막' 역할을 하고, 쩡융야가 갠록을 막후에서 지원하면서 둘은 정치적으로 치열하게 대립한다. 런룽은 이후 15년에 걸쳐 대부분의 기간 동안 정치무대를 장악한다. 여기서 우리는 카메라 렌즈를 통해 티베트의 정치 현실을 엿볼 수 있다. 1950년 인민해방군이 티베트에 들어온 이후 라싸 최고위층부터 각 현 단위까지 자치구 정부 내 모든 요직은 군이 차지했다. 군부는 자치구 내 가장 영향력 있는 자리를 계속해서 쥐고 있다가 1986년 공산당이 임명한 지역 관원들에게 자리를 내준다. 하지만 지금도 자치구 내 공산당 엘리트 서열 2위 자리를 차지하고 있는 사람들은 대부분 군인이다.

188-189. 1967년 여름 마오쩌둥 전집과 티베트어-중국어 이중 언어판 〈마오 주석 어록〉이 발매된 기념으로 군이 기획한 가두행진. 문화행사였으므로, 행진에 참가한 군인들은 티베트 군구 소속 문화공작단 문예 노동자들이었을 것이다.

당시 티베트군구에서 일했던 한 티베트인은 군 내부에서 파벌이 어떻게 나뉘어졌는지에 대해 설명해 주었다.

> 분명한 규정이 있었던 것으로 기억한다. 문학, 미술 및 기타 문예와 체육 관련 활동을 했던 사람들은 각자 다른 조직에 가입할 수 있었지만, 군구 내 일반 부대원이나 단웨이 소속 노동자는 그럴 수 없었다. 그들은 중앙의 명령에 따라야 했고 지역 파벌 다툼에 개입하는 것이 허용되지 않았다. 하지만, 파벌 다툼이 점점 격렬해지면서 티베트군구 부지 내에서 근무하는 사람들 거의 전원이 파벌로 나뉘기 시작했다. 그때가 언제였을까? 양 파벌이 이미 형성된 후였을 테니까….

군구 내 네 개 주요 부서인 사령부, 정치부, 병참지원부와 의전부(연락부 소속)가 모두 문화대혁명에 참가했다. 양 파벌로 나뉜 가운데 사령부, 정치부, 병참부 세 개 부서원들이 특히 적극적이었다. 군대 내 파벌도 지역 파벌과 마찬가지로 장궈화를 지지하느냐 배척하느냐로 갈렸다.

190-191. 사진 속 여성들은 모두 티베트군구 문화공작단 소속 군인들이다. 배우, 가수, 작가 등 이른바 '문예병사'들로 이루어진 자체 공연단을 거느리는 것이 인민해방군의 오랜 전통이다. 당시 일반 군인들은 파벌에 참여할 수 없었으므로, 문예병사들만 갼록이나 냥델에 가입할 수 있었다. 냥델파 문화공작단원들은 문예병 사령부, 갼록파 단원들은 '고원은 붉다(고원홍)'라고 각각 자칭했다. 양 파벌은 서로 사사건건 대립했고, 당시 유행하던 "파벌의 이익이 모든 것에 우선한다!"라는 신념에 따라 행동했다.

사진 191 두 번째 열 오른쪽에서 두 번째 여성 병사는 당시 문화공작단의 주역 배우였던 쐬남이다. 쐬남은 〈세탁가(시이거)〉로 알려진 1964년 중국어 작품에서 빨래하는 여성 역할을 맡아 춤을 춰서 유명해졌다. 인민해방군 병사가 강에서 빨래하는 티베트 여성을 도와준다는 내용이다. 쐬남은 나중에 문화공작단 단장이 되었고, 문화대혁명 이후에는 티베트자치구 문화국 부국장을 지냈다.

192. 군부대 대다수는 갼록파와 그들의 활동을 좋아하지 않았다. 갼록파가 안하무인으로 날뛴다는 불만 때문에 군 내부에 지지자가 드물었다. 192에서 201까지 총 열 장의 사진은 1967년 3월 라싸 시내 전역에서 벌어진 가두행진 장면을 담고 있다. 군대와 그밖의 냠델 지지자들이 공동의 적인 갼록의 '탈권' 야욕에 대한 반대 의지를 드러내기 위해 거리로 나왔다. '3·5 대중대회'로 알려진 이 행사는 갼록과 냠델의 첫 무력충돌에서 군이 갼록을 진압한 후 '반동적 주자파의 새로운 반격을 철저히 분쇄하기 위해' 라싸에서 열렸다.[2]

표면적으로 이것은 갼록과 티베트 군대 내 보수 세력이 처음으로 직접 충돌한 사건이었다. 하지만 중국 다른 지역에서 벌어진 사건들에 비추어 볼 때, 자치구 내 갼록에 대한 군대의 공격 역시 미리 계획된 것으로 보인다. 홍위병을 부추겨 권력을 공고히 하는데 성공한 마오쩌둥은 군대에 "좌파를 지지하라"고 지시했고, 이는 군대가 각급 정부기관을 접수할 것이라는 의미였다. 이것은 티베트를 포함해 중국 전역에 걸쳐 군사관제위원회가 설립되는 결과로 이어졌다.

193-195. 1967년 3·5 대중대회 중 군대가 라싸 시내를 행진하며 '좌파 지지'에 대한 의지를 과시하고 있다. 당시 좌파는 냠델을 의미했다. 군인들은 인민해방군 깃발과 함께 "중국 인민해방군 티베트군구 부대"라고 적힌 깃발을 들고 있다.

196. 화창한 날이었을 것이다. 듬성듬성 솟아난 나무들을 배경으로 빽빽하게 날을 세운 총검들이 숲을 이루고, 햇빛을 받은 금속 날은 진짜 나무가 흉내낼 수 없는 차가운 빛을 내뿜고 있다. 총검을 든 앳된 병사들은 마오 주석의 말들을 큰 소리로 외치며 행진하고 있다. 흑백 사진이지만 빨간 작은 책을 흔들며 날카롭게 빛나는 총검을 높이 든 그들의 모습이 사람들에게 얼마나 강렬한 인상을 주었을지 상상할 수 있다.

알려진 것은 이 사진을 찍은 사람이 티베트인이고 그가 혁명 군인이라는 것뿐이다. 사진 속 인물 중 누가 티베트인이고 누가 한족 중국인인지 구별할 수는 없다. 인종과 계급은 이런 시기에는 중요치 않았다. 그냥 이것이 혁명 군인들의 얼굴이라는 것 밖에 알 수 없다.

이후 한동안 라싸에서는 이처럼 중무장한 군인들의 가두행진이 빈번해진다. 이 날의 행진은 라싸 전통 기도길 중 가장 긴 코스에 해당하는 링꼬르 남쪽을 따라 이루어졌는데, 이 길은 티베트군구 부지 외벽과 면해 있다. 멀리 배경에 보이는 2층 건물은 원래 귀족인 차빠 깬상 왕뒤 일가의 집이었다. 이 무렵 일가는 이미 쫓겨나고 저택은 7·1 농기구 공장이 된 뒤였다.

197-200. 이 네 장의 사진은 감히 누구도 필적할 수 없는 혁명 군대의 강인함을 과시하고 있다. 가두행진의 의도 역시 라싸 시민들에게 혁명 군대의 위력을 과시하는 데 있었다. 커다란 마오쩌둥 초상화를 앞세우고, 펄럭이는 깃발과 요란한 확성기를 동원한 보병 부대의 군인들이 열을 맞춰 '혁명대중' 앞을 지나가고 있다. 군인들 뒤를 길게 이어진 '제팡(해방)' 트럭들이, 그 뒤를 대포들이 차례로 뒤따랐다. 행렬은 인민로를 지나 자치구 당위원회와 자치구 정부 건물이 있는 구역에서 우회전했다. 이 사진들은 아마 당위원회 구내로 들어가는 아치 입구 위에서 촬영했을 것이다. 아버지는 인민해방군 소속이었으므로 아치 위로 올라갈 수 있었을 것이다.

행렬과 함께 이동하는 현수막 외에 행렬이 지나는 길바닥에도 페인트로 구호가 적혀 있다. "2·9 사태 뒤에 숨은 진짜 악당을 기필코 밝혀내고야 말겠다!"와 같이 글자를 모두 알아볼 수 있는 것도 있지만 "군구 당위원회 내 극소수의 악당들", "홍위병 제3 사령부" 등의 구호는 일부만 보인다.

2·9 사태란 무엇일까? 이에 관해서는 〈티베트 중국 공산당 역사 주요 사건 연보〉

에 설명되어 있다. "1967년 2월 9일 베이징시 홍위병과 지역 '대중조직'의 일부 조직원이 티베트군구 부지 내로 강제로 밀고 들어가 장궈화를 사로잡았다. 수십 명의 홍위병과 조직원들은 군구 지도부에 홍위병들의 2·5 탈권을 지지하라고 요구했다. 그들은 10시간 넘게 군구를 점거했다." 따라서 인민로 위의 구호는 걘톡 편의 '대중조직'들이 적어 놓은 것이다. 그러면 '홍위병 제3사령부'는 무엇인가? 혹시 '수도 제3사령부', 즉 라싸에 지부를 둔 베이징 대학 및 전문대학 홍위병 혁명조반사령부는 아닐까?

당시 라싸에는 건물이 몇 채 남아 있지 않았고, 대부분 2층이나 3층짜리 무미건조한 군대 막사 건물이었다. 하지만 사진 속 멀리 인민로 끝에 조캉 사원이 어렴풋이 보인다. 배경의 산만큼이나 멀리, 구름에 둘러싸인 모습이다.

201. 군대가 당시 얼마나 완벽하게 무장하고 있었는지 보여주는 사진이다. 사실, 대중조직 간 싸움이 극도로 격해진 것은 결국 군대가 중립을 지키지 않고 무기를 약탈당하거나 스스로 빼돌렸기 때문이다. 이때 유출된 무기들이 우혈과 살육으로 이어졌다는 사실은 무장투쟁 기간 동안 군대의 역할을 의심하게 만든다.

군용 트럭 너머로 길가 건물 정면에 중국어로 적힌 구호가 보인다. 하나는 "2월 17일 백화점에 대한 걘록의 공격은 거대한 음모다"라는 내용이다. 역시 〈티베트 중국 공산당 역사 주요 사건 연보〉를 보면 무슨 일이 있었는지 알 수 있다. "라싸의 대중 조직들이 표적인 왕치메이를 끌어내기 위해 티베트군구 종합병원(쎄라 수도원 인근)으로 달려갔다. 뒤이어 중앙 정부는 왕치메이의 베이징행을 결정했다." '대중조직', 즉 걘록이 같은 날 여러 가지 활동을 한 것 같다. 백화점 습격을 포함한 이런 활동들은 당국의 지대한 관심을 끌었을 것이고, 이는 어쩌면 1967년 5월 11일 티베트 군사관제위원회가 만들어진 요인 중 하나였는지도 모른다.

202. 1967년 3월 초, 티베트군구는 '지방문화대혁명 지원사무소'를 설립했다. 티베트군구 당위원회 상임위원이며 정치부 주임인 인파탕이 책임자로 임명되었다. 지방문화대혁명 지원사무소는 산하에 농민과 유목민 업무, 공업과 운송 업무, 문화대혁명과 정치 및 법률 업무 등을 담당하는 공작조들을 두었다. 비슷한 사무소들이 이후 라싸를 비롯한 여러 지역에 더 설립되었다. 3월 3일 군구 발표문이 3월 7일 시짱일보에 실렸는데, 모든 '혁명대중'과 '대중조직'은 티베트군구가 군사적 통제 임무를 완성하도록 협조해야 한다는 내용이었다. 그리고 5월 11일 티베트 군사관제위원회가 정식으로 설립되었다. 장궈화가 새로운 위원회의 주임에, 런룽과 천밍이가 부주임에 임명되었고, 세 사람 모두 냠델 지지자였다.

현수막에 "중앙 정부의 티베트 군사관제위원회 설립 결정을 열렬히 지지한다"라고 적은 중국어로 미루어 보아, 이 사진은 냠델파가 1967년 5월 11일 직후 지지 결의를 다지기 위해 개최한 가두행진을 촬영한 것으로 보인다. 행진이 시작되기를 기다리는 중일까, 아니면 행진 중간에 잠시 쉬는 중일까? 앞줄에 앉은 사람들이 읽고 있는 것은 마오쩌둥의 빨간 작은 책일까, 아닐까?

203-204. 1967년 5월 군사관제위원회 설립 직후 냑델이 주관한 가두행진이다. 행렬이 자치구 교제처가 있는 건물 앞을 지나가고 있다. 지금 이곳에는 영빈관 베이징 동로지점이 들어섰다. 행렬 선두에 보이는 깃발에는 "티베트 군사관제위원회 설립을 열렬히 축하한다"라고 적혀 있다(사진 204). 냑델 계열 단체인 5·23 문예사령부와 장하이(강과 바다) 조반단의 이름이 현수막 아랫부분에 적혀 있다. 두 번째 현수막에는 "무산계급 혁명파 대연합 조반 총지휘부"라고 적혀 있다.

새로 설립된 군사관제위원회는 티베트자치구 교제처 내에 설치되었고 티베트군구의 사령부, 정치부, 연락부, 병참지원부 총 네 개 주요 부문으로부터 인원이 배정되었다. 위원회 내부에서는 100명에서 200명가량의 인원이 선전조, 생산조 등으로 나뉘어 근무했다. 위원회 자체 신문인 고원전사보를 발행했고, 자체 선전용 트럭이 있었다. 1962년 중인전쟁 때 인도군을 위협하는데 사용했던 바로 그 트럭이다. 사람들은 그 트럭에 실려 있던 확성기를 기억했다. 소리가 하도 커서 10킬로미터 밖에서도 들렸다고 한다.

사진 203, 204는 문화대혁명 기간에 중국 어디서나 쉽게 볼 수 있었던 광경이다. 다른 가두행진 사진들과 마찬가지로 현수막에는 중국어밖에 없고, 이곳이 티베트임을 보여주는 어떠한 표지나 특징도 없다.

205. 1967년 초여름에 라싸에서 있었던 또 다른 가두 행진이다. 군대에 대한 대중의 고마움을 표시하기 위한 행사였고, 군복을 입은 사람들이 행진하는 사람들을 사열하기 위해 길 양쪽에 늘어서 있다. 이 무렵 군과 갠록의 관계는 이미 급격히 나빠져 있었으므로, 이 행사는 아마도 냠델이 주관했을 것이다.

가두행진을 조직하고 공들여 촬영까지 한 것은 군과 공산당이 지역민에게서 환영받고 있다는 것을 보여주려는 지속적인 노력의 일환이다. 이러한 노력은 사진뿐만 아니라 언어에서도 드러난다. 가령 군과 공산당은 '티베트 노장들' 또는 '티베트의 오랜 일꾼들'이라는 뜻의 '라오시짱런'이라는 말을 퍼뜨렸는데 이것은 제18군을 비롯해 1950년대 초 티베트에 처음 들어온 부대 소속 군인들을 친근하게 부르는 말이다. 라오시짱런은 '남달리 고난을 잘 참고 견디며, 전투에 능한 사람들'로 인식되었다. 실제로 처음에는 지역민들과 중국 군대 사이에 밀월기간이라고 부를 만큼 사이가 좋던 따도 있었다. 하지만 좋은 관계는 오래가지 못했고, 군대와 민간의 관계는 급속도로 나빠졌다. 특히 문화대혁명 기간 중 '삼지양군' 정책이 주요 원인이었다. 중국 공산당 스스로도 삼지양군 정책이 "민족 감정을 손상시켰고 민족 간 결속에 심각한 누를 끼쳤다"며 "떠올리면 마음이 아프다"고 인정했다.[4]

206-207. 군사관제위원회를 환영하기 위해, 라싸의 많은 '대중조직'들이 군 지도부에 축하 포스터를 보냈다. 대자보는 흰 종이에, 축하 포스터는 붉은 종이에 쓰는 것이 당시 관행이었다. 사진 206은 '5·23 문예 전투 총사령부'소속의 젊은 티베트 여성 두 명이 군 장교들에게 포스터를 건네는 모습이다. 사진 204의 현수막에 적힌 조직명과 같다. 이 조직은 연극단, 산시가극단, 허난가극단 및 기타 문학예술 조직 내 냥델 지지자들로 이루어져 있었다.

사진 207에서 모양이 같은 다섯 개의 포스터는 아마도 다섯 개의 친 냥델 '대중조직'에서 당시에 유행하던 형식에 따라 써 보냈을 것이다. 각 포스터는 '최고지시'라는 제목 아래에 〈마오쩌둥 어록〉에서 발췌한 문장을 쓰고 이어서 포스터를 제작한 대중조직이 군사관제위원회에 충성을 맹세하는 내용으로 이루어져 있다. 모두 중국어로 제작되었는데, 아마도 당시 이런 종류의 글을 작성하는데 필요한 어휘들이 티베트어에는 존재하지 않았고, 이런 종류의 충성맹세 행사를 조직한 사람들과 조직의 지도층이 대부분 한족 중국인이었기 때문일 것이다. 두 사진 모두 군사관제위원회의 임시 본부로 사용된 자치구 교제처 건물 앞에서 촬영되었다.

208-209. 인민해방군 병사처럼 보이는 여성이 추수하는 티베트 농민들을 돕고 있다. 군과 대중이 서로 물과 물고기 같아야 한다며 우호적인 관계의 중요성을 반복해서 강조한 마오쩌둥의 뜻을 반영한 사진이다. 특히 마오쩌둥은 대중이 인민해방군을 '푸싸빙'(보살병, 군인 보살)으로 인식하기를 바랐고, 티베트의 '수백만 해방농노'가 군대를 보살로 받아들이도록 많은 공을 들였다.

사진 208과 209에서 군복을 입은 티베트 여성은 티베트군구에 주둔한 부대원이다. 옷깃에 붙은 붉은색 표지가 군인 신분임을 보여준다. 이 여성은 티베트군구 병참지원부가 보리를 수확하는 농부들을 돕기 위해 따로 조직한 마오쩌둥 사상 선전대 소속이다. 선전대는 티베트군구 소속 혹은 라싸에 있는 군구 종합병원 소속 여성 군인들과 군구 병참지원부가 운영하는 자동차정비소 여성노동자들로 이루어졌다. 또 톈진에서 '국경지역개발지원청년단'의 일원으로 와서 병참지원부에 배속된 중국 여성들도 다수 선전대 활동에 참여했다.

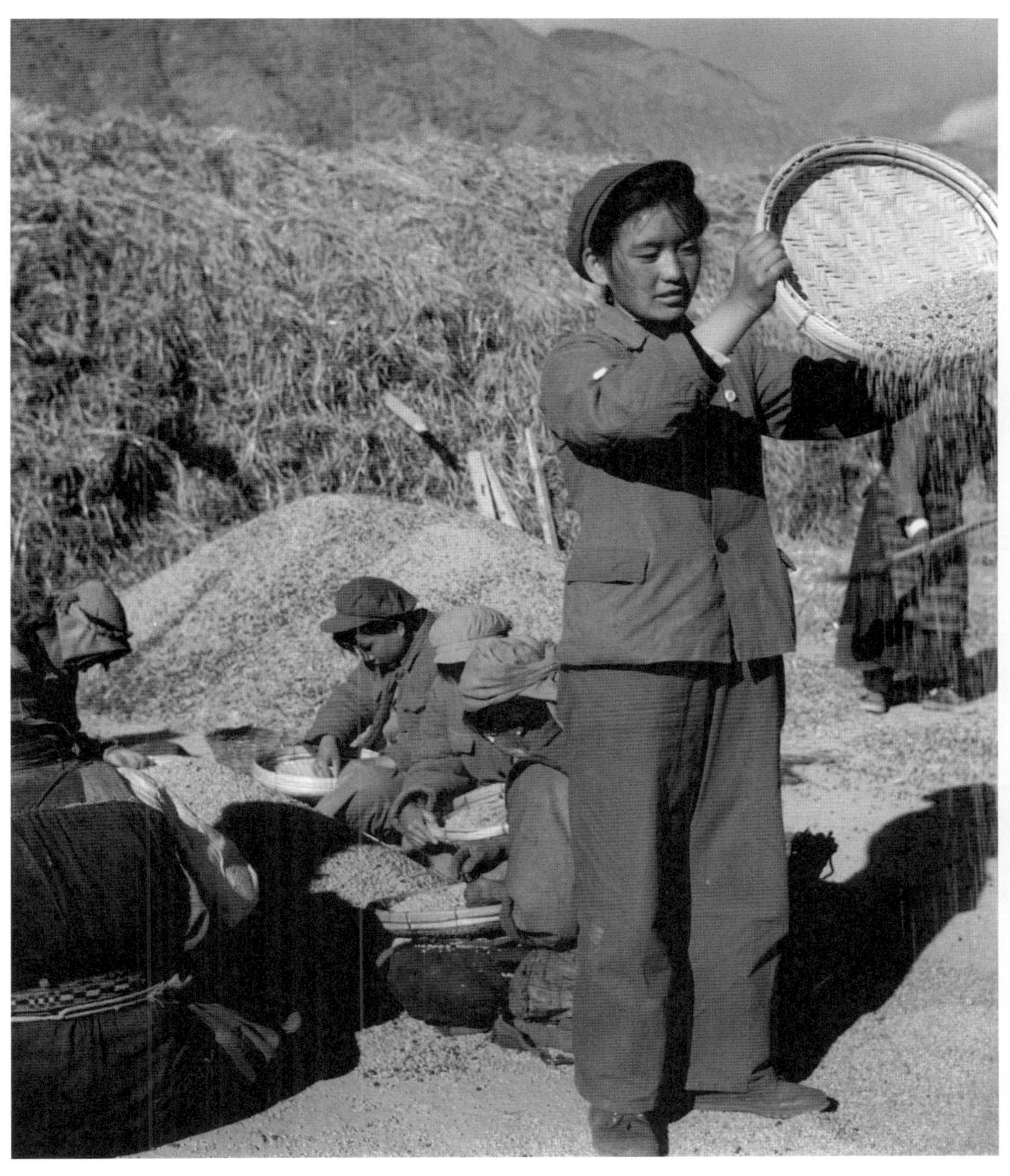

210. 군모와 중산복을 착용한 또 다른 여성 선전대원들의 모습이다. 바닥에 앉아서 머릿수건을 두른 티베트 여성들과 함께 보리를 키질하고 있는 두 명은 톈진에서 온 '국경지역개발지원청년단' 단원들이다. 서서 소쿠리의 보리를 쏟아내는 여성은 라싸 출신의 아누라는 여성이다. 아누는 군인이 아니라 티베트군구 병참지원부가 운영하는 자동차정비소 노동자다. 아누는 당일 파견되어 톈진 출신 선전대원 및 여군들과 함께 작업하게 되었다. 내 부모님의 오랜 지인이었던 아누는 이 세 장의 사진을 찍은 장소가 라싸 동쪽 응아첸로 인민공사의 밭이었다고 알려주었다.

211-212. 가난한 농촌에서는 의사도 적고 의약품이나 의료 서비스를 받을 기회도 드물었기 때문에 군 의료 인력으로 구성된 순회 진료소가 환영받았다. 순회 진료소들은 문화대혁명 말기 극심하게 악화된 군과 민간의 관계를 완화하는 역할을 했다. 사진 211은 티베트 여성의 눈에 안약을 넣어주는 여성 군인의 모습이다. 라모라는 이 군인은 티베트군구 종합병원 소속 간호사다. 입대하기 전 라모는 중국 공산당에 협력하는 티베트인들을 양성하기 위해 만들어진 티베트 지방간부학교에서 내 어머니와 같은 반이었다.

티베트의 인민해방군

티베트 공산당 내 서열 1위였던 장궈화에 대한 갠록의 공격은 군의 반감을 불러일으켰다. 이 사건은 군 내부 군벌 전통에 위배되는 것은 물론, 1950년대부터 티베트에 주둔하면서 이곳의 특수한 복무환경으로 인해 내부적으로 강력한 정서적 유대를 키워온 인민해방군을 자극했다. 장궈화가 1950년 티베트 진군에 앞장섰던 제18군 사령관이었기 때문에 10여 년이 지난 문화대혁명 기간에도 티베트 내 많은 군 장병들은 여전히 그에게 충성했다. 그들에게 장궈화는 일개 군인 이상의 의미였다. 그는 공산당과 인민해방군이 1950년부터 1966년까지 17년간 티베트에서 이룬 모든 것을 대표하는 인물이었다. 장궈화를 부정하는 것은 공산당과 군이 성취한 '티베트 해방'의 의미를 부정하는 것이나 다름없었다.

1966년 9월 이후 학생 홍위병들이 티베트군구 지도부에 도전해, 군 관계자를 감금하고 그들의 집을 수색하는 일이 여러 차례 발생했다. 장궈화는 티베트는 다른 지역과 상황이 다르기 때문에 학생들에 대한 규제가 필요하다고 주장하며 학생들의 행위를 막으려고 노력했다. 10월 28일, 그는 중국 학생들이 티베트에 와서 지역 홍위병과 '연계'하는 일이 없도록 막아 달라고 저우언라이에게 청했다. 학생 홍위병들, 특히 중국 본토에서 들어오는 홍위병들에 대한 장궈화의 태도가 문화대혁명 개시 3개월 만에 급변한 이유는 무엇이었을까? 학생 홍위병들이 너무 말썽을 피우고 그 자신은 물론 군대와 관련해 너무 민감한 문제들을 건드렸기 때문일까?

군 내부에는 장궈화와 다른 의견을 가진 이들도 분명 있었다. 수가 많았다고는 할 수 없지만, 분란을 일으키기에는 충분한 수였다. 티베트 상황을 평정하기 위해, 중국의 저우언라이 총리는 이미 10월 19일 당시 베이징에서 학교를 다니던 티베트 학생 대표 11명을 접견했다. 저우언라이는 학생들에게 장궈화가 비록 부족한 점이 있고 실수를 했는지는 몰라도 여전히 좋은 동지라고 말했다. 이후 1967년 2월 24일 중앙문화대혁명소조가 갠록에 보낸 전보에는 장궈화가 "기본적으로 좋은 동지"라며 티베트 주둔군에 혼란을 야기할 수 있는 행동은 무엇이든 피하라는 메시지가 담겨 있었다.[5] 중국 공산당의 시각은 "티베트가 미국 제국주의, 소련 수정주의, 인도 반동파와 투쟁하기 위해 필요한 남서 전초기지"라는 공식 입장문에 나타나 있다.[6] 이처럼 전략상 중요한 지역을 통제하기 위해 공산당은 홍위병이건, 조반이건, 문제만 일으킬 줄 아는 군대 내 소수의 개인들보다는 장궈화를 비롯한 노련한 군인들에게 우선순위를 두었다.

정서적 스트레스와 고산 기후로 인한 건강상의 문제를 들어 당국은 장궈화를 티베트에서 쓰촨성으로 옮겨 그곳에서 티베트 정치 문제에 계속 관여하도록 했다. 하지만 그의 부재로 인한 권력 공백으로 라싸 고위층 내부에 암투가 벌어졌다. 결국 티베트군구 부정치위원 런룽이 권력을 잡으면서 티베트 문화대혁명 역사의 또 다른 주요 인물로 부상했다. 철권통치를 실시한 군인으로 알려진 런룽은 문화대혁명 직전인 1964년 티베트에 왔다. 티베트 내 경력이 비교적 짧았기 때문에 17년 동안 티베트에서 지낸 장궈화 같은 인물들처럼 갠록의 집중 공격을 받지 않았다. 하지만 그는 처음부터 갠록에 대해 강경한 입장이었고 따라서 냠델의 강력한 보호막으로 여겨졌다. 1967년 3월 이후 그는 티베트 군사관제위원회 부주임으로서 티베트 문화대혁명 내내 벌어진 권력 다툼의 중심인물로 부상했다.[7] 1968년 9월 혁명위원회가 설립되고 1년도 되기 전에 그는 엄혹한 군사적 수단으로 소위 '2차 반란'을 평정하고 갠록을 철저히 무너뜨렸다. 정치뿐 아니라 군사 권력까지 쥔 런룽은 티베트자치구를 9년 동안 혹독하게 통치했다.

정치 선전활동이 뜸해진 문화대혁명 말기에는 종교 활동이 조금씩 가능해졌다. 하지만 1976년 마오쩌둥의 죽음으로 마침내 문화대혁명이 끝났을 때, 이미 사회 전체는 당장 복구가 시급한 상황이었고, 특히 티베트는 수습이 불가능할 정도로 망가져 있었다. 1979년 달라이 라마가 파견한 망명정부 대표단이 마침내 중국 정부의 허가를 얻어 티베트를 방문할 수 있게 되었다. 라싸에 입성한 대표단을 향한 시민들의 열렬한 환호는 티베트에서 숨막히는 '극좌' 통치의 종식을 의미했다. 이것은 런룽의 철권통치에 대한 야유였을 뿐만 아니라 티베트 내 정권 기반에 대한 근본적인 의문을 던지는 사건이었다.

1980년 5월, 망명정부 대표단이 떠난 직후, 후야오방 당시 중국 공산당 총서기가 티베트에 시찰을 나왔다. 티베트의 전반적인 빈곤과 낙후된 현실을 보고 충격을 받은 후야오방이 런룽을 면전에서 꾸짖으며 한 말은 유명하다. "(중앙으로부터) 받은 돈을 야르룽짱뽀강에 다 던져버렸군!" 그로부터 몇 달 후, "티베트 문화, 종교, 언어 개혁에 대해 무관심하다는 평이 자자하고", "티베트 인민의 정서를 전혀 이해하지 못했던" 런룽에게 티베트를 떠나라는 지시가 조용히 내려왔다.[8]

런룽의 후임은 제18군 출신 베테랑 군인 인파탕이었는데, 그도 런룽과 마찬가지로 티베트 전통문화에 대해 편견을 가지고 있었다. 1985년에 티베트에서 은퇴했으니 런룽의 후임으로 권좌에 오를 당시 이미 상당한 고령이었음에도 불구하고 인파탕은 계급 투쟁의 활시위를 늦추지 않았고, 은퇴 이후에도 늘 티베트 문제에 관해 공산당에 의견을 제시했던 것으로 유명하다. 특히 1999년에는 동티베트(쓰촨)에 있는 유명한 불교 교육기관 라룽가르에 대한 불만을 담은 서한을 중앙정부에 보내기도 했다. 서한에서 인파탕은 라룽가르에 너무 많은 인원이 모이는 바람에 이곳이 캄 지구 분란 세력의 근거지가 될 위험이 있다고 지적했다. 결국 그가 서한을 제출한 지 1년 이내에 동시대 불교 도량의 모범사례이자 아마도 세계 최대의 불교 교육기관이었을 라룽가르의 대부분이 철거되었다.[9]

213. 2001년 여름 링꼬르 북부의 어느 길모퉁이. 건물 정면의 붉은 현수막에는 "티베트의 평화적인 해방 50주년을 열렬히 축하"한다고 적혀 있다. 사진 속 금빛 조형물은 일반인들 사이에서 '황금 말'(근처에 있는 두 마리 황금 야크와 구별하기 위해)이라고 불리던 것인데 이후 다른 곳으로 옮겨졌다. 조형물을 만든 예술가가 생각한 티베트 유목민은 마상 경주용 복장을 갖춰 입은 모습이었나 보다.

214. 2001년 7월 1일, 중국 정부는 포탈라궁 광장에서 당 건립 80주년을 '기념'하는 행사를 열었다. 인민무장경찰이 공산당기를 향해 경례하기 위해 대열을 맞춰 서는 와중에 비구니 하나가 다가와 포탈라궁을 향해 합장하고 있다. 티베트인이라면 이 승려가 포탈라궁의 원래 주인인 달라이 라마를 향해 기도를 올리고 있다는 것을 알아차렸을 것이다.

1986년 이후, 중국 공산당은 마침내 자치구 내 최고위직을 군인들에게 독점적으로 내주던 관행을 그만두었지만, 그렇다고 티베트에서 군대의 위상이 약해졌다는 의미는 아니다. 오히려 이때부터 근은 1983년 설립된 준군사단체인 인민무장경찰과 공조했다. 인민해방군과 무장경찰이 '티베트 사회 안정을 보장하는 양대 기둥'으로서 서로 '손을 잡기로' 한 것이다.

군 내부의 갈등

아버지는 문화대혁명 초기 티베트군구 소속 부단직(副團職) 장교(부연대장에 해당)였다. 티베트 군사관제위원회가 설립된 후에는 위원회 소속 선전대에 배속되었다. 1959년 겨우 열세 살의 나이에 장궈화가 이끄는 인민해방군의 일원으로 티베트에 온 아버지는, 지나친 권위를 누린다는 이유로 최고위 장교들을 끌어내려야 한다고 주장하는 이들에게 반감을 가지고 있었다. 그 결과 아버지는 냥델을 강력히 지지하게 되었다. 어머니는 이렇게 설명했다.

> *그 당시에는 군대도 두 개의 파벌로 갈라져 있었다. 사령부도, 정치부도, 연락부도 각 파벌의 지지자들로 양분되었다. 군대가 지역 조직에 가입하는 것은 금지되어 있었지만, 개별 장병들이 조직의 의견에 동조하거나 조직과 접촉하는 것까지 막을 수는 없었다. 대체로 선임 간부들은 냥델을, 하급 간부들은 갠록을 지지했다. 예를 들어 연락부에는 중국 본토에서 대학을 막 졸업하고 영어, 힌디어, 네팔어 같은 외국어를 할 줄 아는 신입들이 있었는데 그들은 갠록에 동조했고, (저자의) 아버지를 비롯해 제18군 출신들은 냥델의 견해에 동조했다.*
>
> *장병들은 군대 안에서 자체 비판대회를 열고 동료를 규탄했다. 제18군 소속으로 티베트에 와서 연락부 부부장까지 오른 왕팅옌이라는 사람이 있었다. 지주 집안 출신이었는데, 문화대혁명이 시작될 무렵 아마도 출신계급 때문이겠지만 왕팅옌이 다른 군인들의 표적이 되었다. 그는 자신이 당한 일을 견디지 못하고 군사 연락부 사무실로 사용되던 건물에서 목을 매 자살했다. 당시 연락부는 군구 부지 옆에 있던 랑뒨인가 차롱인가 하는 옛 귀족 저택 일부를 사무실로 썼었는데 거기서 왕팅옌이 자살했다.*
>
> *이후 그의 유해를 라싸강변 언덕 비탈에 급히 묻었다. 자살했다는 것은 그*

가 중국 공산당과 인민을 등졌다는 의미였기 때문에 혁명에 공헌한 노장이지만 반역자, 반혁명분자가 되어버렸고 아무도 그를 위해 나서주지 않았다. 왕팅옌은 문화대혁명이 끝나고 나서야 복권되었다.

215-216. 1967년 8월 17일자로 티베트 군사관제위원회 관계자에게 발급된 신분증 앞뒤면. 뒷면에 마오쩌둥 어록을 인용해 "대중을 믿고 의지하며, 인민해방군을 믿고 의지하며, 간부 대다수를 믿고 의지해야 한다"라고 적혀 있다.

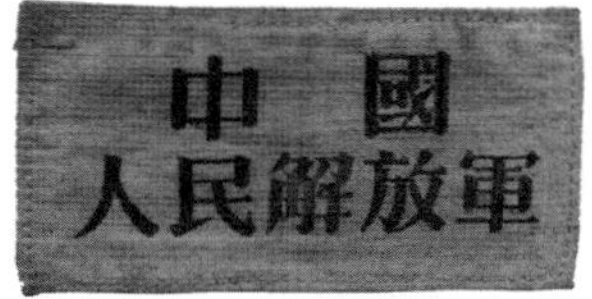

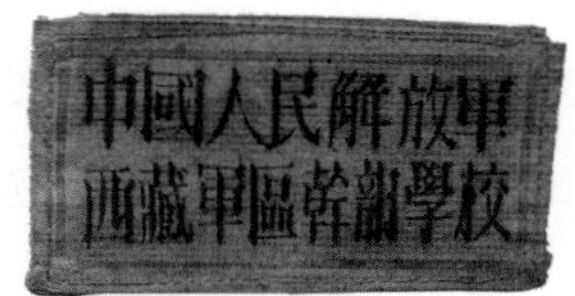

217. 아버지의 인민해방군 군복에서 떼어낸 배지. 왼쪽에는 "중국인민해방군", 오른쪽에는 "중국인민해방군-티베트군구 간부학교"라고 각각 중국어로 적혀 있다. 아버지는 1954년 7개월간 간부학교에 다녔다.

군대 내 파벌 다툼은 매우 심각했다. 수년간 군구 부지에서 근무했던 쭈니라는 티베트 여성은 당시의 상황에 대해 이렇게 말했다.

당시 파벌성향은 무서웠다. 사람들이 모두 뭐에 씐 것 같았다. 본래 우리는 서로 갈라지거나 불신하지 않았는데, 파벌이 모든 걸 바꿔버렸다. 당시에는 파벌이 최우선이었다. 같은 파벌끼리는 한없이 가까웠고, 다른 파벌끼리는 말도 못 하게 대립했다.

쭈니는 또 군대 내에서 감히 장궈화를 드러내놓고 비난했다가는 매우 안 좋은 일을 당할 수도 있었다고 했다. 그녀는 군구 병참지원부 부부장이었던 위신이라는 사람에 대해 회상했다.

그가 회의 중 벌떡 일어나 장궈화에 대한 안 좋은 의견을 큰소리로 말하자 곧 난리가 났다. 간부며 사병들이 붙같이 화를 냈다. 정서적 거부감 때문이건 부당하다는 판단 때문이건, 그들은 장궈화에 대한 모욕을 받아들일 수 없었다. 거의 순식간에 상황은 건잡을 수 없이 흘러갔고 위신은 당장 회의장에서 옥외로 끌려 나가 즉석에서 열린 비판대회의 표적이 되었다. 누가 옳고 그른지는 더 이상 중요하지 않았다. 사람들이 그를 때리기 시작했고, 구타는 매우 심각했다. 간부들 뿐 아니라 사병들도 가담했다. 사병들도 아무 거리낌 없이 그를 때렸고, 결국 부부장은 맞아 죽었다.

충격적인 사건이었다. 쭈니의 표현을 빌자면 "아무리 그래도 부부장이었는데, 병참지원부 부부장이라는 사람이 자신의 부하들한테 맞아 죽은" 사건이었다.

하지만 결국 '권력은 총구에서 나온다'. 이 말을 마오쩌둥 시대의 공산주의자들만큼 피부로 느낀 사람들도 없을 것이다. 그들의 세계에서는 '당이 곧 군대고, 당이 곧 총'이었다. 당은 군대에 의지할 수밖에 없었고, 내부에 파벌다툼이 있는 것은 사실이지만 혼란한 정국을 바로잡을 능력을 가진 것은 어쨌든 군대뿐이었다. 중국 전역에 군사관제위원회를 세워 기능이 마비된 각급 정부기구에 대한 통제권을 확보하라는 지시가 군에 떨어졌고, 다오쩌둥은 군인들에게 이른바 '삼지양군' 정책을 실행하라는 임무를 맡겼다. '삼지'는 좌파 대중, 농업, 공업 생산을 지원하라는 뜻이고, '양군'은 정해진 기관과 행정업무에 대한 군사 통제와 학생들에 대한 군사훈련을 강화하라는 뜻이다.

군 선전대의 뜨거운 헌신

삼지양군 정책의 임무를 맡은 것은 '인민해방군 마오쩌둥 사상 선전대', 줄여서 '군 선전대'였다. 문화대혁명 초반에 수많은 군 선전대가 티베트 곳곳에서 만들어졌고, 티베트 군사관제위원회가 설립된 후에는 더 많은 군 선전대가 농촌 깊숙한 곳까지 파견되었다. 선전대는 마오쩌둥의 글과 어록만을 선전했던 것이 아니라 농사를 돕고, 가축을 돌보고, 진료소를 운영하고, 영화를 상영하고, 추수를 하고, 심지어 이발도 했다. 일의 경중을 따지지 않고 무슨 일이건 했다.

한때 선전대원이었던 쭈니는 여전히 그들의 뜨거운 혁명정신을 자랑스러워했다.

우리는 지금은 상상조차 할 수 없는 열정과 투지로 일했다. 열정적으로, 사심도 두려움도 없이 일했고, 스스로를 위한 어떠한 욕심도 없었다. 돈은 한 푼도 받지 않았다. 우리 모두 돈 같은 건 상관없었다. 그래서 아무도 돈을 달라고 나서지 않았다. 우리는 일에 모든 걸 바쳤다. 그냥 어깨에 붉은 깃발을 메고, 마오 주석의 어록을 노래로 부르며 일터로 나섰다. 우리는 이상주의자들이었다. 순수했다. 너무 순수했다. 모두 하나의 목표를 향해 달려가고 있는 것 같았다. 마오 주석의 혁명 노선을 지키기 위해서라면, 죽어도 상관없을 것 같았다. 모두 그런 각오였다.

한편, 말이 선전부대였지 선전은 그냥 표면상의 임무였을 뿐 이들의 가장 중요한 임무는 조사와 탐색이었다. 그들의 치밀함과 철저함은 놀라울 정도였다. 가령 라싸 성관구 남구 승리 사무소를 담당한 선전대는 '새로운 것을 세워라' 거민위원회 소속이면서 냑델에 가입한 370명에 대해 상세 보고서를 작성했다. 보고서는 두 가지 조사 결과를 근거로 작성되었다. 첫 번째 조사에서 316명이 '강경한 입장'인 반면, 54명은 갠록과 냑델 사이에서 아직 '동요 중'인 것으로 드러났다. 두 번째 조사에서는 250명이 믿을 만하고, 120명은 결속을 다지기 위한 추가 작업이 필요한 것으로 나타났다. 보고서는 또 '불량분자'들에 대한 '혁명대중'의 비판과 폭로도 포함하고 있었다. 선전대는 감시와 기강 유지도 책임지고 있었던 것 같다.

당시 정부는 선전대가 수행한 삼지양군 정책의 성과를 홍보하려고 했다. 중국 음악가 두 명이 만든 '해방군에 바치는 내 마음의 노래'는 바로 그런 목적을 위해 티베트 전역에 퍼뜨린 노래다.[10] 티베트 '해방농노'들이 부르도록 만든 노래임에도 불구하고 중국어로 지어진 가사의 내용은 다음과 같다.

*보리술*을 올리지 않을 테요.*
버터차도, 카딱도 드리지 않을 테요
대신 내 마음의 노래를 불러 드리리.
가족 같은 진주마, 인민해방군에게 불러 드리리![11]
라라라, 오 내 사랑 인민해방군!
고마워요, 우리를 해방시켜 줘서.

* 보리술: 티베트 고산보리(靑稞)로 만든 술. 티베트어로는 '창'이라고 한다.

수백만 농노였던 우리, 이제는 우리가 주인이라오!
고마워요, 좌파, 노동자, 농민을 지원해 줘서.
문화대혁명의 새로운 승리여!
보리술을 올리지 않을 테요.
버터차도, 카딱도 드리지 않을 테요.
대신 내 마음의 노래를 불러 드리리.
가족같은 진주마, 인민해방군에게 불러 드리리!
라라라, 오 내 사랑 인민해방군!
고마워요, 마오 주석의 책을 가져다 줘서.
혁명의 진리는 영원히 우리 곁에!
고마워요, 그대들의 총으로 국경을 지켜 줘서.
붉은 땅에 우리 영원히 살리라!

왜인지는 모르겠지만, '해방된' 티베트인들이 당연히 가사처럼 고마워할 것이라고 생각했나 보다. 이 노래는 여러 가지 면에서 공산당 체제의 그런 사고방식을 드러낸다.

인민해방군에서 선전대로 차출되는 사람들은 마오쩌둥이 정한 '공산주의로 무장한 신인류'의 자격 요건에 최고로 부합해야 했다. 즉, '절제하고', '도덕성이 뛰어나며', '이상이 넘치고', '교양을 갖춘' 사람이어야 했다. 그런데 정말 선전대원으로 뽑힌 이들은 신인류의 조건에 적합한 사람들이었을까? 정말로 '해방군에 바치는 내 마음의 노래'에 표현된 감사를 받을 자격이 있는 사람들이었을까? 선전대원이라고 해도 엄연히 파벌 다툼이 존재하는 군에서 차출된 사람들인데 일반 대중 사이에 발생하는 분쟁과 다툼을 공정하게 해결할 수 있었을까? 선전대원들은 자신들이 지원해야 하는 충성스러운 좌파가 자칭 조반인 갠록인지 아니면 비교적 보수적으로 평가되는 냠델인지 과연 어떻게 판단할 수 있었을까?

한편, 군 내부 파벌 다툼과는 비교도 안될 만큼 훨씬 강력하고 예측할 수 없는 권력 다툼이 정치권 전반에서 일어나고 있었다. 베이징의 상황은 하루하루 급변했고, 어제의 동지가 오늘의 적이 되곤 했다. 그 여파로 밤사이 냠델이 밀려나고 그 자리를 갠록이 차지하는 상황이 군에서도 충분히 일어날 수 있었다. 결국 누가 '좌파'인가, 나아가 누구를 지원하고, 누구를 억누를 것인가에 대한 결정은 정치 상황

전반에 걸쳐 일어나는 위험천만한 예측불허의 변화에 의해 좌우될 수밖에 없었다. 단 한 가지 변하지 않는 그 시대의 철칙은 '한쪽 파벌을 지지하면, 다른 쪽 파벌은 짓밟아야 한다'는 것이었다.

삼지양군 정책은 일련의 폭력사태를 불러왔고, 그 결과 군 내부의 심각한 문제점들이 다수 드러났다. 이로써 사회 전반에 혼란이 가중되었고, 군과 인민의 관계는 급격히 악화되었다. '좌파를 지원하기 위해' 티베트 농촌으로 파견된 군인들이 '해방농노'들에게 살해당하자, 군은 '반란 평정'과 '비적 토벌'이라는 명목의 대량학살로 되갚았다. 뿌리 깊은 원한이 자리 잡았다. 게다가 일부 선전대가 고문으로 자백을 강요하는 바람에 표적이 된 사람들이 자살하는 일도 있었다. 살인도 빈번했고, 다른 한편으로는 권력을 이용해 이득을 챙기려는 사람들도 생겼다. 한 예로, 타시룸포 사원에 주둔했던 선전대 대장이 몰래 금불상, 금 발우, 옥, 코뿔소 뿔로 만든 장식품 등 값나가는 물건들을 훔쳐 내다가 결국 승려들이 베이징에 고발하는 바람에 적발되기도 했다.

삼지양군 정책에 관해 자세하지는 않지만 알려진 이야기들이 더 있다. 홍위병 사구타파의 표적이 되었다가 이어지는 파벌 다툼으로 더욱 망가진 사찰들은 이후에도 여러 가지 심각한 공격에 노출되었다. 문화대혁명 초기에 화를 면한 라뎅 수도원의 경우, 군 선전대가 자주 '방문'한 후 폐허가 되고 말았다.[12] 라싸 부근 마을들을 가보면 군 선전대에 의해 부서진 수도원 터를 볼 수 있다. 문화대혁명 기간 중 군사관제정책은 기대했던 방향과는 분명 다르게 진행되었고 그 과정에서 티베트인들 사이에는 갈등과 공포가 가중되었다.

문화대혁명 기간 중 군이 연루되어 발생한 손실에 대해 군대는 커다란 대가

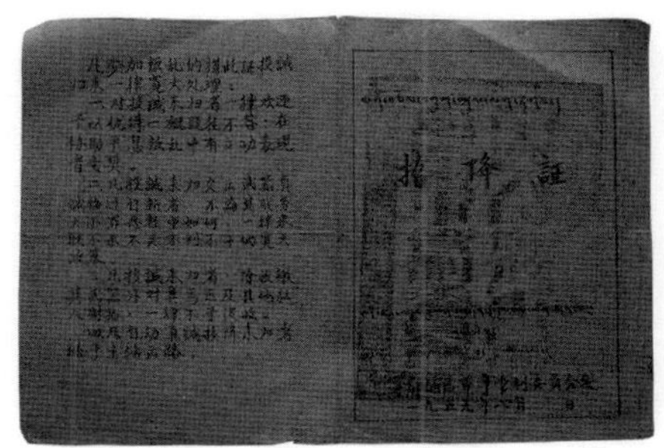

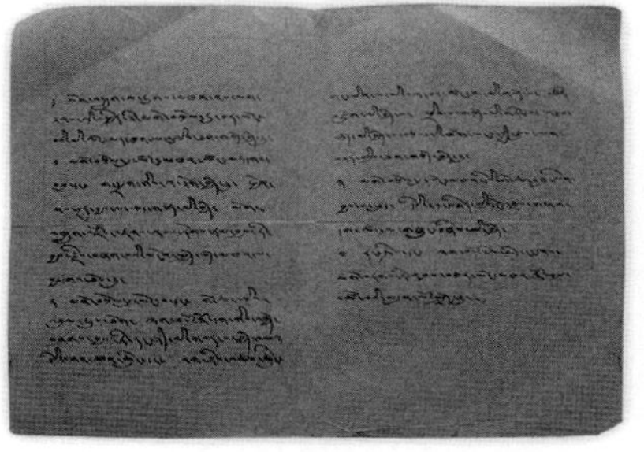

218-219. 인민해방군이 티베트 '무장반란군'에게 발행한 중국어와 티베트어로 된 '항복증서'. 1959년 8월자로 발행된 이 증서는 참도 지구에서 군 당국이 발행한 것으로 보인다.

를 치렀다. 1968년 6월 7일 라싸 조캉 사태는 대다수 '해방농노'가 인민해방군에 대해 가지고 있던 인식을 바꾸어 놓았다. 1968년 9월 군사관제위원회가 티베트자치구 혁명위원회로 대체되었지만, 군대는 여전히 '대중'과 군인들 사이에 형성되어야 했던 '물과 물고기' 같은 유대감을 짓밟은 두려운 존재로 남았다.

6·7 조캉 사태가 일어난 지 몇 달 지나지 않은 1968년 12월, 베이징 중앙군사위원회는 13개 최고 군구 중 하나였던 티베트군구를 성급 군구로 강등시켜 청두군구에 귀속시키기로 결정했다. 하지만 이듬해 군대가 '반혁명 반란 평정'으로 사실상 또 다시 티베트인들에게 치명적인 타격을 입힘으로써 상황은 더욱 악화되었다.

안타깝지만 이 무렵 다시 한번 촬영 공백기가 있었고, 그래서 이 시기의 티베트 역사를 보여줄 만한 사진이 없다. 친 갠록 성향의 티베트군구 사령관 쩡융야가 새로 티베트자치구 혁명위원회 주임이 된 후 군 내부에 또 한 번 파벌 다툼이 일면서 냥델파가 100명 넘게 숙청당했는데 아버지도 그중 한 사람이었다. 1970년 초, 아버지는 티베트자치구에서 전출되었고, 당시 셋째 아이를 임신 중이던 어머니와 나, 그리고 여동생을 데리고 라싸를 떠났다. 새 부임지는 라싸에서 동쪽으로 직선거리로 970킬로미터나 떨어진 쓰촨성 까르제 티베트자치주 따우현이었다. 예로부터 티베트어로 캄이라 부르던 동티베트에 속한 지역이었다. 아버지는 그곳에서 인민무력부라고 하는 현청급 부서에 배속되었다.

하지만 아버지는 라싸 시절을 잊지 못했다. 캄으로 전출된 지 20년이 흐른 후, 우리는 마침내 라싸로 돌아갔다. 하지만 1년도 채 못 되어 아버지는 갑자기 병을 얻어 50대 중반의 나이에 사망했다. 1991년 아버지는 라싸 서쪽 외곽 열사묘지에 묻혔다. 지난 세월 아버지의 전우들과 문화대혁명 기간 무장투쟁 때 목숨을 잃은 홍위병들이 영면에 든 바로 그곳이다.

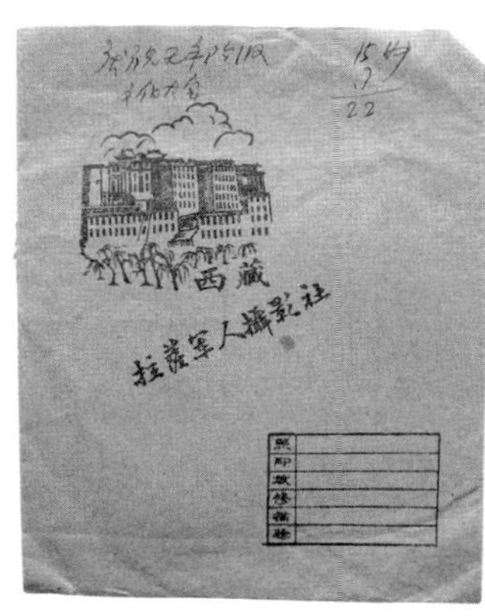

220-221. 아버지는 이 책에 실린 사진들을 포함해 자신이 찍은 사진과 네거티브 필름들을 이런 봉투에 담아 보관했다. 종종 겉면에 봉투 속 사진에 관해 손으로 쓴 짤막한 메모를 남겨두곤 했다.

갤러리 7. 전민개병: 티베트의 민병대

티베트자치구에서 전출당한 뒤 현청급 인민무력부 부부장을 거쳐 부장에 오른 내 아버지의 주된 업무는 지역 민병대를 조직하고 훈련하는 일이었다. 근무지를 옮긴 뒤에도 카메라를 손에서 놓지 않았지만 사진은 이제 취미로만 찍었다. 아버지의 사진은 좀 더 정돈된 양식을 갖게 되었고, 아버지는 해방군화보, 민족화보 등 당시 사진잡지에 실리는 사진들처럼 의도가 있는 사진을 찍기 시작했다. 실시간으로 인물의 행동을 포착한 사진이 아니라, 미리 설정된 자세를 취하고 있는 인물들을 찍기 시작한 것이다. 수도원을 부수는 홍위병이나 조리돌림을 당하는 우귀사신을 담은 문화대혁명 초창기 사진이 주던 현장감과 생동감을 더 이상 아버지의 사진에서 느낄 수 없게 되어 버렸다.

아버지는 공들여 연출한 사진들을 까르제(간쯔)주의 지역 언론사인 간쯔신문, 청두군구 신문사인 전쟁깃발신문 등에 보냈지만, 매체에 실리는 경우는 극소수에 불과했다. 아버지가 자주 거절 편지를 받는 것을 본 기억이 있다. 하지만 아버지는 단념하지 않았다. 아버지는 집에 암실을 만들어 직접 사진을 현상했고, 어머니는 아버지가 취미에 많은 시간과 돈을 쓴다며 불평하곤 했다.

이제부터 소개할 사진들은 라싸와 캄 지역 민병대에 소속되어 훈련, 학습, 회의에 참가하는 티베트인들의 모습을 담고 있다.

222-223. 민병대는 군의 예비 병력이었고, 인민해방군은 티베트 내 대다수 마을과 농촌에 민병대를 조직하는데 많은 노력을 기울였다. 사진 222는 민병대의 젊은 신병들이 나무 막대기를 들고 훈련을 받는 모습이고, 사진 223은 민병대원들의 선전 집회 모습이다. 당연한 얘기지만, 민병대에 들어간 티베트 신병들은 이른바 '뿌리는 붉고, 싹은 올바른', 정치적으로 믿을 만한 배경 출신들이었다.

224-226. 민병대는 현, 구, 공사, 생산대 등 각급 모든 조직에 설립되어야 했다. 일반인을 군인으로 만들기 위해서 다양한 군사 훈련이 실시되었다. 세 장의 사진은 1966년 말, 라싸 외곽 농촌에서 사격 훈련을 하는 모습이다.

227. 특별히 선택된 사람들에게만 진짜 소총이 지급되었는데 이런 사람들을 '기간 민병(지간민빙)'이라고 불렀다. 기간 민병은 전시에 주력 부대와 함께 전투에 투입되기 때문에 특수한 훈련을 받았다. 전쟁이 없는 평상시에 이들의 주된 업무는 '계급의 적들'이 사보타주(파괴 활동)를 일으키지 못하도록 예방하는 일이었다.

228. 농촌, 향촌지역뿐 아니라 도시 거민위원회, 사업 단웨이들도 각자 민병대를 조직해야 했다. 사진은 1966년 10월 국경절에 열린 중화인민공화국 건국 17주년 기념집회에서 촬영한 것이다. 라싸시 여성 민병대가 연단 앞을 행군하며 고위 장교들의 사열을 받고 있다.

연단 왼쪽에 "마오 주석의 글을 학습하고, 마오 주석의 말에 복종하고, 마오 주석의 가르침에 따라 행동하고, 마오 주석의 훌륭한 전사가 돼라"고 적혀 있다. 같은 행사에서 아버지가 찍은 다른 사진들을 보면, 연단 오른쪽에는 "16조를 학습하고, 16조를 익히고, 16조를 이해하고, 16조를 실행하라"고 적혀 있다. 16조는 '주자파 당권세력'에 대항해 투쟁하고, 학술계 반동 부르주아 '권위파'들을 부정하며, 교육, 문화, 예술 분야에서 개혁을 실행하라고 촉구하는 1966년 8월 당 중앙위원회의 결정을 말한다.

229-230. 1970년대 초 아버지가 현급 인민무력부 부부장으로 복무했던 캄에서 촬영한 사진들이다. 인민무력부는 지역 민병대를 훈련하고 그들을 직접 지휘하는 기관이었다. 사진 속에 등장하는 군인 두 명은 지역 인민무력부 부부장과 부원으로, 농부들에게 무기 다루는 법을 훈련시키고 있다. 농부들의 깨끗한 복장으로 보아 미리 연출된 장면인 듯하다.

231-232. 민병대원들은 군사 훈련 외에 정치학습도 받아야 했다. 인민해방군 군인들과 티베트 변방에서 온 '해방농노'들이 '린뱌오 부르주아 군사노선'을 비판하기 위해 모였다. 무엇을 비판해야 하는지 이 군인들과 민병대원들이 과연 조금이라도 이해하고 있었는지 궁금하다.

233-235. 남녀 민병대원들이 마을에서 훈련받는 모습. 사진 235에 찍힌 사람들은 아마도 촬영을 위해 일부러 반원 모양으로 모여 앉은 듯하다. 배경에는 캄의 촌락에서 흔히 볼 수 있는 전통 망루가 보인다.

236-238. 지역 민병대 남녀 캄빠(캄 지역 티베트인)들의 모습.

239. 1970년대 여성 캄빠 민병대원들과 60밀리미터 박격포. 연출된 사진임이 뚜렷하게 보인다. 구도와 주제면에서 아버지가 즐겨 모방했던 〈해방군화보〉에 실리는 사진들과 유사하다.

민간인을 군인으로

대중정치와 무산계급 독재의 기반 위에 형성된 중국 공산당은 다양한 정치 투쟁에서 '대중'을 전투원으로 이용하는 '훌륭한 전통'을 가지고 있었다. 전 인민이 군인이 되어 싸우는 '전민개병'은 늘 당의 칭송을 받았고, 마오쩌둥도 "우리는 강력한 정규군뿐 아니라 민병대도 보유해야 한다"라고 자신의 어록에 남겼다.

공산당은 1950년에 이미 혹시 있을 티베트인들의 저항에 대비해 '해방농노'들로 이루어진 티베트 민병대를 조직했다. 문화대혁명이 시작될 무렵에는 국경지대뿐 아니라 거의 모든 농촌, 유목민지구, 향과 도시 거민위원회에 민병이 조직되었다. 앞서 살펴본 바와 같이 지역별 인민무력부가 민병대를 직접 조직하고 훈련시켰다. 국경 너머의 적은 물론 국경 안쪽에 있는 '계급의 적'들과 싸우기 위해서는 많은 수의 대중을 무장시켜야 했다. 무장한 대중은 티베트에 주둔한 중국군에게 없어서는 안 되는 동맹군이었다. 수많은 남녀 민병대원, 군복 없는 병사들은 사구를 파괴하고, 우귀사신을 비판하고, 양 파벌이 서로 힘을 겨룰 때 가장 적극적으로 가담했다. 까니고시 불탑을 허물고, 경전을 태우고, '주자파'들에 대항해 투쟁한 잠빠 린첸도 민병대원이었다. 그가 속한 민병대 대장 강축은 적극적인 행동대원으로 라싸 내 거민위원회 당서기였다.

1972년 티베트 성급 군구 소속 어느 고위 장교는 티베트 민병대 간부들 앞에서 민병대 공작을 조직, 정치, 군사의 세 부문에서 수행하라는 마오쩌둥의 지시에 입각해 다음과 같이 말했다.

조직 *민병대는 분대, 소대, 중대로 조직된다. 티베트 내 생산조직과의 연동을 위해 분대, 소대는 일반 생산대 내에, 중대는 공사 내에 조직하되 면적이나 인원에 따라 유연하게 적용한다.*

정치 *민병대원들은 정치적 순수성을 확보하기 위해 정치 심사를 거친다. 무기는 당이 관리한다는 원칙을 준수하고, 민병대는 지역 당 지부의 지도하에 활동한다.*

군사 *군사 훈련을 실시하여 민병대원이 경비, 순찰, 첩자의 체포와 구금 등 기본 군사 업무를 숙지할 수 있도록 한다. 민병대원은 자신의 무기를 관리하고 조작할 수 있어야 하고, 임무수행에 적극적이어야 하며, 최고의 경각심과 전투태세로 혁명에 임해야 한다.*

1969년 이후, 문화대혁명 과업에 새로운 요소가 추가되었다. 전쟁 대비였다. 제3차 세계대전이 임박했고, 중국을 제국주의자들과 수정주의자들로부터 보호해야 한다며 마오쩌둥은 자국민에게 "전쟁에 나갈 태세를 갖추고", "땅굴을 깊이 파고, 식량을 널리 비축하고, 패권을 추구하지 않으며", "전쟁과 자연재해에 대비하고 인민을 위하라"고 촉구했다. 전략적으로 중요한 위치에 있는 티베트는 즉각 전쟁에 대비한 경계 태세에 돌입했다. 라싸, 시가체, 참도를 비롯한 여러 지역 민병대는 농사와 목축 등 일상 노동에서 배제되어 '인민 방공 공정'을 위한 시설 공사에 투입되었다. "땅굴을 깊이 파고, 식량을 널리 비축"하라는 마오쩌둥식 전쟁 준비를 위해서였다. 전쟁 준비는 중앙에서 각급 지방정부까지 '인민 방공 영도소조'라는 전국 조직이 주도했다. 한동안 중국 전체가 방공호를 파고, 방공용 대피소를 짓고, 방공 훈련에 열을 올렸다.

그 당시 만들어진 대피 시설 중 일부는 여전히 라싸에 남아 있다. 포탈라궁이 있는 마르뽀리 언덕 기슭에도 있는데, 동쪽 기슭에 있던 시설은 나중에 봉쇄했지만 서쪽 기슭에 있던 방공호는 처음에는 보리술을 파는 술집으로, 그 다음에는 찻집으로 바뀌었다. 또 찻집 건너편 이전 방공지휘부 자리에는 티베트 생수 회사가 들어섰다. 생수 회사는 과거 티베트 의학원이 있던 짝뽀리(사진 117, 118) 기슭에 세워졌다. 짝뽀리 밑으로도 방공호를 팠었다고 하는데 아마도 이곳이 티베트자치구 당위원회와 여러 주요 관공서가 입주한 건물들과 가깝기 때문에 적이 공격해 왔을 때 간부들을 대피시키려는 의도였을 것이다. 거민위원회들도 바르꼬르 주변 옛 시가지를 따라 각자 대피소를 지었다. 그때 만든 대피시설들이 지금도 있는지는 알 수 없다. 인터뷰한 사람들 중 몇 명이 마르뽀리 아래로 뚫린 방공호에 대해 언급했다. 사람들은 방공호를 만들 때 사용한 폭발물 때문에 포탈라궁의 기반과 구조가 심각하게 손상되었고 벽에도 금이 갔다고 말했다. 당시 중등학교 학생이었다는 어느 티베트인은 수업 중에 귀가 멀 정도로 커다란 폭발음을 들었다고 회상하며 발밑에 진동이 느껴지기도 했다고 말했다. 포탈라궁에서 최근 수년간 이루어진 보수 공사는 1959년 포격과 문화대혁명 기간 '땅굴 파기' 운동으로 인해 입은 손상을 복구하는 작업이 대부분이었다.

전쟁 준비가 야기한 결과는 이뿐이 아니다. 민간인을 군인으로 무장시키는 것은 티베트 전통문화를 급격히 무너뜨리는 일이었다. 티베트는 자비를 베풀고, 살생과 폭력을 일삼지 말라는 부처의 가르침이 깊이 뿌리내린 사회였다. 그런데

240. 포탈라궁 아래, 마르뽀리 언덕 서쪽 기슭에 있는 과거 방공 대피시설. 처음에는 술집이었다가 나중에는 찻집으로 바뀌었다.

'전민개병' 운동으로 중국 공산당이 티베트 땅 곳곳의 평범한 사람들을 군인으로 만들고, 같은 마을에 사는 이웃들 가운데 '계급의 적'이 있다며 상상 속의 적을 향해 경계심을 품고 무기를 휘두르게 만들었다. 비교적 평화로웠던 티베트 땅에 그렇게 폭력과 공포의 씨앗이 뿌려졌다.

IV

마오쩌둥의 새로운 티베트

혁명위원회

갤러리 8. 혁명위원회

마오쩌둥 사상의 핵심은 “무너뜨리지 않으면 새로 세울 수 없다”는 구호에 잘 드러난다. 문화대혁명은 중국뿐 아니라 티베트에도 엄청난 파괴를 몰고 왔다. 그것은 과연 어떤 ‘위대한 건설’을 위한 파괴였을까? 마오쩌둥에게는 파괴가 남긴 폐허 위에 수립된 ‘혁명위원회’라는 새로운 체제야말로 혁명의 성과를 드러내는 징표였다. 이 점은 티베트자치구 혁명위원회 설립을 지시하는 중앙정부의 문건에도 암묵적으로 드러나 있다.

> *티베트 혁명위원회 설립에 관한 중국 공산당 중앙위원회, 국무원, 중앙군사위원회, 중앙문화대혁명 영도소조로부터의 지시 (…)*
> *1968년 8월 28일, 중앙정부 지시 제136호(1968)*
> *마오 주석 지시사항: 그대로 따를 것*
>
> 중앙위원회는 티베트군구위원회의 티베트자치구 혁명위원회 설립 요청에 동의한다. 중앙위원회는 티베트자치구 혁명위원회의 영광스러운 탄생을 열렬히 환영한다.
>
> 티베트는 미국의 제국주의, 소련의 수정주의, 인도의 반동파들과의 투쟁에서 남서부 전초기지에 해당한다. 티베트는 전략적으로 매우 중요한 위치에 있으며 이곳의 계급 투쟁 양상은 매우 복잡하다. 오랫동안 티베트는 반동 농노주 계급의 잔혹한 지배를 받았고, 영국 제국주의와 인도 반동파의 수탈에 시달렸으며, 미 제국주의자, 소련 수정주의자, 장제스 도당은 이곳에 많은 첩자를 보냈다. 또 자본주의 노선을 취하려는 반동적 시도를 지속하는 무리들이 있는데, 우리 당 내 흐루쇼프 당권파와 그들을 따르는 저우런산, 왕치메이, 달라이-판첸 반역 반민족 일당, 소탕되지 않고 살아남아 봉건 농노제와 자본주의 재건을 꾀하는 반동 국민당 불량분자 잔당 등이 이에 해당한다.
>
> 위대한 영도자 마오 주석이 시작한 무산계급 문화대혁명으로 티베트 무산계급 혁명대중과 다양한 민족의 혁명대중은 마오쩌둥 사상의 위대한 붉은 깃발을 높이 들고 계급의 적에 대항해 맹렬히 싸워 그들의 반혁명적 망상을 분쇄했다. 이것은 천하무적 마오쩌둥 사상의 위대한 승리이자 마오 주석의 무산계급 혁명 노선

의 위대한 승리이다. 티베트 인민해방군 부대 대다수 장병들은 삼지양군 공작에서 커다란 성과를 거두었다.

중앙위원회는 쩡융야 동지를 티베트자치구 혁명위원회 주임으로, 런룽, 천밍이 외 열한 명의 동지들을 부주임으로 임명하는데 동의한다. 이후 부주임 두 명이 추가로 임명될 것이다. (…)

중앙위원회는 새로 설립될 티베트 혁명위원회가 위대한 영도자 마오 주석과 린 부주석이 이끄는 무산계급사령부의 모든 지시와 전략 명령을 신속하고 철저하게 실행에 옮겨 무산계급 문화대혁명의 완전한 승리를 쟁취하고 티베트를 마오쩌둥 사상의 배움터로 붉게 빛나게 하리라 믿는다.

241. 포탈라궁 인근, 노동인민문화궁으로 사용되던 군부대풍 건물 앞에서 군대와 '대중'의 집회가 열리고 있다. 모두 마오쩌둥의 어록, 일명 '마오의 빨간 작은 책'을 한 권씩 들고 있는, 당시의 전형적인 집회 풍경이다. 군복을 입은 마오쩌둥의 대형 초상화 앞에 걸린 현수막에는 "해방향(解放鄕) 혁명위원회 설립 축하 대회"라고 적혀 있다. 해방향은 문화대혁명 때문에 바뀐 이름 중 하나다. 원래 이름은 랄루향이다. 과거에 랄루라는 귀족 일가의 땅이었기 때문이다. 랄루가의 장원은 포탈라궁 바로 북쪽이었다.[1]

어느 부대 소속인지는 알 수 없지만, 인민해방군 병사들이 왜 이렇게 많이 모였는지는 현수막의 내용으로 짐작할 수 있다. 혁명위원회 설립 축하 행사에 모인 군인들은 삼지양군 정책의 진짜 목적이 '혁명위원회'를 설립하고 혁명위원회를 통해 사회 전 계층을 군인들의 통제하에 두는 것이었음을 보여준다.

242. '해방향 혁명위원회' 설립 행사를 다른 각도에서 찍은 사진이다. 사진 오른쪽에 포탈라 궁의 일부가 보인다. 흉물스러운 문화궁은 나중에 철거되었다. 랄루 습지로 알려진 주변 일대는 현재 환경보호구역으로 지정되어 있다.

혁명위원회의 시대

1968년 9월 5일, 티베트자치구 혁명위원회가 설립되었다. 같은 날, 신장의 성도 우루무치에도 혁명위원회가 설립되었다. 티베트에서 북쪽으로 1,600킬로미터 떨어진 신장에도 티베트처럼 위구르 소수민족에 의한 이른바 자치가 이루어지고 있었다. 이로써 중국 내 29개 모든 성급 행정 단위에 혁명위원회가 설립되어 "온 나라의 강산이 붉게 변했다"는 말이 현실이 되었다. 문화대혁명은 이제 마오쩌둥의 지시대로 소위 '투쟁, 비판, 개조'의 단계에 들어갔다. 사유제에 대해 투쟁하고, 수정주의를 비판하고, 정치적 입장을 개조한다는 의미다. 중국 내 다른 지역에서처럼, 혁명위원회는 당시 티베트자치구 내 최고위 정부조직이었다. 1970년 말까지, 티베트자치구 내 71개 현 모두가 자체 혁명위원회를 갖추었음은 물론 다수의 향에도 혁명위원회가 만들어졌다.

각 혁명위원회는 '혁명간부', 인민해방군, '혁명대중' 각각의 대표가 지도부를 꾸리는 소위 '삼결합' 체제로 이루어져 있었다. 티베트자치구 혁명위원회의 경우 인민해방군 대표인 쩡융야와 런룽이 각각 주임과 부주임을 맡았고, 쩡융야가 갠록을, 런룽이 냠델을 각각 지지했다. 다른 부주임 열세 명 가운데 티베트인은 총 세 명으로, 문화대혁명 기간 중에 지역 정치계에서 급부상한 여성 현지사 빠쌍, 베테랑 간부 양둥성, 그리고 '정치 꽃병 역할을 수행하기 위해' 다시 무대로 불러올려진 전 귀족 관료 응아푀 응악왕 직메였다. '정치 꽃병'은 당시 명목상의 자리를 차지한 인물들을 지칭하는 말이었다. 타오창쑹과 류사오민도 '대중 조직 지도자' 자격으로 혁명위원회 내에서 이들과 동등한 지위를 얻었다.

毛主席的无产阶级革命路线胜利万岁!
无产阶级文化大革命的全面胜利万岁!
伟大的领袖毛主席万岁!
战无不胜的毛泽东思想万岁!

无产阶级文化大革命的全面胜利万岁!

西藏日报

243. 1968년 9월 5일, 인민일보와 해방군보는 모두 티베트자치구 혁명위원회의 이날 설립을 축하하는 사설을 실었다. "무산계급 문화대혁명의 완전한 승리 만세"라는 제목 아래에는 "(타이완을 제외한) 전국 모든 성, 시, 자치구의 혁명위원회 설립을 열렬히 환영한다"고 적혀 있다. 마오쩌둥 얼굴 주변의 제목과 구호들은 붉은 글씨로 인쇄해 중요한 기사임을 표시했다. 기록물로 보관되어 있던 신문을 체링 외세가 촬영했다.

티베트자치구 혁명위원회의 티베트인 구성원들은 문화대혁명 이후 티베트에서 고위직에 올랐다. 티베트자치구 고위급 정치인들의 이력을 살펴보면 심지어 2000년대 말에 현역으로 활동하고 있는 인물들까지 거의 모두가 앞서 언급한 것처럼 과거 냠덴 관련자였거나, 수십 년 전 한 군데 이상의 혁명위원회에서 활동한 경력이 있다. 이들이 티베트 정계에서 끈질기게 영향력을 행사하고 있기 때문에 지금까지 티베트에서는 문화대혁명 때 겪었던 일에 대한 논의나 재고가 전혀 이루어지지 않았던 것이다. 순전히 스스로를 방어하고 생존하기 위한 목적으로 그들은 매번 '분열주의' 위협을 들먹여 왔다. 스스로를 반분열주의에 앞장서는 인물로 미화함으로써 자리를 지켜온 것이다.[2]

'삼결합' 체제의 원칙하에서 갼록과 냠덴은 공식적으로 해체되었고 공개적인 파벌 투쟁도 종식되었다. 하지만 표면상의 종식일 뿐이었다. 2년간 계속된 싸움과 그 과정에서 수많은 이들이 흘린 피를 생각하면 표면적인 종식 이상의 관계 개선은 불가능했다. 혁명위원회 설립 초기에는 1968년 6·7 조캉 사태 여파로 갼록이 우세했다. 하지만 녜모 무장봉기와 이듬해 갼록과 연관된 일련의 폭력사태로 인해 갼록의 입지는 곧 약화되었다. 타오창쑹을 비롯한 갼록 지도자들이 '명예 회복'에 도움이 될 만한 자료를 열심히 수집했지만 역부족이었다. 판세는 이미 뒤집혔고, 우위를 점하게 된 냠덴 지지자들은 득의양양했다. 하지만 냠덴의 입지는 어디까지나 군의 지지 여부에 달려 있었고, 1980년대 중반까지 계속해서 티베트자치구 최고위직을 차지한 것은 군대의 현역 장교들이었다. 이후 군대의 전면적이고 직접적인 통제는 점차 중단되었지만, 여전히 체제를 대표하는 권력으로서 군의 영향력은 분명했다. 티베트가 전략적으로 중요성을 갖는 한, 군대는 중국의 강철장성으로서 티베트에 대한 결정적인 영향력을 계속해서 행사할 수밖에 없었다.

1968년 새로 설립된 각급 혁명위원회들을 향해 마오쩌둥은 "혁명에 매진하라"고 지시했다. 이번 지시의 의미는 '계급 대오 정비'와 '일타삼반' 운동을 시행하라는 것이었다. 일타삼반이란 반혁명분자를 공격하고(일타), 부정부패와 도둑질, 투기와 도박, 사치와 낭비에 대항해 투쟁(삼반)하라는 뜻이다. 혁명위원회에 마오쩌둥은 또 "생산을 증진하라"고 지시했는데, 이것은 인민공사를 설립하고, '전쟁과 자연재해에 대비'하라는 의미였다. 혁명위원회들은 이밖에도 각종 정치운동을 수행하는 한편, 티베트와 중국 본토 각 지역 출신 지식청년들을 농촌으로 보내 '해방농노'들에게서 재교육을 받도록 하는 일도 책임졌다.

사구타파 운동은 이 시기에도 여전히 계속되었다. 이 시기에 자행된 사찰 파괴 가운데 가장 눈에 띄는 사례는 라싸에서 동쪽으로 48킬로미터 떨어진 간댄 수도원의 훼손이었다. 간댄 수도원은 티베트에서 가장 유명한 사찰 중 하나다. 지금 사람들은 간댄 수도원이 문화대혁명 초기에 광적인 홍위병과 지역 농민들의 손에 파괴된 줄 안다. 하지만, 1985년 내부 보고서에 따르면 실상은 그렇지 않다. 이 내부 보고서는 티베트자치구와 티베트 성급 군구가 삼지양군 운동 당시 군이 저지른 실책들을 조사한 뒤 나온 것이다. 보고서의 내용은 다음과 같다.

> *세계적으로 유명한 사찰이자, 국가 중점 보호 대상인 간댄 수도원이 티베트자치구 혁명위원회 설립 후 파괴되고 문화재를 약탈당함으로써 돌이킬 수 없는 정치적 손실이 발생했다. 이 사건에 대한 조사는 지금까지 아무런 결과도 얻지 못했고, 라싸 분구 지도부 내 좌파 지지자들의 역할을 밝히는 데 그쳤을 뿐 더 이상 진행할 수 없었다. 당시 라싸시 딱째현 인민무력부 정치위원은 딱째현 혁명위원회 주임도 겸했으며, 라싸 분구 부사령관인 리시란 역시 라싸 혁명위원회 재정경제조 조장이었다.*

왜 조사를 "더 이상 진행할 수 없었"을까? 군대가 무슨 짓을 했기에 밝힐 수 없는 것일까? 약탈당한 문화재는 어떻게 되었을까? 군인들이 사적으로 착복했을까, 아니면 압수해서 중국 본토로 가져갔을까? 사건은 풀리지 않는 수수께끼로 남아 있고, 수도원을 파괴했다는 죄를 뒤집어 쓴 티베트인들은 자신들의 무죄를 증명할 방법이 없다.

혁명위원회는 살인을 서슴지 않았는데, 1969년 무장병력을 동원해 여러 지역에서 '반혁명 폭동'을 진압할 때나(사진 217-23) 1970년 이후 '계급 대오 정비' 운동과 '일타삼반' 운동 때 실제로 살상이 벌어졌다. 각급 혁명위원회 주도하에, 더 광범위하게 적용된 '계급의 적'들이 무산계급 독재를 위해 불가피한 '혁명행동'을 당했다. 새롭게 확대된 '계급의 적' 범주에는 옛 티베트 사회의 소위 삼대영주와 새로운 티베트의 주자파뿐만 아니라, '지방 민족주의자'로 분류된 티베트인들까지 모두 포함되었다. '지방 민족주의자'란 반란에 가담했거나 반역을 저질렀다는 혐의를 받거나, 다양한 반란 집단에 가담했다고 의심되는 사람들을 모두 포함했다. 이미 살펴본 바와 같이 많은 이들이 사형을 선고받았고, 그렇지 않은 사람들은 남

244. 티베트 내 중국 공산당 최고정치기구였던 티베트자치구 혁명위원회 입구. 문화대혁명 후기 최고의 공산당 권력 기관으로 군림했던 혁명위원회가 이곳에 자리 잡았던 시절 사람들은 이곳을 당위원회 청사라고 불렀다. 정치 기류가 달라지면서 청사 안에 자리 잡은 기관들의 명칭도 모두 바뀌었다. 하지만 라싸 사람들은 여전히 이곳을 당위원회 청사라고 부른다. 사진 244는 〈티베트자치구화집〉(시짱 쯔즈취 화지, 1975)에 '혁명위원회'라는 제목으로만 실려 있는 작자 미상의 사진이다. 티베트자치구화집은 티베트인민출판사가 티베트자치구 설립 10주년을 기념해 내놓은 공식 출판물이다.

245. 1975년 티베트자치구 혁명위원회는 베이징과 선양에서 주요 어용예술인들을 초청해 '농노들의 분노'를 보여주는 디오라마를 제작했다. 옛 티베트 사회가 역사상 '가장 반동적인 통치기계'들이 지배한 '가장 비참한 생지옥'이자 '식인 마귀들의 암흑 소굴'이었으며, 그곳의 '백만 농노들이 구원자 마오 주석을 기다리고 있었음'을 보여주기 위해서였다. 어용 예술가들이 제작한, 100개가 넘는 실물 크기 점토 인물상은 라싸에 있는 티베트 혁명전시관에 전시되었다. 큐레이터들이 "생동감 있는 역사를 보여 줄 교육 자료"가 될 것이라고 주장한 이 전시는 누가 봐도 문화대혁명 시절의 잔재를 고스란히 보여주는 전형적인 산물이다. 이런 분위기는 같은 해 출판된 전시회 사진집인 〈농노들의 분노〉라는 책에도 드러난다. 중국어로 출판된 〈농노들의 분노〉는 즉시 세계 여러 나라 언어로 번역되어 각국에 소개되었고, 여러 번 재출간되기도 했다. 사진 245는 티베트인민출판사가 2005년, 문화대혁명이 명목상 종식되고도 29년이나 지난 시점에 티베트자치구 설립 40주년을 기념해 중국어-티베트어 이중 언어판으로 출간한 〈농노들의 분노〉 표지다.

은 인생을 두려움에 떨며 살다가 미치거나, 간혹 자살하기도 했다. 나는 다양한 지역 출신의 사람들과 이야기를 나눴는데, 그들 대다수가 문화대혁명 기간 중에서도 혁명위원회가 권력을 잡았던 이 시기가 가장 무서웠다고 말했다. 수년 간 모든 사람이 위협을 느꼈다.

〈티베트자치구 중요 문건 선집〉이라는 공식 출판물에는 마오쩌둥 이후의 티베트자치구 정책 방향을 논의하기 위해 1980년에 열린 정책실행회의에 대한 내용이 실려 있다.[3] 본문은 회의록을 인용해 "대략적인 통계에 따르면, 티베트자치구에서 인구의 10퍼센트 이상에 해당하는 10만 명이 각종 부당한 판결과 무고에 휘말렸다"고 기록하고 있다. 이미 놀라운 수치이지만, 공산당 회의에서는 드러내놓고 다루지 않는 사건들이 많은 만큼 그나마 축소 발표된 수치일 것이다. 실제 통계는 알 수 없다. 1988년 중국 공산당 정치국 차오시 상임위원은 티베트자치구를 시찰하면서 새로운 정책 실행에는 한계가 있게 마련이고, 과거에 잘못을 저지른 이들을 언제까지나 추궁할 수는 없다고 말했다. 무고와 부당판결을 자꾸 들춰봐야 좋을 것 없으니 그만 없던 걸로 하자는 말이었을까? 그렇다면 죄 없이 목숨을 잃은 사람들이 억울한 원혼이 되어 티베트 땅을 떠돌지 않겠는가? '홍색공포'의 시대를 지나 살아남은 어느 티베트인이 내게 말했다. "얼마나 많은 피를 흘렸는가! 우리 티베트인들은 죽음에 이를 정도로 절망했다. 상심이 너무 컸던 나머지 공산당에 대한 신뢰를 잃고 말았다. 1987년 그리고 89년의 소위 폭동이라는 것도 사실 이전에 입었던 마음의 상처와 무관하지 않다."

1972년 이후 종교 활동이 서서히 재개되기 시작했다. 조캉 사원이 입은 심각한 손실을 복구하려는 노력도 있었고, 그런 노력들이 종종 정책 변화를 과시하는 용도로 이용되기도 했다. 하지만 일반인들이 드러내놓고 종교 활동을 하는 것은 허용되지 않았다. 혁명위원회는 문화대혁명이 공식적으로 종식되고도 3년이 지난 1979년에 마침내 문을 닫았지만, 티베트자치구에서는 혁명위원회 시절 주요 인물들이 새 행정부의 높은 자리에 올라 여전히 영향력을 행사하고 있다.

갤러리 9. 인민공사

문화대혁명이 티베트 농부들과 유목민들의 일상생활에 가장 직접적이고 밀접한 영향을 끼친 것은 인민공사를 통해서였다. 사구파괴운동이 삶의 정신적인 측면을 망가뜨렸다면, 인민공사는 물질적 생활을 악화시켰다.

'런민궁서', 즉 인민공사의 흔적은 지금도 언어에 남아 있다. 티베트인들은 '공사'를 뜻하는 티베트어는 거의 사용하지 않고 대신 중국어 '궁서'를 사용한다. 이 밖에도 많은 중국어 단어가 현대 티베트인들의 생활 속에 남아 있는데, 공산당을 '궁찬당', 중국을 '중궈', 배추를 '바이차이', 무초절임을 '싼뤄보'라고 부르는 것은 모두 중국식이다. 티베트인들은 자신들의 전통이나 문화와 다른 이질적인 개념을 지칭할 때는 아직도 중국식 단어를 사용한다.

246-248. 이 사진들을 보관했던 봉투에 내 아버지는 “경축 인민공사”라고 적어 두었다. 청명한 하늘과 광활한 풍경 때문에 배경의 산이 멀어 보인다. 복장으로 보아 이 사람들은 라싸 인근 지역 농부들인 것 같다.

아마도 라싸 외곽 동까르 인민공사에서 찍은 사진일 것이다. 동까르 인민공사는 티베트자치구 최초의 인민공사이기 때문이다. 인민공사는 향급 행정구에 설치되었다. 즉, 공사는 향과 같은 급이기 때문에 원래의 향에 속해 있던 촌들은 모두 인민공사 관할의 생산대대로 편입되었다. 사람들이 무리를 이루어 행진하고, 각 무리마다 맨 앞에 마오쩌둥 초상을 앞세우고 깃발을 들고 있는 사람, 대자보를 들고 있는 사람이 앞장서고 있는 것을 알 수 있다. 아마도 생산대대별로 무리를 지은 것 같다.

사진 246에는 재미있는 점이 있다. 아버지의 사진에 처음으로 레닌의 초상화가 티베트 농부의 손에 높이 들린 채 등장했다. 그 많은 공산당의 조상들 중 왜 하필 레닌일까? 마르크스도, 엥겔스도, 스탈린도 있는데? 하긴 아무렴 어떤가. 티베트인들에게는 어차피 모두 이방의 신인 것을.

행렬 맨 앞에서 걸어가는 여성은 공산당 간부임이 분명하다. 바지에 눈에 띄게 덧대 기운 자국은 그녀가 공산당 간부의 자격에 부합하는 사람임을 상징한다. 이 여성이 이끄는 것은 향일까, 현일까? 어쩌면 다른 지역에서 온 공작조의 조장일지도 모른다. 마치 그녀가 인민공사라는 사회주의 지상낙원을 향해 금빛 찬란한 길로 농민들을 안내하고 있는 것 같다. 때마침 금빛 찬란한 길 양쪽으로 잡초가 무성하다. 어쩌면 "자본주의의 싹보다 사회주의의 잡초가 낫다"는 공산당의 가르침을 되새기라는 것인지도 모르겠다.

249. 당시 향촌에는 공연단이 와서 인민공사 설립을 축하하는 춤과 노래 공연을 하는 경우가 많았다. 근래에도 공연단의 향촌 공연이 있지만 주로 인민공사 제도를 폐지하고 개개인이 잘 먹고 잘살게 된 것을 축하하는 취지다. 세대는 달라졌지만 그때나 지금이나 공산당 손에 놀아나는 꼭두각시라는 점에서 공연단원들의 처지는 달라진 것이 별로 없다.

250. 인민공사에서 일하는 소녀는 얼굴에 고된 노동의 흔적이 역력하지만, 그래도 아버지의 카메라를 보며 웃어 주고 있다.

251-253. 추수의 계절. 인민공사화 이후 중부와 동부 캄의 농촌에서 집단 노동이 이루어지고 있다.

254-255. 쓰촨성 청두와 캉딩을 비롯해 중국 본토의 각 성에서 캄의 농촌으로 내려보낸 중국의 하방지식청년들. 사진 254에는 티베트 전통 의상을 입고 말을 탄 젊은 여성 두 명이 아버지의 카메라 앞에서 포즈를 취하고 있다. 두 사람은 이른바 동티베트의 낭만을 꽤나 즐기고 있는 것처럼 보인다. 사진 255에는 또 다른 청년들이 임시로 만들어진 무대에서 간이 공연을 하고 있다. 노래 부르고 있는 여성은 앞치마(빵댄)가 달린 츄빠를 입고 있는데 원래 결혼한 여성들만 입는 옷이다. 남성이 입고 있는 옷은 전형적인 중산복이어서 아마도 군대나 기타 기관의 간부 역할을 맡은 듯하다. 두 사람의 복장으로 짐작하건대 티베트와 중국의 결속 혹은 '쥔민이자친(軍民一家親)', 즉 군대와 인민 간의 가족 같은 친밀한 관계 등의 주제를 노래하고 있나 보다.

하지만 농촌에서 하방지식청년들이 경험한 현실은 어쩌면 사진이 전달하는 분위기와는 사뭇 달랐을지 모른다. 1976년에 비슷한 또래 60여 명과 함께 티베트에 왔었다는 어느 중국 청년은 "처음에는 모두 함께 왔다. 하지만 다른 사람들은 티베트 농촌 생활에 적응하지 못했다. 노동에는 참여하지 않고 매일 집안에서만 지냈다. 6개월 안에 하나둘씩 떠났다"면서도, "나는 그래도 그 마을에서 뭔가 큰 성과를 올리고 싶었다. 마을 사람들이 내게 잘해 줬다. 마을에 있는 거의 모든 집을 다니며 밥을 먹었다. 달걀이며 버터차는 구하기 힘들었을 텐데도 마을 사람들은 늘 내게 그런 것들을 먹이고 싶어 했다"고 덧붙였다.

제3의 혁명: 인민공사와 그 대가

1959년 시작된 티베트 농촌의 '민주개혁'은 "백만 농노가 해방되었다"는 주장을 어느 정도는 뒷받침했다. 하지만 인민공사화가 진행되면서 소위 해방이 이룬 성과는 급속하게 훼손되었다. 티베트 주재 중국 공산당 간부들은 티베트가 중국 전체의 인민공사화 흐름에 뒤쳐질까 봐 노심초사했다. 1960년까지 티베트에는 이미 8천 개의 농업생산 상조조직*과, 70-80개의 시범 협동조합이 만들어져 있었다. 하지만 반란 평정이 아직 완료되지 않은 시기여서 정치 불안정에 대한 우려 때문에 얼마 가지 않아 운영이 중단되었다.

라싸 서쪽 뙤룽데첸현 동까르향에 시범적으로 인민공사가 문을 연 것은 1965년이 되어서였다. 곧이어 두 번째 인민공사가 라싸 동쪽 딱쩨현 당될(뒴뙤)향에 문을 열었다. 1966년 초까지 티베트자치구 내에 총 130개 인민공사가 만들어졌고, 각급 혁명위원회 설치가 완료된 후에는 인민공사화가 더욱 급속도로 진전되었다. 1975년까지 티베트자치구 내 향의 99퍼센트가 공사화되어, 총 1,925개 인민공사가 만들어졌다. 혁명위원회의 승리라고 할 만했다.

인민공사화가 진행되면서 티베트 농민과 유목민들은 실생활에서 문화대혁명을 경험하게 되었다. 이 무렵 그들이 '베이징'만큼이나 자주 들어야 했던 중국의 지명이 있다면 아마 '다자이'였을 것이다. 1960년대 초 산시성 시양현의 다자이 인민공사는 "하늘과 땅에 맞서 싸우겠다는 결의로" 자연을 개조했다며 칭송되었다. 척박한 땅을 비옥한 농지로 바꾸었다는 것이다. 1963년부터 마오쩌둥은 중국의 모든 인민공사에 '농업은 다자이처럼(농예슈에다자이)' 하라고 지시했다. 각 인민공사가 소속 촌들을 독려해 다자이처럼 자연의 한계를 극복해 농업생산을 늘리는데 온 힘을 쏟아야 한다는 의미였다. 문화대혁명 기간 동안 정권은 인민공사의 성공 사례들을 농촌 지역의 혁명적 성과를 과시하는데 활용했다. 중국 본토의 모든 농촌과 마찬가지로, 티베트도 다자이 사례를 따라야 했다.

하지만, 이후 "사회적 재앙이자 생태적 재난"이었다고 비판받은 다자이의 사례가 어떻게 티베트에서 실현될 수 있었을까?[4] 티베트의 인민공사들은 소위 '농지자본 토대 건설'을 실행에 옮겨야 했다. 수리 시설과 계단식 농지 조성 사업 등이었다. 하지만 동시에 티베트의 자연환경에 부적합한 조치들을 맹목적으로 적용하

* 1950년 제1차 토지개혁 때 노동과 일부 자산을 공유하도록 중국 공산당이 만든 조직.

기도 했다. 즉, 목초지를 무작위로 갈아엎어 농지로 개간하고 고산지 보리 대신 겨울 밀을 파종하게 했다. 고산지 보리는 높은 고도에서도 잘 자라기 때문에 티베트 고원에서 매우 중요한 농작물이다. 티베트 민족이 고지대에서 살아남는 데 고산지 보리가 매우 중요한 역할을 했고, 고산지 보리를 볶아 건조시킨 가루 짬빠는 오랫동안 티베트인들의 주식이었다. 아무튼 고지대에서 자란 밀은 품질이 형편없어서 도저히 식용으로 쓸 수 없을 정도였다.

게다가 인민공사화는 토지와 가축이 더 이상 농민과 유목민의 소유가 아니라는 의미이기도 했다. 모든 노동이 집단화됨으로써 노동량에 따라 받는 적은 양의 소득과 약간의 곡식 배급이 수입의 전부가 되었다. 많지는 않았지만 어쨌든 세금을 내야 했고, 농민과 유목민 간에 전통적으로 이루어지던 (보리를 버터와 고기로 바꾸는 등의) 물물교환은 정부가 획일적으로 관리하는 식량 배급으로 대체되었다. 여기에 눈보라, 우박 등 자연재해가 겹치면서 인민의 생활조건은 악화되어 급기야 한 마을 주민 전체가 마을을 떠나 먹을 것을 구걸하는 신세가 되기도 했다. 당시 공식 집계에 따르면 티베트자치구에서 집단 농장화 이전보다 생활 수준이 낮아진 사람들의 수가 약 50만 명 정도였다. 그들 중 20만 명가량은 상황이 매우 심각했다. 당시 티베트자치구 전체 인구가 180만 명이었다는 점을 생각하면 상당한 수치였다. 자치구 내 중국 공산당 관계자들조차도 티베트 인민들이 “인민공사의 단맛은커녕, 오히려 쓴맛을 경험했을 것”이라고 인정할 수밖에 없었다.[5]

256. 티베트의 나이 지긋한 농민과 유목민들은 다자이 인민공사의 주역 천융구이를 지금도 기억한다. 내가 〈티베트자치구화집〉에서 발견한 이 사진은 1975년에 공개되었다.[6] 천융구이(사진 오른쪽 인물. 흰색 두건은 그의 트레이드마크다)가 ‘다자이의 경험담’을 널리 알리기 위해 특별히 티베트를 방문한 것은 국무원 부총리로 임명된 직후인 1974년 11월이다. 사진 속에서 모피 모자를 쓰고 천융구이와 악수를 하고 있는 사람은 라싸 남쪽 로카지구 뢴쩨 현 ‘례마이 인민공사’의 당위원회 서기 릭진 왕걜이다. 릭진 왕걜은 ‘티베트의 천융구이’로 불렸고, 향급 당서기로는 유일하게 부성장급의 특전을 누렸다고 한다.

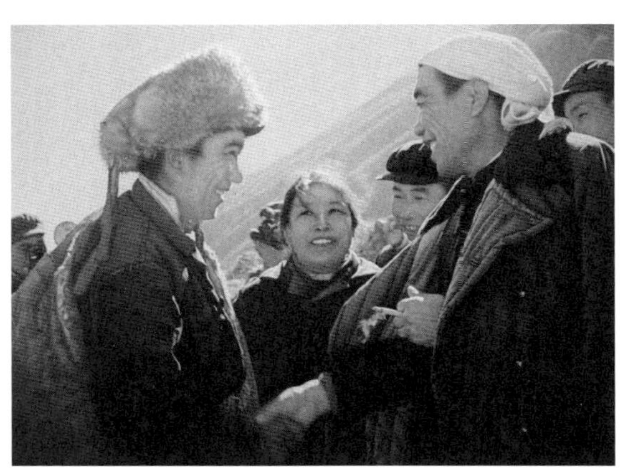

‘정신적 원자폭탄’[*]인 마오쩌둥 사상을 매일같이 학습해도 밀과 곡식을 창고가 넘쳐나도록 생산해낼 도리는 없었던 것 같다. 그럼에도 불구하고 당시 티베트자치구 최고 권력자 런룽은 1974년 11월, 다자이 농목업 경험 교류회를 열어 “식량자급이라는 기본 목표를 달성했다”고 선언했다.[7] 며칠 후 인민공사 시찰을 위해 티베트자치구에 온 다자이의 영웅이자 ‘마오쩌둥의 농민’ 천융구이는 자치구의 상황이 “상당히 좋다”고 말했다(사진 256).[8]

나중에 중국 공산당은 티베트의 다자이 배우기 운동에 관한 다큐멘터리 영화도 만들었다. 1976년에 나온 〈티베트 고원에 핀 다자이의 꽃〉이라는 영화는 라싸 서쪽 동까르 인민공사의 사례를 중점적으로 다루고 있다.

> *티베트 최초의 동까르 인민공사는 산을 깎고, 자갈밭을 일구어 농지를 개척하고, 물을 다스렸다. ‘농업은 다자이처럼’이라는 대중 운동이 열정적으로 시행되었던 것이다…. 해발 4,200미터 고도에 위치한, 세계에서 가장 높은 향인 파리(Phari)에서는 고산지대의 기후조건임에도 불구하고 다양한 작물들이 차가운 날씨 속에서 뿌리를 내리고 꽃을 피워 경제에 보탬이 되고 있다. 광활한 옛 고원이 새로운 얼굴로 재탄생했다. 티베트에서 다자이 농업이 꽃을 피우고 있다!*

하지만 집단농장화는 티베트 농목지대의 전통문화에 심각한 손상을 초래했다. 미국의 티베트 학자로 티베트어에 능통한 멜빈 골드스타인은 당국의 허가를 얻어 1980년과 81년, 11개월에 걸쳐 서부 티베트 유목민 지구에서 설문 조사를 실시한 후 다음과 같이 보고했다.

> *개인의 종교 활동이 금지되었고, 사찰과 기도 벽 같은 종교 시설물들은 모두 헐렸으며, 유목민들은 내면에 깊이 뿌리내려 문화적 정체성의 핵심을 이루는 가치와 풍습들을 강제로 버려야 했다. 가령 남성들은 독특한 앞머리와 양 갈래로 땋은 머리카락을 잘라야 했고, 여성들은 여성의 도축을 금하는 유목민들의 강력한 금기를 어겨야 했다. 유목민들의 가치, 규범, 윤리와 의미 체계가 의도적으로 훼손되었을 뿐 아니라 식량마저 부족한 끔찍한 시기였다. 어*

---

* 린뱌오가 마오쩌둥 사상을 원자폭탄에 비유한 말

떤 면에서 정부는 티베트 민족이 언어 외에 정체성을 갖지 못하도록 만들려 했다.[9]

조사 보고서는 "따라서 이 시기 중국의 정책은 유목 경제는 유지하되 유목민 사회와 문화의 전통적 구조는 파괴하려고 했다"고 결론 내렸다.

내 아버지가 촬영한 사진에는 티베트의 여러 농목 지구가 겪은 공사화의 심각한 영향이 드러나지 않는다. 당시 참도에서 당 간부로 일했던 호르캉 쟘빠 땐다르는 나와의 인터뷰에서 농촌 지역의 인민공사화가 완료된 후에는 유목 지역의 인민공사화가 시작되었다고 말했다. 호르캉 쟘빠 땐다르 밑에서 일하던 사람 하나가 회의에서 유목민들이 동물에 대한 애착 때문에 인민공사 가입을 꺼린다고 말했다. 동물들을 생산대에 넘기는 것에 대해 유목민들이 내켜 하지 않는다는 뜻이었다. 이 발언 때문에 그 직원은 그날 밤 현 공안국에 체포되어 3년간 감옥살이를 했다.

골드스타인은 시가체 응암링현 파라향에서 설문 조사를 하던 중 다음과 같은 사실을 알게 되었다.

1969년 초, 유목지대가 연내에 인민공사로 재편된다는 소식이 들려오자 파라의 유목민 절대 다수는 전통 유목사회 지도자들의 주도로 반란을 일으켜 자신들의 구역을 물리적으로 장악했고 그 과정에 친중국 성향의 티베트 관원 몇 명을 죽였다. 그들은 일종의 정부를 세웠고, 종교 및 경제적 자유를 그들 정부의 기본 원칙으로 내세웠다. 무기라고는 화승총과 검뿐이었던 그들은 곧바로 남쪽에서 치고 올라온 중국 군대에 제압당했다. 지도자들은 체포되어 처형당하거나 구금과 '재교육'을 당했고, 얼마 뒤 유목민 인민공사와 혁명위원회 건립이 본격적으로 진행되었다.[10]

파라 사태는 1969년 인민공사화가 실제로 저항을 불러일으킨 사례가 있었음을 보여준다. 역사가 체링 샤까는 이렇게 단언했다. "인민공사는 인민들의 뜻에 반하여 중국인들이 억지로 세운 것이다…. 여러 지역에서 인민공사의 도입은… 티베트인들의 더 큰 반감을 샀고, 1969년 중국은 티베트인들의 심각한 저항에 부딪혔다."[11] 당시 평범한 티베트인들 사이에는 이때의 경험에 빗대어 "해방은 사람들에게 젖은 가죽 모자를 씌우는 것과 같다. 모자가 빨리 마를수록 속박이 심해진다"라는 말이 유행했다. "짬빠를 먹는 자들이여, 쌀을 먹는 자들을 몰아내자"라는 구호가 그런 식의 '해방'에 불만을 가진 '해방농노'들 사이에 퍼지기도 했다.

일련의 사건들은 단순히 한두 가지 원인이나 말로 설명할 수 있는 것이 아니라, 여러 가지 요인들이 복합적으로 작용한 결과다. 하지만 그럼에도 불구하고, 이 사건들은 혁명이라는 하나의 조건이 초래한 결과였다. 티베트를 휩쓴 혁명의 폭풍 한가운데서 인생의 절반 이상을 보낸 어느 티베트 지식인은 이렇게 말했다. “1959년의 민주개혁은 티베트 경제를 바꾼 혁명이었고, 1966년의 문화대혁명은 티베트 문화를 바꾼 혁명이었다. 이 두 혁명이 티베트를 완전히 변화시켰다.” 나는 인민공사 운동 역시 티베트의 문화가 손상되어 가는 와중에 티베트 경제에 또 한 차례의 급진적 변화를 가져온 제3의 혁명이라고 생각한다.

따라서 내 아버지의 사진에 담긴 인민공사 체제하 사람들의 삶은 정부가 전파하고자 했던 선전 자료 속 삶에 가깝다. 사진들은 진실을 보여주지 않는다. 소망과 환상으로 이상화된 모습을 보여줄 뿐이다.

인민공사의 집단 노동과 학습 현장에 지식청년들도 있었을까? 1965년 10월에 이미 베이징의 지식청년들이 농업 생산을 돕기 위해 자발적으로 티베트에 왔다는 시짱일보 보도가 있었다. 또 1970년에는 티베트자치구 중등학교 학생들이 농촌으로 보내졌다. 이후 수년간 하방운동은 계속되었고, 수많은 열혈 청년들이 중국 각지에서 티베트로 모여들었다. 현재 라싸의 모 민간기업 CEO인 쑨도 그들 중 하나였다. 중국 북동부 푸순 태생의 쑨은 막 18세가 된 1976년 티베트에 왔다. 그는 라싸 바로 남쪽 로카 지구, 총개현에서 붉은 기 인민공사 농부로 일했다. 머문 기간은 짧지만 새벽부터 해질녘까지 티베트 농부들과 함께 일했던 경험 덕분에 티베트의 지역 방언을 익혔고, 그때 맺은 깊고 두터운 우정은 이후 수십 년간 지속되었다. 결국 쑨이 티베트에서 지낸 1970년대 말에 이르러 문화대혁명은 막바지를 향하고 있었고, 계급 투쟁의 의미는 희미해졌다. 쑨은 당시를 회상하며, 소박하고 인심 좋고 친절한 사람들과 지내면서 “여기가 극락인가” 싶었다고 말했다.

하지만 그가 있던 곳이 정말 극락이었을까? 폭력적인 혁명의 고비를 수차례 겪은 티베트가 과연 극락일 수 있었을까?

내 아버지는 사원이 약탈당하고, 불상이 파괴되고, 수천 장의 불경이 잿더미가 되는 끔찍한 장면들을 눈으로 보고 기록하고도 새로운 시대를 맞아 행복해 하는 농촌의 모습을 카메라에 담으려고 했다. 과연 그런 새 시대가 가능하다고 믿었던 걸까? 여전히 이런 의문이 나를 괴롭힌다.

갤러리 10. 새로운 신을 섬기다.

'태양의 동쪽'은 티베트 북부 초원지대에 널리 알려진 대중적인 민요다. 원래의 가사는 이렇다.

태양의 동쪽에는
금으로 지은 궁전이 있다.
금으로 지은 궁전에는
바즈라싸트바(금강살타보살), 금강처럼 단단한 부처가 있다.
태양의 남쪽에는
은으로 지은 궁전이 있다.
은으로 지은 궁전에는
아미타바(아미타불), 영원히 빛나는 부처가 있다.
태양의 서쪽에는
새하얀 궁전이 있다.
소라 껍데기로 지은 새하얀 궁전에는
라트나삼바바(보생여래), 보석에서 태어난 부처가 있다.
태양의 북쪽에는
초록 궁전이 있다.
옥으로 만든 초록 궁전에는
아모가시디(불공성취여래), 헛되이 이루지 않는 부처가 있다.

문화대혁명 때, '혁명적 문화 노동자'들은 티베트인들이 즐겨 부르는 이 민요의 가사를 다음과 같이 개사했다.

태양의 동쪽에는
금으로 지은 궁전이 있다.
금으로 지은 궁전에는
우리의 위대한 지도자 마오쩌둥이 있다.
태양의 남쪽에는

은으로 지은 궁전이 있다.
은으로 지은 궁전에는
우리의 위대한 중국 공산당이 있다.
태양의 서쪽에는
새하얀 궁전이 있다.
소라 껍데기로 지은 새하얀 궁전에는
우리의 위대한 인민해방군이 있다.
태양의 북쪽에는
초록 궁전이 있다.
옥으로 만든 초록 궁전에는
위대한 전국 모든 민족 인민이 있다.

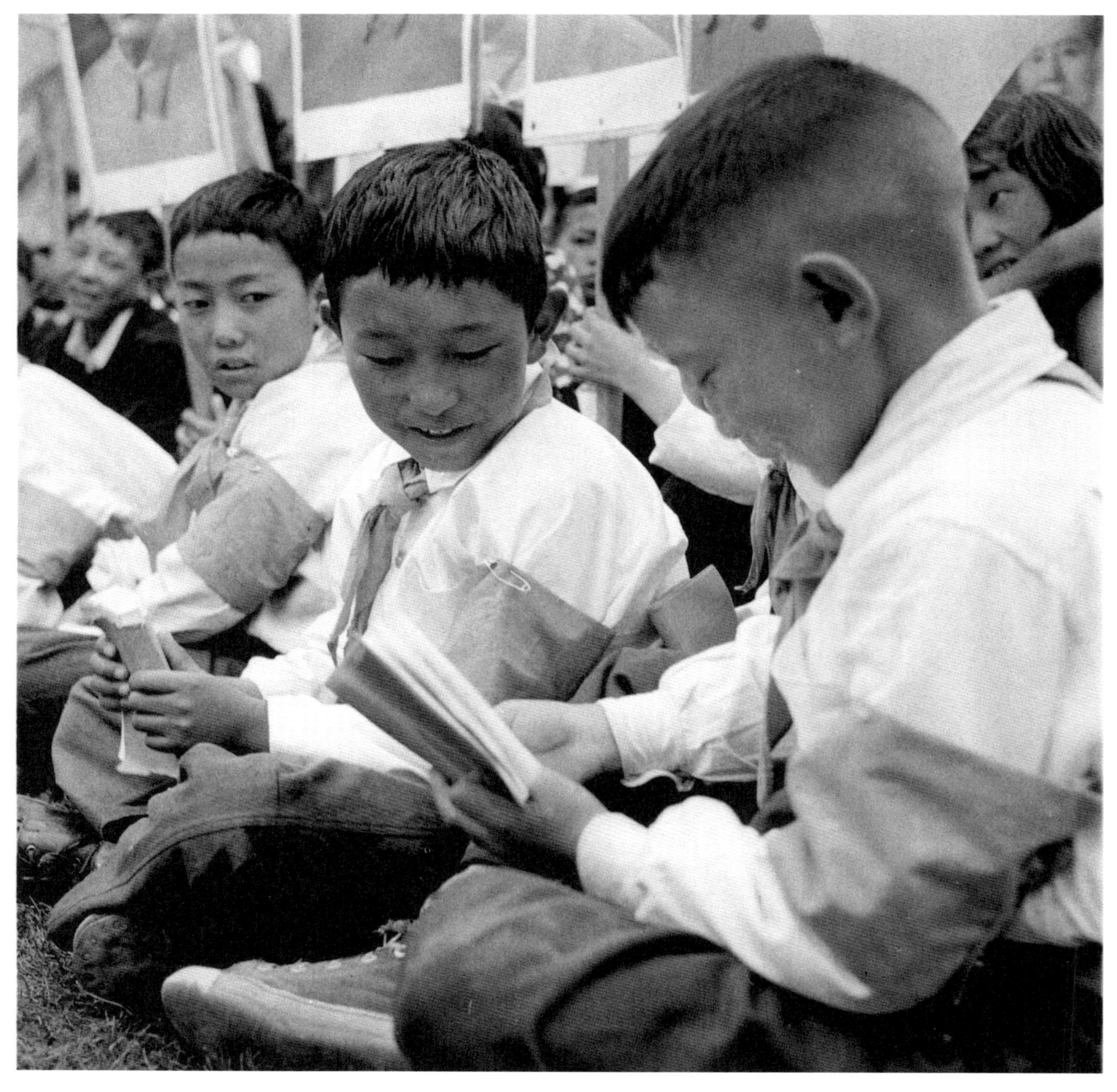

257-259. 카메라 앞에서 마오쩌둥 어록을 진지하게 학습하는 자세를 취하고 있는 티베트 어린이들. 마오쩌둥은 어린이들을 아침 여덟아홉 시경의 햇빛에 비유했다. 어린이들은 혁명의 계승자로서 마오쩌둥의 희망이었다. 이 가운데 일부는 어쩌면 지금의 티베트 사회를 이끄는 중추적 역할을 하고 있을지 모른다. 하지만 마오쩌둥이 생각한 혁명의 계승자가 그들 중 과연 몇이나 될까?

260-261. 군복 코트를 어깨에 걸친 고위 장교가 해방농노에게 마오쩌둥의 초상화를 건네고 있다. 초상화를 받아든 사람은 중산복을 입은 마오쩌둥의 모습에 마치 새로운 신과 마주친 듯 압도당한 표정이다.

262. 신화서점의 한 지점에서 젊은 여성들이 '보배로운 붉은 책(홍바오수)'를 훑어보고 있다. 홍바오수는 〈마오쩌둥 선집〉, 〈마오 주석 어록〉처럼 마오쩌둥의 저서들을 이르는 말이다. 〈마오 주석 어록〉은 티베트어로 번역되었고, 1967년 6월 25일 티베트어-중국어 이중 언어판이 출간되었다. 당시 언론에서는 이를 두고 '티베트 인민들에게 큰 경사'라고 보도했다. 보도에 따르면 이중 언어판 〈마오 주석 어록〉은 50만부 가량 인쇄되었다. 1969년 4월 3일 신화서점 라싸 지점은 64절 크기 하드커버 제본의 한 권짜리 〈마오쩌둥 선집〉과 128절 크기 플라스틱 표지 하드커버 제본의 〈마오 주석 어록〉, 〈마오 주석 저작 다섯 편의 글〉, 〈마오 주석 시집〉을 출간했다.[12] 그만큼 찍어냈으면 당시 티베트인 1인당 한 권씩은 충분히 돌아가고도 남았을 것이다.

263. 삼지양군 운동을 수행하라는 마오쩌둥의 지시대로 농업과 목축업을 지원할 마오쩌둥 사상 선전대를 실은 '해방' 트럭이 티베트 농촌과 유목지대로 줄지어 향하고 있다. 1968년 티베트군구의 공식 지시문에는 삼지양군 운동의 일환으로 추가적으로 수행해야 하는 임무가 적혀 있었다. "선전대가 마오쩌둥 사상을 널리 알리고, 여전히 군사 통제가 필요한 단웨이에 군사 통제를 지속할 것. …다른 지역에 주둔한 군대는 모두 지방 단웨이, 지방 대중과 함께 선전 공작을 책임진다."[13]

하지만 이들 선전대가 얼마나 효과를 발휘했을까? 문화대혁명이 끝난 후, 그간의 경험을 총결산하기 위해 티베트자치구 내 고위급 내부 회의가 열렸다. 회의에서는 다음과 같은 결론이 도출되었다.

> 문화대혁명 중, 대대급 이상 간부 약 1,233명이 '삼지양군' 활동에 참여했다. 그들 가운데 566개 지방 단웨이에서 716명의 간부가 '삼결합'에 참가했다.[14] 대략적인 통계에 따르면 76개 단웨이에서 대대급 이상 간부 164명이 '좌파 지원' 활동에 나섰다. 이처럼 군구에서 많은 간부가 삼지양군 활동에 나섬으로써 지역, 군대 그리고 간부들 자신에게도 극도로 부정적인 결과를 초래했다.[15]

264. 〈마오 주석 어록〉을 손에 든 인민해방군 마오쩌둥 사상 선전대, 줄여서 군 선전대 소속 남녀 군인 약 서른 명이 농업지원 활동 중이다. 이들은 티베트 땅에서 농사짓는 티베트 농민들을 모아놓고 직접 마오쩌둥 사상을 전달하고 있다. 선전대 뒤쪽 현수막에는 중국어와 티베트어로 "마오쩌둥 사상 선전대"라고 적힌 큰 글씨와 함께 "티베트군구 403부대"라는 작은 글씨가 보인다. 이들은 티베트 농촌으로 파견된 수많은 선전대 중 하나일 뿐이고, 이것만으로는 여기가 어느 지역 어느 농촌인지 알 수 없다. 또 이처럼 수많은 마오쩌둥의 초상화와 붉은 깃발, 구호가 적힌 현수막, 군복을 입은 이방인들을 앞에 둔 평범한 티베트 농부들의 마음이 어땠는지도 알 도리가 없다. 이들은 도대체 무슨 생각을 하고 있을까? 매일같이 이루어지는 강도 높은 선전 활동이 이들의 마음을 조금이라도 변화시켰을까? 그들에게는 머리 위 높은 곳에 있는 초상화 속 마오쩌둥이 마치 새로운 신처럼 보였을 것이다. 낡은 티베트는 가고 새로운 티베트가 태어난다는 천국의 메시지까지 동반했으니 말이다. 혹시 이 메시지는 마오 주석의 말을 믿고 따르기만 하면 새로운 티베트가 행복하고 더 나은 삶을 가져다준다는 뜻이었을까? "마오 주석의 말은 구구절절 진리다(마오 주시 더화, 쥐쥐 스 전리)"라고 하지 않았던가?

265-266. 농부들이 들판에서 일하다 말고 군 선전대에 이끌려 마오쩌둥 사상을 학습하고 있다.

267. '해방농노'들이 마오 주석의 책을 읽고 있다. 마오 주석의 글에 깊은 감명이라도 받았는지 매우 행복해 보인다. 혹시 그냥 카메라 앞이라서 읽는 척만 하는 것은 아닐까? 당시 티베트 상황을 조사한 자료에 따르면 이 당시 일반적인 티베트 농촌 사람들은 문맹인 경우가 많았고, 수십 년이 지난 후에도 상황은 별로 달라지지 않았다.

268. 학교 수업도 밭에서 했다. 지금 이 아이들은 시짱일보로 공부하고 있다. 아이들이 읽고 있는 것이 머리기사건, 당의 지령이건, 사설이건 어차피 모두 마오 주석과 중국 공산당 중앙위원회의 사상을 전달하는 내용이다.

269-271. 농부들이 집단 노동 중 틈틈이 짬을 내서 마오쩌둥 사상을 공부하고 있다. 이런 종류의 학습은 벽지 유목민 지역에서도 예외 없이 사람들에게 마오쩌둥 사상을 주입시켰다. 유목민 가정에서 자란 티베트 작가 잠양 쎼랍은 저서 〈티베트의 마지막 카라반〉에서 티베트 전통 유목민의 생활과 호수에서 마지막으로 소금을 채굴했던 때에 대해서 이야기했다. 그는 호수에서 소금을 채굴한 다음 있었던 일에 대해 이렇게 회상했다.

> 지도자가 우리에게 소금 도대 사이에 모여 앉아 계급 투쟁에 관한 마오쩌둥의 글을 읽게 했다. 토의를 마친 후 마지막에 지도자가 혁명적 지시를 내렸다. "소금 채취가 끝났다. 이것은 혁명의 승리, 마오쩌둥 사상의 승리, 무산계급의 승리다. 하지만 우리는 자만하[16]지도, 서두르지도 않을 것이다. 우리는 마지막 순간까지 혁명을 계속할 것이다."

272-273. 캄 지구 민병대원들이 마오쩌둥의 책을 읽으며 즐거워하는 모습을 연출하고 있다.

274-278. 인민공사 설립 후 티베트 농민들의 삶이 행복해졌음을 강조하기 위해 공들여 연출한 사진들이다. 사람들이 쓰고 있는 깨끗한 머릿수건, 남자들이 쓰고 있는 챙이 넓은 점잖은 모자, 여성들이 두르고 있는 밝은 색감의 티베트 전통 줄무늬 앞치마 빵댄, 마오쩌둥의 초상화를 바라보는 따뜻한 시선, 구호와 함께 하늘을 향해 주먹을 휘두르면서 마오쩌둥의 초상화를 높이 치켜든 모습. 당시 역사에 대한 사전 지식이 없는 사람이 본다면 중국 공산당이 약속한 대로 인민공사가 사회주의 낙원으로 가는 금빛 찬란한 길을 놓아주었다고 생각할 만한 장면들이다.

물론 이 사진들은 모두 인민공사 설립 초기, 농촌의 인민들이 정말로 인민공사에 기대를 걸고 있던 시기에 촬영한 것이다. 하지만 이 사진들이 내 아버지의 소망을 반영한 것임은 분명하고, 아버지는 인민공사의 농민들에게 행복한 모습을 보이라고 요구했을 것이다. 이 사진들을 보고 있으니 중앙뉴스다큐멘터리제작소 라싸 지부의 어느 감독이 만든 다큐멘터리 영화의 한 장면이 생각난다. 사과를 따는 티베트 농촌의 아가씨들이 즐겁게 이야기한다. “우리가 잘 살고 있는지 궁금한가요? 발그레하게 물든 우리들의 뺨이 보이지 않나요?” 처녀들의 얼굴은 그들이 따고 있는 사과만큼이나 붉다. 그리고 그들의 표정은 이 사진 속 여성들의 표정과 놀랍도록 비슷하다. 아버지의 뷰파인더 속 이미지에 가려진 진실은 과연 무엇이었는지 또다시 궁금해진다.

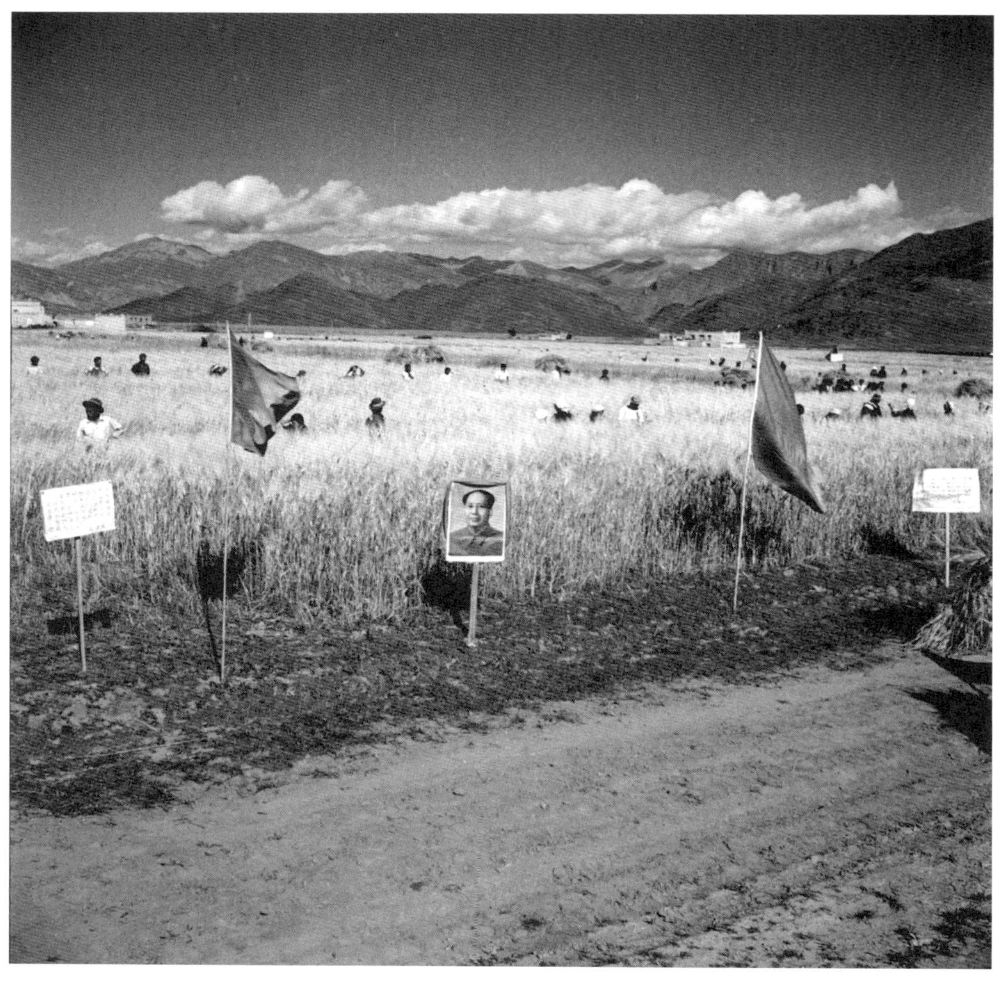

279. 마오쩌둥의 초상화가 허수아비처럼 들판을 지키고 있다. 마치 그의 얼굴에 곡식을 보호하는 특별한 힘이라도 있는 것 같다. 당시 티베트 농촌 곳곳에서 이런 모습이 종종 눈에 띄었다.

군 선전대의 주요 임무 가운데 하나는 마오쩌둥의 초상화가 그려진 포스터를 농목지역 주민들에게 나누어주는 것이었다. 문화대혁명 기간 티베트 농촌에서는 이처럼 마오쩌둥의 포스터를 들판에 세워두는 경우가 종종 있었다. 인민공사 소속 행동대원들이 혁명에 대한 자신들의 충성심을 과시하기 위해 갖다 놓은 것인지도 모른다. 아니면 들판에 이미 세워져 있던 포스터가 허수아비 대용이나 기타 용도로 쓸모가 있어서 옮기지 않기로 한 것일 수도 있다. 그것도 아니면 그냥 어떻게 해야 할지 몰라서 그대로 둔 것일 수도 있다. 마오쩌둥에게 신통력이 있다는 군 선전대와 인민공사 간부들의 말을 믿고, 포스터가 정말로 농작물을 보호해 주었으면 하는 마음이었던 농부들도 농촌 어딘가에는 있었을 것이다.

어디에나 있는 마오쩌둥

낡은 티베트는 무너졌다. 하지만 그 자리에 새로운 티베트가 세워졌을까? 문화대혁명이 한창이던 시절 아직 실각하기 전의 린뱌오가 군부 1인자로서 마오쩌둥의 후계자로 거론되던 때, 그는 마오쩌둥 사상이 중국의 '정신적 원자폭탄'이라며 치켜세웠다. 이 '폭탄'은 공산당이 말하는 구 사회의 질서, 이른바 '삼대영주가 채워 놓은 정신적 족쇄'를 부술 만큼 강력했을까? 1998년 출간된 책 〈천장: 티베트의 운명〉에서 왕리슝은 이렇게 말했다.

> *'정신적 원자폭탄'의 버섯구름이 마오 시대 전체를 뒤덮었다. 한족 중국인 무리가 차례차례 티베트에 들어왔다. 1950년대에 이미 4-5만 명의 민간인과 비슷한 수의 군인들이 티베트에 정착했다. 1960년대와 70년대를 거치면서 이 수치는 두 배가 되었고, 이는 티베트 내 한족의 수가 십만 명을 훨씬 넘어 티베트자치구 전체 인구의 10분의 1 수준이 되었다는 뜻이다. 공산주의라는 새로운 신념을 전파하려는 열의로 무장한 이들은 천 년 넘게 봉인되어 있던 눈 덮인 부처의 나라 티베트에 느닷없이 들이닥쳤다. 처음에 그들은 티베트 상류 계급을 집중 공략하더니 나중에는 티베트 사회 최하층까지 자신들의 사상을 널리 퍼뜨렸다. 그들은 급진적인 태도와 금욕적인 열정으로 티베트에서 자신들의 새로운 종교를 전파했다.*

인민해방군이 광활한 농촌과 초원에 파견한 수많은 선전대는 사실상 그들이 보낸 마오쩌둥 사상이라는 '정신적 원자폭탄'의 한 예이다. 홍위병, 군부, 선전대가 사구를 없애기 위해 전력을 다했다지만, 그들의 선전활동 자체가 오히려 미신을 전파하는 행위였다. 집집마다 마오쩌둥의 초상화를 걸어야 했고, 티베트의 농민과 유목민은 읽지도 못하는 〈마오 주석 어록〉을 모두 한 권씩 가지고 있어야 했다. 그래서 아버지의 사진을 보면 어디에나 마오쩌둥의 초상화가 있고, 누구나 빠짐없이 마오쩌둥의 책을 들고 있다. 마치 한편의 부조리극을 보는 것 같다. 하지만 동시에 이 사진들은 이 집단 행위 예술 같은 상황이 티베트라는 독특한 맥락에서 일어났고, 그 속에서 티베트의 농민과 유목민들은 티베트 민족 전체를 고통스럽고 비참하게 만든 유난히도 흉포했던 투쟁에 휘말릴 수밖에 없었다는 사실을 떠올리게 만든다.

이렇게 이방의 새로운 신 마오쩌둥이 티베트의 강산을 뒤덮었다. 혁명적 공포가 지배했던 마오쩌둥의 시대는 천둥과 번개를 몰고 와 유구한 세월동안 고립 속에서 비교적 평화롭던 티베트 고원을 파괴했다. 끝없이 이어지는 파괴적 혁명은 눈의 땅 깊숙이 자리 잡은 티베트 민족의 뿌리를 뽑아버리고, 티베트인들의 몸에 빈곤의 흉터를 남기고, 티베트인들의 내면을 만신창이로 만들고, 전통과 신앙의 상실, 마음의 균열, 영혼의 공허를 초래했다. 가끔은 그냥 당시를 돌아보는 것만으로도 고통스럽다.

V

대단원

윤회의 바퀴

갤러리 11. 인과 연

중국 속담에 "빚쟁이 없는 빚은 없다"는 말이 있다. 죄가 있으면 죄지은 자가 있게 마련이라는 뜻이다. 1976년 10월, 중국 공산당 지도부는 마오쩌둥의 아내이자 문화대혁명 정책 책임자인 장칭이 이끈 극좌파 무리, 이른바 '사인방'이 문화대혁명이 야기한 모든 재앙의 원인이었다고 발 빠르게 선언했다. 1977년부터 89년까지, 티베트에서는 매년 문화대혁명 기간 중 저질러진 과오를 바로잡기 위한 회의가 열렸다. 회의는 매번 멀리 베이징에 있던 '반혁명 사인방 일당'이 모든 잘못의 원인이라는 결론에 도달했다. 1990년 이후에는 더 이상 문화대혁명을 공식적으로 거론하지 않게 되었다. 마치 모든 과오가 바로잡힌 듯했다. 문화대혁명은 과거의 역사가 되어 버렸으니, 이제는 모른 척해도 되고 더 이상 언급할 필요도 없어졌다. 하지만 역사를 고친다고 시간을 되돌릴 수 있을까? 천하의 공산당도 시간을 거꾸로 흐르게 할 수는 없다.

280-281. 1976년 9월 9일, 티베트자치구 설립 11주년 기념일에 마오쩌둥이 죽었다. 그로부터 한 달 후 베이징의 권력 중심부에서 벌어진 일들은 중국 전역을 충격에 빠트렸다. 중국 공산당이 공식적으로 문화대혁명을 규탄한 것이다. 〈티베트 중국 공산당 역사 주요 사건 연보〉는 당시의 상황을 다음과 같이 요약했다.

> 10월 6일: 반혁명적 '사인방'이 분쇄되었다. 화궈펑, 예젠잉, 리셴녠 등 중앙위원회 정치국 주요 인사들은 공산당과 인민의 의지를 신속하게 실행에 옮겨 장칭의 반혁명 일당을 격파하고 지난 10년간 문화대혁명이 야기한 혼란을 종식시켰다. 이것으로 전체 공산당, 전군 그리고 중국 전역 모든 민족의 오랜 투쟁이 위대한 승리를 거두었다.

热烈庆祝华国锋同志任中共中央主席中央軍委主席

그 다음날, 화궈펑이 새로운 지도자로 발표되었다. 화궈펑은 중국 공산당 주석으로 임명되었고, 10월 23일 라싸와 인근 지역에서 열린 화궈펑 취임을 축하하는 대중 집회에 6만 명 넘게 참가했다. 비슷한 행사들이 동티베트 캄에서도 열렸다. 당시 내 아버지의 근무지이자 내 가족이 살던 곳이었다. 마오쩌둥 사망 직후에 촬영된 대중 집회 사진들은 군인, 민병대, 홍기, 구호, 마오쩌둥의 대형 초상화 등을 보여준다. 마오쩌둥의 초상화는 우리에게 이미 익숙하지만, 이번에는 초상화 옆에 걸린 현수막의 글이 달라졌다. "화궈펑 동지의 공산당 중앙위원회 주석과 중앙군사위원회 주석 취임을 열렬히 축하한다!" 마오쩌둥의 시대가 끝난 것이다.

282-284. "마오 주석 만세!"라는 외침이 잦아들고, 이제는 그의 후임 화궈펑이 흠모의 대상이 되었다. 사진들은 캄 지역 무용단이 새로운 주석의 사진을 앞에 두고 벌인 공연 모습을 담고 있다. 화궈펑의 초상화에 선물도 바치고, 카딱도 둘렀다.

화궈펑은 티베트인들에게도 낯설지 않았다. 그는 마오쩌둥 사망 1년 전 티베트자치구 설립 10주년을 맞아 라싸를 방문했다. 화궈펑에 관한 이런저런 소문이 돌았는데 그중에는 티베트인들이 보리술을 보관하는 질항아리가 너무 크고 무겁다는 사실을 알아챈 화궈펑이 이를 딱하게 여겨 베이징에 있는 회사에 양쪽에 손잡이가 달린 가벼운 플라스틱 재질의 술독을 제작하도록 주문했다는 이야기도 있었다. 감사가 몸에 밴 티베트인들은 당시 이 술독을 '화 주석'이라고 불렀고, 사진 284(오른쪽)에서는 같은 무용단의 단원들이 플라스틱 술독을 들고 춤을 추다가 '화 주석' 술독을 화 주석 사진에 바치는 공연을 하고 있다.

화 주석이 마오 주석의 환생인지 아닌지 미처 확인도 해보기 전인 1978년, 화궈펑은 덩샤오핑에게 밀려났고 당 중앙의 새 지도부는 문화대혁명이 '10년간의 재난'이었다고 선언했다. 런룽은 실각하고 인파탕이 티베트의 1인자가 되었다. 1985년 티베트자치구 당국이 내놓은 (내부) 문건은 티베트 문화대혁명에 관해 최종적으로 다음과 같이 결론 내렸다. "티베트의 문화대혁명에 있어서 사소한 문제도 있었고 심각한 문제도 있었지만, 전반적으로 상황이 매우 심각했고, 이 지역의 특수한 성격을 고려한다면 그 심각성은 더욱 엄중하다."

속죄

문화대혁명이 끝났다.

지난 시절 우귀사신들은 다시 정치무대로 복귀했고, 그들에게는 '정치 꽃병'으로서 중국 공산당의 통일전선이 부활했음을 널리 알리는 임무가 주어졌다. 티베트의 일반인들은 다시 염주와 마니차를 손에 들고 폐허가 되었다가 조금씩 복구되어 가는 사원으로 돌아가 부처님을 참배했다. 문화대혁명은 옛 기억이 되었다. 하지만 악몽 같은 광란의 기억이다. 마오쩌둥은 '한 사람의 영혼으로부터 터져 나오는 혁명'을 부르짖었지만, 결국 그것은 티베트어로는 혁명을 의미하는 '사제'가 중국어 사용자들에게는 '사제'로 들리듯, 살육과 약탈로 끝났다.

쟘빠 린첸은 75세가 되던 2003년 2월까지 17년 간, 조캉 사원 내 설법과 토론의 장소였던 쑹최라의 청소를 자청했다. 나와 함께 내 아버지의 사진들을 훑어보면서, 쟘빠 린첸은 계속 같은 말을 되풀이했다.

지난날 내 행적만을 놓고 본다면, 진정 혁명적이었다고 할 만하다. 하지만 내 마음 깊은 곳을 들여다보면…아! 나는 악업을 참 많이도 쌓았다. 그래서 나는 자주 기도한다. 다시는 중국에서, 중국인으로 태어나지 않게 해달라고….

나는 원래 대뽕 수도원의 승려였지만, 승복을 입지 않은 지 오래다. 왜냐고? 혁명에 가담했고, 문화대혁명 때 거민위원회에서 일했고, 민병대에도 가입했기 때문이다. 그러면서 나쁜 짓을 많이도 했다. 그러니 승복을 다시 입는 것은 옳지 않다. 승복을 입는다는 것은 수많은 계율을 지키겠다는 맹세나 마찬가지인데, 나는 이제 그럴 자격이 없다…. 정말로 다시 입고 싶지만, 그럴 수가 없다. 이미 자격이 없다…

사구타파 때, 나는 까니고시 불탑을 부수고 내 스승님이 가지고 있던 불경을 태웠다. 스승님이 1959년 포탈라궁에서 몰래 빼내 온 제 쫑카빠의 가르침이 담긴 불경이었다. 그 가치는 이루 말할 수 없다. 문화대혁명이 시작되자, 아무도 감히 불경을 지키려 하지 않았다. 태울 수밖에 없었다. 네팔 사람 하나가 나와 함께 불경을 태웠다. 우리는 둘 다 슬피 울었다. 불경을 태우고 남은 재를 라싸강에 버렸다. 아! 그때 우리는 완전히 신앙을 버렸다.

혁명만 아니었다면, 문화대혁명 같은 게 없었다면, 나는 평생을 제대로 된 승려로 살았을 것이고, 승복을 벗을 일도 없었을 거다. 사찰들도 무사했을 테

고, 나도 수도원에 머물면서 경전을 공부했을 것이다. 하지만 혁명이 일어났고, 나는 다시는 승복을 입지 못하게 됐다. 여자를 가까이한 적도 없고, 세속적인 삶으로 돌아가길 바란 적도 없는데 다시 승복을 입을 자격을 잃어버렸다. 그 점이 내 평생에 가장 큰 한이다.

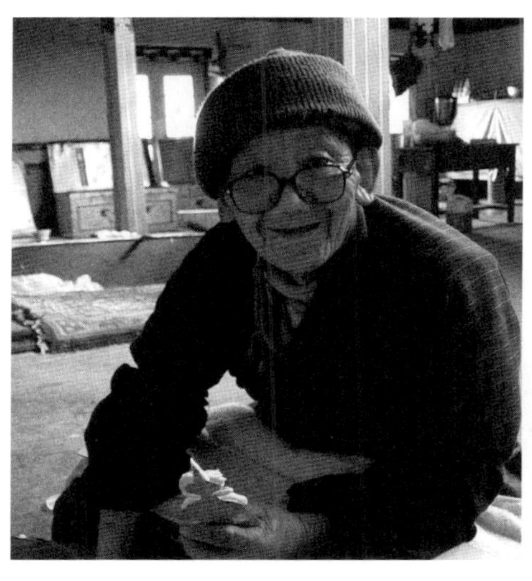

285. 2003년 초 라싸에서 내가 촬영한 쟘빠 린첸의 사진이다. 티베트력 새해 전날이어서, 쟘빠 린첸은 승려들을 도와 새해 행사 때 부처와 보살들에게 바칠 공물을 짬빠와 버터로 빚고 있었다. 이것이 내가 마지막으로 본 그의 미소였다.

286. 노인이 된 쟘빠 린첸이 내게 보여주기 위해 되는 대로 그린 까니고시 불탑의 모습. 마치 불탑의 형상이 마음 깊이 새겨져 있었던 것처럼 손놀림이 거침없었다. 그는 까니고시 탑을 부순 일을 남은 일생 동안 후회했다. 당시 그림을 보며 나는 그가 예전에 했던 말을 떠올렸다. "나는 생각했다. '나도 한때는 다바(승려)였는데, 이제 불탑을 부쉈으니 나쁜 업을 쌓았구나. 하지만 혁명에 참여하지 않는 것은 생각도 할 수 없다.' 그래서 나는 조용히 속으로 바랐다. '다음 생에는 아주 부유한 집안에 태어났으면, 그래서 지금 내가 부순 것과 똑같은 불탑을 새로 만들 수 있으면 좋겠다'라고."

같은 해 11월 말, 쫑카빠의 탄생을 기념해 수천 개의 버터 등불을 밝히는 간댄응암최 축제를 하루 앞두고, 쟘빠 린첸은 쑹최라 옆 작은 오두막에서 숨을 거두었다. 그날 밤, 조캉 사원의 모든 승려가 그를 위해 독경했다. 쟘빠 린첸의 시신을 천장지에 보낼 때에도 승려들은 기도했다. 그에게 해 줄 수 있는 최선의 배려였다. 하지만 그는 마지막까지 승복을 입지 못했다. 그에게 아주 중요한 의미였고, 수도자의 무구한 삶을 상징하는 동시에 삶에 가장 큰 상실감을 남긴 가사를 끝까지 입을 수 없었다.

후기

46년 후

다시 라싸로

"모든 문명의 기록은 야만의 기록이다."[1]

발터 벤야민이 1940년에 한 말이다. 〈금지된 기억〉은 그 말을 시각적으로 보여준다. 문명이라는 이름으로 불리지만, 실상은 야만이었던 시대의 기록이기 때문이다.

〈금지된 기억〉(중국어 제목 '사제')은 책이 다루고 있는 사건들이 일어난 지 40년 후인 2006년 타이완 로커스 출판사가 처음 출간했다. 타이완에 그런 출판사가 존재한다는 사실은 다른 많은 사람들에게도 그렇겠지만 내게 몹시 감사한 일이다. 로커스가 없었다면, 그 당시 사건들을 다룬 내 책들은 중국어를 사용하는 일반 독자들에게 공개될 기회조차 갖지 못했을 것이다. 중국에서는 허용되지 않는 책이기 때문이다. 중국에서는 출판과 거의 동시에 금서가 된 내 산문집 〈티베트 수기(시짱비지)〉 이외에, 로커스는 〈금지된 기억〉의 자매편인 〈티베트는 기억한다(시짱지이)〉도 제작했다. 이 책은 티베트 문화대혁명의 기억을 내게 나누어준 스물세 명의 구두 진술을 담고 있다. 〈금지된 기억〉 초판이 나온 것은 문화대혁명 이후 이미 오랜 세월이 흐른 뒤였다. 그럼에도 불구하고 문화대혁명이라는 주제는 여전히 중국 내에서 논의할 수 없는 금기였다. 왕리슝이 서문에서 밝혔듯이 당시 일어났던 일들은 "체제의 몸에 새겨진 치유되지 않은 흉터이고, 드러날 경우 중국 공산당에게 잠재적 위협이 될 수도" 있었다. 중국이 국제무대에 강대국으로 부상하고 있는 지금도 티베트 문화대혁명은 여전히 금기 중의 금기로 남아있다. 〈금지된 기억〉은 중국에서 여전히 판매 금지된 책이라서 중국 내로는 한 부도 들일 수가 없었다. 로커스 출판사가 인터뷰에 응해준 사람들에게 주는 증정본 몇 부를 홍콩으로 보낸 적이 있었다. 하지만 본토로 들어가는 통관항인 선전 세관에서 모두 압수당했다. 몇몇 지인이 귀국할 때 개인적으로 들고 가겠다고 했지만, 인터뷰 대상 대부분이 거주하는 라싸로 책을 반입하기에는 그 방법도 너무 위험했다. 이제는 해당 인물들이 모두 고령이라 언제 어떻게 될지 모르는 상황이다. 그래서 나는 더욱 마음이 무겁다. 지금까지 열여섯 분이 자신들의 증언이 활자화된 것을 보지도 못한 채 숨을 거두었다.

2009년 티베트어판 〈금지된 기억〉이 나왔다. 워싱턴 DC에 있는 라디오프리아시아에서 티베트어 방송을 담당했던 될까르가 도와주었다. 될까르는 망명중인 티베트인들을 위해 티베트어판을 출판하고 싶어 했는데, 특히 젊은 세대들이 문화대혁명 때 티베트에서 어떤 일이 있었는지를 이해했으면 했다. 얼마 후, 나는 티베트어판 〈금지된 기억〉의 아주 특별한 한 부를 베이징까지 인편으로 전달받았다. 될까르가 이 책을 인도 다람살라에 있는 달라이 라마에게 선물했는데, 달라이 라마가 속표지에 친필로 글을 써 주신 것이다. 내게는 특별히 소중한 한 부다. 2013년 트위터를 통해 알게 된 말레이시아-중국계 미국인 친구 정위핑이 티베트어판을 온라인에 게시하면 어떻겠냐고 제안했고, 될까르, 티베트어판 그래픽 디자이너인 툽땐, 그리고 나 이렇게 셋이서 이 제안을 실행에 옮겼다. 그 결과 중국 일부 지역에 거주하는 티베트인들이 위험을 무릅쓰긴 했지만 티베트어로 된 〈금지된 기억〉을 읽을 수 있었다.

마침내 인쇄되어 책으로 나온 〈금지된 기억〉을 받아들었을 때 내가 떠올린 것은 무엇보다 고단함이었다. 내 돌아가신 아버지가 찍은 사진이 작업 내내 나를 이끌어주긴 했지만, 당시만 해도 정보가 전혀 없었던 티베트 문화대혁명을 이해하기 위해 애썼던 6년이 내게는 힘든 여정이었다. 어려운 일일지도 모른다는 것을 알고 시작한 일에 후회는 없었다. 내 목표는 1947년 인도와 파키스탄의 분리를 이해하려고 애썼던 우르바시 부탈리아의 목표와도 비슷했다. 그녀가 보여주었듯이 우리는 역사를 실제 있었던 일 그대로 알고 싶어 하지만, "개인적이고 편향적인 진술로부터 역사를 배우기도 한다. 실제 일어난 '사실'만큼이나 사람들이 그 사실을 어떻게 기억하고 전달하는가도 중요하기 때문이다"[2].

70명 넘는 사람들을 인터뷰하고 문화대혁명 기간 그들이 겪은 일들을 전해 들으며 어둠을 피부로 느꼈고, 그들의 진술을 기록하면서 그 어둠이 끊임없이 나를 끌어당긴다는 느낌을 떨칠 수 없었다. 누군가는 한숨짓고, 또 누군가는 "미쳤었어, 그때 우리는 모두 미쳐 있었어!", "마치 약에 취했던 것 같아", "딱해라! 우리가 어쩌다 그런 일을 겪었을까"라며 탄식할 때, 나 역시 참담한 마음이었던 것을 기억한다. 어쩌면 내가 그들의 말을 들어 준 유일한 사람인지도 모른다는 것을 알면서 그들의 고통을 듣고 있자니, 혁명이라는 이름으로 그런 파괴를 자행하는 사람들을 속으로 몇 번이고 욕하지 않을 수 없었다. 하지만 인터뷰를 글로 옮기려고 책상 앞에 앉으면 그들의 말에 내재된 의문들을 자꾸만 돌아보게 되었다. 왜 그들 중 많은 이가 자신이 간직한 기억의 빈틈없는 밀도 자체에 당황하고 압도당한 것처럼 보였을까? 그들 안에 스며 있는 공포를 느낄 수 있었고, 심지어 들을 수도 있었다. 공포는 그들이 특정한 개념들을 표현할 때 쓰는 중국어 단어에도 박혀 있었다. '해방', '반란', '사구타파', '우귀사신', '인민공사' 같은 단어들을 말할 때, 그들은 절대로 티베트어를 사용하지 않았다. 약속이나 한 듯 모두 '제팡', '판롼', '포쓰주', '뉴구이서선', '런민궁서'라고 중국어 단어로 바꾸어 말했다. 마치 모국어를 사용하면 이 단어들로 연상되는 추악함이 사라져 버리기라도 할 것처럼, 반드시 이질적이고 침략적인 말로 이런 개념들을 말하려고 했다.

나는 중국어로만 글을 쓰고, 학교 교육도 중국어로만 받았던 사람이다 보니 한동안은 그런 음성 녹음이나 녹취록을 다시 들여다보는 것이 힘들었다. 티베트 문화대혁명과 관련된 이야기들이 내뿜는 어둠에 에너지를 빼앗기는 것 같았다.

이 책에 실린 삼백 장 정도를 포함해, 내 아버지가 남긴 수백 장의 사진은 지금까지 알려진 티베트 문화대혁명 관련 개인 소장 시각 자료 가운데 최대 규모일 것이다. 중국 내에서는 〈금지된 기억〉을 유통시킬 수 없었기 때문에, 왕리숑과 나는 중국 정부가 지금껏 감추려고 했던 이 역사를 알릴 다른 방법을 궁리했다. 처음에 왕리숑은 다큐멘터리를 만들자고 했다. 사진을 기본으로 하고 여기에 인터뷰, 사진에 찍힌 장소와 사람들의 현재 모습, 티베트 문화대혁명을 바라보는 학자들의 다양한 시각과 해석 등을 첨가하자는 제안이었다. 물론 실현되지는 않았다. 그런 내용의 다큐멘터리를 당국이 허가할 리 없고, 티베트인 관련자들도 신분이 노출되는 위험을 감수해야하기 때문이다. 인터뷰를 할 때도 대부분 음성 녹음까지는 기꺼이 응했지만 사진이나 동영상 촬영은 꺼려했다.

이후 라싸와 베이징의 예술가들과 이야기를 나눠 본 왕리숑은 행위 예술 공연을 구상했다. '얼음 위의 문화대혁명'이라는 제목이었다. 내가 아버지의 사진 이미지들을 영사한 얼음 스크린을 가지고 라싸 시내 곳곳을 돌아다니면서 사진 속 이미지들이 얼음과 함께 녹아 라싸의 붐비는 거리 속으로 사라지는 과정을 보여준다는 구상이었다. 하지만 이 제안 역시 제안으로 끝났다. 이번에는 2008년 봄 티베트 고원을 휩쓴 반정부 시위 때문이었다. 시위로 인해 많은 사람들과 상황이 달라졌다. 나도 예외가 아니었다. 나는 침묵은 옳지 않으며, 스스로 목소리를 높일 의무가 있다고 생각했다. 시위 5개월 정도 후 경찰이 어머니의 집을 수색했고, 나도 불려가 취조를 당했으며, 라싸의 상황이 너무 참담해서 글을 전혀 쓸 수 없는 시기도 겪었지만 그래도 내 생각은 달라지지 않았다. 그래서 2008년부터 나는 기존의 저술 작업을 중단하고 평론가, 칼럼니스트로 활동하며 티베트 내부 현안들에 대한 글을 쓰기 시작했다. 그리고 이런 글들을 모아 평론집을 만들었다. 이 책들은 모두 타이완에서 출간되었다.[3] 그렇게 함으로써 티베트 현대사학자인 체링 샤꺄가 말한 '티베트 고원을 휩쓴 사건들의 기록'에 나도 뭔가 보탤 수 있다고 생각했다. 체링 샤꺄는 이 기록이 "티베트인들에게 매우 중요하다. 사람들의 마음속에 저장된 기억이야말로 한 민족을 존속시키는 힘이기 때문이다. …2008년 3월에 일어난 사건들은 새로운 기억을 만들었고, 이 기억은 대를 이어 전해질 것이다"라고 말했다.[4] 중국어로 글을 쓰는 작가로서 나는 내게만 특별히 부여된 매우 시급한 책임을 느꼈다. 중국 독자들에게 티베트 상황을 알리는 일이었다. 나는 티베트의 새로운 현실에 지금 당장 사람들이 관심을 갖도록 해야 한다고 생각했다. 그래서 〈금지된 기억〉을 통해 티베트의 과거를 더 많은 사람에게 전하는 일은 잠시 미뤄두기로 했다.

2008년 티베트 시위로부터 4년이 지난 후, 나는 다시 티베트 문화대혁명에 대해 이야기하는 작업을 재개했다. 행위 예술 구상을 다시 검토하다가 아버지가 사용했던 카메라로 뭔가를 해보자는 생각을 하게 되었다. 아버지의 카메라로 라싸에서 사진을 찍으면서 50년 전 아버지가 찍었던 사진들을 반추하고 그 사진들에 대해 다시 이야기해 본다는 계획이었다. 중국의 독립 영화감독인 왕위의 도움으로 아버지의 자이스 이콘 카메라를 다시 작동시키고 사용법을 새로 익혔다.

아버지의 카메라는 애초에 싸구려가 아니었다. 1950년대 라싸에서 군인 월급을 아껴 이 카메라를 살 만큼 돈을 모으는데 꼬박 2년이 걸렸다. 손에 들어 보면 묵직한 무게감이 느껴진다. 표면의 흠집과 세월의 흔적은 사용자의 손길이 빈번하게 닿았음을 보여준다. 외장의 검정색 부분은 촉감과 모습이 아주 단단한 거북 등딱지 같고, 은색 부분은 여전히 반짝인다. 렌즈 덮개를 열 때는 찰각하는 높고 경쾌한 소리가 들린다. 셔터를 누를 때 나는 소리는 더 작지만 또렷하다. 가끔 오른쪽 눈을 작은 뷰파인더에 갖다 대면서 나는 생각했다. 혹시 나도 내 아버지가 목격한 참혹한 광경을 보게 되는 것은 아닐까 하고.

모든 준비가 끝났다. 나는 베이징에서 후지 120 슬라이드 필름을 100통가량 사서 라싸로 돌아갔다. 하지만 나는 또 다시 민감한 사건과 맞닥뜨리고 말았다. 2012년 5월 암도 출신의 젊은 티베트인 일용직 노동자 두 명이 바르꼬르 한복판에서 스스로 몸에 불을 붙인 것이다. 당시 바르꼬르 거리는 관광객, 순례 기도와 참배를 하는 사람들과 무장경찰들로 붐볐다. 중국의 정책에 대한 항의와 달라이 라마에 대한 지지의 표시로 몸에 불을 지르는 분신 시위는 그보다 앞서 3년 전부터 시작되었지만, 2012년 5월 이전까지만 해도 캄과 암도 지역에 한해 일어났었다. 캄과 암도는 티베트 고원 동쪽 외곽이고, 라싸에서는 아주 멀리 떨어져 있다. 두 청년의 분신은 이제 분신 시위가 티베트의 심장부까지 확산되었다는 것을 의미했다.

즉시 라싸의 티베트인들을 대상으로 일종의 '인종 검역'이 시행되었다. 수도원, 라싸 옛 시가지 중심가, 포탈라궁 주변의 검문소 외에 공항, 기차역은 물론 티베트자치구와 라싸로 들어가는 모든 도로에 추가로 검문소가 설치되어 라싸에 거주하지 않거나 특별한 허가증을 소유하지 않은 티베트인들은 라싸로 들어갈 수 없게 되었다. 중국인 방문자들에게는 이 규칙이 적용되지 않았다. 당시 라싸를 방문했던 어느 중국인 여행 작가는 이 상황을 두고 "이 티베트인들은 날개가 있어서 날아가지 않는 한 라싸에 당도할 방법이 없다"고 쓰기도 했다. 내 아버지의 카메라로 '행위예술'을 시도하기에는 상황도 시기도 적절하지 않은 것 같았다. 무엇보다 나에게는 늘 감시하는 사복 경찰관들과 그들의 차량이 따라붙었다. 그들은 내 사진을 찍었고, 거리에서 나를 스쳐 지나갔다. 하도 자주 마주치는 바람에 금방 그들의 얼굴을 익힐 정도였다. 노트북 컴퓨터와 휴대전화도 감시당했고, 몇 번은 '차 마시는 자리'에 불려가기도 했다. 공안의 비공식 취조를 여기서는 그렇게 부르는데, 그 자리에서 나는 조심하지 않으면 구금될 거라는 경고까지 들었다.

이른바 '행위예술'을 준비하면서 더 기막힌 상황도 겪었다. 두 달간 라싸의 여름 땡볕 아래에서 부지런히 돌아다니며 사진을 찍었더니 슬라이드용 네거티브 필름이 열아홉 통이나 쌓였다. 나는 라싸에 좀 더 머무를 계획이었기 때문에 집으로 돌아가는 중국인 친구편에 필름을 내보내기로 했다. 친구와 나는 전화로 이 일을 의논한 적도 없고, 친구가 내 어머니의 집에 필름을 가지러 갔을 때도 주변에 지켜보는 사람은 없었다. 하지만 그 다음날 라싸 외곽에 있는 공항에서 비행기를 타려던 그 친구는 보안 검색대에서 걸리고 말았다. 배낭에 생전 처음 보는 식칼이 들어 있었기 때문이다. '추가 검색'이 필요하다며 담당자가 친구의 배낭을 어디론가 가져가 버렸다. 친구가 배낭을 돌려받은 것은 이륙이 임박해서였다. 비행기를 놓칠지도 모른다는 생각에 겁이 나서 서두르느라 가방 내부를 확인하지도 못한 채 탑승한 친구는 베이징에 도착해서야 내가 맡긴 필름이 없어졌다는 사실을 깨달았다. 배낭에는 원래의 슬라이드 필름 대신 일반 코닥 135mm 필름과 후지 네거티브 필름이 들어 있었다. 나중에 베이징에 가서 바뀐 필름들을 기념 삼아 받아다가 현상해 보았다. 전혀 상관없는 사진들 말고는 아무것도 찍혀 있지 않았다. 라싸에서 힘들여 찍은 사진들은 국가 기구라는 블랙홀 속으로 사라지고 말았다. 하지만 내 친구가 내 대신 필름을 운반한다는 사실을 그들이 어떻게 알았는지는 전혀 짐작이 가지 않았다. 어머니의 집에 카메라나 녹음기 같은 장치를 몰래 설치했던 걸까? 아니면 수 킬로미터 떨어진 공안 건물 옥상에 엄청나게 성능이 좋은 망원경이 있어서 내 어머니의 집을 감시했던 걸까? 무슨 기술을 썼는지는 내가 알 바 아니지만, 정부 소속의 법 집행기관이 내 사진을 뺏으려고 그렇게까지 치사한 방법을 썼다는 사실이 무엇보다 놀라웠다.

나의 '행위예술' 프로젝트는 계속되었다. 나는 2012년 가을에 아버지의 카메라를 들고 라싸로 돌아갔고, 2013년 여름과 가을에도 40여 년 전 라싸에서 있었던 사건들의 흔적을 따라가며 사진을 찍었다. 과거 아버지의 카메라는 하나의 맥락을 이루는 사건들을 순차적으로 기록했다. 카메라는 역사적으로 중요한 순간들의 목격자였고, 지금의 우리가 저널리즘이라고 부르는 것과 유사한 결과물을 만들어 냈다. 이에 비해, 같은 카메라로 내가 찍은 사진들은 중요한 사건들을 따라다니며 하나의 연속성 있는 서사를 구축하지 않는다. 카메라가 기록한 각각의 이미지 안에 이야기가 담겨 있다. 이제껏 아무도 말하지 않았던 이야기들이 보일 듯 말 듯 숨어 있다.

아버지의 오래된 카메라를 손에 들고 있자니 만감이 교차했다. 아버지는 내가 일반적인 글이나 시를 쓰는 작가가 아니라 사진작가가 되기를 더 바랐을 테지만, 아버지가 아끼던 카메라를 만져보라고 처음 허락해 주었을 때 나는 고작 십대 청소년이었다. 아버지는 뷰파인더를 사용하고, 초점을 유지하고, 조리개를 조절하는 법을 가르쳐 주었다. 아버지는 또 암실에서 현상하는 과정도 보여 주었다. 아버지가 시키는 대로 접시에 담긴 보이지도 않는 액체에서 눈을 떼지 않고 있으면 액체 속에서 서서히 가족의 모습이 형상을 갖추어 갔고, 또 다른 접시에서 한 장의 사진이 완성되었는데 나는 그 과정을 지켜보는 것이 즐거웠다. 어쩌면 영원불멸이라는 것이 가능할 수도 있을 것 같았다. 하지만 사진을 현상하는 과정은 복잡했고 나는 금세 흥미를 잃었다. 나는 글쓰기에 더 큰 매력을 느꼈다. 얼마 후 아버지는 가르치기를 포기했고, 결국 나는 아버지의 손때가 묻고 꿈이 서린 카메라의 사용법을 제대로 배우지 못했다.

많은 세월이 흐른 후 라싸에서 아버지의 발자취를 따라가려니 어렵고 막막했다. 눈앞의 라싸는 아버지가 찍은 사진 속 라싸와는 전혀 달랐다. 기억을 불러일으킬 만한 것들이 모조리 사라져 버린 느낌이었다. 하지만 뜻밖의 경험들이 즉각 아버지의 사진 속 과거로 나를 데려가 주었다. 포탈라궁 앞 스피커에서 흘러나오던, 티베트의 국민 가수이자 티베트의 상징 체땐 돌마의 목소리도 그중 하나였다.

히말라야 산맥이 아무리 높아도, 우리는 정상에 오를 거야.

야르룽짱뽀 강이 아무리 길어도, 우리는 끝까지 갈 거야.
티베트인들의 삶이 아무리 고달팠어도
공산당이 왔으니, 이제 행복할 거야.
공산당이 왔으니, 이제 행복할 거야.

문화대혁명 기간에 티베트 민요를 개사해 유행시킨 '붉은 혁명가' 중 하나다. 가사도 선율도 옛날 그대로였다.[5] 이 노래는 과거의 기억으로만 존재하는 것이 아니라 여전히 우리 곁에 있었다. 내가 느낀 시간적 단절감은 어처구니없는 것이었다. 이런 작은 경험을 통해 문화대혁명이 아직 끝나지 않았음을 깨닫는 것은 커다란 고통이었다.

과거는 수많은 사소한 흔적들 안에서 발견할 수 있었다. 가령 포탈라궁이 있는 마르뽀리, 일명 '붉은 언덕' 서편 기슭에 있는 좁고 긴 굴은 문화대혁명 시절 "전쟁에 대비하라!"는 마오쩌둥의 지시에 따라 만들어진 방공호였는데, 나중에 평범한 찻집으로 개조되었다. 대부분 나이가 지긋한 티베트인들이 찻집에 앉아서 차나 국수 한 그릇을 앞에 놓고 담소를 즐겼고, 인근 마을 출신의 젊은 여성 점원들이 껌을 씹으며 차를 따르거나 돈을 받으며 손님들 사이를 바쁘게 움직였다. 창가 좁은 난간을 따라 가지런히 놓인 화분에는 꽃들이 탐스럽게 피었고, 찻집 정문에는 티베트 전통 문양이 그려져 있었다. 찻집 바깥으로 티베트인들이 포당샵꼬르, '궁전 둘레길'이라고 부르는 기도길이 내다보였다. 거리는 참배하러 온 사람들과 관광객들로 붐볐다(물론 나를 따라온 사복경찰들도 있었다). 둘레길은 교통량이 많은 베이징중로와 1995년 만들어진, 베이징 톈안먼 광장의 소형 복제품 같은 포탈라 광장을 가로지른다. 포탈라 광장 중앙에 세워진 깃대에는 중국의 오성홍기가 펄럭이고 그 주변에서는 무장한 군인들이 하루 24시간 보초를 선다. 광장 남쪽 가장자리에는 '티베트 평화해방 기념비'가 서 있다. 로켓처럼 생긴 이 석조 조형물은 '낡은' 티베트의 상징인 포탈라궁을 정면으로 바라보고 있다. 최근에는 이곳에 거대 LCD 화면을 설치해 '새로운' 티베트의 상징인 민간 기업과 관광지 등을 홍보하는 광고 영상과 메시지를 계속 내보내고 있다. 이것이 문화대혁명 개시 50년 후 라싸의 모습이다. 이런 곳에서 문화대혁명에 대해 논하는 것이 과연 가능할까?

바르꼬르와 주변 가로수길, 도로, 크고 작은 사찰들 모두 한때는 정기 행사처럼 우귀사신으로 지목된 사람들을 끌고 나와 공개적으로 모욕하던 장소다. 이제 이곳은 상업지구로 조성되어 정부주도 경제 및 이민정책의 성과를 보여주는 전시장이 되었다. 이곳 현장에서 역사는 수정되고 중국이라는 국가정체성은 강화된다. 자이스 이콘의 뷰파인더 너머에는 '차이나 드림'을 선전하는 광고판, 중국식으로 꾸민 붉은 등롱, 중국어는 크게 적고 티베트어는 작게 적어 넣은 가게의 간판들, 새로 생긴 시장과 상가 입구에 공기를 주입해 세워놓은 조잡한 비닐 기둥, 아케이드, 사자상 등 겉으로만 티베트 전통을 적당히 흉내 낸 건물과 구조물들을 배경으로 어딜 가나 중국어 일색인 풍경이 펼쳐진다. 상점과 사무실 입구에는 핏빛 오성홍기를 눈에 잘 띄도록 높이 걸어야 한다. 종종 미처 피하지 못한 내 시선이 티베트식 건물 옥상이나 길 모퉁이에 자리 잡은 저격수들의 모습을 뷰파인더 너머로 발견하기도 한다. 그리고 2014년 여름, 나는 바르꼬르 주변 거리에 새로운 상징물이 생겨난 것을 깨달았다. 100대 가량의 감시 카메라가 마니차로 둔갑해 건물 벽과 가로등에 달려 있었던 것이다. 가짜 마니차에는 티베트 불교의 대표적인 진언 "옴 마니 빳메 훔(연꽃 속의 보석을 보라)"이 적힌 만다라 문양도 새겨져 있다. '빅브라더'식 감시의 혁신적인 진화라 할 만하다.

티베트인들는 여전히 조캉 사원 주변을 시계방향으로 돌며 기도하는 것으로 사원에 경의를 표하기 위해 바르꼬르를 찾는다. 하지만 이곳도 이제는 티베트의 주요 관광 명소가 되었고, 관광객 대부분은 이국적 정취를 찾아 온 중국인들이다. 그들만의 독특한 사진 촬영 방식이 있는데, 사원을 참배하고 바르꼬르를 순례하는 티베트인들의 얼굴에 동의도 구하지 않고 다짜고짜 카메라를 바싹 들이대는 것이다. 라싸는 '중국에서 가장 행복한 도시'를 즐기고 싶어 달려온 중국인 관광객들의 소비를 위한 일종의 테마파크가 되었다.

아버지의 사진이 가리키는 대로 나는 사진 속 장소들을 찾아다녔다. 포탈라궁, 달라이 라마의 여름궁전 노르부링카, 조캉 사원, 바르꼬르와 주변 골목, 비판투쟁과 조리돌림이 벌어지던 거리와 관공서 마당, 조반파와 군대가 이용했던 장소들을 돌아보면서 차츰 분명히 알게 되었다. 내가 수년간 보고 익힌 라싸의 풍경들, 그리고 내가 하려고 했던 라싸의 이야기들은 상처 입고 파괴된 라싸의 풍경과 이야기들이다. 그런데 그것들은 늘 같지 않고 무상하다. 내가 전하려는 것이 부처의 가르침이었다면 정말 할 말이 많았을 것이다. 그 풍경과 이야기들은 어지럽지만 질서가 있고, 변덕스럽지만 끈기가 있고, 거칠지만 자비롭다.

나는 주로 고프로나 아이폰 같은 SLR 디지털 기기로 사진을 찍는 데 익숙해서 아버지의 자이스 이콘으로 촬영하기가 쉽지 않았다. 그래서 이들 장소에서 그저 평범한 사진들밖에 찍지 못했다. 해설을 곁들이지 않으면 그 의미를 알 수 없을 정도로 변변찮은 사진들이다. 하지만 스위스의 사진작가 장 모르는 "사진은 혀로 찍는 것이 아니다"라고 말하지 않았던가. 나는 이 사진 한장 한장이 가려진 진실의 다양한 면들을 스스로 드러냈으면 한다. 이 도시, 이 도시의 역사, 그리고 지금 이 도시를 살아가는 티베트인들이 무엇을 경험하고 있는지가 사진을 통해 저절로 드러나기를 바란다. 장 모르와 협업한 존 버거가 말했듯이 "사진은 일종의 기억이고, 사진과 기억 모두 시간의 흐름에 의해 만들어지지만 동시에 시간의 흐름에 저항"[6]하는 힘을 갖기 때문이다.

나는 아버지의 사진들과 같은 카메라 앵글, 초점 거리, 노출을 적용함으로써 아버지가 무엇을 느꼈을지 상상해 보려고 애썼다. 하지만 아버지의 카메라를 다시 작동시키면서 내가 배운 것은 기술의 진보만으로 대체할 수 없는 것들이 있다는 사실이다. 현장의 생생함, 시대적 특수성, 그리고 찍는 사람의 의도가 만들어 내는 미묘한 차이가 아버지의 사진에 가치를 부여한다. 아버지의 카메라를 통해 바라본 라싸에는 문화대혁명이 남긴 '후유증'이라고 부를 만한 흔적이 분명히 보였다. 매번 라싸로 돌아갈 때마다 예전 수도원 학교인 시데다창이나 달라이 라마 가족이 살았던 얍시 딱체르, 라싸에서 동쪽으로 약 50킬로미터 정도 떨어진 곳에 있는 15세기 승려들의 거처 간댄 등에 관심이 갔다. 모두 문화대혁명 때 파괴된 건물들이다. 원래 시데링이라고 하는 수도원 학교였던 시데다창은 옛 시가지 중심부에 있는데, 내가 촬영을 하러 가장 자주 방문했던 곳이다. 이곳은 골목마다 속속들이 알고 있다. 가끔 그곳에 사는 주민들, 어린이들과 담소를 나누기도 했고, 개, 고양이들과 놀기도 했다. 나는 마치 무슨 의무를 이행하듯 혹은 일종의 의식을 치르듯 그곳에 가곤 했다.

한때는 승려들이 기거했지만, 승려들이 모두 떠난 지금은 라싸 토박이이거나 다른 지역에서 이주해 온 티베트인들, 중국인 일용직 노동자, 무슬림 상인 등 약 80여 가구의 일반인들이 살고 있다. 나는 지금은 폐허가 되어 버려지고, 현대적인 도시의 모습에 가려져 눈에 잘 띄지 않는 이곳 시데다창이 은폐의 현장임을 깨달았다. 물리적 접근이 제한되고, 쉽게 찾을 수 없고, 드러내놓고 입에 올릴 수 없는 곳이 되어버린 것이다. 이곳에서 벌어진 일들은 '몰수당한 역사'의 한 사례다. 그래서 눈에 보이는 주변의 모든 세세한 부분들이 더 소중해진다. 시데다창으로 들어가는 골목 안 어느 벽에는 마오쩌둥 시대에 이름을 날린 모범 군인 레이펑의 초상화가 그려져 있었다. 또 그 옆에는 '차이나 드림'을 선전하는 최근 포스터, 현 정권을 찬양하는 구호 등도 붙어 있었다. 폐허가 된 시데다창 바로 옆에는 쇼핑센터 건물이 높이 솟아 있다. 꼭대기 층에 올라가면 중국 어디를 가나 비슷한 모양으로 조성된 도시 한가운데를 치유되지 않은 흉터처럼 가로지르고 있는 시데다창이 한눈에 보인다. 그 흉터는 내가 기억하려고 하는 과거와 식민지 소비주의 현실 간의 충돌을 다시금 일깨워 주었다.

저물어가는 태양이 높이 솟은 쇼핑센터 유리벽에 반사되어 반짝이는 시간이 되면 시데다창의 폐허는 유난히 더 쓸쓸해 보인다. 언젠가 이곳의 남은 흔적들마저 완전히 부서져 사라지고, 역사의 흉터가 보이지 않게 되면 저 쇼핑센터가 더 근사해 보일까? 하지만 쇼핑센터 역시 폐허와 다를 바 없을지도 모른다. 소비와 욕망의 디스토피아를 연상시키는 쇼핑센터는 라싸의 옛 시가지에 있는 두 종류의 폐허 가운데 하나다. 하나는 부의 성공이라는 환상을 상징하며 거대해져 가는 구조물들, 다른 하나는 불교 사원의 도시였던 과거의 희미한 흔적들이다.

다 쓰러져 가는 얍시 딱체르는 더욱 보고 있기가 힘들었다. 우선 라싸에서 가장 높은 포탈라궁 꼭대기에 올라가도 얍시 딱체르는 잘 보이지 않았다. 숲을 이루며 흉물스럽게 솟은 수많은 고층 건물에 가려지기 때문이다. 결국 직접 얍시 딱체르를 보러 간 나는 말로 다할 수 없는 슬픔에 압도되어 버렸다. 차라리 보지 않았더라면. 얍시 딱체르의 외벽에는 먼지가 두껍게 내려앉았고, 내부의 방들은 거의 다 허물어져 있었다. 매년 가을마다 우유, 꿀, 사프론을 섞은 백토로 벽을 단장하던 시절은 이미 오래전에 끝났다. 1959년 14대 달라이 라마와 그 가족들이 망명길에 오른 후 저택은 '해방자'들의 차지가 되었고, 이후 여러 번 이름과 역할이 바뀌었다. 문화대혁명 기간에는 티베트자치구 정부가 운영하는 제2초대소가 되어 티베트로 '연계'를 위해 오는 학생 홍위병들의 숙소로 사용되었다. 이후 갠록파 홍위병들이 이곳을 장악해 사령부로 쓰면서 특히 홍위병들의 손에 심하게 망가졌다. 문화대혁명 이후에 이 저택은 자치구 정부 관계자들을 위한 관사로 사용되었다. 이곳을 차지하고 운영했던 이들은 자신들이 거주하는 공간만 대충 손봐가며 살았기 때문에 내가 갔을 때는 시끄럽고 어수선한 여느 공동주택과 다를 바 없는 모습이었다.

저택으로 들어가는 대문은 거의 항상 잠겨 있었고, 지키는 사람도 있었다. 그런데 2013년 친구와 함께 그곳에 갔다가 세 번 정도 운 좋게 안으로 들어가 볼 수 있었다. 우리는 사람들의 눈을 피해 골목을 따라 조심스럽게 접근했고, 양옆으로 이발소, 쓰촨 식당 등을 광고하는 포스터가 붙은 벽을 지나 외딴 저택 안마당으로 몰래 숨어들었다. 뜰에는 잡초가 무성하게 자라 있었다. 건물 본채로 이어지는 통로는 자전거와 전동 스쿠터가 드문드문 세워져 있어서 반쯤 방치된 창고 같았다. 오른쪽에 있는 2층짜리 건물 안에서 커다란 마스티프 개 몇 마리가 짖고 있었다. 언제 왔는지 쓰촨 사투리를 쓰는 인근 식당 주인이 개들에게 밥을 주고 있었다. 개 주인인 것 같았다. 그 중국인이 우리를 보더니 경비원을 불러 우리를 내쫓으라고 했다. 경비원은 누가 봐도 티베트인이었다. 내가 티베트어로 이곳의 주인이 누구냐고 묻자 거북해 하는 기색이 역력했다.

우리는 쓰레기가 가득하고 악취가 진동하는 본채 1층을 지나 위층으로 올라갔다. 복도는 심하게 허물어져 있었다. 그나마 남은 것이라곤 녹슨 발코니 난간밖에 없었는데, 이 철제 난간은 아주 오래전 인도에서 수입한 것이다. 기울어 가는 햇빛이 난간을 비추며 만들어 내는 그림자의 이국적인 곡선이 유난히 아름다웠다. 발코니와 복도를 제외한 방들은 어둡고 먼지가 가득했다. 방 안에는 1980년대 중국 유명 영화배우들의 포스터, 1990년대 시짱일보, 새해를 축하하는 그림과 붓으로 쓴 중국어, '2005년 1월 7일 압류'라고 적은 글씨만 겨우 알아볼 수 있는 법원 통지문 등이 남아 있었다. 하지만 나를 가장 큰 충격에 빠트린 것은 이런 흔적들도, 한때 달라이 라마가 사용했지만 지금은 버려진 방이나 완전히 허물어진 3층도 아니었다. 아무것도 없는 본채 대청 기둥에 유일하게 남은 깨진 거울 하나에 나는 머릿속이 하얘져 버렸다. 거울 가까이에 다가가면 그 안에 무엇이 보이고, 혹은 들릴까? 1959년 3월의 어느 밤, 어둠을 도와 다급히 망명길에 오르는 사람들? "고향, 친구들, 고국이 한 순간에 모두 사라지는구나"라는 달라이 라마 존자의 서글픈 탄식? 혁명 구호와 흉악한 마르크시즘 시조들의 얼굴로 도배되기 전 이곳의 벽을 장식했던 아름다운 벽화들? 어쩌면 나는 조지프 브로드스키가 "막다른 길에서, 안으로 들어갈 수 있는 거울"[7]이라고 표현한 바로 그 거울 앞에 있었는지도 모른다. 거울 속에서, 나는 모든 것이 얼마나 빨리 변했는지 보았다. 의지할 데 없이 무력하면서 그 어느 때보다 아름다운 나 자신이 보였다. 거울 속에 숨어 버리면 당국의 감시, 위협, 모멸에서 자유로워질 것만 같았다.

간댄 수도원 역시 훼손이 심했었지만 부분적으로 복원되었다. 늘 그렇지만 언론은 사원 파괴는 어쩔 수 없는 일이었다며, 정부가 크게 선심을 써서 사원의 보수를 위해 자금을 대고 노력을 기울인 부분만 아낌없이 찬양했다. 티베트 내 6천 곳의 사찰 중 마오쩌둥 정권 이후에 남은 곳은 겨우 20여 곳 남짓이라는 사실이나, 문화대혁명 이후 사원 재건을 위해 수많은 티베트인이 자발적으로 모금한 사실은 언급하지 않는다. 사원을 재건하고야 말겠다는 티베트인들의 결의에 담긴 참회의 눈물, 헌신적인 노력, 신앙의 힘은 정부의 그 어떤 금전적인 지원과도 비교할 수 없을 만큼 소중한 것인데도 말이다.

나는 개인적으로 다른 사원들은 복구하더라도 간댄 사원만은 폐허인 채로 두고 문화대혁명의 살아 있는 증거로 삼았더라면 좋지 않았을까 하고 생각한다. 혁명 구호, 마오쩌둥의 어록과 초상화로 여전히 도배된 오래된 건물과 벽을 마주한다면 수치스러운 역사를 강하게 떠올림과 동시에 티베트인들에게 그것이 얼마나 지워버리고 싶은 역사인지도 이해할 수 있을 것이기 때문이다. 보여줄 역사를 지닌 폐허는 다른 것으로 대체할 수 없다. 폐허가 사라지면 역사도 사라진다. 불교적 관점에서 폐허는 죽음과 마찬가지로 무상함의 가르침을 준다. 폐허의 상처와 흉터들이 새로 지은 거대 쇼핑몰과 고속도로보다 더 아름답지 않은가? 티베트에도 간댄 사원을 폐허로 만든 그 사건을 기념할 만한 장소가 하나쯤은 있어야 하지 않을까?

간혹 나를 '티베트의 조문객'이라며 비난하는 사람들이 있다. 아주 틀린 말은 아니다. 폐허를 기록하고자 하는 나의 노력에는 분명 '깊은 애도'라고 부를 만한 요소가 있기 때문이다. 하지만 조지프 브로드스키는 오래전 전체주의가 만들어낸 폐허에 대해 이런 말을 했다. "프라우다 신문지 한 장으로는 폐허를 가릴 수 없다. 텅 빈 창들이 해골의 눈구멍처럼 우리를 향해 뚫려 있었고, 비록 우리는 어렸지만 비극을 감지했다. 그렇다, 스스로를 폐허와 결부시킬 수 없다 해도 상관없었다. 폐허가 발산하는 분위기만으로도 우리는 웃을 수 없게 되어 버렸다."[8] 깊이 애도하다 보면 우리에게 무슨 일이 있었고, 무엇이 달라졌고, 무엇을 잃었는지 돌아볼 기회가 생길지 모른다. 이 폐허들이 라싸가 겪은 상처의 표상이라고 해보자. 다양한 폭력과 변화의 목격자로서 이 폐허들은 우리에게 그 폭력과 변화의 역사를 '되돌아볼 공간'을 제공한다.

그렇다면 나는 대체 누구인가? 나는 그저 아마추어 고고학자, 홀린 듯 폐허만 골라 찾아다니는 애호가, 아니면 점령당한 고도 라싸에서 지난 삶 동안 쌓은 기억을 떨치지 못하고 떠도는 수많은 유랑자 가운데 하나일까? 시데링, 얍시 딱체르,

간댄 수도원의 폐허를 여러 번 거닐다가 과거의 시데링, 과거의 얍시 딱체르, 과거의 간댄 수도원으로 돌아가고 말았다. 마치 이 세상 너머의 어딘가, 신비롭고 황홀한 그곳에서 불·법·승 삼보의 보호를 받고 있는 것 같았다. 그런 다음에야 나는 이곳 폐허에 진실로 머물 수 있게 되었다. 이곳에서 허용된 짧은 시간만으로도 흡족한 마음일 수 있었다.

내 아버지가 사진을 찍었던 장소들을 찾아다니며 같은 곳에서 사진을 찍다 보니, 문화대혁명과 그로 인한 상처들을 떠올리다가 촉발된 어두운 감정들이 조금은 가라앉았다. 그리고 아버지의 사진들을 다시 돌아볼 기운도 새로 생겼다. 특히 아버지가 찍은 우리 가족의 사진을 다시 살펴볼 수 있게 되었다. 필름들을 베이징으로 다시 가지고 와 스캔한 후 컴퓨터 화면에 띄워보았다. 사진을 보고 또 보면서 나는 그 안에 숨어 있던, 작지만 놀라운 부분들을 발견했다.

하지만 나에게만 놀라웠던 모양이다. 어느 날 베이징에 있는 내 아파트를 방문한 외국인 기자에게 내가 찍힌 흑백 사진을 확대해서 보여주었다. 내가 네 살 때 찍은 사진이었다. 마오쩌둥 배지를 단 내가 아버지의 자전거 핸들에 기대어 있는 모습이었다. 멀리 배경에는 포탈라궁이라는 것을 간신히 알아볼 수 있을 정도로 찍힌 건물 위에 다섯 개의 중국어 글자가 보였다. 나는 기자에게 다섯 개의 글자가 '마오 주석 만세(毛主席萬歲)'라는 뜻이라고 가르쳐 주었다. 솔직히 나는 그 기자가 격분해서 소리라도 지를 줄 알았다. 하지만 아무 반응도 없었다. 외국인 기자도, 함께 온 젊은 통역사도 관심 없다는 반응이었다. 마치 역사의 그 페이지는 이미 넘어가 버려서 더 이상 언급할 필요가 없다는 듯했다.

문화대혁명 기간에 포탈라궁에 어떤 일이 벌어졌는지에 대해서는 별로 거론된 적이 없다. 한때 문화대혁명 행동대원들이 포탈라궁을 어두운 '봉건' 티베트를 상징하는 대표적인 장소로 보고 '동쪽의 붉은 궁'으로 이름을 바꾸려고 했던 적이 있다. 실행되지는 않았지만, 대신 '마오 주석 만세'라고 적힌 간판이 올라갔다. 하지만 이제는 아무도 그 글자들에 대해 이야기하지 않는 것 같다. 집단 기억에서 그 부분이 사라졌나보다. 어머니에게 그 글자들에 대해 물어본 적이 있다. 어머니는 잠시 생각하더니 기억을 떠올렸다. "그래, 맞다, 글자판이 다섯 개 있었지. 어떻게 그걸 잊고 있었을까?" 어머니의 기억은 불완전했다. 포탈라궁 본관 꼭대기에 다섯 개의 글자판을 붙인 것 말고도, '해방자'들은 베이징 톈안먼 광장을 모방해 궁전 벽에도 구호를 붙였다. 그래서 궁 왼쪽에는 '중화인민공화국 만세', 오른쪽에는 '민족 대단결 만세'라는 구호가 붙었다. 그리고 한동안 포탈라궁 옥상에는 오성홍기가, 궁 정면에는 마오쩌둥 초상화가 걸렸었다. 물론 모두 1959년 이후에 일어난 일이다. 그해 3월 23일, 달라이 라마가 망명길에 오른 지 엿새 후, 아직 총성과 피와 눈물이 가시지 않은 포탈라궁에 중국인들은 오성홍기를 꽂았다. "광명과 복을 상징하는 중국의 국기가 라싸의 미풍에 나부끼며 고도의 새로운 탄생을 영접했다"라고 공식 매체는 전했다.[9] 체링 샤꺄가 썼듯이, 사상 최초로 "중국은 가장 유서 깊고 성스러운 건물 위에 오성홍기를 꽂을 수 있었다. 이는 확성기에서 나오는, 인민해방군이 포탈라와 노르부링카를 점령했다는 발표와 함께 항쟁의 종결을 의미했다".[10]

한 가지 더 하고 싶은 이야기가 있다. 2010년 아버지의 사진 스물네 점을 골라 베를린에서 열린 전시회에 출품했다. 아이웨이웨이, 멍황, 랴오이우, 노벨상 수상자 류샤오보와 그의 아내 류샤 등 중국 출신 작가들의 작품을 전시하는 행사였다. 아버지는 전시회 참가자들 가운데 유일하게 이미 사망한 작가였고, 소수민족이었으며, 인민해방군 소속 군인이었다. 전시가 끝나고 친구 하나가 전시용으로 새로 인화한 사진들을 베이징에 있던 내게 전달했다. 사진은 훌륭했다. 인화 작업이 잘 되어 있어서 매우 인상적이었다. 하지만 사진을 하나하나 살펴보던 나는 한 장의 사진 앞에서 말문이 막혀 버렸다. 베를린에서 무슨 일이 있었는지 나름대로 납득하기 위해 오랜 시간 곰곰이 생각해야 했다.

그것은 아버지가 1966년 8월 어느 여름날에 찍은 사진이었다. 옛 티베트 사회의 귀족 관료이며 그때까지 중국 공산당이 자신들의 주요 협력자로 치켜세웠던 쌈포 체왕 릭진이 사람들 앞에서 비판 투쟁을 당하는 모습이 찍혀 있었다(사진 90). 사진 속 쌈포의 코에서는 콧물이 흐르고 있었다. 그는 심하게 모욕을 당했고, 존엄을 짓밟혔고, 많은 사람들이 보는 앞에서 콧물까지 흘렸다. 나는 아주 어렸을 때 그 사진을 보고 크게 충격을 받았었다. 어른이 어떻게 사람들 앞에서 콧물을 흘릴까? 어린 마음에 정말 이해할 수가 없었다.

하지만 베를린에서 전시를 위해 인화한 사진에는 길게 늘어진 콧물이 보이지 않았다. 독일에서 중국으로 사진을 가져다 준 친구는 독일에서 복원 전문가가 사진을 재인화하면서 콧물을 지웠다고 설명해 주었다. 아마 필름에 난 흠집 정도로 생각했던 모양이다.

첨단 기술의 마법으로 콧물도 콧물이 상징하는 치욕도 감쪽같이 사라졌다. 중요한 의미를 지니는 부분을 일부러 사진에서 지우거나 역사적 현실이 주는 강렬한 효과를 완화하려는 의도는 결코 없었을 것이다. 하지만 원래의 사진이 포착했던 실제 역사만이 갖는 미묘한 차이와 이미지가 갖는 충격적인 효과는 확실히 축소되었다. 우리는 문화대혁명 기간 개개인의 존엄에 가해진 모욕이 기술자의 상상을 훨씬 뛰어넘는 것이어서 눈으로 보고도 그것이 현실임을 인식하지 못했다고 짐작할 뿐이다.

원래 필름에 있던 길게 늘어진 콧물은 또한 한 사람의 인생을 '새' 사회에서의 삶과 '낡은' 사회에서의 삶으로 나누는 경계선 역할을 한다. 이 선을 경계로 역사는 급격한 전환점을 지났고, 그때까지 정점에 있던 사람들은 나락으로 떨어졌다. 하지만 그렇다고 바닥에 있던 사람들이 반드시 진창에서 벗어났다는 의미는 아니다. 사진 속에서 쌈포 체왕 릭진을 괴롭히고 있는 두 티베트 홍위병의 삶은 그다지 나아지지 않았다. 둘 다 이미 오래전에 사망했다. 한 나라가 사라지면, 그 나라의 모든 사람의 삶은 나빠지고 심지어 어떤 이들은 존엄을 잃은 채 사람들 앞에 콧물을 흘리는 모습을 보이며 서 있게 된다. 나는 최첨단 복원 기술이 쌈포의 사진을 청결하게 만들어 주었던 일화를 이후에도 여러 번 떠올렸다. 이 사건으로 나는 역사에서 작은 부분들이 중요하다는 사실을 새삼 깨달았다. 각각의 세세한 부분에 집중해야만 기억은 진정으로 회복된다. 코에서 흐르는 수치스러운 콧물까지 놓치지 않고 상황을 있던 그대로 보여주어야 한다.

아버지의 오래된 사진들은 라싸의 역사로 들어가는 문을 열어 주었다. 그래서 나는 그곳의 과거를 알아볼 수 있었고, 슬프고 고통스러운 이야기로 가득했던 사람들의 삶에 대해 들을 수 있었다.

아버지의 사진 이면에 있는, 문화대혁명 기간 라싸와 라싸 사람들의 이야기를 찾아다니면서 나는 모든 것이 끊임없이 변화하고 되돌릴 수 없다는 사실을 새삼 깨달았다. 나는 어느새 계속해서 자문하고 있었다. 남아 있는 것은 무엇인가, 남아 있는 것이 있긴 한가. 1999년 〈금지된 기억〉을 쓰기 위해 취재를 하면서, 나는 자전거를 타고 시내를 돌아다니며 여러 사람들에게 사진을 보여 주었고, 그들로부터 문화대혁명 시대의 오래되고 숨겨진, 충격적인 이야기들을 차례차례 들었다. 그때까지 몰랐던 사실들을 알게 되면서 자주 할 말을 잃었고, 어떤 때는 너무 힘든 이야기를 듣는 것이 고통스러웠다.

하지만 그때부터, 비록 아버지가 돌아가시고 여러 해가 흐른 후였지만, 나는 내 아버지의 카메라로부터 많은 도움과 힘을 얻었다. 매번 셔터를 누를 때마다 마치 옆에 아버지가 계시는 것 같았다. 아버지가 사망하고 많은 세월이 흘렀는데도 아버지를 다시 가까이에서 느낄 수 있었다. 그리고 그런 특별한 날들을 보낼 수 있다는 것이 내게 얼마나 커다란 행운인지 매번 깨달았다.

46년 후

2012년, 그리고 그다음 해, 나는 아버지의 자이스 이콘 카메라를 들고 아버지가 46년 전 사진을 찍었던 라싸의 여러 장소들을 찾아다녔다. 따로 설명이 없는 한, 이제부터 소개할 사진들은 라싸에서, 아버지의 카메라로, 아버지가 촬영할 당시와 같거나 비슷한 시점에서 촬영한 것들이다.

포탈라궁 앞에서

287-289. 2012년 8월 23일 포탈라궁 광장의 모습. 1965년 제1회 티베트자치구 인민대표대회 참석을 위해 도착하는 대표단을 찍은 사진(사진 7, 289)과 같은 촬영 시점에서 아버지의 자이스 이콘 카메라로 찍었다. 아버지의 사진은 1995년 포탈라궁 광장이 만들어지기 이전, 포탈라궁 앞 공터의 모습을 보여준다. 1965년 사진에는 왼쪽 위 배경에 포탈라궁 남쪽 일부만 잡혔다. 나는 포탈라궁의 앞면이 거의 다 들어가도록 약간 더 북쪽을 바라보며 찍었다. 요사이 광장에서 흔히 볼 수 있는 행인들도 찍혔다. 라싸에는 이제 티베트 전통 복장을 갖추고 포탈라궁 앞에서 기념 사진을 찍는 관광객의 모습(사진 288)이 자주 눈에 띈다. 검은 옷을 입은 남자(사진 287)는 광장에서 근무 중인 군인이다. 등에 가방과 우산을 비스듬하게 메고 있는데, 우산은 시위 같은 비상 상황이 발생했을 때 주변의 시선을 차단하는 용도라는 말도 있다. 이 군인처럼 검은 옷을 입은 남자들이 광장 곳곳에 일정한 간격을 두고 배치되어 있다. 근무 중에는 어딘가에 걸터앉거나 바닥에 쪼그려 앉지 못하게 되어 있는 모양이다.

군인들을 배치한 것은 2012년 5월 조캉 사원 앞에서 티베트 청년 두 명이 분신 시위를 한 이후 당국이 만일의 사태에 대비하기 위해 취한 몇몇 조치 중 하나다. 두 청년 중 한 명은 화상으로 사망했지만, 나머지 한 명은 끔찍한 화상을 입은 상태로 구금되었다. 하지만 중국에서는 두 사람의 분신에 관한 보도가 금지되었으므로, 아마 이후 라싸를 방문한 관광객들은 그런 사건이 있었는지 까맣게 모를 것이다.

궁전 아래에 붙은 현수막에는 붉은 배경에 금색으로 "행복한 라싸, 문화 쇼뙨"이라는 구호가 티베트어와 중국어로 적혀 있다. '쇼뙨'은 일반 불교 신자들이 승려들에게 요거트(티베트어로 '쇼')를 공양하던 티베트 전통 축제인데, 예전에는 가극 공연도 열렸다. 요즘은 관광객 유치를 위해 정부가 나서서 축제를 홍보한다.

290-292. 사진 290과 291은 아마도 아버지가 1966년에 찍었을 것으로 추정되는 노동인민문화궁 앞 집회 사진(사진 143, 292)과 같은 시점에서 촬영했다. 노동인민문화궁은 1965년 포탈라궁 앞 공터 서쪽에 지어졌는데, 2012년 사진에서는 배경에 나무들이 보이는 지점이다. 노동인민문화궁은 2005년에 철거되었다.

나무 앞에 세워 둔 중국어와 티베트어 포스터들은 시진핑 중국 국가주석이 2012년부터 추진하는 '중국몽'을 홍보하고 있다. 포스터마다 구호에 중국 민화풍 삽화를 곁들였다. 구호는 "좋은 공산당, 행복한 인민", "조국의 깊은 은혜", "중국몽의 실현, 용의 도약", "전진하는 중국" 등이다.

노르부링카, 역대 달라이 라마의 여름 궁전

293-294. 1966년 8월 28일, 아버지는 달라이 라마의 여름 궁전 노르부링카의 정문에서 열린 현판식 집회 장면을 촬영했다(사진 123, 294). 노르부링카가 인민공원이라는 새로운 이름을 얻게 된 것을 축하하는 집회였다. 사진 293은 2012년 8월 22일에 같은 지점에서 같은 카메라로 찍은 사진이다. 노르부링카는 지금도 인민공원이라고 불리지만, 지금은 관광지가 되어 입장권을 가지고 일련의 보안 절차를 통과해야 들어갈 수 있다. 복장으로 보아 위장용 군복을 입고 카메라를 등진 채 서 있는 남자는 인민무장경찰이고, 그 앞에 위아래가 붙은 옷을 입고 있는 사람은 인민무장경찰 소속 소방대원인 것 같다. 검은 제복을 입고 소방대원 쪽으로 몸을 기울인 남자는 특수 경찰이다. 가운데 부스 내부 차양 아래에 있는 남자들은 공안요원들이고, 나머지 행인들 중에도 일부 사복 경찰이 섞여 있을 것이다. 이런 사람들이 배치되어 있다는 사실은 티베트 정부가 이른바 '허점도, 맹점도, 빈틈도' 없이 철저한 보안 조치를 취하고 있음을 보여준다.

조캉 사원

295. 사진 295는 문화대혁명이 시작되기 2년 전인 1964년 묀람첸모 축제 모습(사진 2, 297)을 촬영한 바로 그 지점에서 찍은 것이다. 아버지는 1966년 8월 24일 홍위병의 조캉 공격 당시에도 동일한 지점에서 사원의 정문을 찍었다. 당시 사진에는 홍위병들이 마오쩌둥의 초상화를 조캉 사원 지붕에 세우는 모습이 찍혀 있다(사진 38, 298). 나는 정확히 46년 후인 2012년 8월 24일 이 사진을 찍었다. 이날 사원 앞은 오체투지를 하는 티베트인이 몇 명 있을 뿐 한산했다. 같은 해 5월 27일 조캉 사원 바로 앞에서 두 사람이 분신 시위를 한 이후 사원이 있는 라싸 옛 시가지 중심부로 출입이 제한되었기 때문이다. 두 명의 분신 시위자는 티베트자치구 바깥 동티베트 출신들이었다. 그래서 분신 이후 정부는 티베트인들이 동티베트에서 라싸를 포함한 자치구 안으로 들어가지 못하도록 막기 시작했다. 자치구 내로 들어가기 위해서는 특별 허가서 등의 공문이 있어야 했다.

296-298. 정확히 1년 후인 2013년 8월 24일, 나는 다시 조캉 사원을 찾았고 같은 지점에서 사진을 찍었다(사진 296). 문화대혁명 기간에 내 아버지가 찍은 사진에서처럼(사진 38, 298) 조캉 사원 꼭대기에는 여전히 오성홍기가 나부끼고 있다. 아버지의 사진에서 조캉 사원으로 들어가는 홍위병들이 내 사진에서는 사원을 구경하러 온 중국 관광객들로 바뀐 것 말고 그때나 지금이나 달라진 것은 별로 없어 보인다.

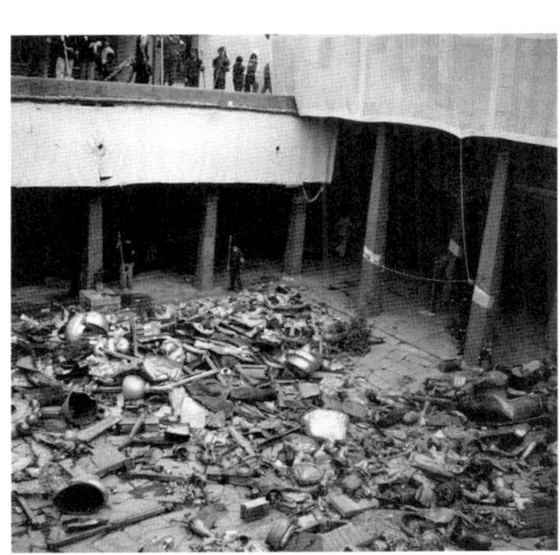

299-300. 2012년 8월 24일에 촬영한 조캉 사원의 대정원이다. 1966년 같은 날, 홍위병들이 위에서 던진 사원 기물의 잔해를 촬영한 사진과 같은 각도에서 바라본 풍경이다(사진 35, 300). 2012년의 사진에 담긴 것은 사원 개방 시간에 내부를 휘젓고 다니는 관광객들의 모습이다.

301-303. 사진 301은 1966년 8월 24일 홍위병 두 명이 조캉 사원 2층 태양의 방 앞에서 대정원을 내려다보며 서 있던(사진 36, 303) 바로 그 장소를 2012년 같은 날짜에 찍은 것이다. 사진 302는 정확히 1년 후인 2013년 8월 24일에 같은 지점을 좀 더 넓은 각도로 찍었다.

문화대혁명 기간에 조캉 사원 2층에서 홍위병들이 불상과 법구들을 아래로 던지곤 했다. 거민위원회 사람들이 여기에 가담했다는 이야기도 있다. 사원을 참배하러 오는 티베트인들은 특별히 신성한 곳으로 여겨지는 이곳 위층으로는 대부분 잘 올라오지 않는다. 근래 이곳에 올라오는 방문객들은 대부분 중국 관광객들이다. 아마도 위층이 달라이 라마와 특별히 연관되어 종교적으로 중요한 의미가 있다는 것을 잘 모르는 사람들일 것이다. 현재 2층 한쪽 구석에는 관광객들을 대상으로 염주, 향 등의 불교용품을 판매하는 상점이 있는데 승려들이 교대로 근무한다. 판매 수익은 승려들과 사원에 귀속되도록 당국이 허가해 주었다.

304-305. 사진 304는 2012년 8월 24일에 촬영한 조캉 사원의 황금 지붕이다. 1966년 8월 24일 아버지가 찍은 사진에는 홍위병이 쇠스랑으로 지붕 가장자리 장식을 떼어내는 모습이 찍혀 있다(사진 37, 305). 문화대혁명이 끝나고 홍위병들이 훼손한 부분들을 복구했고, 최근에는 많은 돈을 들여 이곳을 포함해 지붕 여기저기를 금색으로 새로 칠해 관광객에게 이국적인 볼거리를 제공하고 있다.

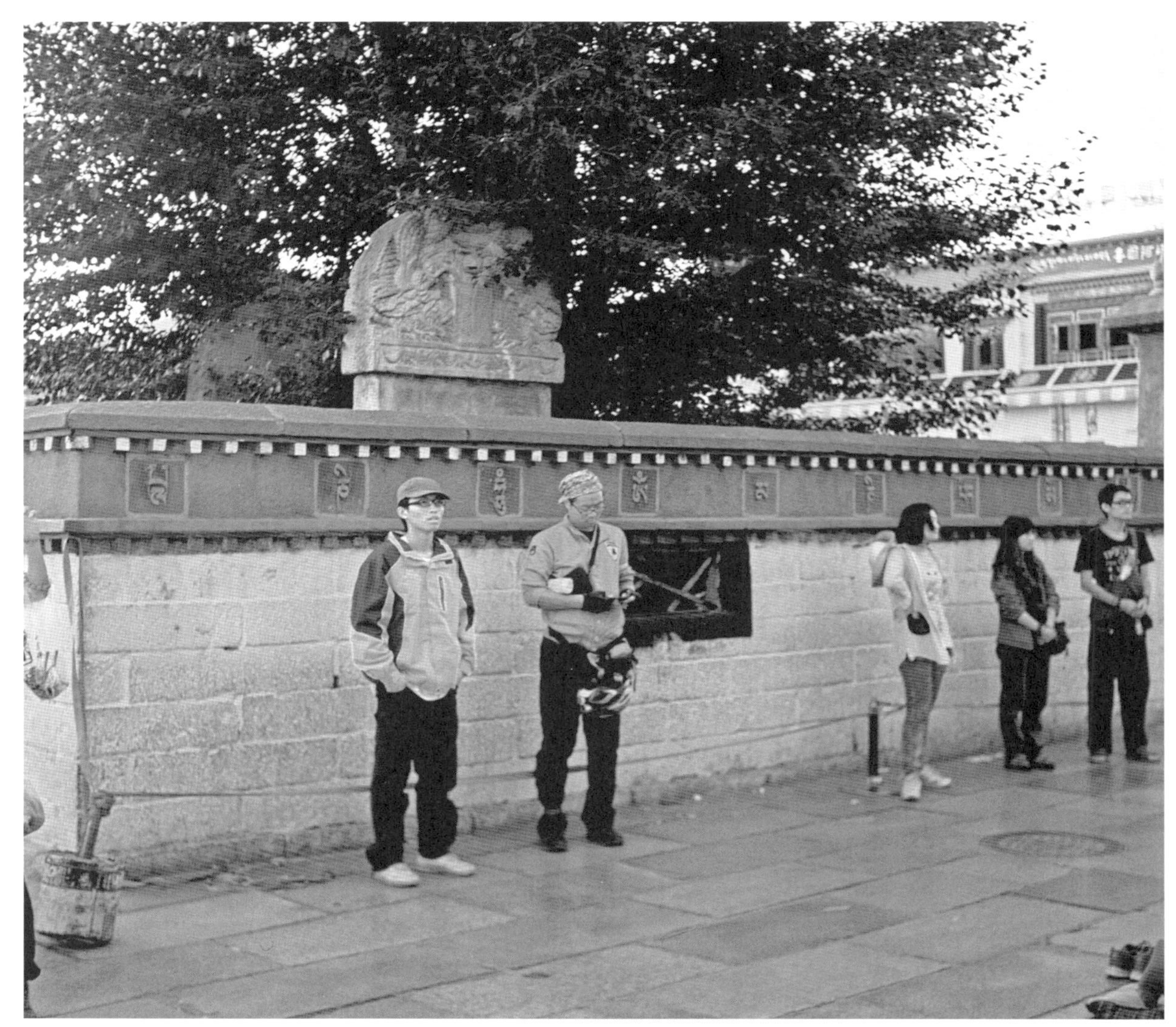

306. 2012년 8월 24일, 조캉 사원 건너편 구역의 모습. 1966년 같은 날 홍위병들이 티베트 군중을 모아 놓고 조캉 사원에서 사구타파에 성공했다고 선언한 장소이기도 하다(사진 39, 308). 오늘날 이곳은 사원을 바라보며 오체투지를 하는 티베트인들과 그 모습을 구경하거나 촬영하는 관광객들로 붐비는 것이 보통이다. 사람들 뒤로 보이는 야트막한 담벼락은 한때 '남녀의 헌팅(約炮)' 장소로 애용되었다. 중국 출신의 원청공주가 7세기에 심었다는 오래된 버드나무(원래의 버드나무는 문화대혁명을 겪으면서 수명이 다했고, 지금은 어린 묘목이 자라고 있다) 주위로 '티베트의 특색'을 갖춘 담을 새로 쌓아 올렸다. 담 바로 뒤편 왼쪽에 솟아 있는 것은 이른바 천연두 칙령비라는 18세기 비석이고, 오른쪽에 살짝 보이는 기둥은 9세기 당나라와 맺은 조약을 새긴 비석(당-토번 회맹비)이다.

307-308. 2013년 11월 3일 티베트 순례자들이 오체투지를 하고 있는 곳은 조캉 사원 앞, 사진 306의 두 비석 사이의 구역이다. 2013년에 이 사진을 찍으러 가보니 회맹비 주변의 담벼락은 돌로 만든 장식 울타리로 교체되어 있고, 천연두 칙령비 주변에는 아크릴 판이 둘러져 있다. 새로 심은 버드나무는 잎사귀도 없이 앙상한 가지를 드러내고 있다. 새로 단장한 바르꼬르 광장 한쪽 배경에 솟은 상업용 건물 위에 오성홍기와 나란히 보이는 그늘막은 지붕 위에 배치된 경찰 저격수들을 위해 설치한 것이다. 2008년 3월 라싸를 비롯한 티베트 주요 지역에서 대규모 시위가 벌어진 이후 광장 주변 옥상에 저격수가 배치되었다. 이밖에 감시카메라의 대수를 늘리고, 주요 광장 진입로에 금속 탐지기를 설치하고, 주요 교차로에 경찰 초소를 두었는데 모두 정부가 말하는 이른바 '입체적 치안 예방 통제 체계'와 '하늘에 그물, 땅에 덫'으로 빈틈없는 보안 태세를 갖추기 위한 조치들이다.

쑹최라

2012년과 2013년에 촬영한 이 사진들(309, 312, 314, 316)은 불법(佛法)을 가르치고 토론하던 조캉 사원 남쪽 쑹최라의 모습이다. 이곳은 이 책에 자주 등장한다. 라싸에서 라마, 귀족, 옛 티베트 정브 관료 등 우귀사신들에 대한 규탄과 비판대회가 주로 열렸던 장소이기 때문이다. 이곳에서는 또 대중 집회, 베이징에서 온 공연단의 혁명가극과 무용 공연, 마오쩌둥의 '최고 지시' 낭독회 등이 열리기도 했다. 쑹최라는 아직 가르침과 토론의 장이라는 본연의 모습으로 돌아가지 못했다. 대신 2011년부터 조캉 사원에 배치된 '사찰 주재 공작조'가 이곳을 주차장으로 사용하고 있다.[11]

309-311. 사진 309는 2013년 8월 24일 쑹최라 토론장이 내려다보이는 3층 높이 연단 바로 아래에서 북쪽을 바라보며 내가 찍은 사진이다. 1964년 아버지는 바로 같은 지점에 서서 토론하는 승려들을 찍었는데, 그것이 결국 이곳에서 승려들에게 허용된 최후의 토론이 되고 말았다(사진 6, 310). 약 2년 후, 아버지는 같은 지점에서 또 한 장의 사진을 찍었다. 홍위병들이 붉은 장식이 달린 창을 들고 거대한 선언문과 마오쩌둥 초상화가 놓인 연단 앞에 모여 찍은 사진이다(사진 31, 311). 내가 찾아갔을 때는 수만 명의 승려와 라마가 모여 공부하고 토론하던 쑹최라에서 공부와 토론이 사라진 지 이미 반세기나 지나 있었다.

312-313. 2012년 10월 1일, 쑹최라 북동쪽 모퉁이 위에서 쑹최라 남서쪽을 향해 내려다보며 찍은 사진이다. 사진 오른쪽 전경에 잡힌 것은 우귀사신들을 세워놓고 비판하던 연단의 일부다. 1966년, 아버지는 연단 바로 아래에서 우귀사신들을 찍었다(사진 88, 313. 사진 86-87, 89도 참조). 지금은 연단을 나무와 꽃으로 장식하고, 안마당을 관원들의 주차장으로 사용하고 있다.

314-315. 2013년 8월 24일에 조캉 사원 2층 발코니에서 연단 너머 마당을 내려다보며 찍었다. 북서쪽 모퉁이에서 쑹최라를 아래로 내려다보며 촬영한 것이다. 아버지도 이와 비슷한 지점에서 쑹최라에서 열린 비판대회를 보기 위해 모인 군중을 촬영했었다(사진 103, 314). 내가 찍은 사진보다 카메라 앵글을 남쪽으로 살짝 더 틀어서 찍었다. 이 사진에서는 비판의 표적들을 마당 중앙에 세워두었지만, 비판 투쟁 장면을 찍은 아버지의 다른 사진에서 표적들은 대개 연단 위에 서 있다(사진 86-89). 아버지의 카메라 뷰파인더 너머로 쑹최라를 보고 있자니, 과거 이 카메라가 목격했을 비판 투쟁 현장에서 존엄을 박탈당한 표적들과 적을 공격할 힘을 얻은 순간 영혼 없는 괴물이 되어 버린 행동대원들이 떠올랐다.

316-317. 사진 316은 2013년 8월 쑹최라 남단에 서서 찍은 사진이다. 같은 앵글로 찍은 아버지의 사진에는 비판 투쟁을 구경하는 군중의 모습이 찍혔다(사진 56, 317). 배경에 있는 건물 옥상에 꽂힌 오성홍기는 2011년 말 티베트 자치정부가 실시한 '반드시 갖추어야 할 아홉 가지' 운동의 일환이다. 정부는 자치구 내 모든 수도원, 사원과 농촌 지역에 포장도로, 수도, 전기, 라디오와 TV 방송 수신 설비, 극장, 책, 전국 발행 신문, 중국 국기, 중국 지도자 네 명의 초상화를 갖추게 했다. 당시에는 지도자 네 명이 마오쩌둥, 덩샤오핑, 장쩌민, 후진타오를 가리켰지만, 이후 시진핑도 당연히 포함되었다. 자치구 내 모든 촌락과 사원, 수도원에는 이들 네 사람의 초상화와 중국 오성홍기가 갖추어져 있어야 했다. 거부할 경우 작게는 벌금형에서 심각한 경우 고발을 당할 수도 있었다. 자치구 외부에서 들어오는 방문자들과 관광객들은 도처에 보이는 초상화와 오성홍기를 티베트인들의 '애국심'과 정부에 대한 '감사'의 표시로 이해하곤 한다.

318-319. 1966년 8월 아버지는 바르꼬르 서쪽 인근에서 조리돌림을 당하는 우귀사신들을 찍었다(사진 61, 319). 아버지의 사진 배경에 보이던 낡은 티베트식 저택에는 현재 기념품과 골동품을 파는 상점들이 들어섰다(사진 318). 조캉 사원 둘레를 따라 나 있는 가운데 기도길 바르꼬르는 홍위병과 거민위원회가 동원한 '대중'으로 구성된 행동대원들이 비판 표적들을 공개적으로 모욕하며 끌고 다니던 라싸 내 주요 장소들 가운데 하나다. 표적들은 자신들의 사회적 지위를 상징하는 옷과 장신구를 지니고 억지로 사람들 앞을 행진해야 했다. 그로부터 40년 넘는 세월이 흐른 지금, 이곳 바르꼬르에 문화대혁명이 촉발한 혼돈의 흔적은 눈에 띄지 않는다. 장사, 순례 기도, 오체투지가 다시 이곳의 일상이 되었지만, 이제는 지붕 위 저격수들, 경찰 초소, 제복 경찰과 사복경찰, 무장 순찰대, 암암리에 활동하는 정보원들이 그런 일상들을 감시하고 있다. 과거에는 노점상들도 눈에 띄었었는데, 2013년 중반 티베트인들이 다수 포함된 노점상 2,600명이 바르꼬르에서 쫓겨나 한때 성관구 소속 사무소들이

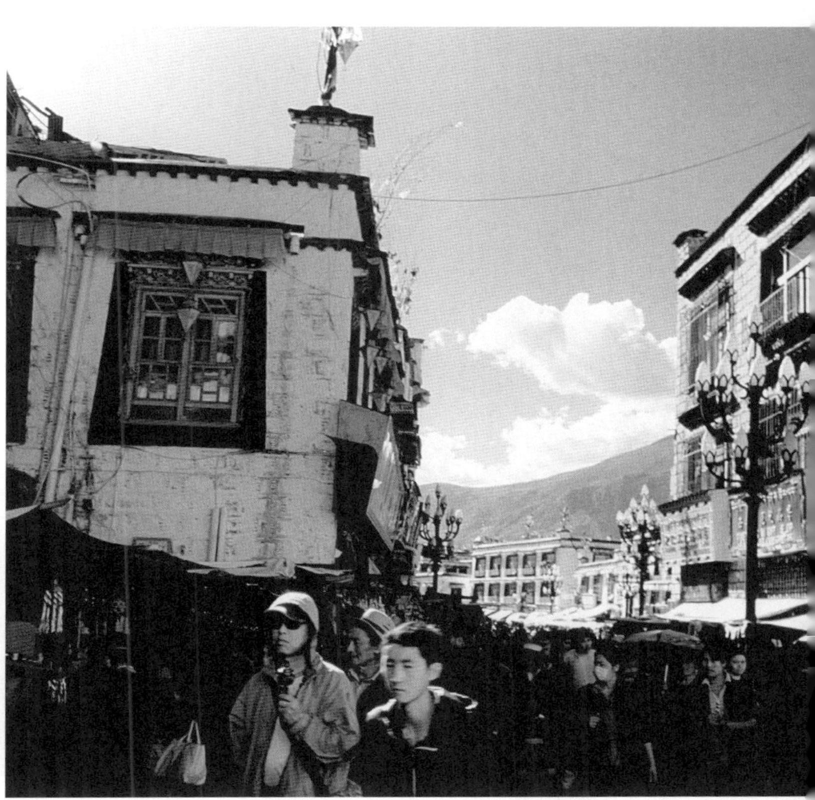

입주했었던 바르꼬르 북동쪽 모퉁이 상점가로 옮겨갔다. '바르꼬르 고도'라고 불리는 이 상점가는 정부의 이른바 '라싸 옛 시가지 보존 프로젝트'라고 하는 도시 재건 계획의 일부로 개발되었다. 입점한 상점과 식당들은 대부분 한족과 후이족이 운영하는데, 이곳 상점들은 주로 가짜 티베트 수공예품과 출처가 불확실한 골동품 등을 판다.

320-321. 바르꼬르 북동쪽 모퉁이에서 멀리 포탈라궁이 있는 서쪽을 바라보며 찍은 사진들. 동일한 장소에서 아버지는 1960년대 우귀사신들의 행진을(사진 62,321), 나는 2012년 8월의 상점가를(사진 320) 찍었다.

322-324. 2012년 8월(사진 322)과 2013년 11월(사진 323), 바르꼬르 동쪽에서 남동쪽 모퉁이를 돌기 직전 거리의 모습이다. 같은 거리에서 아버지는 비판 투쟁 표적들이 행진하는 모습을 찍었다(사진 63, 324). 과거 이 거리에 서있던 낡은 건물들 가운데 빨댄 라모 수호신의 사당만 남아 있다. 예전 수르캉가 저택이던 상가 건물 옆, 외벽에 짜짜라고 하는 양각 점토 신상들이 나란히 보이는 건물이다.

짝뽀리

325-326. 철의 언덕, 짝뽀리. 1959년 이전에는 언덕 위에 티베트 의학원이 있었다. 아버지는 홍위병들이 "승리봉"이라고 적힌 간판을 거는 모습을 찍었다(사진 118, 326). 승리봉은 문화대혁명 기간 짝뽀리에 새로 붙여진 이름이다. 티베트 의학원이 있던 언덕 정상에는 이제 통신 탑이 서 있고 무장경찰이 주변 출입을 통제한다. 언덕 기슭에는 문화대혁명 이후에 작은 수도원과 사원들이 생겼는데, 언덕 아래위로 군 병영들(사진에는 보이지 않는다)이 있어서 마치 군부대 사이에 끼어 있는 것 같다. 2012년 8월 내가 사진을 찍으러 간 날에는 언덕 위로 향하는 산길을 가득 메운 순례자들과 관광객들, 그들 옆을 통과하는 군과 경찰 부대, 짧은 치마를 입고 짙게 화장한 여성 두세 명을 볼 수 있었다. 여성들은 병영에서 나오는 성매매 여성들이라고 한다.

327-332. 아버지는 1966년 8월, 조캉 사원에서 '혁명행동'을 마친 홍위병들이 유톡람 북서쪽 모퉁이를 걸어 학교로 돌아가고 있는 모습을 찍었다(사진 44, 329). 문화대혁명 기간에 홍위병들은 자주 이 길을 행진했고, 군대의 과시용 퍼레이드 루트에서도 이 길은 빠지지 않았다(사진 197, 329; 198, 330; 201, 332). 우귀사신 행렬도 이 길, 유톡람을 걸었다(사진 101-2). 문화대혁명 기간, 이 길은 인민로라는 새 이름을 얻었고 지금도 그 이름으로 불린다. 이 길은 이제 보행자 전용 도로가 되었고 라싸 시내에서도 큰 상점가 중 하나다. 정부가 특별히 민감하게 여기는 3월 10일(1959년 라싸 봉기 기념일)과 10월 1일(인민공화국 설립 기념일이면서 1987년 라싸에서 대규모 시위가 벌어진 날) 등에는 장갑차와 군용 트럭을 앞세운 군대와 경찰이 이 길에서 퍼레이드를 벌인다.

公安
POLICE

티베트 성급 군구 부지

333-334. 사진 333은 2013년 11월에 티베트 성급 군구(과거 티베트군구) 부지 주변을 둘러싼 붉은색 담을 찍은 것이다. 46년 전 부지 옆을 지나는 군인들의 모습이 담긴 아버지의 사진(사진 196, 334)과 동일한 위치에서 찍었다. 당시에는 이 길을 링꼬르(바깥 기도길) 남로라고 불렀다. 1990년 이 도로는 '장쑤로'로 이름이 바뀌었다. '티베트를 도와라', '서부를 개발하라' 등 정책의 일환으로 티베트자치구에 자금을 지원한 중국 동부 장쑤성에 대한 고마움의 표시였다. 이 정책으로 중국의 성급, 지급 행정부들이 광산, 도로, 수력 발전 등 티베트 기간 시설과 자원 개발에 투자했다. 둔화대혁명 때처럼, 정부는 또다시 여기저기에 새 이름을 갖다 붙였다. 광저우로, 상하이 플라자, 타이저우 광장, 산둥 타워 등의 이름이 자치구 여기저기에 보이면서, 마치 티베트 지도 곳곳에 저마다 식민지 영역 표시를 해 놓은 것처럼 되어 버렸다. 한 군데 예외가 라싸의 데끼람(티베트어로 '행복로'라는 뜻이다)이다. 문화대혁명 전에 '베이징로'로 이름이 바뀌었는데, 지금도 여전히 그 이름 그대로 불린다.

内有车辆出入
注意行车安全

인민경기장

335-339. 문화대혁명 기간에 라싸 인민경기장은 대규모 정치 집회와 '불량분자'들의 공개 재판 장소로 사용되었다(사진 196-197). 이후 경기장은 간혹 열리는 스포츠 행사 말고는 다소 방치된 느낌이었다. 그러다가 2008년 3월 티베트 전역에 시위가 벌어지면서 '안정 유지'를 위해 티베트에 파견된 군인들의 캠프로 사용되었다. 2012년 8월, 아버지의 자이스 이콘을 들고 사진을 찍으러 갔다가 정문에서 군인들에게 제지당했다. 2013년 다시 이곳을 방문했을 때는 감시초소에 아무도 없는 틈을 타서 몰래 안으로 들어갈 수 있었다. 재빨리 사진 몇 장을 찍고 나니 군인이 나타나 나를 쫓아냈다. 한 장(사진 335, 다음 페이지 위)은 1966년 아버지가 찍은 대중 집회 사진(사진 12, 336, 왼쪽 아래)과 같은 각도에서 찍었고, 또 한 장(사진 337, 다음 페이지 아래)은 마오 주석의 초상화를 들고 행진하는 사진(사진 138-139, 338-339, 오른쪽 아래)과 반대 각도에서 찍었다.

340. 과거 수도원 학교였지만 문화대혁명 기간과 그 이후의 시간을 거치면서 폐허가 된 시데다창 터의 모습이다. 폐허 옆으로 '현대성'을 상징하는 쇼핑센터가 서 있다. 2013년 7월 2일 캐논 디지털 SLR 카메라로 촬영.

341. 다음 페이지 위: 원래 시데다창의 정면 출입구였던 지점 앞에 태양열판과 주전자가 놓여 있다. 폐허 곁에서 일상을 이어가는 평범한 티베트인들이 있음을 보여준다. 간혹 호기심이 남다른 관광객들도 여기까지 찾아 들어오곤 한다. 2013년 7월 25일 고프로 히어로 3로 촬영.

342. 최근 완공된 인근 쇼핑몰 꼭대기에서 내려다 본 시데다창. 도시의 심장을 가로지르며 패인 흉터 같다. 2013년 9월 15일, 캐논 디지털 SLR 카메라로 촬영.

압시 딱체르

343. 허물어져 가는 얍시 딱체르. 문화대혁명 기간에는 홍위병과 행동대원들의 숙소였다가 이후 국영 티베트 호텔 종업원들의 기숙사로 이용되었다. 재건 계획에 대해서는 알려진 바가 없다.[12] 2013년 8월 12일 캐논 디지털 SLR로 촬영.

344. 허물어져 폐허가 된 얍시 딱체르의 한 구역. 창틀에 드리운 거미줄에 죽은 거미가 달려 있다. 2013년 8월 9일 고프로 히어로 3로 촬영.

345. 얍시 딱체르 내부에서 찍은 사진. 2013년 8월 9일, 고프로 히어로 3로 촬영.

부록

잠빠 린첸의 증언

"나는 불탑을 부쉈다.
이제는 승복을 입을 자격이 없다."

쟘빠 린첸은 라싸에서 태어난 티베트인이다. 그는 아주 어린 나이에 수도원에 들어갔고 그가 모시던 스승은 14대 달라이 라마의 개인교사 중 한 사람이었다. 1959년 이후, 그리고 문화대혁명 기간 내내, 그는 라싸 톰시캉 거민위원회에 소속되어 '민정 업무'를 보았다. 그는 또 홍위병이었고, 지역 민병과 갠록에도 가입했다. 여러 해가 흐른 뒤 1986년, 그는 조캉 사원 청소부로 일하기를 자청했고, 이후 17년간 사원을 청소를 하다가 2003년에 사망했다.

처음 노년의 쟘빠 린첸을 만나기 전까지 우리는 서로 전혀 모르는 사이였다. 쟘빠 린첸과 친분이 있는 나의 집안 어른 한 분이 중간에서 다리를 놓아 주었다. 그렇게 맺어진 인연으로, 나는 원하는 삶이 있었지만 씁쓸한 모순과 비극으로 인생이 꼬여버린 어느 평범한 티베트인의 사연을 듣게 되었다. 그는 무산계급, 부르주아, 당의포탄*(糖衣砲彈), 제국주의 등의 혁명 용어들을 티베트어로 설명할 수 있었고, 마오쩌둥 어록에 나오는 '자유주의 타도' 등 여러 구절을 암송할 수 있었으며, '인터내셔널가'를 티베트어로 부를 수 있었다. "랑쏘, 랑쏘! 일어나라, 일어나라!"

---

* 1949년 마오쩌둥이 사용한 용어. 부르주아계급이 혁명계급을 현혹하고 무너뜨리기 위해 사용하는 미끼를 가리킨다.

이어지는 내용은 2003년 2월 12일 오전과 2월 23일 오후에 라싸에서 진행한 잠빠 린첸과의 인터뷰 녹취록을 편집한 것이다.

그날은 아침부터 협동조합에서 회의가 있었다.[1] 대중을 선동하기 위한 회의였다. 톰시캉 거민위원회 지도부가 모두 참가했다.[2] 무산계급 사령부가 자본주의 사령부에 발포할 것이고, 따라서 우리는 '사구를 타파'하고 '사신을 건설'하기 위한 조직을 만들 거라고 했다. 발포라니? 우리는 그게 무슨 뜻인지 몰라 의아했다. 티베트군구에서 나온 찡될마미(인민해방군 병사) 하나가 우리는 류 서기와 달라이 라마에 맞서 싸울 것이라고 말했다.[3] 그러면서 이제부터 류 서기와 달라이 라마의 사진을 걸어두면 안 된다고 말했다.[4] 나는 일어서서 질문했다. "류 서기는 중앙 정부에 있는 우리 지도자가 아닌가. 그런 사람을 비판하는 것이 옳은가?" (책임자인) 남자 하나가 공문을 꺼내더니 말했다. "봐라, 여기 우리가 류 서기를 비판해도 된다고 적혀 있다." 하지만 그 공문은 중국어로 되어 있어서 우리는 읽을 수 없었다. 아무튼 그렇게 일이 시작되었다.

톰시캉 거민위원회도 자체 회의를 열었다. 회의에서는 우리가 무산계급 문화대혁명에 참여할 것이고 그것이 마오 주석의 지시라고 말했다. 마오 주석이 뭐라고 말했다는 건가? 전하는 바에 따르면 마오 주석은 시루샤오푸가 자신의 옆에서 자고 있다고 말했다고 했다.[5] 시루샤오푸? 우리는 그것이 무엇인지 또 의아했다. 머리에 뿔이 달린 악귀 같은 것인가? 물론 당시 우리는 무슨 일이 벌어지는지 몰랐다. 하지만 나중에 생각해 보니 모두 '류수지', 즉 류사오치 당서기를 가리키는 말이었다. 마오 주석이 류사오치 서기를 공격하고 싶어 했던 것이다.

아무튼 그때는 수시로 회의가 열렸고, 우리는 젊었었다. 톰시캉은 자체 민병대를 만들었고 나는 민병대에 입대했다.

어느 날 밤 우리는 라싸시 공산당 위원회에 가서 그곳 지도부에게 우리가 그들의 권력을 쟁취한다는, 이른바 '탈권'을 선언하는 대자보를 전달했다. 우리는 징과 북을 두드렸는데 나는 징을 맡았다. 랍쌜, 바르꼬르, 톰시캉 거민위원회가 다 모이니 사람이 아주 많았다. 나는 또래 젊은이들과 다른 거민위원회에서 사람들이 더 모이기를 기다리며 그곳에서 밤을 보냈다. 우리는 모두 민병대원이었다. 남자도 있고, 여자도 있었다. 다 해서 열다섯 명 정도였고, 대장은 강축이었다. 라싸시 공산당 위원회 지도자들 몇 명도 끝까지 남았다. 우리는 관인(공문서에 찍는 도장)을 빼앗은 뒤 밤새 그들을 강당에 가둬 두었다. 강축은 이 당권자들이 탈출하거나 관인을 도로 뺏으려고 하면 꼼짝 못하게 묶은 다음 우리 중 한 사람이 자전거를 타고 자신에게 와서 알리라고 했다. 자정이 지나고 동지 몇 명은 잠이 들었다. 하지만 나는 깨어 있었다. 가둬 둔 사람들이 도망가거나 관인을 가져가겠다고 덤빌까 봐 걱정이 되었던 것이다. 그래서 징을 세게 쳐서 사람들이 잠을 자지 못하게 했다. 이튿날 아침, 당 위원회 주방에서 쌀죽과 튀김을 보내왔다. 하지만 우리는 당 위원회에서 주는 음식은 손도 대지 말라는 지시를 받은 처지였다. 우리를 방심시키기 위한 당의포탄일지도 모르기 때문이다. 우리 무리 중에 여자가 한 명 있었다. 지금은 그 여자도 나이가 들었다. 그 여자가 "맛있겠는데! 조금만 먹어 보자"라고 말했다. 나는 당의포탄일지도 모르니 건드리지 말라고 그녀를 타일렀다. 우리 중에 짬빠 가루를 가져온 사람들이 있어서 결국 그걸로 아침을 때웠다. 잠시 후 해가 떴다. 다른 거민위원회 사람들이 교대하러 왔고 우리는 집으로 돌아갔다.

얼마 후 우리는 또 다른 회의에 참가했다. 승리사무소의 당서기 장씨라는 사람으로부터 지시를 전달받았다.[6] 류 서기와 달라이 라마의 사진을 다 치울 것이고 수르시와 조오시도 부술 거라고 했다.[7] 그러면서 그것들이 모두 '쓰주', 즉 사구에 속한다고 했다. 거민위원회가 책임지고 각자 관할구역에 있는 수르시와 조오시를 부숴야 한다고도 했다. 당시 조캉 사원은 아직 표적이 아니었다. 아직은 대중을 선동하는 과정이었다. 당시 상황은 그랬다.

우리는 톰시캉 소속이어서 까니고시를 부수는 임무를 맡았다. 까니고시는 네 개의 문이 있는 흰색 불탑이었는데 바르꼬르 북쪽 마니라캉과 낭쩨샥 부근에 있었다. 까니고시 불탑을 세운 사람은 노르부 상뽀라는 거상인데 당시 불탑 안에는 그의 유해가 모셔져 있다고 했다. 불탑의 유래에 대해 전해오는 이야기가 있었는데, 노르부 상뽀가 어느 날 한족들 마을에서 산 차를 라싸에 팔러 왔다. 도중에 좀 떨어진 뤈룹 근처 산길을 지나게 되었는데 산 위에서 내려다 보니 라싸가 너무 작아 보였다. 차를 다 못 팔면 어떻게 하나 걱정이 된 그는 울기 시작했다. 하지만 예상과는 달리 라싸에 도착하자마자 차가 모두 팔렸다. 어떻게 된 일일까? 틀림없이 조오 린포체의 은덕이었다. 이후 노르부 상뽀는 늘 부처님에게 많은 공양을 했다. 그는 간댄 수도원을 지을 때(1409년)에도 많은 재물을 기부했고, 그 뒤 까니고시 불탑도 쌓았다. 까니고시 불탑은 역사가 오래되었다. 약 500년 가까이 된 이 불탑 내부에는 네팔에서 온 진귀한 보물들이 많이 들어 있었다.[8]

당시 나는 민병대에서 작은 분대 하나를 거느렸고, 강축은 우리 민병대의 대장이었다. 그는 아직 살아 있는데 지금은 톰시캉 거민위원회 서기다. 그는 우리를 까니고시로 데리고 가더니 나와 쐬남에게 불탑 위로 올라가라고 말했다. 쐬남은 나보다 어렸는데 지금은 죽고 없다. 우리는 (거민위원회의) 높은 사람들이 하는 말이면 무조건 따라야 했다. 그래서 쐬남과 나는 불탑 위로 올라갔다. 불탑 꼭대기에는 해와 달 모양 장식이 있었다. 쐬남과 내가 곡괭이로 그 장식을 떼어내려고 해 봤지만 잘 떨어지지 않았다. 해와 달이 단단히 고정되어 있었다. 그래서 우리는 밧줄로 해와 달을 묶은 뒤 밧줄을 당겨보았다. 그러자 해와 달이 떨어지면서 많은 보물이 드러났다. 구안천주(시), 터키석, 산호, 경옥과 금은도 있었다. 나는 보물들을 카딱으로 잘 싼 다음 동료들에게 함부로 손대지 말라고 일러두었다. 그리고 카딱에 싼 꾸러미를 거민위원회의 또 다른 지도자인 노르노르-라에게 건넸다. 나는 '한때는 나도 다바(승려)였는데 이렇게 불탑을 부숴서 나쁜 업을 쌓았다.[9] 하지만 그렇다고 혁명에 참여하지 않을 방도도 없다'고 생각했다. 그래서 속으로 조용히 빌었다. 다음 생에는 아주 부유한 집안에 태어나게 해 달라고, 그래서 이것과 똑같은 불탑을 다시 세울 수 있게 해 달라고.

그러는 동안 라싸중등학교 학생들이 북과 징을 울리며 도착했다. 그들은 사구를 타파하러 왔다며 여러 가지 구호를 외쳤다.

하지만 우리는 하던 일을 마치지 못했다. 성관구 건축대가 와서 불탑을 부수는 것은 톰시캉의 소관이 아니라면서 우리가 하던 일을 넘기라고 했다. 그들은 불탑 안에 있던 노르부 상뽀의 유골을 끌어냈다. 유골은 쪼그라들어서 매우 작았다. 그들은 유골을 이리저리 끌고 다니며 구경거리로 만들고는 어딘가에 버렸다. 불탑 안에 있던 보물도 다 꺼내갔다. 내 기억에 그중에는 귀한 꽃병도 있었고, 불탑 내실의 네 벽을 따라 서 있던 은으로 간든 말과 말마다 타고 있던 기수도 있었다. 내실 한가운데에는 바위가 있었는데 바위 위에는 네팔에서 온 신성한 물소와 코끼리상이 있었다. 그 바위는 나중에 쌈예 수도원에서 발견되었다. 그 바위가 어떻게 거기까지 갔는지는 아무도 모른다. 다른 보물도 건축대가 상급기관에 제대로 전달했는지 마음대로 가져갔는지 누가 알겠는가. 결국 아무도 그 보물들을 다시 보지 못했다…. 그날은 조캉 사원이 공격당한 날이기도 했다. 하지만 조캉 사원에 쳐들어간 것은 바르꼬르 거민위원회였다. 사원이 그들 관할이었기 때문이다….

이후 우리를 즉각 라싸중등학교로 데리고 갔다. 그곳에서도 회의가 있었다. 우리, 아니 사실은 나만 마오 주석의 사진을 들었다. 회의에서 또 임무가 주어졌다. 주변에 있는 걸 부수되, 특히 티베트 전통대로 틀을 검게 칠한 문이며 창문은 보이는 대로 부수라고 했다. 나는 바르꼬르에 있는 틀이 검은 문을 다 부술 필요 없이 흰색으로 칠하면 되지 않느냐고 말했고 내 제안은 받아들여졌다. 우리는 모두 일단 돌아가서 각자의 집에 있는 사구들을 부쉈다.

나는 스승님과 함께 살고 있었고, 당시 내 스승 남갤은 아직 정정했다. 스승님은 달라이 라마의 개인 교사 네 명 중 하나였지만, 공산당을 믿었기 때문에 1959년에 달라이 라마 존자를 따라가지 않았다. 사실 1959년 반란 평정 이후, 나와 내 스승, 그리고 갸촐링 린포체까지 셋을 인민해방군이 노르부링카에서 데리고 나왔다.[10] 내 스승은 군 기지로, 나는 응아첸 발전소로 흩어져 각자 노동을 했다. 심지어 나는 발전소 작업조장을 맡기도 했다. 나는 이후 거민위원회로 돌아와 민생 관련 업무를 했다. 장애인, 노인, 어려움에 처한 가정을 도왔다. 나는 많은 일을 했고 늘 솔선했다. 고아와 걸인들도 도왔다. 그래서 사람들은 나를 '작은 레이펑'이라고 불렀다.[11]

반란 평정 이후, 스승님은 포탈라궁에서 남몰래 경전을 가지고 나왔다. 모두 매우 귀한 경전이었다. 그중에는 제 린포체의 쑹붐(전집)도 있었다.[12] 나는 네팔인과 함께 마당에서 이 책들을 태웠다. 태우고 난 재는 삼베 주머니에 담아 라싸강에 던졌다. 스승님은 또 점토로 빚은 천수천안관세음보살상도 가지고 있었다.[13] 아주 오래전에 만들어진 불상이고 진귀한 보석이 많이 박혀 있었는데 특히 불상의 이마에는 다이아몬드가 박혀 있었다. 항상 수도원에 모셔져 있던 불상이었다. 어느 날 내가 회의에 간 사이에 겁이 난 스승님은 사람을 시켜서 불상을 라싸강까지 옮긴 다음 강에 던졌다. 얼마 후 톰시캉 거민위원회의 높은 사람들이 집집마다 다니며 수색을 했다. 벽화며 가구에 그려진 문양들은 모두 흰색이나 다른 색으로 덧칠하게 했다. 당시 나는 거민위원회에서 승려들을 이끄는 대장이었다.

우리는 대자보를 붙이러 티베트자치구 판첸 린포체 집에도 갔다.[14] 또 어떤 날은 응아푀를 잡으러 가라는 명령이 떨어지기도 했다.[15] 그래서 우리는 대자보를 가지고 응아푀의 집에 갔다. 루구 거민위원회에서 어떤 나이든 사람이 문서를 한 무더기 가지고 오더니 그 문서들이 응아푀의 영지에서 나온 장부라며 응아푀를 대중에게 넘기라고 요구했다. 무슨 일이 벌어지고 있는지 궁금했다. 하지만 나는 키가 작은데다가 붉은 깃발을 들고 있어서 앞줄로 나갈 수가 없었다. 거기서 앞으로 나가는 방법이 뭐였겠는가? 나는 방귀를 뀌었다. 주변 사람들이 코를 막으며 물러서는 틈을 타 재빨리 앞으로 나갔다. 당시 응아푀는 라싸에 있었지만 대중들을 맞으러 나오지 않았다. 누군가 다른 사람이 나서서 집회를 계속 진행시켰고 그 다음날에는 반드시 응아푀를 넘겨주겠다고 약속했다. 다음날이면 응아푀는 베이징으로 보내지기로 되어 있었지만 그때 우리는 그걸 몰랐다.

한번은 인민문화궁으로 몰려가던 길에 행진하는 대규모 행렬과 마주쳤는데 그들은 왕치메이를 끌어내리라고 구호를 외치고 있었다.[16] 나는 나중에 먹으려고 셔츠 안에 음식을 챙겨 넣어 두었었다. 문화궁의 작은 강당은 문이 잠겨 있었다. 안으로 들어가 보니 난장판이었다. 사람들이 한족 여성을 때리고 있었다. 한 번도 본 적 없는 여성이었지만, 나는 그녀가 왕치메이의 아내라고 짐작했다. 구경꾼들도 많았다. 강당 안은 사람들로 매우 붐벼서 밟힐 지경이었다. 회의는 좀처럼 끝나지 않았고 나는 배가 고파 참을 수 없어서 가지고 온 음식을 먹으려고 했지만, 어느새 음식은 다 짓눌려 엉망이 된 지 오래였다.

나중에는 두 개의 파벌이 생겼다. 나는 중국어로는 '짜오쭝', 티베트어로는 '갠록 쇼카'라고도 하고 줄여서 '갠륵'이라고도 하는 파벌에 들어갔다. 주변에는 중국어로 '다렌즈', 티베트어로 '냑딜'이라는 파벌에 들어간 친구들도 있었다. 어느 날은 우리를 시짱일보에 데리고 갔다. 여러 거민위원회에서 나온 사람들이 벌써 잔뜩 모여 있었다. 우리더러 시짱일보의 높은 사람(뭐라고 불렀는지 기억나지 않는다)을 끌고 나와 비판대회에 세우라고 했다.[17] 우리는 그 사람 이름도 몰랐고, 중국어도 할 줄 몰랐다. 어쨌든 그를 끌어내야 한다고 했다. 그래서 우리는 그를 비롯해 시짱일보 사람들을 도망치지 못하게 에워싼 다음 비판대회를 했다. 우리는 여러 날을 신문사 안에서 보냈다. 톰시캉 말고도 바르꼬르·승리·랍쌜 거민위원회에서 번갈아 사람을 보내 당권자들을 감시하게 했다. 톰시캉 거민위원회에서 나온 우리는 강축과 응외둡의 지휘를 받았다.

그러던 어느 날 저벅저벅 행군하는 발소리와 함께 인민해방군이 나타났다. 군인들이 우리가 있는 곳을 둘러싸서 우리는 밖으로 나갈 수가 없었다. 나는 덜컥 겁이 났다. 1959년 반란 평정 때의 일이 떠올랐다. 그때 스승님과 함께 노르부링카에 있을 때에도 저벅저벅 하는 발소리가 났었고, 이어서 인민해방군이 와서 우리를 둘러쌌다. 나는 애초에 이런 데 오는 게 아니었다고 후회하기 시작했다. 나는 네팔인으로 살 수도 있었다. 어머니가 네팔인이었기 때문이다. 문화대혁명 때 우리는 국적을 선택해야 했다. 네팔이 아니라 중국을 선택한 것은 그곳(네팔)에는 이제 친척이 아무도 없었고 라싸를 떠나는 것은 생각도 할 수 없었기 때문이다. 그래서 남기로 했다. 하지만 당시 결정이 조금 늦어지는 바람에 간부가 될 기회를 놓쳐 버렸다.

그날 밤, 우리는 시짱일보 마당에 불을 피우고 모여 앉았다. 당시 나는 수술을 받은 직후라 몹시 쇠약한 상태였다. 나는 가지고 있던 약도 먹었고 찢어지긴 했지만 외투도 입고 있었다. 그런데도 추워서 일어나 주변을 걸었다. 걷다 보니 부지 정문이었다. 문 밖에 있던 홍위병 무리가 내게 소리쳤다. "나와요! 나와!" 그때 우리가 차고 있던 완장은 홍위병들의 완장과 달랐다. 우리 완장은 삼각형 모양이었다. 또 나는 톰시캉 거민위원회와 조합의 열쇠도 가지고 있었다. 나는 외투의 단추를 끌렀다. 동료들 곁으로 돌아간 나는 가슴을 두드리며 밖으로 나가겠다고 말했다. "원한다면 나부터 죽이라고 해. 내가 돌아오지 않으면 그들 손에 죽은 거니까 너희들은 나오지 마. 죽지 않고 살아남으면 여기로 다시 올게." 그러고 나서 나는 밖으로 나갔다. 나를 죽이려는 사람은 없었다. 오히려 집에 보내 주었다. 그들은 내가 약을 지닌 것을 보고 왜 거기 있었느냐며 빨리 집으로 돌아가라고 했다. 나는 집으로 돌아갔고 남아 있는 친구들의 가족에게 알려서 먹을 것과 차를 갖다 주라고 했다. 나중에 시짱일보로 다시 들어가려고 했다. 하지만 이번에는 들여보내 주지 않았다. 나는 바깥에서 안에 있는 친구들에게 나와도 괜찮다, 아무도 죽이지 않는다고 소리쳤다. 몇 명이 나왔지만 여전히 무서워서 나오지 못하는 친구들도 있었다. 나중에 먹을 것이 없어지자 점점 많은 사람들이 나왔다. 우리는 짬빠 가루를 뭉쳐서 신문사 마당으로 던져 넣기도 했다. 결국 모두 밖으로 나왔다.

당시 우리는 갠록이었고, 뻴도르-라라는 대장 밑에 인원이 마흔 명도 되지 않는 하위 조직이었다. 우리는 일단 현 정권이 무너지고 대중이 권력을 잡으면 우리도 높은 사람이 될 수 있을 거라고 생각했다. 물론 결국엔 아무것도 얻지 못했다.

두 파벌이 생긴 이후에는 어딜 가나 확성기가 있었다. 조캉 사원 지붕에도, 메루 사원 지붕에도, 식료품 가게에도 확성기가 배치되었다. 당시 나는 톰시캉 북쪽에 살았었는데 밤에 잠을 잘 수 없을 정도였다. 귀가 멀 정도로 소음이 심했다. 도대체 확성기에서 나오는 말이 무슨 뜻인지, 무슨 일이 일어나고 있는 건지 늘 궁금했다.

어느 날 인민문화궁에서 또 큰 토론이 있을 거라며 우리를 데리고 갔다. 나는 징을 쳤고, 다 같이 우귀사신을 몰아내자는 구호를 외쳤다. 그날은 다들 저우런산

이야기를 했다.[18] 그는 우리 편이었는데 다른 편 사람들이 그를 몰아내고 싶어 했다. 우리는 그냥 내버려둘 수가 없었다. 우리는 저우런산을 보호하고 싶었으므로 토론에 참가했다. 그 무렵 이미 사람들은 제정신이 아니었다. 뭐든 닥치는 대로 부수고 온갖 걸 가지고 고함지르고, 다투고, 언쟁을 하고, 대자보를 붙였다. 처음에는 말로만 싸웠다. 하지만 한쪽이 다른 쪽을 설득하지 못하면, 몸싸움으로 번졌다. 우더우(무장투쟁)에 총이 등장했다. 우리는 티베트 옛날 군인들이 쓰던 것과 같은 종류의 사제 총을 만들어 썼지만, 루구 거민위원회 사람들은 진짜 총을 가지고 있었다.

처음에는 톰시캉 거민위원회 대부분이 갠록이었다. 하지만 점점 냥델 편이 늘어났다. 톰시캉 거민위원회 안에서 냥델파 대장은 등이 굽은 응외둡이었다. 그는 지금도 살아 있다. 그는 스승님을 공격하고 내게 스승님과 함께 살지 말라고 윽박질렀다. 그는 나더러 따로 분가하고 스승님과 분명한 선을 그어야 한다고 말했다. 하지만 남걜은 내 스승이었고 그저 평범한 승려였다. 땅도 없고 농노도 부리지 않았다. 정치적으로 어떠한 권력도 없이 그저 열심히 부처님만 섬기는 사람이었다. 하지만 나중에는 스승님도 인민정치협상회의에 들어갔고 불교협회 간부가 되기도 했다.[19] 1959년 '반란' 이전에 스승님은 310다양(은화)을 받았다. 나중에는 연간 100 위안을 받았다. 하지만 시간이 더 지나자 아무것도 받지 못하게 되었다. 나는 어땠을까? 1961년인지 62년인지 묀람첸모가 열렸을 때는 판첸 라마가 아직 가사를 벗지 않았고, 스승님과 나도 아직 승복을 입을 수 있었다.[20] 이후 우리는 승복을 입지 못하게 되었지만 그래도 승복을 계속 간직했다.

응외둡과 나는 원래 가까운 사이였고, 그도 한때는 라마를 수행하던 사람이었다. 하지만 이제는 내가 단순히 시중만 드는 게 아니라며 시비를 걸었다. 그는 매일 우리 거처에 사람들을 데리고 나타나 수색을 했고 스승님을 '통일전선의 거짓 협력자'라고 비난했다.[21] 그는 내가 스승님의 자산이나 땅을 관리하는 집사라며 고발했고, 비판대회 때는 나를 응아-닥이라고 규탄했다.[22] 비판대회에 끌려 나간 나는 내 스승이 달라이 라마의 개인 교사였기 때문에 맛있는 음식을 많이 먹었으며, 그렇게 스승이 가진 것을 같이 누렸으니 나도 대중을 착취한 것이나 마찬가지라고 고백했다. 그런데 잠시 후 다른 사람들이 나도 대중의 일원이므로 비판의 표적이 되어서는 안 된다고 말했다. 그래서 나는 사실 과거에 힘든 일을 많이 겪었고 온갖 궂은일을 도맡아 했었다고 얼른 말을 바꾸었다. 그렇게 말하지 않으면 험한 취급을 당할 것이 뻔했기 때문이다.

한번은 쑹최라에서 비판대회가 열렸는데, 그날의 표적은 성관구의 어느 지도자였다. 그녀는 한족 중국인이었는데 매달 식량이 모자란데도 불구하고 버터를 몇 킬로그램씩 더 가져가게 해 줬더니 양심도 없이 자신을 비판한다며 몹시 화를 냈다. 팍빠라도 비판대회에 끌려나왔다. 그는 머리에 자루를 쓰고 조리돌림을 당했다. 사람들은 팍빠라에게 빈 깡통을 두드리면서 스스로를 '반혁명분자'라고 부르게 했다. 스승님도 팍빠라의 뒤에서 함께 걸어야 했다. 또 다른 비판대회에서는 어느 한족 간부가 표적이었다. 나는 그가 쓰칭(사청)운동 때 우리 조 조장이었던 사람임을 알아보았다.[23] 이름은 알지 못했다. 나는 그에게 몰래 찐빵을 갖다 주고, 남들 보기 전에 얼른 먹으라고 했다. "지금 안 먹으면 허기져서 끝까지 버티지 못한다"고 알려 주었다. 나는 또 그를 감시하는 민병대원에게 그를 때리지 말라고 말해두었다. 하지만 막상 비판대회가 시작되자 나이든 여자들까지 나서서 그의 엉덩이를 세게 꼬집었다. 두 번째 날에는 아무도 내게 비판대회에 나오라고 하지 않았다. 수년 후, 문화대혁명이 끝나고 그 조장에게 씌워진 죄명이 철회되고 나서 그가 함께 차를 마시자고 나를 부르기도 했다.

거민위원회에는 도둑들도 많았다. 뺄도르-라도 그중 하나였다. 그는 원래 말을 사고파는 로록빠였다.[24] 어느 날 밤 그는 어느 부잣집으로 우리를 데리고 갔다. 일가가 모두 외국으로 떠났고 집은 들어가지 못하게 되어 있었지만 값나가는 물건들이 많이 남아 있었다. 뺄도르-라와 사람들이 물건들을 훔쳤고 나는 그들을 말렸다. 혹시라도 주변에 일가가 남아 있을지도 모르는 일이었기 때문이다. 나는 고작 하급 분대장이었고 뺄도르-라는 지도자, 즉 간부였다. 내게 비아냥거리는 사람도 있었다. "여기 마늘이랑 파 냄새를 풍기는 놈이 있네." 내가 중국인 같은 소리를 한다는 뜻이었다. 나는 입을 다물었다. 그들은 가지고 나온 물건을 나누어 가지면서 내게 솥과 [25]류를 한 장 주었다. 나중에 이 사건을 조사하러 나온 공작조에게 뺄도르-라는 도둑질한 사람이 거민위원회의 다와 누나라고 말했다. 그 말을 들은 나는 그의 등을 후려치며 거짓말하지 말라고 했다. "도둑질했으면 인정을 해야지. 어서 바른대로 말해! 그 집에서 얼마나 훔쳤어?" 결국 뺄도르-라는 훔친 물건 일부를 반납했다. 나중에 알게 된 사실이지만 그가 훔친 안장만 스무 개가 넘었다. 쓰칭운동 중에 있었던 일이고 문화대혁명은 아직 시작도 하기 전이었다.

나는 고작 말단이라 시키는 일은 뭐든 해야 했다. 온갖 일에 동원되었고 그러다보니 많은 곳을 다니게 되었다. 하지만 결코 도둑질 같은 나쁜 짓에 가담한 적은 없다. 내가 만약 어린 나이에 승려가 되지 않았더라면, 혹은 수도원에서 불교 수련을 받지 않았더라면, 문화대혁명 기간에 틀림없이 도둑질을 했을 것이다. 거민위원회의 많은 사람들이 그렇게 남을 이용하고 물건을 훔쳤다. 그중 다수는 이미 고인이 되었다. 톰시캉 거민위원회 지도자들 중에 살아 있는 사람은 강축뿐이다. 그는 무산계급 사령부에 속했다. 그렇다면 누가 자본주의 사령부에 속했을까? 땅을 가진 지주, 라마, (중국 공산)당의 권력자들이 그들이었다.

강축은 누구보다도 공격적이었다. 그는 문화대혁명 기간 중 대중을 소집해 마구 부렸다. 하지만 그가 물건을 훔치고 빼돌렸는지는 모르겠다. 정책이 바뀌면서 스승님의 물건들도 일상도구에서 법구과 승복(내 것도 포함해서)까지 많은 것들이 거민위원회로 반환되었다. 하지만 애초에 그것들을 누가 훔쳐갔던 것인지는 알 수 없다. 강축이나 응외둡이었을까? 누가 알겠는가? 강축은 당원이다. 그는 사람들을 선동해 자본주의 사령부를 공격했다. 당시에는 그도 사구를 모두 부숴야 한다고 주장했었다. 하지만, 잘못을 뉘우쳤는지 그도 달라졌다. 쎄라 수도원의 캄챈(수도원 숙소)에 아주 큰 불상도 기부하고, 나병 환자들에게 구호품도 나누어 주었다. 한동안 이른 새벽에 바르꼬르를 돌며 기도를 하는 모습이 자주 눈에 띄기도 했다. 하지만 지금은 하지 않을 것이다. 그도 가끔은 온정을 보이곤 했다. 오래전에 내게 스승님을 잘 돌보라고 남몰래 말한 적이 있었다. 그는 개의 수명의 10년이듯 "스승님도 늙어가니 잘 보살펴야 한다"고 말했다. 그는 또 나를 괴롭히지도 않았고, 나를 처음 '작은 레이펑'이라고 부른 것도 강축이었다.

땐빠라는 사람도 있었다. 그는 강축의 수행원이면서 우리들의 대장이기도 했다. 그는 칼을 만드는 사람이었다. 벌써 죽었는데, 아주 나쁜 사람이었다. 내가 이렇게 말하는 이유가 있다. 달라이 라마와 판첸 라마에 대해 비판할 때, 그는 이런 말을 내뱉었다. "우리 대장장이들은 태어날 때부터 대장장이다. 하지만 이제 운이 우리에게 돌아섰고, 이젠 우리가 대장이니 달라이 라마의 살을 한 점 한 점 발라내고 싶다."

한동안 갠록 사람들 일부가 달라이 라마가 쓰던 태양의 방을 포함해 조캉 사원 위층에 살았다. 어느 틈에 태걍의 방에 있던 불상이 사라졌는데 알고 보니 그 방에서 살던, 늘 입을 헤벌리고 다니던 젊은이의 소행이었다. 그는 나중에 체포되어 군 기지에 수감되었다.

조캉 사원의 불상은 모두 훼손되었다. 1층에 있던 불상 가운데 조오 불상만 옷이 벗겨진 채 살아남았다. 조오 불상 한쪽 다리에는 구멍이 생겼다. 손도끼로 구멍을 낸 것이 틀림없지만 누가 그랬는지는 알 길이 없다. 다른 불상들은 전부 완전히 부서졌다. 불상 안에 있던 보리는 식량국 창고로 옮긴 뒤 빻아서 짬빠로 만들었다. 거민위원회는 조합 소속인 우리가 곡식을 운반해 주길 바랐다. 노동 점수에 반영해 배급을 더 받게 해 주겠다고 했다. 하지만 나는 가지 않았다. 곡식 말고도 불상 안에는 많은 보물과 약이 들어 있었다. 모두 사람들이 꺼내갔다. 나는 가지 않고 거민위원회 사무실에 남아 차를 끓일 불을 피웠다. 다른 사람들이 귀한 그릇이며 법구 등을 커다란 트렁크에 가득 담아왔다. 그릇 안에는 진뗀이라고 하는 매우 특별한 약이 들어 있었다. 차를 끓이다가 나는 진뗀을 조금 퍼서 먹어 보았다.

얼마 후 조캉 사원은 돼지 축사가 되었다. 아래층 툭제라캉을 축사로 만들었는데 돼지가 아주 많았다.[26] 2층에는 군인들이 살았다. 사다리를 만들어서 군인들이 오르내릴 수 있도록 했다. 2층에는 손챈감포상만 부서지지 않고 남았다. 지금 조캉 사원에 있는 불상들은 모두 이후에 새로 들인 것이다.

내가 속한 거민위원회에는 조합이 있었다. 조합에서 티베트 전통 옷과 신발을 만들었고, 나도 그곳에서 일했다. 그런데 어느 날 간부 하나가 오더니 우리가 만드는 옷과 신발이 '사구'라서 만들면 안 된다고 말했다. 그래서 우리는 일자리와 수입원을 잃었다. 먹고 살기 위해 우리는 부서진 까니고시에서 나온 흙으로 벽돌을 만들어 신문 사무소에 팔았다. 결국 불탑에서 나온 흙을 가져다가 쓴 것이다. 나는 동료 한 사람에게 그런 일을 하면 나쁜 업보를 쌓게 된다고 말했다. 벽돌 만들 흙이 동나면 어떻게 할 것인가? 나는 조합에 재봉틀을 사자고 제안했다. 내 제안대로 100위안을 주고 재봉틀을 샀다. 재봉틀로 우리는 〈마오 주석 어록〉을 넣고 다닐 붉은 색 작은 천 가방을 만들었다. 사업은 예상외로 성공적이었다. 사람들이 가방을 사려고 줄을 섰다. 우리는 또 몰래 티베트 장화를 만들어 한 켤레에 10위안을 받고 팔았지만 결국 적발되어 물건을 압수당했다.

당시에는 사는 게 참 힘들었다. 우리는 늘 배가 고팠다. 어느 집회에서 누군가 마오 주석의 말이라며 소련식 개량주의는 소고기 감자 스튜 같은 것이고, 방귀는 뀌면 안 된다고 말했다.[27] 나는 발언자의 말이 끝나기도 전에 벌써 입에 침이 고였다. 제대로 된 음식이라고는 구경도 못하는데 감자를 넣은 소고기 스튜라니, 얼마나 맛있을까!

1970년대 말에는 이미 조합 일도 그만두었다. 대신 나는 청년궁과 유치원에서 경비를 서고 청소를 하면서 한 달에 95위안을 받았다. 조캉 사원의 불상들도 그때는 다 복구된 뒤였다. 당시 라싸에는 '라 디쉐량, 꾸네르 바예-라'라는 말이 유행이었다. '라'는 티베트어로 부처라는 뜻이고, '디쉐량'은 순모나 순면이 아닌 일종의 합성섬유(데크론)를 가리키는 중국어인데 여러 가지가 섞여서 순수하지 않다는 의미다. '꾸네르'는 사원이나 사당을 관리하는 승려를, '바예-라'는 무슬림을 뜻한다. 즉, 이 말은 불상은 더 이상 순수한 불교 신앙과 무관하고, 사원은 불교 신자도 아닌 이방인이 관리한다는 뜻이다. 틀린 말도 아닌 것이, 당시 조캉 사원은 종교국에서 관리했는데 종교국장은 마씨 성을 가진 후이족, 즉 무슬림이었다. 나는 '꾸네르 바예-라'라는 말을 처음 쓴 사람 중 하나다.

청년궁은 쑹최라 부근의 2층짜리 건물이었는데, 지금도 그대로 있다.[28] 그 건물에는 바르꼬르 유치원도 있었다. 문화대혁명 때 쑹최라의 연단이 파괴되었는데, 그때 그 자리에서 나온 돌과 흙을 가져다가 화장실과 상점을 짓고 습지를 매립했다. 부서진 연단 중앙의 가장 높은 부분에는 원래 설법을 하던 법좌가 있었다. 그런데 그 아래에서 아주 커다란 돌이 나왔다. 옥빛의 돌에 티베트어, 몽골어, 중국어로 글귀가 새겨져 있었다. 바르꼬르 거민위원회 사람들이 와서 그 돌을 가져간 후 돌의 행방이 묘연해졌다. 길쭉한 돌도 있었다. 윗부분은 날렵하고 아랫부분은 매우 넓은 형태였다. 옮기려면 두 사람은 있어야 할 것 같았다. 노르부링카에도 비슷한 돌들이 있었다. 쑹최라에 있던 돌은 사람들이 공중화장실을 짓는다고 가져갔는데, 시간이 좀 지난 후 내가 몰래 가서 다시 가져다가 따씨 될마의 집에 맡겼다. 따씨 될마는 나와 오누이 같은 사이로, 지금도 살아 있다. 나는 따씨 될마에게 돌을 잘 맡아 달라고 했다. 그녀는 진흙을 두껍게 덮어서 돌을 숨겼다. 나는 이 밖에도 많은 돌을 되찾아 왔다. 나중에 1982년 판첸 린포체의 라싸 귀환을 준비하면서, 판첸 린포체가 법회를 열 수 있도록 쑹최라의 연단을 복구해야 하는 날이 왔다. 내가 숨겨둔 돌들이 그때 모두 사용되었다.

라싸로 돌아온 판첸 린포체는 청년궁을 다른 곳으로 옮기고 싶어 했다. 나는 '이제 일자리를 잃겠구나'라고 생각했다. 그런데 보안국의 왕이라는 사람이 보안국 제1분소의 창고 경비를 맡겼다. 1983년부터 1986년까지 그곳에서 월 150위안을 받으며 일했다. 1986년, 판첸 린포체가 라싸로 다시 돌아왔을 때 그분의 수행원 가운데 나를 알아보는 사람이 있었고, 그래서 종교국에서 잠깐 나를 데려다가 조캉 사원 청소를 시켰다. 판첸 린포체가 주관하는 행사가 끝난 뒤, 나는 보안국 창고로 돌아가야 했다. 하지만 나는 조캉 사원에 계속 머물고 싶었다. 그래서 돈은 필요 없으니 조캉 사원에 계속 있게 해달라고 매달렸다. 그때부터 나는 쑹최라 위에 살면서 조캉 사원을 청소하고 승려들과 함께 밥을 먹었다. 처음에는 한 달에 90위안을 받았는데 지금은 한 달에 350위안을 받는다.*

내가 살아온 세월만 보고 판단한다면, 아마 나를 진정한 혁명가라고 생각할 것이다. 하지만 내 마음 깊은 곳에 있는 진심은…. 아! 참 악업을 많이도 쌓은 것 같다. 그래서 나는 종종 다음 생에는 중국인으로 태어나지도, 중국 어딘가에서 태어나지도 않게 해달라고 기도한다. 그래도 마오 주석에 대해서는 그런대로 좋은 감정이 있다. 왜일까? 마오 주석을 중심으로 한쪽에는 달라이 라마가, 다른 한쪽에는 판첸 라마가 앉아 있는 사진이 있다. 사진 속 마오 주석을 보면 두 라마를 존경한다는 것을 알 수 있다. 또 마오 주석은 평범한 사람들이 빈곤에서 벗어날 수 있게 도와주었다. 그는 많은 일을 했다. 하지만 사원과 수도원을 부수라고 지시하지는 않았다. 그것은 사인방의 짓이었다. 마오 주석은 그저 낡은 세계를 부수고 새로운 세계를 건설하라고 지시했을 뿐이다. 그건 대자보를 쓰고 토론을 하라는 의미였다. 사원을 부숴야 한다고는 말하지 않았다. 모두 아랫사람들이 한 일이다. 마오 주석은 인민에게 종교를 가질 자유가 있다고 말했다. 종교를 믿다가 안 믿을 수도 있다. 한 종교를 믿다가 다른 종교로 개종할 수도 있다. 모두 마오 주석이 한 말이다. 마오 주석은 또 공산당은 노동자 계급의 당이고, 당은 대중에게 봉사하기 위해 존재하므로 대중이 없으면 당도 없을 것이라고 말했다. 그래서 나는 마오 주석에 대해 각별한 마음이다. 내가 아파서 인민병원에 입원한 적이 있는데, 그때 만난 의사들은 모두 아주 좋은 사람들이었다. 수술 후 처음 깨어나 병실의 불빛이 보였을 때, 나는 "마오 주석 만세!"라고 외쳤다.

1961년인지 62년인지 부터 무신론 교육이 시작되었다. 정부는 쌍걔(부처)도 없고, 업보도 없다고 가르쳤다. 우리는 또 인류는 어디에서 왔는지, 지주와 농노는 어떻게 생겨났는지도 배웠다. 지금 돌이켜보면 이미 그때 문화대혁명의 토대가 생겼던 것 같다. 우리는 밤늦게까지 공부할 수 있도록 아예 이부자리를 거민위원회로 옮겨다 놓아야 했다. 게임도 했다. 북소리에 맞춰 꽃을 돌리는 게임이었는데, 북소리가 멈추는 순간 꽃을 가지고 있는 사람은 일어나서 질문에 대답해야 하는

* 2003년 당시 1위안은 약 145원 정도였다.

게임이었다. 질문은 모두 비슷비슷했다. 한번은 내게 인류가 어디에서 왔느냐고 물었다. 나는 인간은 원숭이에게서 태어났다고 답했다. 왜냐면 우리는 모두 여자 악귀와 원숭이로 화한 관세음보살의 자손들이기 때문이다.[29] 하지만 간부는 그렇지 않다고 말했다. 인간은 원숭이에게서 '진화'했다고 말했다. 그들의 설명은 내가 알던 티베트식 관념과는 달랐다. 이런 식의 사상 개조는 매우 효과적이었다. 과거에는 여성들이 쎄라 수도원의 수호신을 모신 법당에 들어가는 것을 금했었다. 하지만 진보적인 여성들은 법당에 들어가겠다고 주장했다. 사람들은 그 여성들이 법당에 들어갔으니 밤에 악몽을 꾸게 될 거라고 예상했다. 수호신은 힘이 매우 강하기 때문이다. 하지만 그 여성들은 그날 밤 평소보다 더 단잠을 잤다. 사람들은 충격을 받았고 이전에 믿던 것들로부터 멀어졌다. 그리고 더 나아가 불상을 부순다고 해서 천벌을 받는 것은 아니라는 것도 알았다. 사람들은 점점 더 의심하게 되었고 그럴수록 더 대담하게 행동했다.

하지만 그런 상황은 오래가지 않았다. 처음에 우리는 혁명이 우리를 더 잘살게 해줄 거라고, 그러면 이전과는 전혀 다르게 살 수 있을 거라고 기대했었다. 이제 우리가 주인이라고 하지 않았는가? 그 말은 우리도 힘 있는 자리에 오르고 많은 돈을 벌게 된다는 뜻이 아니었나? 우리는 삶이 완전히 달라질 거라고 믿었다. 하지만 차츰 우리는 현실이 원래의 기대와 전혀 다르다는 것을 깨달았다. 현세의 삶은 지난 삶의 업에 의해 결정된다. 오늘 우리가 얻는 것은 이전 생에 스스로 만든 원인의 결과다. 복이 있는 사람은 계속 복을 받고, 운이 없는 사람은 계속 불운하다. 이것이 우리의 '래', 우리의 업보다. 복이 많든 적든, 누구나 나이가 들면 죽음에 가까이 다가간다. 죽음이 가까워지면 종교를 떠올린다. 젊은 시절 나는 정말 무지했고, 신앙에 해가 되는 나쁜 짓을 많이 했다. 얼마나 나쁜 짓을 많이 했는지. 그러니 죽기 전에 할 수 있는 한 참회해야 한다. 뉘우치지 않고 죽어서 천장터의 독수리들마저 내 육신을 외면한다면 이 얼마나 한심한가.

어린 시절, 나는 네팔인 학교에 다녔다. 내 가족은 콩국수, 절인 무 같은 것을 파는 작은 가게를 운영했다. 먹고살기 나쁘지 않았다. 나는 아주 어린 나이에 승려가 되기 위해 대뽕 수도원에 들어갔다. 당시 일곱 살이었다. 내게는 형이 한 사람 있었는데 형도 대뽕 수도원 승려였고 게쎄가 되는 시험도 통과했다.[30] 티베트 해방 후, 형은 시멘트 공장에 배속되었다. 형은 그곳에서 죽을 때까지 육체노동자로 살았다.[31]

나도 한때는 대뽕 수도원 승려였지만, 오랫동안 승복을 입지 않았다. 왜냐하면 나는 혁명에 가담했고, 거민위원회에서 일했고, 문화대혁명 때 민병대에도 들어갔기 때문이다. 나는 악행을 많이 저질렀다. 나 같은 사람이 다시 승복을 입는 것은 적절치 않다. 승복을 입는다는 것은 많은 계율을 지킨다는 뜻인데 나는 그럴 자격이 없다. 예를 들어, 정식으로 승가에 입문한 승려는 70가지가 넘는 서약을 해야 한다.[32] 일반 수도승도 40여 가지의 서약을 해야 한다. 살생하지 않고, 훔치지 않고, 거짓말하지 않고, 속이지 않고, 음행을 하지 않고…. 이 정도는 기본이다. 하지만 민병대에 있을 때 나는 파리를 죽였고, 심지어 남들보다 앞장서서 이를 행했다. 개를 죽이지는 않았지만, 죽은 개들을 기록하는 일을 했다. 파리도 살아 있는 생명이다. 살생에 가담했으니, 다시 승복을 입는 것은 옳지 않다. 나는 불탑을 부쉈다. 이제 승복을 입을 수 없다.

다시 승복을 입을 수 있다면 정말 좋겠지만, 그럴 수 없다. 이제 그럴 자격이 없는 것 같다. 승복을 입는 것은 이제 합당치 않기 때문에 그럴 수 없다. 왜 합당치 않은가? 사구타파 운동 때 나는 까니고시 불탑을 부쉈고, 스승님이 모아둔 경전에 불을 붙였다. 스승님이 1959년 포탈라궁에서 숨겨 가지고 나온, 제 쫑카빠의 가르침이 담긴 경전이었다. 세상 그 무엇보다 귀한 책들이었다. 하지만 문화대혁명이 일어나자 아무도 감히 그 책들을 거둘 수 없었다. 태워야 했다. 나와 함께 책을 태운 네팔인이 있었다. 우리 둘은 정말로 눈물을 흘리며 울었다. 그러고 나서 우리는 책을 태운 재를 라싸강에 버렸다. 아! 그때 우리는 신앙을 완전히 버렸다.

혁명이 없었다면, 문화대혁명 같은 것이 일어나지 않았더라면, 나는 평생 좋은 승려로 살았을 것이다. 평생 승복을 벗지 않았을 것이다. 수도원과 사원도 부서지지 않았을 것이고, 나는 평생 수도원에 머물며 경전을 공부했을 것이다. 하지만 혁명이 일어났고, 나는 다시 승복을 입을 수 없다. 한 번도 여성을 가까이한 적 없고, 한 번도 세속적인 삶으로 돌아가길 원한 적 없는데, 나는 다시 승복을 입을 자격을 잃어버렸다. 그것이 내 평생 가장 큰 한이다.

중국어/영어 용어집

이 책에 등장하는 중국어와 영어로 된 용어, 구호, 이름들을 병음표기를 곁들여 아래에 실었다. 로마자 표기는 중화인민공화국에서 사용하는 표준 방식을 따랐다. 각 용어에 대한 간단한 해설은 온라인 용어집 http://www.nebraskapress.unl.edu/potomac-books/9781612349695/에 따로 실었다. * 표시는 인명이다.

Achieving a basically well-off society 먹고살 만한 사회(소강사회) 달성 成就小康社会 chengjiu xiaokang shehui 청주 샤오캉 서후이.

Agricultural production mutual aid Groups 농업생산 상조조직 农业生产互助组 nongye shengchan huzhuzu 눙예 성찬 후주쭤.

Amban 암반 安办 anban 안반.

Anti-splittism 반분열주의 反分裂主义 Fan fenlie zhuyi 판펀례주이.

April 1 Directive 4·1 지시 四·一指示 Siyi zhishi 쓰이 즈스.

Armed rebellion 무장반란 武装叛乱 wuzhuang panluan 우좡 판롼.

August 19 Rally 8·19 대중 집회 八·一九群众大会 bayaojiu qunzhong dahui 바야오주 췬중 다후이 또는 bayijiu qunzhong dahui 바이주 췬중 다후이.

August 24 revolutionary action 8·24 혁명행동 八·二四 革命行動 ba'ersi geming xingdong 바얼쓰 거밍 싱둥.

Backbone militia 기간 민병 基干民兵 jigan minbing 지간 민빙.

Bad elements 악질분자 坏分子 huai fenzi 화펀쯔.

Baicai 바이차이 白菜.

Bajiao Jie 바자오제 八角街.

Banshichu 반스추 办事处.

Beef and potato stew 소고기 감자 스튜 土豆烧牛肉 tudou shaoniurou 투더우 사오 뉴러우.

Beijing Road 베이징로 北京路 Beijing lu 베이징루.

Big-character posters 대자보 大字报 dazibao 다쯔바오.

Bombarding the headquarters 사령부 포격 炮打司 令部 paoda silingbu 파오다 쓰링부.

Bright Neighborhood Committee 광명 거민위원회 光明居委会 Guangming jüweihui 광밍 쥐웨이후이.

Buddhist Association 불교협회 佛协 Foxie 포셰.

Capital Headquarters No. 3 수도 제3 사령부 首都三司 Shoudu sansi 서우두 싼쓰.

Capitalist rightists 자본주의 우파 资产阶级右派分子 zichan jieji youpai fenzi 쯔찬 제지 유파이 펀쯔.

Capitalist roader 주자파 走资派 zouzi-pai 저우쯔파이.

Central Committee (중국 공산당) 중앙위원회 (中共)中央委员会 (Zhong-gong) Zhongyang weiyuanhui (중궁) 중양 웨이위안후이.

Central Cultural Revolution Small Group 중앙문화대혁명소조 中央文化革命小组 Zhongyang wenhua geming xiaozu 중양 원화 거밍 샤오쭈 또는 줄여서 中央文革小组 Zhongyag wenge xiaozu 중양 원거 샤오쭈 또는 文革小组 wenge xiaozu 원거 샤오쭈.

Central Mandala 중앙 만다라(만다라홀) 金戈 jinge 진거.

Central Military Commission 중앙 군사위원회 中央軍事委員會 (Zhong-gong) Zhongyang junshi weiyuanhui 중양 쥔스 웨이위안 후이 (중궁).

Central Nationalities Institute 중앙 민족학원 中央民族学院 Zhongyang minzu xueyuan 중양 민쭈 쉐위안.

Central Newsreel and Documentary Film Studio 중앙 뉴스 다큐멘터리 제작소 中央新闻记录电影制片厂 Zhongyang xinwen jilu dianying zhipianchang 중양 신원 지루 덴잉 즈펜창.

*Chairman Mao 마오 주석 毛主席 Mao zhuxi 마오 주시.

*Chiang Kai-shek 창카이석 蒋介石 Jiang Jieshi 장제스.

*Chen Jiajin 천자진 陈家进.

*Chen Mingyi 천밍이 陈明义.

*Chen Yonggui 천융구이 陈永贵.

*Cheng Demei 청더메이 程德美.

*Cheng Kuande 청콴더 程宽德.

Chengdu 청두 成都.

Chengguanqu 청관취 城关区.

China dream 차이나 드림 中国梦 Zhongguomeng 중궈멍.

Chinese Buddhist Association 중국 불교협회 中国佛教协会 Zhongguo fojiao xiehui 중궈 포자오 셰후이.

Chinese People's Political Consultative Conference 중국 인민정치협상회의 人民政治协商会议 renmin zhengzhi xieshang huiyi 런민 정즈 쉐상 후이이.

Class education 계급교육 阶级教育 jieji jiaoyu 제지 자오위.

Class enemies 계급의 적 階级敌人 jieji diren 제지디런.

Cleanse the class ranks 계급대오 정비 清理阶级队伍 qingli jieji duiwu 칭리 제지 두이우.

Comfort money 위로금 安慰费 anwei-fei 안웨이페이.

Commune 공사 公社 gongshe 궁서.

Communications Department 연락부 联络部 lianluobu 롄뤄부.

Communist Youth League 공산주의청년단 共青团 gongqingtuan 궁칭퇀.

Completely eradicate the Dalai, the root of feudalism 봉건제의 뿌리, 달라이를 철저히 척결하라! 彻底挖掉达赖 这个封建农奴主阶级的总根子 chedi waodiao Dalai zhege fengjian nongnuzhu jieji de zonggenzi 처디 와오댜오 다라이 저거 펑젠 눙누주 제지 더 쭝건쯔.

Comprehensive management 종합관리 综合治理 zonghe zhili 쭝허 즈리.

Conspiracy to riot 반란모의 预谋叛乱 yumo panluan 위모 판롼.

Counterrevolutionary 반혁명 反革命 fangeming 판거밍.

Counterrevolutionary violent turmoil 반혁명폭력난동 反革命暴乱 fangeming baoluan 판거밍 바오롼.

Cppcc 중국인민정치협상회의 中国人民政治协商会议Zhongguo renmin zhengzhi xieshang huiyi 중궈 런민 정즈 셰상 후이이.

Crown of the Five Buddhas 오불관 五佛冠 wufoguang 우포광.

Cultural Palace 문화궁 文化宫 wen-huagong 원화궁.

Cultural Revolution 문화대혁명 文化大革命 wenhua da geming 원화다거밍 또는 간단하게 文革 wenge 원거.

Cultural Revolution Small Group 문화대혁명소조 文化革命小组 wenhua geming xiaozu 원화 거밍 샤오쭈 또는 줄여서 文革小组 wenge xiaozu 원거 샤오쭈.

Cultural work troupe 문화공작단 文化工作团 wenhua gongzuotuan 원화 궁쭤퇀 또는 文工团wengongtuan 원궁퇀.

Culture Bureau of the TAR 티베트자치구 문화국 西藏自治区文化局 Xizang zizhiqu wenhuajü시짱 즈즈취 원화쥐.

Dalai Clique 달라이 집단 达赖集团 Dalai jituan 다라이 지퇀.

Dalianzhi 다롄즈 大联指.

Dare-to-die unafraid to overthrow the Emperor 죽음을 각오한 자는 두려움 없이 황제를 말에서 끌어내릴 것이다 舍得一身剐， 敢把皇帝拉下马 shede yishengua, gan ba huangdi laxiama 서더 이선과, 간 바 황다이 라샤마.

Dayang 다양 (은화) 大洋.

Dazhai 다자이 大寨.

Dazhai Flowers on the Tibet Plateau 티베트 고원에 핀 다자이의 꽃 西藏高原大寨花 Xizang gaoyuan dazhai hua. 시짱 가오위안 다자이 화

Democratic Reforms 민주개혁 民主改革 minzhu gaige 민주가이거.

*Deng Xiaoping 덩샤오핑 邓小平.

Denunciation statements 규탄성명 口诛笔伐kouzhu bifa 커우주 비파.

Destroy the Four Olds 사구타파 破四旧 po sijiu 포쓰주.

Destroy the old, establish the new 낡은 것을 부수고 새로운 것을 세워라 破旧 立新 pojiu lixin 포주 리신.

Develop the West 서부를 개발하라 开发西部 kaifa xibu 카이파 시부.

Dig deep tunnels, keep vast stores of grain, never seek hegemony 땅굴을 깊이 파고, 식량을 널리 비축하고, 패권을 추구하지 않는다 深挖洞, 广积粮, 不称霸 shenwadong, guangjiliang, buchengba 선와둥, 광지량, 부청바.

Diqueliang 디췌량 的确凉.

Douzheng dahui 더우정 다후이(투쟁대회) 斗争大会.

East City District 동성구 东城区 Dong-chengqu 둥청취.

East-Is-Red Administration Office 동쪽은 붉다 행정 사무소 东方红办事处 Dongfanghong banshichu 둥팡훙 반스추.

East-Is-Red Neighborhood Committee 동쪽은 붉다 거민위원회 东方红居民委员会 Dongfanghong jüming weiyuanhui 둥팡훙 쥐밍 웨이위안후이.

'East of the Sun' 태양의 동쪽 东方的太阳 Dongfang de taiyang 둥팡 더 타이양.

Eight-One-Eight 팔일팔(8월 18일) 八·一八 bayaoba or bayiba 바야오바 또는 바이바.

Eighteenth Army 제18군 十八军 shibajun 스바쥔.

Elimination of the rebellion 반란 척결. 반란 평정 참조 pacification of the rebellion.

Emancipated serfs 해방농노 翻身农奴 fanshen nongnu 판선 눙누.

Erlang Mountain 얼랑산 二郎山 Erlangshang 얼랑산.

Ersuo 얼쒀 二所.

Establish the Four News 새로운 네 가지를 세우다 立四新 lisixin 리쓰신.

Establish the new 입신, 새로운 것을 세워라 立新 lixin 리신.

Even socialist weeds are better than capitalist seedlings 자본주의의 싹보다 사회주의의 잡초가 낫다 宁要社会主义的草, 不要资本主义的苗 ningyao shehuizhuyi de cao, buyao zibenzhuyi de miao 닝야오 서후이주이 더 차오, 부야오 쯔번주이 더 먀오.

Everyone is a soldier 전민개병 全民皆兵 quanmin jie bing 촨민 제빙.

February 5 Power Seizure 2·5 탈권 二·五夺权 erwu duoquan 얼우 둬촨.

February 9 Incident 2·9 사태 二·九惨案 erjiu can'an 얼주 찬안.

February Countercurrent 2월 역류 二月逆流 eryue niliu 얼웨 니류.

Fish-and-water feelings 물과 물고기 같은 관계 鱼水情 yushuiqing 위수이칭.

Five Black Categories 흑오류 黑五类 heiwulei 헤이우레이.

Five Directives on Ceasing Armed Conflict in Tibet 티베트 무력투쟁 중

지에 관한 5개 지시 关于制止西藏武斗的五项指示 guanyu zhizhi Xizang wudou de wuxiang zhishi 관위 즈즈 우더우 더 우샹 즈스.

Five-star red flag 오성홍기 五星红旗 wuxinghongqi 우싱훙치.

Four Bad Categories 사류분자 四坏分子 sihuai fenzi 쓰화이 펀쯔.

Four Boundlesses 사무한 四无限 siwuxian 쓰우셴.

Four Cleanups 사청운동 四清运动 siqing yundong 쓰칭 윈둥.

Four News 새로운 네 가지 四新 sixin 쓰신.

Four Olds 낡은 네 가지 四旧 sijiu 쓰주.

Full-scale rebellion 전면 반란 全叛 quanpan 촨판.

Gang of Four 사인방 四人帮 sirenbang 쓰런방.

Ganzi News 간쯔 신문 甘孜报 Ganzibao 간쯔바오.

Gao Yuanhong 가오위안훙 高原红.

Garrison Command 경비구 사령부 警备区司令部 jingbeiqu silingbu 징베이구 쓰링부.

Gongchandang 궁찬당(공산당) 共产党.

Grasp revolution, increase production 혁명에 매진하라, 생산을 증진하라 抓革命, 促生产 zhua geming, cu shengchan 좌 거밍, 추 성찬.

Grassroots organizations 기층조직 基层组织 jizeng zuzhi 지쩡 쭈즈.

Great Courtyard 대정원 前院 qianyuan 찬위안 또는 庭院tangyuan 탕위안.

Great March 5 Rally 3·5 대중대회 三·五群众大会 sanwu qunzhong dahui 싼우 췬중 다후이.

Great Proletarian Cultural Revolution 무산계급 문화대혁명 无产阶级文化大革命 wuchan jieji wenhua dageming 우찬제지 원화다거밍 또는 간단하게 文化大革命 wenhua dageming 원화 다거밍 또는 文革 wenge 원거.

Great Revolutionary Proletarian Alliance General Headquarters 무산계급 대연합 혁명총사령부 无产阶级大联合革命总指挥部 wuchan jieji dalianhe geming zongzhihuibu 우찬제지 다롄허 거밍 쭝즈후이부.

*Guo Jinlong 궈진룽 郭金龙.

*Guo Xiangzhi 궈샹즈 郭祥志.

*He Zuyin 허쭈인 何祖荫.

*Hebi 허비 赫比.

Help-develop-the-border-areas youth 국경지역 개발 지원 청년단 支边青年 zhibian qingnian 즈볜 칭녠.

Help Tibet 티베트를 도와라 援藏 yuanzang 위안짱.

Heluxuefu 허루쉐푸 赫鲁雪夫.

Henan Opera Troupe 허난가극(예극)단 豫剧团 yujütuan 위쥐퇀.

Highest instruction 최고 지시 最高指示 zuigao zhishi 쭈이가오 즈스.

Hong baoshu 훙바오수 红宝书.

Hongqi 훙치 红旗 훙기.

*Hu Yaobang 후야오방 胡耀邦 .

*Hua Guofeng 화궈펑 华国锋.

*Hua Xiaoqing 화샤오칭 华小青.

Huangmei Opera Troupe 황메이 극단 黄梅剧团 Huangmei jütuan 황메이 쥐퇀.

Hui 후이 回.

*Hui Yiran 후이이란 惠毅然.

In the final analysis, the nationality issue is a question of class. 결국, 민족문제는 계급문제 (minzu wenti de shiizhi shi jieji wenti 참조).

Increase production 생산을 증진하라 促生产 cu shengchan 추 성찬.

Inland China 중국 본토 内地 neidi 네이디.

Inner City District 성관구 城关区.

Inner City District Construction Team 성관구 건축대 城关区建筑队 Chengguanqu jianzhudui 청관취 젠주두이.

January 6, 1967 (the January Power Seizure) 1967년 1월 6일 (1월 탈권) 一月夺权 yiyue duoquan 이웨 둬촨.

January 23, 1967 Rally 1·23 대회 一二三大会 yi'ershisan dahui 이얼스싼 다후이 또는 yao'ersan dahui 야오얼싼 다후이.

*Jiang Qing 장칭 江青.

Jiangsu Road 장쑤로 江苏路 Jiangsu lu 장쑤루.

Jiefang 제팡 解放 해방.

Jieji jiaoyu 제지 자오위 阶级教育 계급 교육.

Jigan minbing 지간민빙 基干民兵.

*Jin Sha 진사 金沙.

Jinzhumami 진주마미 金珠玛米.

July 1 (Seven-One) Agricultural Machinery Plant 7·1농기구공장 七一农机场 qiyi nongjichang 치이 눙지창.

1967년 7월 22일 wengong wuwei 원궁우웨이 참조.

June 7 Jokhang Incident 6·7 조캉 사태 六·七大昭寺事件 liuqi dazhaosi shijian 류치 다자오쓰 스젠.

Junmin yijia qin 쥔민이자친(군민일가친) 军民一家亲.

Kangding 캉딩 康定.

The kindness of the motherland is deep 조국의 깊은 은혜 祖国母亲深恩 zuguo muqin shen'en 쭈궈 무친 선언.

Kongzi Miao 쿵쯔 먀오(공자묘) 孔子庙.

Kou maozi 커우 마오쯔 扣帽子.

*Kuai Dafu 콰이 다푸 蒯大富.

*Lan Zhigui 란즈구이 蓝志贵

Lao Xizang 라오시짱 老西藏.

Leadership in opening up 영도하의 개방 有领导的开放 you lingdao de kaifang 유 링다오 더 카이팡.

Learn agriculture from Dazhai. 농업은 다자이처럼 See Dazhai 다자이 참조.

Leave no loopholes, no blind spots, and no blank spots 허점도, 맹점도, 빈

틈도 없다 无漏洞, 无盲点, 无空白 wu loudong, wu mangdian, wu kongbai 우뤄둥, 우망덴, 우쿵바이.

Legend of the Red Lantern 붉은 등의 전설 红灯记 Hongdengji 훙덩지.

*Lei Feng 레이펑 雷锋.

Letter of determination 결심서 决心书 juexinshu 줴신수.

Lhasa Martyrs' Cemetery 라싸 열사묘지 拉萨烈士陵园 Lasa lieshi lingyuan 라싸 례스 링위안.

Lhasa Middle School 라싸중등학교 拉萨中学 Lasa zhongxue 라싸 중쉐 또는 줄여서 拉中 Lazhong 라중.

Lhasa Military District 라싸 분구 拉萨军区 Lasa junqu 라싸 쥔취.

Lhasa Municipal Garrison 라싸시 수비대 拉萨警备区 Lasa jingbeiqu 라싸 징베이취.

Lhasa Municipal Party Committee 라싸시 공산당 위원회 拉萨市党委 Lasashi dangwei 라싸스 당웨이, 拉萨市委 Lasashiwei 라싸스 웨이, 또는 拉萨党委 Lasa dangwei 라싸 당웨이.

Lhasa Municipal People's Committee 라싸시 인민위원회 拉萨市人民委员会 Lasashi renminweiyuanhui 라싸시 런민웨이위안후이 또는 拉萨市人委 Lasashi renwei 라싸스 런웨이.

Lhasa Municipal Women's Militia 라싸시 여성 민병대 拉萨市女民兵 Lasashi nüminbing 라싸시 뉘민빙.

Lhasa rebellion 라싸 반란 拉萨叛变 Lasa panbian 라싸 판볜.

Lhasa Revolutionary Rebels Commune 라싸혁명조반공사 拉萨革命造反公社 Lasa geming zaofan gongshe 라싸 거밍 짜오판 궁서.

Lhasa Revolutionary Rebels General Headquarters 라싸혁명조반총사령부 拉萨革命造反总司令部 Lasa geming zaofan zongsilingbu or simply 라싸 거밍 짜오판 쭝쓰링부 또는 줄여서 造总 Zaozong 짜오쭝.

Lhasa Song and Dance Troupe 라싸 가무단 拉萨歌舞团 Lasa gewutuan 라싸 거우퇀.

Lhasa Trading Company 라싸 무역공사 拉萨贸易公司 Lasa maoyi gongsi 라싸 마오이 궁쓰.

Lhoba 로바 珞巴 Luoba 뤄바.

*Li Xiannian 리셴녠 李先念.

*Li Xiran 리시란 李希然.

*Li Zhiyuan 리즈위안 李知远.

Liaison Committee against the Local Emperor 토착황제 타도 연락위원회 专打土皇帝联络委员会 zhuanda tuhuangdi lianluo weihuanhui.좐다 투황디 롄뤄 웨이위안후이.

Liberation 해방, jiefang 참조.

Liberation Township 해방향 解放乡 Jiefangxiang 제팡샹.

Liemin erzhi 례민 얼즈 裂民而治.

'Lift Up Our Gaze to See the Northern Stars' 고개 들어 북두성을 보라 抬头望见北斗星 taitou wangjian beidouxing 타이터우 왕젠 베이더우싱.

Light the fire of the Great Cultural Revolution in every corner of Tibet 티베트 구석구석에 문화대혁명의 불을 밝히자 把文化大革命的熊熊烈火烧遍西藏各个角落 ba wenhua dageming de xiongx ongliehuo shaobian Xizang gege jiaoluo 바 원화 다거밍 더 숭숭례훠 사오볜 시짱 거거 자오뤄.

Lin 린 林.

*Lin Biao 린뱌오 林彪.

Lin Biao bourgeois military line 린뱌오 부르주아 군사노선 林彪资产阶级军事路线 Lin Biao zichan jieji junshi luxian 린 뱌오 쯔찬 제지 쥔스 루셴.

Linking up 연계 串联 chuanlian 촨롄.

Literature and Art Soldiers Headquarters 문예병 사령부 文艺兵司令部 wenyibing silingbu 원이빙 쓰링부.

Little generals 어린 장군 小将 xiaojiang 샤오장.

Little red book 빨간 작은 책(소홍서) 小红书 xiaohongshu 샤오훙수.

*Liu Shaomin 류사오민 刘绍民.

*Liu Shaoqi 류사오치 刘少奇.

Liuyuan 류위안 柳园.

Lixin dajie 리신다제 立新大街.

Lixin guangchang 리신광창 立新广场.

Local nationalists 지방민족주의자 地方民族主义者 difang minzu zhuyizhe 디팡 민쭈 주이저.

Logistics Department 병참지원부 后勤部 houqinbu 허우친부.

*Long Guotai 룽궈타이 龙国泰.

Long Live Chairman Mao 마오 주석 만세 毛主席万岁 Mao zhuxi wansui 마오 주시 완쑤이.

Long Live the Great Chinese Communist Party! 중국 공산당 만세! 中国共产党万岁 Zhongguo gongchandang wansui 중궈 궁찬당 완쑤이!

Long Live the Great Unification of All Nationalities! 민족 대단결 만세! 民族大团结万岁 minzu datuanjie wansui 민쭈 다퇀제 완쑤이!

Long Live the People's Republic of China 중화인민공화국 만세 中华人民共和国万岁 Zhonghua renmin gongheguo wansui 중화런민궁허궈 완쑤이.

Looting in the daylight and receiving gifts at night 낮에는 빼앗고 밤에는 선물로 받는다 明投暗送 mingtou ansong 밍터우 안쑹.

Mainland China. 중국 본토 inland China 참조.

*Mao Weihua 마오웨이화 毛卫华.

*Mao Zedong 마오쩌둥 毛泽东. Chairman Mao 참조.

Mao Zedong Thought Propaganda Teams 마오쩌둥 사상 선전대 毛泽东思想宣传队 Mao Zedong sixiang xuanchuandui 마오쩌둥 쓰샹 솬촨두이.

Mao zhuxi de hua, juju shi zhenli 마오 주시 더 화, 쥐쥐 스 전리(마오 주석의 말은 구구절절 진리다) 毛主席的话, 句句是真理.

Mao zhuxi wansui! 마오 주시 완쑤이 (마오 주석 만세) Long Live Chairman Mao 참조.

Martyrs' Cemetery 열사묘지 See Lhasa Martyr's Cemetery 참조.

Mass organizations 대중조직 群众组织 qunzhong zuzhi 춘중쭈즈.

May 16 Circular 5·16 통지 五·一六通知 wuyiliu tongzhi 우이류 퉁즈 또는 wuyaoliu tongzhi 우야오류 퉁즈.

May 23 Headquarters 5·23 사령부 五·二三司令部 wuersan silingbu 우얼싼 쓰링부.

Military Control Commission 군사관제위원회 Tibet Military Commission 티베트 군사 위원회 참조.

Military Propaganda Teams 군 선전대 军宣队 junxuandui 쥔쉬안두이.

Military Region 군구, Tibet Military Region 티베트군구 참조.

Military Region Office for Supporting Local Cultural Revolution 군구 지방문화대혁명 지원사무소 军区支持地方文化大革命办公室 junqu zhichi difang wenhua dageming 쥔취 즈츠 디팡 원화 다거밍.

Militia 민병대 backbone militia 참조.

Minzu wenti de shizhi shi jieji wenti 민쭈 원티 더 스즈스 제지 원티(결국, 민족문제는 계급문제) 民族问题的实质是阶级问题.

*Mo Jianzhang 모젠장 莫建章.

Mo Yuzhen 모위전 莫玉珍.

Monastery resident work team 사찰 주재 공작조 驻寺工作组 zhusi gongzuozu 주쓰 궁쭤쭈.

The most aggressive and the most dare-to-die 가장 열성적이고, 가장 대담한 最积极, 最敢作敢为 zui jiji, zui ganzuo ganwei 쭈이 지지, 쭈이 간쭤 간웨이.

Mountain of the Medicine King 약왕의 산 药王山 Yaowangshan 야오왕산.

Municipal Party Committee 시 공산당 위원회 市党委 shi dangwei 스 당웨이.

Nationalities Pictorial 민족화보 民族画报 Minzu huabao 민쭈 화바오.

Nationality 민족 民族 minzu 민쭈.

Neighborhood committee 거민위원회 居民委员会jümin weiyuanhui 쥐민 웨이위안후이 또는 간단히 居委会 jüweihui 쥐웨이후이.

Nets in the sky, traps on the ground 하늘에 그물, 땅에 덫 天罗地网 tianluo diwang 톈뤄 디왕.

New-Forever Neighborhood Committee 새로운 것은 영원하다 거민위원회 永新居委会 Yongxin jüweihui 융신 쥐웨이후이.

New Potala Square 포탈라 광장 新布达拉广场 xin Budala guangchang 신 부다라 광창.

*Nie Cong 녜충 聂聪.

Nine must-haves campaign 아홉 가지 필수품 운동 九有工程 jiuyou gongcheng 주유 궁청.

Niugui sheshen 뉴구이서선(우귀사신) 牛鬼蛇神.

No construction without destruction 무너뜨리지 않으면 새로 세울 수 없다 不破不立 bupo buli 부포 부리.

Nongye xue Dazhai 눙예쉐 다자이 See Dazhai 다자이 참조.

Not Allowed to Be Born 태어나면 안 되는 사람 不准出生的人民 buzhun chusheng de ren 부준 추성 더런.

Not having a firm standpoint 입장 불확실 立场不坚定 lichang bu jianding 리창 부젠딩.

Office for Exhibiting the Red Guards' Outstanding Achievement in Destroying the Four Olds 홍위병 사구타파 주요 성과 전시 사무소 红卫兵破四旧成果展览办公室 hongweibing po sijiu chengguo zhanlan bangongshi 훙웨이빙 포쓰주 청궈 잔란 반궁스.

One Strike and Three Againsts 일타삼반 一打三反 yida sanfan 이다 싼판.

Ox-demon-snake-spirits 우귀사신 牛鬼蛇神 niugui sheshen 뉴구이서선.

Pacification of the rebellion 반란 평정 平叛 pingpan 핑판.

Paidui 파이두이 排队.

Panluan 판롼 叛乱.

Paoda silingbu 파오다 쓰링부 炮打司令部.

Participation in the rebellion 반란참가 参叛 canpan 찬판.

Party Congress 당대표대회 党代表大会 dangdaibiao dahui 당다이뱌오 다후이.

The Party is the army, the Party is the gun 당이 곧 군대고, 당이 곧 총이다 党就是军队, 党就是枪 dang jiushi jundui, dang jiushi qiang 당 주스 쥔두이, 당 주스 창.

Party Secretary 당위원회 서기 党委书记 dangwei shuji 당웨이 수지.

The pavilion closest to the water enjoys moonlight first 물에 가까운 누각에서 달을 구경할 기회가 생기게 마련 近水楼台先得月 jinshui loutai xiandeyue 진수이 러우타이 셴더웨.

Peaceful liberation 평화적 해방 和平解放 heping jiefang 허핑 제팡.

Peasants and Nomads Headquarters 농목민 사령부 农牧民司令部 nongmumin silingbu 눙무민 쓰링부.

People's Armed Forces Department 인민무력부 人民武装部 renmin wuzhuang budui 런민 우좡 부두이.

People's Armed Police 인민무장경찰 人民武装警察 renmin wuzhuang jingcha 런민 우좡 징차.

People's Commune 인민공사 人民公社 renmin gongshe 런민 궁서.

People's Congress 인민대표대회 人民代表大会 renmin daibiao dahui 런민 다이뱌오 다후이.

People's Cultural Palace 인민문화궁 人民文化宫renmin wenhuagong 런민 원화궁.

People's Daily 인민일보 人民日報 Renmin ribao 런민르바오.

People's Park 인민공원 人民公园 renmin gongyuan 런민 궁위안.

People's Political Consultative Conference 인민정치협상회의 人民政治协商会议 renmin zhengzhi xieshang huiyi 런민 정즈 셰상 후이이.

People's Road 인민로 人民路renmin lu 런민루.

People's Stadium 인민경기장 人民体

育场 renmin tiyuchang 런민 티위창.

Perform as a political flower vase 정치 꽃병 역할을 수행하다 充当政治花瓶 chongdang zhengzhi huaping 충당 정즈 화핑.

Pine trees imperishable, red rebels invincible "소나무는 늙지 않고, 조반은 쓰러지지 않는다!" 青松不老, 造总不倒 qingsong bulao, zaozong budao 칭쑹 부라오, 짜오쫑 부다오.

Pingpan 핑판 平叛.

PLA Mao Zedong Thought Propaganda Teams 인민해방군 마오쩌둥 사상 선전대 人民解放军毛泽东思想宣传队 renmin jiefangjun Mao Zedong sixiang xuanchuandui.런민 제팡쥔 마오쩌둥 쓰샹 쉬안촨두이.

PLA Pictorial 해방군화보 解放军画报 Jiefangjun huabao 베팡쥔 화바오.

Plateau-Is-Red 고원은 붉다 高原红.

Plateau Soldiers News 고원전사보 高原战士报 Gaoyuan zhanzhibao 가오위안 잔즈바오.

Po sijiu 포쓰주 破四旧.

Political commissar 정치위원 政委 zhengwei 정웨이.

Political Department 정치부 政治部 zhengzhibu 정즈부.

Power holders within the Party taking the capitalist road 자본주의의 길을 택한 당권파 走资本主义道路的当权派 zou ziben zhuyi daolu de dangquanpai 쩌우 쯔번 주이 다오루 더 당촨파이.

Precious red books 보배로운 붉은 책 红宝书 hong baoshu 홍바오수.

Preparatory Committee for the Autonomous Region of Tibet 티베트자치구 준비위원회 西藏自治区筹备委员会 Xizang zizhiqu choubei weiyuanhui 시짱 쯔즈취 처우베이 웨이위안후이.

Prepare for war, prepare for famine, serve the people 전쟁과 기근에 대비하고 인민을 위하라 备战, 备荒, 为人民 beizhan, beihuang, wei renmin 베이잔, 베이황, 웨이 런민.

Princess Wencheng 원청(문성) 공주 文成公主 Wencheng gongzhu 원청궁주.

Proletarian Headquarters 무산계급 사령부 无产阶级司令部 wuchan jieji silingbu 우찬 제지 쓰링부.

Protect-the-East Commune 동쪽을 지켜라 공사 卫东公社 Weidong gongshe 웨이둥 궁서.

Protect-the- East Office 동쪽을 지켜라 사무소 卫东办事处 Weidong banshichu 웨이둥 반스추.

Protect-the- New Neighborhood Committee 동쪽을 지켜라 거민위원회 卫新居委会 Weixin jüweihui 웨이신 쥐웨이후이

Provisional Lhasa Municipal Communist Party Committee 라싸시 임시당위원회 中共拉萨临时市委 Zhonggong Lasa linshi shiwei 중궁 라싸 린스 시웨이.

Public Security Bureau 공안국 公安局 Gongar jü궁안쥐.

Pusa bing 푸싸 빙 菩萨兵.

창간쯔 리멘 추정찬 권력은 총구에서 나온다 枪杆子里面出政权.

*Qiao Shi 차오스 乔石.

Qinghua University 칭화대학교 清华大学 Qinghuadaxue.

Quanpan 촨판 全叛.

Rebels Commune 조반공사 造反公社 zaofan gongshe 짜오판 궁서.

Red Arts Headquarters 홍색예술사령부 红色艺术司令部 hongse yishu silingbu 홍써 이수 쓰링부.

The Red Detachment of Women 홍색낭자군 红色娘子军 hongse niangzijun 홍써 냥쯔쥔.

Red Flag Sub-Team to Tibet 티베트로 향하는 붉은 깃발 소분대 红旗赴藏小分队 hongqi fuzang xiaofendui 홍치 푸짱 샤오펀두이.

Red Guards 홍위병 红卫兵 hongweibing 홍웨이빙.

Red Guards from the Capital 수도에서 온 홍위병들 首都红卫兵 Shoudu hongweibing 서우두 홍웨이빙.

Red Guards from the School for Children of Transportation Bureau Employees 교통청 직원자녀학교 홍위병 交通厅职工子弟学校 红卫兵 jiaotongting zhigong zidi xuexiao hongweibing 자오퉁팅 즈궁 쯔디 쉐샤오 홍웨이빙.

Red Guards Headquarters No. 3 홍위병 제3사령부 红卫兵第三司令部 hongweibing disan silingbu 홍웨이빙 디싼 쓰링부.

Red Palace in the East 동쪽의 붉은 궁 东方红宫 dongfang honggong.

Red Rebels News 홍색조반보 红色造反报 Hongse zaofanbao 홍써 짜오판바오.

Red Rebels Regiment 홍색조반단 红色造反团 hongse zaofantuan 홍써 짜오판퇀.

Red roots, sturdy sprouts 뿌리는 붉고 싹은 올바른 根红苗正 genhong miaozheng 건홍 먀오정.

Reform-through- labor 노동개조 劳动改造 laodong gaizao 라오둥 가이짜오 또는 간단히 劳改 laogai 라오가이.

Religious Affairs Bureau 종교국 文化事务局 wenhua shiwujü원화 스우쥐.

Ren Rong 런룽 任荣.

Renewed rebellions 2차 반란 再叛 zaipan 짜이판.

Renmin gongshe 런민궁서 人民公社.

Renmin lu. 런민루, People's Road 참조.

Reversing one's spear head to make a strike 창끝을 돌려 제 편을 겨누는 反戈一击 fange yiji 판거이지.

Revisionist traitors 수정주의 배신자 修正主义卖国贼 xiuzheng zhuyi maiguozei 슈정주이 마이궈쩨이.

Revolutionary Committees 혁명위원회 革命委员会 geming weiyuanhui 거밍 웨이위안후이.

Revolutionary Headquarters of Rebels from the Capital Going to Tibet 티베트로 향하는 베이징 조반혁명총사령부 首都赴藏造反革命总部 shoudu fuzang zaofan geming zongbu 서우두 푸짱 짜오판 거밍 쭝부.

Revolutionary Rebel Headquarters of Red Guards from Colleges and Universities in the Capital 베이징 대학 및 전문대학 홍위병 혁명조반사령부 首都大专院校红卫兵革命造反司令部 shoudu dazhuan yuanxiao hongweibing geming zaofan silingbu 서우두 다좐 위안샤오 훙웨이빙 거밍 짜오판 쓰링부.

Revolutionary Rebel Headquarters of Tibet Red Guards 티베트 홍위병 혁명조반사령부 西藏红卫兵革 命造反司令部 Xizang hongweibing geming zaofan silingbu 시짱 훙웨이빙 거밍 짜오판 쓰링부.

Revolutionary Rebels Commune 혁명조반공사 革命造反公社 geming zaofan gongshe 거밍 짜오판 궁서.

Saikang Shopping Center 사이캉 쇼핑센터 赛康商场 Saikang shangchang 싸이캉 상창.

Secretary 서기 书记 shuji 수지.

*Secretary Liu 류서기 刘书记 Liu shuji 류 수지.

Security Bureau 보안국, Public Security Bureau 참조.

Semi-rebellions 준 반란 半叛 banpan 반판.

Sent-down youth 하방지식청년 下放知青 xiafang zhiqing 샤팡 즈칭.

Serf Poleaxes 농노의 창 农奴戟 nongnuji 눙누지.

Serfs 농노 农奴 Nongnu 눙누.

Seventy-thousand-character petition 7만자 탄원서 七万言书 qiwanyan shu 치완옌 수.

Sha Family's Creek 사자빈 沙家浜 Shajiabin 사자빈.

Shajie 사제 杀劫.

Shanxi Opera Troupe 산시 가극(진극)단 秦剧团 Qinjütuan 친쥐퇀.

'Shaoshan Revisited' 사오산에서 到韶山 daoshaoshan 다오사오산.

Shengli 성리 胜利.

Shengli Office 성리 사무소, Victory Office 승리 사무소 참조.

Shuji 수지, Secretary 서기 참조.

Sijiu 쓰주 , Four Olds; po sijiu 낡은 네 가지: 포쓰주.

'Singing from My Heart to the Liberation Army' 해방군에 바치는 내 마음의 노래 我心中的歌献给解放军 woxinzhong de ge xiangei jiefangjun 워신중 더 거 셴게이 제팡쥔.

Siqing 쓰칭, Four Cleanups 사청운동 참조.

Sixteen Instructions 16조 十六条 shiliutiao 스류탸오.

Smallpox edict 천연두 칙령비 劝人种痘碑 quanren zhongdoubei 촨런 중더우베이.

Socialist Education Movement 사회주의 교육운동 社会主义教育运动 shehui zhuyi jiaoyu yundong 서후이 주이 자오위 윈둥.

Southwest Bureau 남서지국 西南局 xi'nanjü 시난쥐.

Spiritual atom bomb 정신적 원자폭탄 精神原子弹 jingshen yuanzidan 징선 위안쯔단.

Splittism 분열주의 分裂主义 fenlie zhuyi 펀례주이.

State Council 국무원 国务院 guowuyuan 궈우위안.

Struggle, criticize, correct 투쟁, 비판, 개조 斗批改 dou pi gai 더우 피 가이.

Struggle session 비판대회 批斗大会 pidou dahui 피더우 다후이 또는 斗争大会 douzheng dahui 더우정 다후이.

Suan luobo 쏸뤄보 酸萝卜.

Sub-police station 파출소 派出所 paichusuo 파이추쒀.

Sugarcoated bullets 당의포탄 糖衣炮弹 tangyi paodan 탕이 파오단.

*Sun 쑨 孙.

Sun Chamber 태양의 방 日光殿 riguangdian 르광뎬.

*Sun Yat-Sen 쑨원 孙逸仙 Sun yixian 쑨 이셴.

Support the leftists 좌파 지원 支左 zhizuo 즈쭤.

Suppression of the rebellion. 반란 진압 See pacification of the rebellion 반란 평정 참조.

*Tao Changsong 타오창쑹 陶长松.

TAR , Tibet Autonomous Region 참조.

TAR Communications Office 티베트자치구 교제처 西藏自治区交际处 Xizang zizhiqu jiaojichu 시짱 쯔즈취 자오지추.

TAR Cultural Revolution Leadership Small Group 티베트자치구 문화대혁명영도소조 西藏自治区文化大革 命领导小组 Xizang zizhiqu wenhua dageming lingdao xiaozu 시짱 쯔즈취 원화 다거밍 링다오 샤오쭈.

TAR Modern Drama Troupe 티베트자치구 연극단 西藏自治区 话剧团 시짱 쯔즈취 화쥐퇀.

TAR Party Committee 티베트자치구 당위원회 西藏自治区党委 Xizang zizhiqu dangwei 시짱 쯔즈취 당웨이.

TAR People's Broadcasting Service 티베트자치구 인민방송국 西藏自治区人民广播电台 Xizang zizhiqu renmin guangbo diantai 시장 즈즈취 런민 광보뎬타이.

TAR People's Committee 티베트자치구 인민위원회 西藏自治区 人民委员会 Xizang zizhiqu renmin weiyuanhui 시짱 쯔즈취 런민 웨이위안후이.

TAR People's Government 티베트자치구 인민정부 西藏自治区人民政府 Xizang zizhiqu renmin zhengfu.

TAR Revolutionary Committee 티베트자치구 혁명위원회 西藏自治区革命委员会 Xizang zizhiqu geming weiyuanhui 시짱 쯔즈취 거밍 웨이위안후이 또는 간단히 西藏革委会 Xizang geweihui 시짱 거웨이후이.

TAR Song and Dance Troupe 티베트자치구 가무단 西藏自治区歌舞团 Xizang zizhiqu gewutuan 시짱 쯔즈취 거우퇀.

Teacher Training College. 사범학교, Tibet Teacher Training College 참조.

Three-dimensional social stability preventive control system 입체적 치안 예방 통제 체계 立体化社会治安防

控体系 litihua shehui zhi'an fangkong tixi 리티화 서후이 즈안 팡쿵 티시.

Three Educations Work Team 삼교공작단 三教工作团 sanjiao gongzuotuan 싼자오 궁쭤퇀.

Three Great Masters 삼대영주 三大领主 san da lingzhu 싼다링주.

Three-In-One Alliance 삼결합 三结合 san jiehe 싼제허.

Three Kinds of People 세 종류의 인간 三种人 sanzhongren 싼중런.

Three Loyalties 삼충 三忠于 san zhongyu 싼중위.

Three Principles of the People 삼민주의 三民主义 sanmin zhuyi 싼민 주이.

Three Represents 삼개대표 三个代表 sange daibiao 싼거 다이뱌오.

Three Supports, Two Militaries 삼지양군 三支两军 sanzhi liangjun 싼즈 량쥔.

Tibet Autonomous Region 티베트자치구 西藏自治区 Xizang zizhiqu 시짱 쯔즈취.

Tibet Daily 西藏日报 시짱일보 Xizang ribao 시짱 르바오.

Tibet local government 티베트 지방 정부 西藏地方政府 Xizang difang zhengfu 시짱 디팡 정푸.

Tibet Military Control Commission 티베트 군사관제위원회 西藏[自治区]军事管制委员会Xizang[zizhiqu] junshi guanzhi weiyuanhui 시짱[쯔즈취] 쥔스 관즈 웨이위안후이.

Tibet Military District 티베트 성급 군구 西藏省级军区 Xizang shengji junqu 시짱 성지 쥔취.

Tibet Military Region 티베트군구 西藏军区 Xizang junqu 시짱쥔취.

Tibet Military Region Cadre School 티베트군구 간부학교 西藏军区干部学校 Xizang junqu ganbu xuexiao 시짱 쥔취 간부 쉐샤오.

Tibet Military Region Command 티베트군구 사령관 西藏军区司令 Xizang junqu siling 시짱 쥔취 쓰링.

Tibet Military Region compound 티베트군구 부지 西藏军区大院 Xizang junqu dayuan 시짱 쥔취 다위안.

Tibet Military Region Flagship Hospital 티베트군구 종합병원 西藏军区总医院 Xizang junqu zongyiyuan 시짱 쥔취 중이위안.

Tibet Military Region Headquarters 티베트군구 사령부 西藏军区司令部 시짱 쥔취 쓰링부.

Tibet Nationality Institute 티베트민족학원 西藏民族学院 Xizang mingzu xueyuan 시짱 밍쭈 쉐위안.

Tibet Red Guards Revolutionary Rebel Headquarters 티베트 홍위병 혁명조반사령부.

Tibet School of Agriculture and Animal Husbandry 티베트 농목학교 西藏农牧学校 시짱 농무 쉐샤오.

Tibet Teacher Training College 티베트사범학교 西藏师范学校 Xizang shifan xuexiao 시짱 스판 쉐샤오.

Tibet Academy of Social Sciences 티베트 사회과학연구원 西藏社会科学研究院 시짱 서휘 커쉐 옌주위안.

Tibetan Literature 티베트 문학 西藏文学 Xizang wenxue 시짱 원쉐.

Tibetan Opera Troupe 티베트 가극단 藏戏团 Zangxituan 짱시퇀.

To protect emperors is a crime, to commit a crime is to be put to death ten thousand times 황제 보위는 범죄, 죄인은 만 번 죽어 마땅하다 保皇有罪, 罪该万死 baohuan youzui, zuigai wansi. 바오환 유쭈이 쭈이가이 완쓰.

"To Rebel is Right" 반항은 정당하다 造反有理 Zaofan youli 짜오판 유리.

The To-Rebel-Is-Righteous Revolutionary Long-Live Lhasa "Red Guards" 조반유리 혁명만세 라싸 "홍위병" 造反有理革命万岁 拉萨"红卫兵" zaofan youli geming wansui Lasa "hong weibing."짜오판 유리 거밍 완쑤이 라싸 "훙웨이빙".

Toward-the-Sun Neighborhood Committee 태양을 향해 거민위원회 向阳居委会 Xiangyang jüweihui 샹양 쥐웨이후이.

Traitorous Dalai-Panchen Anti-national Clique 달라이-판첸 반역 반민족 일당, 达赖班禅反动卖国集团 Dalai Banchan fandong maiguo jituan 다라이 반찬 판둥 마이궈 지퇀.

Traitorous Panchen Clique 판첸 매국집단 班禅卖国集团 Banchan maiguo jituan 반찬 마이궈 지퇀.

Treaty Pillar 당-토번 회맹비 唐蕃会盟碑 Tang-Fang huimengbei 탕팡후이멍베이.

Tu huangdi 土皇帝 투황디(토착 황제).

Ultraleftist 극좌 极左 jizuo 지쭤.

United Front personages 통일전선 대상 统战对象 tongzhan duixiang 퉁잔 두이샹.

United Front Work Department 통일전선부 统战部 tongzhanbu 퉁잔부.

Upper-strata patriotic personages 상층 애국인사 上层爱国人士 shangceng aiguo renshi 상청아이궈런스.

Victory Office 승리 사무소 胜利办事处 shengli banshichu 성리 반스추.

Victory Peak 승리봉 胜利峰 shenglifeng 성리펑.

*Wang Qimei 왕치메이 王其梅.

*Wang Tingyan 왕팅옌 王廷彦.

Wansui 완쑤이 万岁.

War Flag News 전쟁깃발신문 战旗报 Zhanqibao 잔치바오.

"We Wish Chairman Mao a Long Life" 마오 주석 만수무강하소서 毛主席祝您万寿无疆 Mao zhuxi zhunin wanshou wujiang 마오 주시 주닌 완서우 우장.

*Wei Zhiping 웨이즈핑 魏志平.

Weidong 웨이둥 卫东.

Welcome Hotel 영빈관 迎宾馆 Yingbinguan 잉빈관.

*Wencheng 원청 文成.

Wendou 원더우 文斗.

Wengong wuwei 원궁우웨이 文攻武卫.

The White Haired Girl 백발소녀 白毛女 Baimaonü바이마오뉘.

"Whoever Sides with the Revolutionary People Is a Revolutionary" 혁명 인민의 편이라면 누구든 혁명파 什么人站在革命立场上, 他就是革命派 shenme ren zhanzai geming lichang shang, ta jiushi gemingpai 선머 런 잔짜이 거밍 리창상, 타 주스 거밍파이.

Whom to trust—the faction decides! 누구를 믿을 것인가, 파벌을 보고 판단하라! 亲不亲, 派来分 qin buqin, pai lai fen 친부친, 파이 라이 펀.

Wind and Thunder Battle News 풍뢰격전보 风雷激战报 Fenglei jizhanbao 펑레이 지잔바오.

Work team 공작대 工作队 gongzuo dui 궁쭤두이.

Work unit 단웨이(단위) 单位 danwei 단웨이.

Working Class General Headquarters 노동계급총사령부 工人阶级总司令部 gongren jieji zongsilingbu 궁런 제지 쭝쓰링부 또는 工总司令 gongzongsiling 궁쭝쓰링.

Working People's Cultural Palace 노동인민문화궁 劳动人民文化宫 laodong renmin wenhuagong 라오둥 런민 원화궁.

The Wrath of the Serfs 농노들의 분노 农奴愤 Nongnufen 눙우펀.

Wudou 우더우 武斗.

Wuzhuang panluan 우좡판롼 武装叛乱.

*Xi Jinping 시진핑 习近平.

*Xie Fangyi 셰팡이 谢方艺.

Xilu xiaofu 시루샤오푸 希鲁晓夫. See Heluxuefu.

Xinhua 신화 新华 Xinhua 신화.

Xinhua Road 신화로 新华路 Xinhua lu 신화루.

"Xiyi ge" 시이거 洗衣歌.

Xuanzhanshu 쉬잔수 宣战书.

*Yan Zhenzhong 옌전중 阎振中.

*Yang Dongsheng 양둥성 杨东生.

*Ye Jianying 예젠잉 叶剑英.

*Ye Xingsheng 예싱성 叶星生.

Yikao duixiang, tuanjie duixiang, baohu duixiang, daji duixiang 이카오 두이샹, 퇀제 두이샹, 바오후 두이샹, 다지 두이샹 依靠对象, 团结对象, 保护对象, 打击对象.

*Yin Fatang 인파탕 阴法唐.

Yonghong 융훙 永红.

Youth Palace 청년궁 少年宫 shaoniangong 사오녠궁.

*Yu Xin 위신 余新(중국어 표기는 발음으로 유추한 것이다).

Yuanzang 위안짱 援藏.

*Yue Fei 웨페이 岳飞.

*Yue Zhongqi 웨중치 岳锺琪.

*Yulusi 위루쓰 玉鲁斯.

*Yuzhen 위전 玉珍.

Zaipan 짜이판 再叛.

Zaozong 짜오쭝 造总.

*Zeng Yongya 쩡융야 曾雍雅.

*Zhang Guohua 장궈화 张国华.

*Zhang Jingwu 장징우 张经武.

Zhaodai marpo 자오다이 마르뽀 招待玛波 zhaodai mabo 자오다이 마보.

Zhiqing 즈칭 知青.

Zhongguo 중궈 中国.

*Zhou Enlai 저우언라이 周恩来.

*Zhou Renshan 저우런산 周仁山.

*Zhu De 주더 朱德.

Zuzhi 组织 쭈즈.

티베트어 용어집

각 단어나 구문의 티베트 철자는 튜렐-와일리(Turrell Wylie)식 표기에 따라 괄호 안에 표시했고, 가능한 중국어(표준어) 철자와 병음도 병기했다. * 은 인명표시이다. 각 용어의 간단한 해설은 온라인 용어집 http://www.nebraskapress.unl.edu/potomac-books/9781612349695/에 따로 실었다.

A kha (a kha kha) 아카 哎呀 aiya 아이야.

Aja (a lcag) 아짜 阿佳 ajia 아자.

*Ama Kyi-la (a ma skyid lags) 아마 끼-라 阿妈几拉 ama Jila 아마 지라.

Amdo (a mdo) 암도 安多 Anduo 안둬.

*Amdo Jampa (a mdo byams pa) 암도 잠빠 安多强巴 Anduo qiangba 안둬 창바.

*Ani Lhadrön 아니 라된 阿尼拉珍 ani Lazhen 아니 라전.

*Ani Sita-la (a ni sri thar lags) 아니 씨타-라 阿尼斯塔 拉 ani Sitala 아니 쓰타라.

*Anu (a nu) 아누 阿努 Anu 아누.

Avalokiteshvara 아발로키테슈바라, 관세음보살 观世音菩萨 Guanshiyin pusa 관스인 푸싸.

Bango (spang po) 방고 邦过 bangguo 방궈.

Bargo-kaling, 巴嘎噶林 Bagagelin 바가거린, Drakgo-kaling 참조.

Barkor (bar skor) 바르꼬르 八角街 Bajiaojie 바자오제.

Barkor Neighborhood Committee (bar skor u yon lhan khang) 바르꼬르 거민위원회(바르꼬르 우욘랜캉) 八角街居委会 Bajiaojie jüweihui 바자오제 쥐웨이후이.

Bayi-la (sba ye lags) 바예-라 北依啦 또는 北依拉 beiyi-la 베이이-라.

*Bhrikuti Devi (bal mo bza' khri btsun) 브리쿠티 데비 布里库蒂公主 Bulikudi gongzhu 부리쿠디 궁주.

Bo ('bc) 보 博 bo 보.

*Buchung (bu chung) 부충 布穷 Buqiong 부충.

*Buchung Tsering (bu chung tshe ring) 부충 체링 普穷次仁 Puqiong ciren 푸충 츠런.

Bumpa ('bum pa) 붐빠 朋巴 pengba 펑바.

Chabtog (chab tog) 찹똑 恰朵 qiaduo 차둬.

Chagda (lcags mda') 짝다 将达 jiang-da 장다.

Chagpori (lcags po ri) 짝뽀리 药王山 Yaowangshan 야오왕산 또는 夹波日 Jiaobori 자오보르 (음역).

Chamdo (chab mdo) 참도 昌都 Changdu/Qamdo 창두/참도.

Changseb Shar (lcang gseb shar) 짱쎕샤르 坚斯厦 Jiansisha 젠쓰사 또는 江思夏 Jiangsixia 장쓰샤.

*Chapa Kalsang Wangdu (cha pa skal bzang dbang 'dus) 차빠 깰상 왕뒤 恰巴•格桑旺堆 Qiaba Gesang wangdui 차바 거쌍 왕두이.

Charpa Khangsang (sbyar pa khang bzang) 자르빠 캉상 恰不嘎桑 Qiabu-gasang 차부가쌍.

Chenrezig (spyan ras gzigs) 관세음보살 (짼래식) 观世音菩萨 Guanshiyin pusa 관스인 푸싸 또는 坚热斯 Jianresi 젠러쓰 (phonetic).

*Chödrön (chos sgron) 최된 曲珍 Quzhen 취전.

Chongye ('phyongs rgyas) 총걔 琼结 Qiongjie 충제.

*Chöphel (chos 'phel) 최펠 群培 Qunpei 췬페이.

*Chubchi 쭈찌 (bcu gcig) 久吉 Jiuji 주지.

*Chunyi (bcu gnyis) 쭈니 久尼 Jiuni 주니.

Chupa (phyu pa) 츄빠 秋巴 qiuba 추바.

*Chushi (bcu bzhi) 쭈시 久系 Jiuxi 주시.

*Chusum (bcu gsum) 쭈쑴 久松 Jiu-song 주쑹.

Dakini (mkha' 'gro ma) 다키니(칸도마) 空行母 kongxingmu 쿵싱무.

*Dalai Lama (tA la'i bla ma) 달라이 라마 达赖喇嘛 Dalai lama 달라이 라마.

Damaru (da ma ru) 다마루 达玛茹 damaru 다마루.

Damshung ('dam gzhung) 담슝 当雄 Dangxiong 당슝.

*Dawa (zla ba) 다와 达娃 Dawa, Older Sister (aja) Dawa 다와 누나(아짜 다와).

*Dawa (zla ba) 다와 达瓦 Dawa, 1966년 라싸중등학교 졸업생.

*Dawa Tsering (zla ba tshe ring) 다와 체링 达瓦次仁 Dawa ciren 다와 츠런—1966년 라싸출신 칭화대학생.

*Dawa Tsering (zla ba tshe ring) 다와 체링 达瓦才让 Dawa cairang 다와 차이랑 — 타이완 달라이 라마 재단 이사장.

Dechen Podrang (bde chen pho brang) 데첸 포당 德欽頗章 Deqin pozhang 더친 포장.

Dekyi Lam (bde skyid lam) 데끼람 北京路 Beijing lu 베이징 루.

*Dekyi Tsomo (bde skyid mtsho mo) 데끼 초모 德吉措姆 Deji cuomu 더지 춰무.

*Demo Rinpoche (de mo rin po che) 데모 린포체 德木仁波切 Demu renboqie 더무 런보쵀.

*Demo Lobsang Jampa Lungtog Tenzin Gyatso (de mo blo bzang byams palung rtogs bstan 'dzin rgya mtsho) 데모 롭상 잠빠 룽똑 땐진 갸초 德木•洛桑绛白隆多单增加措施 Demu luosang jiangbai loungduo danzeng jiacuo 더무 뤄쌍 장바이 러웅둬 단쩡 자춰.

*Demo Wangchug Dorje (de mo dbang phyug rdo rje) 데모 왕축 도제 德木•旺久多吉 Demu wangjiu duoji 더무 왕주 둬지.

Derge (sde dge) 데게 德格 Dege 더거.

Desi (sde srid) 데씨 摄政 shezheng 서정 .

Deyangshar (bde yang shar) 데양 싸르 德央厦 Deyangsha 더양사 또는 Deyangxia 더양샤.

Dharamsala (rda ram sa la) 다람살라 达兰萨拉Dalansala 다란싸라.

Do Senge (rdo seng ge) 도쎙게 朵森格 duosenge 둬썬거.

Domdom (dom dom or gdom gdom) 돔돔 咚咚 dongdong 둥둥.

*Dondrub Tsering (don grub tshe ring) 된둡 체링 顿珠次仁 Dunzhu ciren 둔주 츠런.

Dongkar (gdong dkar) 동까르 通嘎 Tong'ga 퉁가.

Doring (rdo ring) 도링 唐蕃会盟碑 Tang-fan huimengbei 탕-판 후이멍베이.

Dorje (rdo rje) 도제 金刚杵 jingangc-hu 진강추 .

*Dorje Phagmo 도제 팍모, Samding Dorje Phagmo 참조.

*Dorje Tsering (rdo rje tshe ring) 도제 체링 多吉次仁 Duoji ciren 둬지 츠런.

Draba (grwa ba) 다바 扎巴 zhaba 자바 .

Draglhalupug (brag lha klu phug) 닥라루푹 扎拉鲁浦 Zhalalupu 자라루푸.

Drakgo-kaling (brag sgo ka gling or brag sgo kak+Ni) 닥고깔링 姹谷戈林 Chagugelin 차구거린.

Drapchishag (grwa bzhi shag) 扎其厦 답시샥 Zhaqisha 자치사 또는 Zhaqixia 자치샤.

Drayab (brag g.yab) 다얍 察雅 Chaya 차야.

Drepung Monastery ('bras spungs) 대뽕 수도원 哲蚌寺 Zhebangsi 저방쓰.

Drolma (sgrol ma) 될마 卓玛 Zhuoma 줘마.

Drolma Lhakhang (sgrol ma lha khang) 될마 라캉 卓玛拉康 Zhuoma lakang 줘마 라캉.

*Drolma Yangdzom (sgrol ma dbyangs 'dzoms) 될마 양좀 卓玛央宗 Zhuoma yangzong 줘마 양쭝.

Drungche Lingka (drung che gling ka) 둥체링까 仲吉林卡 Zhongji linka 중지 린카.

Dugtsal Lekhung (sdug tshal las khu-ng)둑챌래쿵 土则列控 Tuze liekong 투쩌례쿵.

Ganden Darchen (dga' ldan dar chen) 간댄 다르첸 甘丹塔钦 Gandan taqin 간단 타친.

Ganden Monastery (dga' ldan dgon pa) 간댄 수도원 甘丹寺 Gandansi 간단쓰.

Ganden Ngamchö (dga' ldan lnga mchod) 간댄 응암최 甘丹安曲 Gan-dan anqu 간단 안취.

Ganden Podrang (dga' ldan pho brang) 간댄 포당 甘丹颇章 Gandan pozhang 간단 포장.

*Gangtsug (rgang tshugs) 강축 岗珠 Gangzhu 강주.

Ga'u (ga'u) 가우 嘎乌 gawu 가우.

Gelugpa (dge lugs pa) 겔룩빠 格鲁派 Gelupai 거루파이.

*Genlame (rgan bla med) 갠라메 格拉美 Gelamei 거라메이.

Gen-la (rgan lags) 갠라 先生 xian-sheng 셴성 또는 格拉 gela 거라 (음역).

*Gendun Chophel (dge 'dun chos 'phel) 겐뒨 최펠 更敦群培 Gengdun qunpei 겅둔 췬페이.

Gesar (ge sar) 게싸르 格萨尔 Gesa'er 거사얼.

Geshe (dge shes) 게쎼 格西 gexi 거시.

*Gonpasar Thubten Jikdral (dgon pa gsar thub bstan 'jigs bral) 괸빠싸르 툽땐 직댈 贡巴萨•土登门晋扎 Gongbasa tudeng jinzha 궁바싸 투덩 진자.

Gonpo (mgon po) 괸뽀 衮布 gunbu 군부.

Gutsa (rgu rtsa) 구짜 古扎 Guzha 구자.

Gya kache (rgya kha che) 갸 카체 加卡其 Jiakaqi 자카치.

*Gyalwa Rinpoche (rgyal ba rin po che) 걜와 린포체 嘉瓦仁波切 Jiawa renboqie 자와 런보체.

*Gyatso (rgya mtsho) 갸초 江措 Jiangcuo 장춰.

*Gyatsoling Thupten Kalsang Rin-poche (rgya mtsho gling thub bstan skal bzang rin po che) 갸촐링 툽땐 깰상 린포체 江措林•土登格桑 仁波切 Jiangcuolin tudeng gesang renboqie 장춰린 투덩 거쌍 런보체.

Gyawo (rgya bo) 갸오 加乌 jiawu 자우.

Gyenlog (gyan log) 갠록 造总 Zao-zong 짜오쭝 또는 坎诺 Kannuo 칸눠 (음역).

*Gyewa Lama (rgyas ba/dge bha mkhan po) 걔와 라마 格巴喇嘛 Geba lama 거바 라마.

Gyume (rgyud smad grwa tshang) 규매 (다창) 下密院 Xiami yuan 샤미위안 또는 居麦 Jümai 쥐마이 (음차).

*Horkhang Jampa Tendar (hor khang byams pa bstan dar) 호르캉

잠빠 땐다르 霍康•强巴旦达 Huokang qiangba danda 훠캉 창바 단다.

*Horkhang Sonam Palbar (hor khang bsod nams dpal 'bar) 호르캉 쐬남 빨바르 霍康•索朗边巴 Huokang suolang bianba 훠캉 쒀랑 볜바.

Hurtsönpa (hur brtson pa) 후르쬔빠 忽准巴 huzhunba 후준바.

Hurtsönchen (hur brtson can) 후르쬔짼 (후르쬔캔) 积极分子 jiji fenzi 지지펀쯔 또는 忽准兼 huzhunjian 후준젠(음역).

Jampa (byams pa) 잠빠 强巴佛 Qiangbafo 창바포.

*Jampa Chökyi (byams pa chos skyid) 잠빠 최끼 强巴曲吉 Qiangba quji 창바 취지.

*Jampa Phuntsog (byams pa phuntshogs) 잠빠 퓐촉 向巴平措 Xiangba pingcuo 샹바 핑춰.

*Jampa Rinchen (byams pa rin chen) 잠빠 린첸 强巴仁青 Qiangba renqing 창바 런칭.

*Jamyang Sherab ('jam dbyangs shes rab) 잠양 셰랍 加央西热 Jiayang xire 자양 시러.

*Je Rinpoche (rje rin po che) 제 린포체 觉仁波切 Jue renboqie 줴 런보체.

*Je Tsongkhapa (rje gtsong kha pa) 제 쫑카빠 宗喀巴大师 Zongkeba dashi 쭝커바 다스.

Jebumgang (rje 'bum sgang/rgya 'bumsgang) 제붐강/갸붐강 铁崩岗 Tiebenggang 톄벙강.

Jerag River (bye rag chu) 제락강 流沙河 Liushahe 류사허.

Jéwa (brje ba) 제와 更换 genghuan 경환.

Jingdröl magmi (bcings 'grol dmag mi) 찡될마미 金珠玛米 jinzhumami 진주마미.

Jinten (byin rten) 진뗀 琴典 qindian 친뎬.

Jokhang (jo khang) 조캉 (사원) 大昭寺 Dazhaosi 다자오쓰.

Jowo 조오, Jowo Shakyamuni 참조.

Jowo Rinpoche (jo bo rin po che) 조오 린포체 觉仁波切 Jue renboqie 줴런보체.

Jowo Shakyamuni (jo bo shA kya mu ni) 조오 샤캬무니 觉沃释迦牟尼 Juewo shijiamoni 줴워 스자모니.

Jowo'i Udra (jo bo'i dbu skra) 조외우따 觉吾扎 Juewuzha 줴우자.

Jowoshi (jo bo bzhi) 조오시 厥西 juexi 줴시.

Jutingling (jus gting gling) 쥐띵링 其迭林 Qidielin 치뎨린.

Kache (kha che) 카체 卡其 kaqi 카치.

Kalon (bka' blon) 까뢴 噶伦 gelun 거룬.

*Kalsang Drolma (skal bzang sgrol ma) 깰상 될마 格桑卓玛 Gesang zhuoma 거쌍 줘마.

*Kalsang Paljor (skal bzang dpal 'byor) 깰상 뺄죠르 格桑班觉 Gesang banjue 거쌍 반줴.

Kardze (dkar mdzes) 까르제 甘孜 Ganzi 간쯔.

Kangyur (bka' 'gyur) 甘珠尔 깐규르 ganzhu'er 간주얼.

Karushag (dkar ru shag or gha ru shag) 까루싹 葛如厦 Gerusha 거루사 또는 Geruxia 거루샤.

*Kashö Chogyal Nyima (ka shod chos rgyal nyi ma) 까쑈 최갤 니마 噶雪•曲吉尼玛 Gexue quji nima 거쉐 취지 니마.

*Kashö Dondrub (ka shod don grub) 까쑈 된둡 噶雪•顿珠 Gexue dunzhu 거쉐 둔주.

*Kashö Lhundrub Namgyal (ka shod lhun grub rnam rgyal) 까쑈 륀둡 남갤 噶雪•伦珠朗杰 Gexue lunzhu langjie 거쉐 룬주 랑제.

Kashöpa (ka shod pa) 까쑈빠 噶雪巴 Gexueba 거쉐바.

Kathogshag (ka thog shag) 까톡싹 嘎多厦 Gaduosha 가둬사 또는 Gaduoxia 가둬샤.

*Kazur Sonam Drolma (ka zur bsod nams grol ma) 까수르 쐬남 될마 噶苏•索朗卓玛 Gesu Suolang Zhuoma 거쑤 쒀랑 줘마.

Khalkhasug (khal kha gzugs) 캘카숙 卡卡苏 kakasug 카카쑥.

Kham (khams) 캄 康 Kang 캉.

Khamtsen (khang/khams mtshan) 캄챈/캉챈 康村 kangcun 캉춘.

Khandroma (mkha' 'gro ma) 칸도마 堪卓玛 kanzhuoma 칸줘마.

Khanigoshi (kakni sgo bzhi) 까니고시 嘎林古西 Galinguxi 가린구시.

Khatag (kha btags) 카딱 哈达 hada 하다.

Khatsara (kha tsa ra) 카짜라 藏尼混血 Zangnihunxue 짱니훈쉐 또는 卡擦拉 kacala 카차라(음역).

Khenpo (mkhan po) Council 캔뽀 堪布会议 Kanbu huiyi 칸부 후이이.

Konchog sum (dkon mchog gsum) 꾄촉쑴 贡觉松 gunjue song 군줴 쑹.

*Kungyur (kun 'gyur) 뀐규르 昆九 Kunjiu 쿤주.

Kunyer (dkon gnyer) 꾸녜르 规尼 guini 구이니.

*Kunyer Pen-la (dkon gnyer dpon lags/spen lags) 꾸녜르 뻰라/뻰라 规尼本拉 guini Benla 구이니 번라.

*Kyabje Trijang Rinpoche (skyabs rje khribyang rin po che) 꺕제 티쟝 린포체 赤江仁波切Chijiang renboqie 츠장 런보체.

Kyibuk (skyid sbug) 끼북 吉普 Jipu 지푸.

-la (lags) -라 拉 la 라.

Labrang Nyingpa (bla brang rnying pa) 라당닝빠 拉章宁巴 Lazhang ningba 라장 닝바.

Langdun (glang mdun) 랑된 朗顿 Langdun 랑둔.

Langsho, langsho (langs shog, langs shog) 랑쑈, 랑쑈 起来, 起来 qilai, qilai 치라이 치라이 또는 朗学，朗学 langxue, langxue 랑쉐, 랑쉐 (음역).

Larung gar (bla rung sgar) 라룽가

르 喇荣五明佛学院 Larong Wuming foxueyuan 라룽 우밍 포쉐위안.

Lé (las) 래 业 ye 예.

Lechepa Kalsang (las byed pa skal bzang) 래제빠 깰상 干部格桑 ganbu Gesang 간부 거쌍 또는 勒几巴格桑 lejiba Gesang 러지바 거쌍 (음역).

*Legchog (Legs mchog) 렉촉 列确 Lieque.례췌.

Lha (lha) 라 拉 la 라.

Lha diqueliang, kunyer bayi-la (la gos tis cho leng dang sku gnyer sba ye lags) 라 디췌량, 꾸녜르 바예-라 拉的确凉, 规尼北依拉 la diqueliang, guini beiyila 라 디췌량, 구이니 베이이라 .

Lhadre donge (lha 'dre gdon bgegs) 라데된게 拉这 顿格 lazhe dunge 라저 둔거.

*Lhagpa (lhag pa) 락빠 拉巴 Laba 라바.

*Lhagpa Phuntsog (lhag pa phun tshogs) 락빠 퓐촉 拉巴平措 Laba pingcuo 라바 핑춰.

Lhalu (lha klu) 랄루 拉鲁 Lalu 라루.

Lhalu Estate (lha klu dga' tsal) 랄루 장원 (랄루 가쨀) 拉鲁嘎采 Lalugacai 라루가차이.

*Lhalu Tsewang Dorje (lha klu tshe dbang rdo rje) 랄루 체왕 도제 拉鲁 · 次旺多吉 Lalu ciwang duoji 라루 츠왕 둬지.

*Lhamo (lha mo) 라모 拉姆 Lamu 라무.

*Lhamo (lha mo) 라모 拉姆 Lamu 라무.

*Lhamo Mo-la (lha mo rmo bo lags) 라모 모-라(라모 할머니) 拉姆嬷拉 Lamu mola 라무 모라.

Lhamön (lha smon) 라뫼 拉敏 Lamin 라민.

Lhamon Sonam Lhundrub (lha smon bsod nams lhun grub) 라묀 쐬남 륀둡 拉敏•索朗伦 珠 Lamin suolang lunzhu 라민 쒀랑 룬주.

*Lhamon Yeshe Tsultrim (lha smon yeshes tshul khrims) 라묀 예쎼 췰팀 拉敏•益西楚臣 Lamin yixi chuchen 라민 이시 추천.

Lhankhang (lhan khang) 랜캉 委员会 weiyuanhui 웨이위안후이.

Lhasa River (skyid chu) 라싸강 拉萨河 Lasahe 라싸허.

*Lhatsun Rinpoche (lha btsun rin po che) 라쮠 린포체 拉尊仁波切 Lazun renboqie 라쭌 런보체.

Lhokha (lho kha) 로카 山南 Shannan 산난.

Lingkor (gling skor) 링꼬르 林廓 Linkuo. liu (le'u)린쿼 류(러우).

*Lobsang (blo bzang) 롭상 洛桑 Luosang 뤄쌍.

*Lobsang Dondrub (blo bzang don grub) 롭상 된듑 洛桑顿珠 Luosang dunzhu 뤄쌍 둔주.

Lobsang Yeshe (blo bzang ye shes) 롭상 예쎼 洛桑益西 Luosang yixi 뤄쌍 이시.

Lobso chenpo sum (slob gso chen po gsum) 롭쏘첸뽀숨 三大教育 san da jiaoyu 싼다자오위.

Lorogpa (lo rog pa) 로록빠 马贩子 ma fanzi 마 판쯔 또는 做马生意的人 zuoma shengyi de ren 쭤마 성이더 런.

Lugu (klu sgug) 루구 鲁固 Lugu 루구.

*Lungshar (lung shar) 룽샤르 龙厦 Longsha 룽사.

Mandala (ma N+Da la, dkyil 'khor) 만다라 (낄코르) 曼扎拉 manzhala 만자라 또는 金戈 jinge 진거.

Mandala (ma N+Da la) Hall 만다라 홀 曼陀羅殿 mantuoluodian 만퉈뤄뎬 또는 金戈 jinge 진거.

Mani (ma Ni) 마니 玛尼 mani 마니.

Manikhang (ma Ni khang) 마니캉 玛尼殿 manidian 마니뎬.

Marpori (dmar po ri) 마르뽀리 玛波日 Mabori 마보르.

Medrogongkar (mal gro gong dkar) 맬도공까르 墨竹工卡 Mozhugongka 모주궁카.

Menku (sman khug) 맨쿠 门库 menku 먼쿠.

Menpa Dratshang (sman pa grwa tshang) 맨빠다창 医药利众寺 Yiyao lizhongsi 이야오 리중쓰.

Mentsikhang (sman rtsis khang) 맨찌캉 门孜康 Menzikang 먼쯔캉.

Meru (rme ru) 메루 木如 Muru 무루.

Merunyingpa (rme ru rnying pa) 메루닝빠 木如宁巴 Muruningba 무루닝바.

Mipön (mi dpon) 미뾘 米本 miben 미번.

Monlam Chenmo (smon lam chen mo) 묀람첸모 默朗钦莫 Molang qinmo 모랑친모.

Nagchu (nag chu) 낙추 黑河 Heihe 헤이허 또는 那曲 Naqu 나취 (음역).

Namchu wangden (rnam bcu dbang ldan) 남쭈왕댄 朗居旺丹 langjü wangdan 랑쥐 왕단.

*Namgyal (rnam rgyal) 남걜 朗杰 Langjie 랑제.

Nangkor (nang skor) 낭꼬르 囊廓 Nangkuo 낭쿼.

Nangma (nang ma) 朗玛 낭마 langma 랑마.

Nangmagang (nang ma sgang) 낭마강 朗玛岗 Langmagang 랑마강.

Nangsen (nang zan) 낭샌 朗生 langsheng 랑성.

Nangtseshag (snang rtse shag) 낭쩨샥 朗孜厦 Langzisha 랑쯔사 또는 Langzixia 랑쯔샤.

Nga-dag (mnga' bdag) 응아-닥 领主 lingzhu 링주.

Ngachen Power Plant (rnga chen glog khang) 응아첸 발전소 纳金电厂 Najin dianchang 나진 뎬창.

Ngachen Road (rnga chen lu) 응아첸로 纳金路 Najin lu 나진루.

Ngamring (ngam ring) 응암링 昂仁 Angren 앙런.

*Ngapö Ngawang Jigme (nga phod ngag dbang 'jigs med) 응아푀 응악왕 직메 阿沛•阿旺 晋美 Apei awang jinmei 아페이 아왕 진메이 또는 Ngapoi Awang Jinmei 응아포이 아왕 진메이 .

*Ngawang Geleg (ngag dbang dge legs) 응악왕 게렉 阿旺格列 Awang gelie 아왕 거례.

*Ngawang Gyatso (ngag dbang rgya mtsho) 응악왕 갸초 阿旺嘉措 Awang Jiacuo 아왕 자춰.

*Ngawang Lhamo (ngag dbang lha mo) 응악왕 라모 阿旺拉姆 Awang lamu 아왕 라무.

*Ngawang Tsering (ngag dbang tshe ring) 응악왕 체링 阿旺次仁 Awang ciren 아왕 츠런.

*Ngodrup (dngos grub) 응외둡 欧珠 Ouzhu 어우주.

Norbu (nor bu) 노르부 诺布 nuobu 눠부.

Norbu gakyi (nor bu dga' 'khyil) 노르부 간킬 洛布格几 luobugeji 뉘부거지.

*Norbu Sangpo (nor bu bzang po) 노르부 상뽀 诺布桑波 Nuobu sangbo 눠부 쌍보.

Norbulingka (nor bu gling ka/kha) 노르부링까/노르부링카 罗布林卡 Luobulinka 뤄부린카.

Nordo (nor rdo) 노르도 诺多 nuodou 눠더우.

*Nornor-la (nor lags) 노르노르-라 罗罗拉 Luoluo-la 뤄뤄-라.

Nyamdrel (mnyam sbrel) 냠델 大联指 Dalianzhi 다롄즈 or 良则 Langze 랑쩌 (음차).

Nyarongshag (nang rong shag) 냐롱샤 娘绒厦 Niangrongsha 냥롱사 또는 Nianggongxia 냥궁샤.

Nyemo Incident (snye mo don rkyen) 녜모 사태 尼木事件 Nimu shijian 니무스젠.

*Nyima (nyi ma) 니마 尼玛 Nima 니마.

Nyingje (snying rje) 닝제 宁杰 ningjie 닝제.

Palbar (dpal 'bar) County 뺄바르 현 边坝县 Bainbaxian 바인바셴.

Palden Lhamo (dpal ldan lha mo) 뺄댄 라모 班旦拉姆 Bandan lamu 반단 라무.

*Paldor-la (dpal rdor lags) 뺄도르-라 巴多拉 Baduo la 바둬 라.

*Paljor (dpal 'byor) 뺄죠르 边久 Bianjiu 볜주.

*Paljor Gawa (dpal 'byor dga' ba) 뺄죠르 가와 班觉 格伍 Banjue gewu 반줴 거우.

Paljor Rabten (dpal 'byor rab brtan) 뺄죠르 랍땐 班觉绕丹 Banjue raodan 반줴 라오단.

Panbarwa (paN 'bar ba) 뺀바르와 班巴尔 Banba'er 반바얼.

Panchen Erdeni (paN chen Er ti ni) 빤첸 예르띠니 班禅 额尔德尼 Banchan e'erdeni 반찬 어얼더니.

Panchen Lama (paN chen bla ma) 판첸라마 班禅 喇嘛 Banchan lama 반찬 라마.

Pangda (spang mda') 빵다 邦达 Bangda 방다.

Pangden (pang gdan) 빵댄 邦典 bangdian 방뎬.

Pangdö (spang stod) 빵뙤 邦堆镇 Bangdui zhen 방두이 전.

Parmari (spar ma ri) 빠르마리 帕玛日 Pamari 파마르.

*Pasang 빠쌍 (pa sangs) 巴桑 Basang 바쌍.

*Pasang Dondrub (pa sangs don grub) 빠쌍 된둡 桑顿珠 Basang dunzhu 바상 둔주.

Patrug (spa phrug) 빠툭 巴珠 bazhu 바주.

*Pedron (pad sgron) 빼된 白珍 Baizhen 바이전.

Pela'i Tsomkhor (dpal lha'i mtsho 'khor) 뺄래촘코르 白勒冲果 Bailechongguo 바이러충궈.

*Pelshi Po-la (spel bzhi spo bo lags) 뺄시뽀-라 比西波拉 Bixi bola 비시 보라.

*Penchung (spen chung) 뻰충 朋炯 Pengjiong 뻥중.

*Penpa Tsering (spen pa tshe ring) 뻰빠 체링 边巴 次仁 Bianba ciren 볜바 츠런.

*Phagpalha Geleg Namgyal ('phags pa lha dge legs rnam rgyal) 팍빠라 게렉 남걀 帕巴拉•格列朗杰 Pabala gelie langjie 파바라 거례 랑제.

Phala (pha lha) 파라 帕拉乡 Pala 파라.

Phari (phag ri) 팍리 帕里 Pali 파리.

Phu-chu (phul bcu) 퓔쭈 普居 puju 푸쥐.

*Phunkhang Tsering Dondrub (phun khang tshe ring don grub) 퓐캉 체링 된둡 平康•次仁 顿珠 Pingkang ciren dunzhu 핑캉 츠런 둔주.

Phunrab (phun rab) 퓐랍 平饶 Pingrao 핑라오.

*Phurbu Tsering (phur bu tshe ring) 푸르부 체링 普布次仁 Pubu Ciren 푸부 츠런.

Piwang (pi wang) 삐왕 毕旺 biwang 비왕.

*Po Tsering (spo bo tshe ring) 뽀 체링 波次仁 Bo ciren 보 츠런.

Podrang (pho brang) 포당.

Podrangshabkor (pho brang zhabs skor) 포당샵꼬르 颇章厦廓 Pozhangshakuo 포장사쿼.

Polingka (spo bo gling kha) 뽈링카 波林卡 Bolinka 보린카.

Pomda (spo/spom mda') 뽐다 帮达 Bangda 방다.

*Pomda Jigme (spo/spom mda' 'jigs med) 뽐다 직메 帮达晋美 Bangda Jinmei 방다 진메이.

*Pomda Rabga (spo/spom mda' rab dga') 뽐다 랍가 帮达绕嘎 Bangda Raoga 방다 라오가.

*Pomda Topgyal (spo/spom mda' stobs rgyal) 뽐다 똡걀 帮达多吉 Bangda Duoji 방다 둬지.

*Pomda Yarphel (spo/spom mda' yar' phel) 뽐다 야르펠 帮达杨培 Bangda Yangpei 방다 양페이.

Potala (rtse po ta la) Palace 포탈라궁 布达拉宫Budala gong 부다라 궁.

Potala Palace Square (po ta la pho brang thang chen) 포탈라궁 광장 布达拉宫广场 Budalagong guangchang 부다라 궁 광창.

Rabsel (rab gsal) 랍쌜 绕赛 Raosai 라오싸이.

*Ragti (rag sdi) 락디 热地 Redi 러디 또는 Raidi 라이디.

Ragyalingka (rwa rgya gling ka) 라걀링까 绕交林卡 Raojiaolinka 라오자오링카.

Ramoche (ra mo che) 라모체 小昭寺 Xiaozhaosi 샤오자오쓰.

Reting (rwa sgreng) 라뎅 热振 Rezhen 러전.

*Ribur Rinpoche (ri 'bur rin po che) 리부르 린포체 仁布仁波切 Renbu renboqie 런부 런보체.

*Rigdzin Gyalpo (rig 'dzin rgyal po) 릭진 걀뽀 仁增加布 Renzeng jiabu 런쩡 자부.

*Rigdzin Lhundrub Paljor (rig 'dzin lhun grub dpal 'byor) 릭진 륀둡 뻴죠르 仁增•伦珠班觉 Renzeng lunzhu banjue 런쩡 룬주 반쥐.

*Rigdzin Wanggyal (rig 'dzin dbang rgyal) 릭진 왕걀 仁增旺杰 Renzeng wangjie 런쩡 왕제.

*Rinchen (rin chen) 린첸 仁青 Renqing 런칭.

Rinpoche (rin po che) 린포체 仁波切 renboqie 런보체.

Sakya (sa skya) 싸꺄 萨迦寺 Sajiasi 싸자쓰.

Sakya Bamo (sa skya 'bag mo) 싸꺄 바모 萨迦巴姆 Sajia bamu 싸자 바무.

*Sama (za mA) 사마 萨玛 Sama 싸마.

*Samding Dorje Phagmo Dechen Chodron (bsam sding rdo rje phagmo bde chen chos sgron) 쌈딩 도제 팍모 데첸 최된 桑顶·多吉 帕姆·德钦曲珍 Sangding duoji pamu deqin quzheng 쌍딩 둬지 파무 더친 취정 .

*Sampo Tenzin Dondrub (bsam pho bstan 'dzin don grub) 쌈포 땐진 된둡 桑颇•登增顿珠 Sangpo dengzeng dunzhu 쌍포 덩쩡 둔주 .

*Sampo Tsewang Rigdzin (bsam pho tshe dbang rig 'dzin) 쌈포 체왕 릭진 桑颇•才旺仁增 Sangpo caiwang renzeng 쌍포 차이왕 런쩡.

Sangye (sangs rgyas) 쌍개 桑杰 Sangjie 쌍제.

*Sangye Gyatso (sangs rgyas rgya mtsho) 쌍걔 갸초 桑結嘉錯 Sangjie jiacuo 쌍제자춰.

Sarchung (gsar 'byung) 싸르즁 色迥 Sejiong 써중.

*Sarchung Wangdu Rinchen (gsar 'byung dbang 'dus rin chen) 싸르즁 왕뒤 린첸 色迥•旺堆仁青 Sejiong wangdui renqing 서중 왕두이 런칭.

Sardzug Lamchen (gsar 'dzugs lamchen) 싸르죽람첸 萨珠朗钦 Sazhu langqin 싸주 랑친.

Sarje (gsar brje) 사제 杀劫 shajie 사제.

Sarpa (gsar pa) 싸르빠.

*Sengchen Lobsang Gyaltsen (seng chen blo bzang rgyal mtshan) 쎙첸 롭상 걜첸 生钦•洛桑坚赞 Shengqin luosang jianzan 성친 뤄쌍 젠짠.

Sera (se ra) Monastery 쎄라 수도원 色拉寺 Selasi 써라쓰.

*Shakabpa Wangchug Deden (zhwa sgab pa dbang phyug bde ldan) 샤갑빠 왕츅 데댄 夏格巴•旺秋德丹 Xiageba wangqiu dedan 샤거바 왕추 더단.

*Shakyamuni 석가모니, Jowo Shakyamuni 조오 사꺄무니.

Shalu Monastery (zha lu) 샬루 수도원 夏鲁 Xialu 샤루.

Shangpa Kagyu (shangs pa bka' brgyud) 샹빠까규 香巴噶举 Xiangba geju 샹바 거주.

Sharchog (shar phyogs) 샤르촉 下觉 Xiajue 샤쥐.

Shargo (zhar gog) 샤르고 夏过 xiaguo 샤궈.

Shatra (bshad sgra) 쌰다 夏扎 Xiazha 샤자.

*Shatraba Decho (bshad sgra ba bde spyod) 쌰다와 데죠 傑達巴德確 Jiedaba deque 제다바 더췌.

Shedab Power Plant (gzhas 'dabs glog khang) 섀답 발전소 献多电厂 Xianduo dianchang 셴둬 뎬창.

Shigatse (gzhis ka rtse) 시가체 日喀则 Rikaze 르카쩌.

Shokha (shog kha) 쇼카 派性 paixing 파이싱.

Shöl (zhol) village 숄 촌 雪村 Xue cun 쉐 춘.

Shölpa (zhol pa) 숄빠 雪巴 Xueba 쉐바.

Shotön (zho ston) 쇼뙨 雪顿节 Xuedunjie 쉐둔제.

Sogchil (sog byil) 쏙질 索金 suojin 쒀진.

*Sonam (bsod nams) 쐬남 索朗 Suolang 쒀랑.

*Sonam (bsod nams) 쐬남 索娜 Suona 쒀나.

*Sonam Gyaltsen (bsod nams rgyal mtshan) 쐬남 걜챈 索朗坚赞 Suolang Jianzan 쒀랑 젠짠.

*Songtsen Gampo (Srong btsan sgam po) 손챈감포 松赞干布 Songzanganbu 쑹짠간부.

Sungbum (gsung 'bum) 쑹붐 松崩 songbeng 쑹벙.

Sungchöra (gsung chos rwa) 쑹최라 松却绕哇 Songqueraowa 쑹췌라오와.

Surkhang (zur khang) 수르캉 索康 Suokang 쒀캉 또는 赛康 Saikang 싸이캉.

*Surkhang Wangchen Geleg (zur khang dbang chen dge legs) 수르캉 왕첸 게렉 赛康•旺钦格勒 Suokang wangqin gele 쒀캉 왕친 거러.

Taktse (stag rtse) 딱쩨 达孜 Dazi 다쯔.

*Tashi (bkra shis) 따씨 扎西 Zhaxi 자시.

*Tashi Drolma (bkra shis sgrol ma) 따씨 될마 扎西卓玛 Zhaxi zhuoma 자시 줘마.

*Tashi Tsering (bkra shis tshe ring) 따씨 체링 扎西次仁 Zhaxi ciren 자시 츠런.

Tashilhunpo Monastery 타시룸포 (bkra shis lhunpo) 扎西伦布寺 Zhaxilunbusi 자시룬부쓰.

Tengchen (steng chen) 뗑첸 丁青县 Dingqing xian 딩칭 셴.

Tengyeling Monastery (bstan rgyas

gling) 땐걔링 수도원 丹杰林寺 Danjielinsi 단제린쓰.

*Tenpa (bstan pa) 땐빠 旦巴 Danba 단바.

*Tenzin (bstan 'dzin) 땐진 丹增 Danzeng 단쩡.

*Tenzin (bstan 'dzin) 땐진 单珍 Danzhen 단전 (6·7 조캉 사태에서 부상당한 갠록 행동대원).

Thamzing ('thab 'dzing) 탐징 批斗 pidou 피뛰.

*Thonmi Sambhota (thon mi sam+b+ho Ta) 퇸미 쌈보따 吞米•桑布扎 Tunmi sangbuzha 툰미 쌍부자.

*Thonpa Decho (thon pa bde spyod) 퇸빠 데쬬 吞米•德确 Tunmi deque 툰미 더췌.

*Thrinley Chodron ('phrin las chos sgron) 틴래 최된 赤列曲珍 Chilie quzhen 츠례 취전.

*Thrinley Chokyi ('phrin las chos skyid) 틴래 최끼 赤列曲吉 Chilie quji. 츠례 취지.

*Thubten (thub brtan) 툽땐 土登 Tudeng 투덩.

*Thubten Jigme (thub brtan 'jigs med) 툽땐 직메 图登晋美 Tudeng jinmei 투덩 진메이.

Thukje che (thugs rje che) 툭제 체 突几切 tujiqie 투지체.

Thukje chenpo (thugs rje chen po) 툭제첸뽀 土几钦波 Tujiqinbo 투지친보.

Thukje Lhakhang (thugs rje lha khang) 툭제라캉 土几拉康 Tuji lakang 투지라캉.

Thukmon Lhakhang (thugs smon lha khang) 툭묀라캉 突莫拉康 Tumolakang 투모라캉.

Tölung Dechen (stod lung bde chen) 뙤룽데첸 堆龙德庆 Duilongdeqing 두이룽더칭.

*Togden Dawa (rtogs ldan zla ba) 똑댄 다와 登道达瓦 Dengdao dawa 덩다오 다와.

Tralpa (khral pa) 탤빠 差巴 chaba 차바.

Tramo (kra mog or spra mo) 따모 扎木Zhamu 자무.

Trandruk Temple (khra' 'brug) 탄둑 사원 昌珠 Changzhu 창주.

*Trijiang Rinpoche 티쟝 린포체.

Tromzikhang (Khrom gzigs khang) 톰시캉 冲赛康 Chongsaikang 충싸이캉.

Trulku (sprul sku) 뚤꾸 转世活佛 zhuanshi huofo 좐스 훠포.

Trunglha ('khrungs lha) 퉁라 冲拉 Chongla 충라.

*Tsadi Tseten Dorje (tsha rdi tshe brtan rdo rje) 차디 체땐 도제 察第•次旦多吉 Chadi cidan duojie 차디 츠단 둬제.

Tsalgungthang (tshal gung thang) 챌궁탕 蔡公塘 Caigongtang 차이궁탕.

*Tsamchö (mtshams gcod) 참쬐 仓决 Cangjue 창줴.

Tsampa (rtsam pa) 짬빠 糌粑 zanba 짠바.

*Tsarong Dazang Dramdul (rtsha rong zla bzang dgra 'dul) 차롱 다상 다뒬 擦绒•达桑占堆 Carong dasan zhandui 차룽 다싼 잔두이.

Tsatsa (tsa tsa) 짜짜 嚓嚓 caca 차차.

Tsatsakhang (tsa khang)짜짜캉 嚓嚓康 cacakang 차차캉.

*Tse Drolma (tshe sgrol ma) 체 돌마 次卓玛 Cizhuoma 츠줘마.

Tse gutor garcham (rtse dgu gtor gyi gar 'cham) 쩨구또르가르참 孜古多羌姆 Ziguduo qiangmu 쯔구둬 창무.

*Tse Lhamo (tshe lha mo) 체 라모 次拉姆Cilamu 츠라무.

Tsechogling Monastery (tshe chog gling) 체촉링 수도원 尺觉林寺 Chijuelinsi 츠줴린쓰.

*Tsedor (tshe rdor) 체도르 次多 Ciduo 츠둬.

Tselpa (tshal pa) 챌빠 采巴 Caiba 차이바.

Tsemonling Monastery (tshe smon gling or mtsho smon gling) 체묀링 또는 초묀링 策墨林 Cemolin 처모린.

Tsepak Lhakhang (tshe dpag lha khang) 체빡라캉 赤巴拉康 Chibalakang 츠바라캉.

*Tsephel (tshe dpal) 체뻴 赤白 Chibai 츠바이.

*Tsering (tshe ring) 체링 泽仁 Zeren 쩌런.

*Tsering Phuntsog (tshe ring phuntshogs) 체링 퓐촉 次仁平措 Ciren pingcuo 츠런 핑춰.

*Tsering Wangmo (tshe ring dbang mo) 체링 왕모 次仁旺姆 Ciren wangmu 츠런 왕무.

*Tsering Yangdzom (tshe ring g.yang 'dzoms) 체링 양좀 次仁央宗 Ciren yangzong 츠런 양쭝.

Tseringma (tshe ring ma) 체링마 孜热玛 Zirema 쯔러마.

Tsesumshag (Tshes gsum shag/chos gsum shar) 체숨싹/최쑴샤르 车松厦 Chesongsha 처쑹사 또는 Chesongxia 처쑹샤.

*Tseten (tshe brtan) 체땐 次旦 Cidan 츠단.

*Tseten Drolma (tshe brtan sgrol ma) 체땐 돌마 才旦卓玛 Caidan zhuoma 차이단 줘마.

*Tshogo (mtsho sgo) 초고 崔科 Cuike 추이커.

*Tshogo Dondrub Tsering (mtsho sgo don grub tshe ring) 초고 된둡 체링 崔科•顿珠次仁 Cuike Dunzhu ciren 추이커 둔주 츠런.

Tsojé ('tsho byed) 초제 措结 cuojie 춰제.

*Tsongkhapa (tsong kha pa) 쫑카빠 宗喀巴Zongkaba 쭝카바.

Tsothal (gtso thal) 쪼탤 佐台 zuotai 쭤타이.

Tsuglakhang (gtsug lag khang) 쭉라캉 祖拉康 zulakang 쭈라캉.

Urdo ('ur rdo) 우르도 乌多 wuduo 우둬.

Uyon (u yon) 우욘 委员 weiyuan 웨이위안.

Uyonlhankhang (u yon lhan khang)

우윤랜캉 委员 weiyuan 웨이위안 또는 乌均能康 wujunnengkang 우쥔넨캉 (phonetic).

*Wangchug (dbang phyug) 왕축 旺久 Wangjiu 왕주.

*Wangdu (dbang 'dus) 왕뒤 旺堆 Wangdui 왕두이.

*Wangdu Dorje (dbang 'dus rdo rje) 왕뒤 도제 旺堆多吉 Wangdui duoji 왕두이 둬지.

Wangse (dbang bsad) 왕쌔 昂色 angse 앙써.

Wapaling (wa pa gling) 와빠링 河坝林 Hebalin 허바린.

*Wapaling Lhadrön (wa pa gling lhag sgron) 와빠링 라된 河坝林拉珍 하바린 라전.

*Wolo (wo lo) 오로 沃洛 Woluo 워뤄.

Yabshi (yab gzhis) 얍시 尧西 Yaoxi 야오시.

Yabshi Taktser (yab gzhis stag 'tsher) 얍시 딱체르 尧西达孜 Yaoxi dazi 야오시 다쯔.

Yamdrok Tso (yar 'brog mtsho) 얌독 호수 羊卓雍湖 Yangzhuoyong hu 양줘융 후.

Yarlung Tsangpo River (yar lung gtsang po) 야르룽짱뽀강 雅鲁藏布江 Yaluzangbu jiang 야루짱부 장.

*Yeshe (ye shes) 益希 예쎄 Yixi 이시.

*Yeshe Tenzin (ye shes bstan 'dzin) 예쎄 땐진 益希单增 Yixi danzeng 이시 단쩡.

Yutog (g.yu thog) 유톡 宇妥 Yutuo 위퉈.

Yutog Lam (g.yu thog lam) 유톡람 宇妥路 Yutuo lu 위퉈 루.

Zhide Dratshang (bzhi sde grwa tshang) 시데다창 希德寺 Xidesi 시데쓰.

Zhideling (bzhi sde gling) 시데링 喜德林 Xidelin 시더린.

Zhitro Lhakhang (zhi khro lha khang) 시토라캉 希珠拉康 Xizhulakang 시주라캉.

Zi (gzi) 구안천주 天珠 tianzhu 톈주.

Zungzhug (gzungs gzhug) 숭슉 耸秀 songxiu 쑹슈.

Zurshi (zur bzhi) 수르시 蘇西 suxi 쑤시.

주석

추천사

1. 1950년대 중반부터 1960년대 말까지 중국은 군사적 목적으로 전국을 총 13개 군구(military region)로 나누었는데, 그중 하나가 티베트군구(중국어로는 시짱쥔취Xizang junqu)다. 하지만 티베트에서 중국어 '시짱쥔취' 또는 이를 줄인 '쥔취'는 세 가지 각각 다른 의미를 가지고 있다. 첫째, 티베트군구의 책임과 관할이 미치는 지리적 영역, 둘째, 해당 지리적 영역 내의 군대를 움직이는 행정 또는 지휘 체계, 셋째, 그러한 지휘체계를 실제로 발동시키는 라싸 소재의 기지 또는 기관 청사를 뜻한다. 1968년 티베트군구는 티베트 성급 군구(the Tibet Military District)로 강등되면서 쓰촨군구 아래로 편입되었지만 여전히 티베트에서는 쥔취로 불린다. '쥔취'가 어떤 의미로 쓰였는지는 그때그때 맥락에 따라 판단할 수밖에 없다. 티베트인들은 티베트어로 이야기할 때조차 위에 나열한 의미를 표현할 때는 중국어 '쥔취'를 사용한다. - 영문 역자/편집자

사진에 대해

1. 캄은 라싸를 중심으로 한 옛 티베트 체제(1642년 5대 달라이 라마가 수립)하에서 티베트 영토 최동단에 위치한 지역이었다. 하지만 1950년에 옛 티베트 정부의 실질적인 통치권이 미친 것은 캄 안에서 서부 일부(드리추강, 즉 양쯔강 상류 서쪽) 지역뿐이었고, 나머지 구역은 이미 쓰촨성·칭하이성·윈난성의 통제하에 있었다. 중국 정부와 더다수 중국 작가가 사용하는 티베트(중국어로 시짱)라는 용어는 티베트 고원의 서쪽 절반, 즉 인민해방군이 진입했을 때 티베트 정부의 권력이 미치던 지역(이른바 정치적 티베트)만을 의미한다. 반면 다수의 티베트 작가와 외국 작가들이 말하는 티베트는 티베트 고원 전체를 의미하며, 이것은 중국 내 티베트인들이 다수 거주하는 지역(같은 문화를 공유하는 사회로서의 티베트)과도 대략 일치한다. - 영문 역자/편집자

서문

1. 엘리엇 스펄링은 티베트에 대한 중국의 입장이 어떻게 달라져왔는지를 보여주면서, 특히 티베트가 언제부터 중국의 일부였는지에 대한 중국측 주장이 계속 달라지고 있다고 지적한 바 있다(Elliot Sperling, "The Tibet-China conflict: History and Polemics," *Policy Studies 7*, Washington DC: East-West Center, 2007). 2015년 4월 중국 정부는 다시 한번 티베트에 대한 중국의 권리가 기존의 1244년보다 훨씬 예전인 '고대'로 거슬러 올라간다고 주장했는데, 이는 적어도 7세기를 의미하는 것으로 보인다. "역사가 분명히 드러내고 있듯이 티베트는 고대로부터 중국의 일부였고 이후 한 번도 독립 국가였던 적이 없다. …7세기 티베트에 세워진 토번 왕조는 고대 중국의 지방 정부로서 중국 남서부 국경지역 발달에 중요한 공을 세웠다." 중국국무원신문판공실, '티베트의 발전은 거부할 수 없는 역사의 흐름이다' Tibet's Path of Development Is Driven by an Irresistible Historical Tide," Beijing: Xinhua, April 15, 2015, http://english.gov.cn/archive/white_paper/2015/04/15/content_281475089444218.htm.

2. "1966년 5월부터 1976년 10월까지 지속된 '문화대혁명'으로 인해 당, 정부, 인민은 인민공화국 건국 이래 가장 심각한 좌절과 손실을 겪었다." 1981년 6월 27일 중국 공산당 제11기 중앙위원회 제6차 전체회의에서 채택된 '중화인민공화국 건국 이래 공산당 역사의 몇 가지 문제에 관한 결의' 제19항.

3. 문화대혁명 기간의 박해와 단절의 경험을 기록한 자서전적 문학 또는 허구가 일부 가미된 문학을 '상흔문학(중국어로는 상헌원쉐)'이라고 한다. 상흔문학이라는 이름은 루신화의 단편 〈상흔〉(1978)에서 유래한다. 상흔문학 운동은 1970년대 말부터 1990년대 초까지 이어졌다.

4. 프랑수아즈 로뱅은 문화대혁명 시기를 배경으로 한 티베트어 단편소설 두 편을 찾아냈다. 〈게싸르 음유시인The Gesar Bard〉[티베트어: Sgrung Ba] (된둡 걜Dondrub Gyal, 1979)은 전통 서사시를 노래했다는 이유로 고문당해 죽은 늙은 티베트 전통 음유시인의 이야기이고, 〈모래폭풍 속의 독수리들Vultures in the Dust Storm〉[티베트어: Nag khrod kyi bya rgod](치메 도제'Chi med rdorje, 1995)는 소위 티베트 해방 이전의 봉건 체제를 그리워한다고 의심받는 젊은 역사학자의 이야기다. 이보다 최근에는 문화대혁명의 경험을 다룬 대작 장편소설도 나왔는데, 체링 된둡Tshering Dondrub이 쓴 〈울부짖는 붉은 바람The Red Howling Wind〉[티베트어: Rlung Dmar 'ur 'ur] (2000)이라는 작품으로 출판 직후 금지되었다. Francoise Robin, "The Events of Amdo '58 and the Emergence of Literary Postmemory Among Tibetans", in Robert Barnett, Benno Weiner, and Francoise Robin, eds., *Conflicting Memories*(Leiden: Brill, forthcoming).

5. 〈금지된 기억〉이 발표된 후, 중국의 준관영 인터넷 매체인 sina.com은 란즈구이Lan Zhigui가 티베트에서 촬영한 서른 장의 사진을 공개했다(http://slide.news.sina.com.cn/j/slide_1_45272_75591.html). 란즈구이는 1950년대부터 저자의 아버지 체링 도제와 함께 종군 사진사로 복무했다. sina.com의 게시물은 〈금지된 기억〉을 (출처도 밝히지 않고) 인용한 것으로 보이고, 어쩌면 이 책의 출판에 대응해 만들어졌을 수도 있다. 웹사이트에 게시된 사진 중 세 점(사진 22-24)은 문화대혁명 시기의 사진이다. 외세는 사진 74에 대해 설명하면서 란즈구이의 사진들에 대해 언급한다.

6. 중국 본토의 문화대혁명을 기록한 중요한 사진들이 발견되기도 했다. 헤이룽장일보 소속 사진기자 리전성은 당시 중국 북동부 헤이룽장성에서 발생한 사건들을 담은 네거티브 필름 삼만 장을 자택 마루 밑에 숨겨 두었다. Li Zhensheng, *Red-Color News Soldier: A Chinese Photographer's Odyssey through the Cultural Revolution*(New York: Phaidon, 2003) 참조. 리전성은 당시 중국 언론은 '부정적' 이미지들(처형, 비판대회 등)을 보도할 수 없었다면서, 자신의 경험으로 보아 평범한 언론인이라면 그런 장면들을 촬영조차 할 수 없었을 것이라고 말한다. 리전성이 사진을 찍을 수 있었던 이유는 그 자신이 홍위병이었기 때문이다. 그런 그도 자신이 촬영한 '부정적' 사진들을 몰래 현상하고 간직해야 했다. 그는 또 남아 있는 문화대혁명 시기의 사진들을 모두 없애라는 명령을 받은 기자들의 사례도 언급했다. Sim Chi Yin, "A Panoramic View of China's Cultural Revolution," *New York Times*, September 10, 2012, https://lens.blogs.nytimes.com/2012/09/10/through-a-thwarted-cinematographers-eye-chinas-cultural-revolution/.

7. 유엔난민고등판무관실 집계에 따르면 당시 인도나 네팔로 망명하기 위해 불법으로 국경을 넘은 사람들의 수는 1990년대 말 연간 약 3천 명에 육박했다. 망명 사태는 2008년 중국 정부가 국경 통제와 감시를 강화하면서 거의 완전히 중단되었다.

8. 땐진 최닥에 대해서는 John F. Avedon, *In Exile from the Land of Snows: Dalai Lama and Tibet since the Chinese Conquest*(New York: Harper Perennial, 1997), 뺄댄 갸초의 경험에 대해서는 Palden Gyatso and Tsering Shakya, *Fire under the Snow*(London Harvill Bress, 1997), 관원이었던 툽땐 캐쮠에 대해서는 Tubten Khetsun and Matthew Akester, *The Memories of Life in Lhasa under Chinese Rule*(New York: Columbia University Press, 2014), 캄파 부족장의 아내 아마 아데의 체험에 대해서는 Adhe Tapontsang and Joy Blakeslee, *The Voice that Remembers: The Heroic Story of a Woman's Fight to Free Tibet*(Boston: Wisdom Publications, 1999)(번역서: 〈그래도 내 마음은 티베트에 사네〉(궁리, 2007))를 각각 참조할 것. 이밖에 참고할 만한 자료로는 Dr. Lobsang Wangyal, *My Life, My Culture*(Dharamsala: Ridak Publishers, 2007)와 Lobsang Yonten, *The Fire of Hell*(Utrecht: Pantau Publications, 2001) 등이 있다. 망명 인사들이 티베트어로 출간한 회고록에 대해서는 아래 주석 10을 참조할 것.

9. Melvyn C. Goldstein, William Siebenschuh, and Tashi Tsering, *The Struggle for Modern Tibet: The Autobiography of Tashi Tsering*(Armonk NY: Sharpe, 1997), Melvyn C Goldstein, Dawei Sherap and William R. Siebenschuh, A Tibetan Revolutionary: The Political Life and Times of Bapa Phüntso *Wangye*(Berkeley and London: University of

California Press, 2006)(번역서: 〈티베트의 별〉(실천문학사, 2009)) 등이다. 이 책들은 '공동 집필한' 자서전으로 분류할 수 있다.

10. 문화대혁명 시기에 투옥되지 않았던 티베트인이 영어로 발표한 자서전으로는 Arjia Rinpoche, *Surviving the Dragon: A Tibetan Lama's Account of 40 Years under Chinese Rule*(New York: Rodale, 2010)이 있다. 74-87페이지 참조. 망명 인사들의 티베트어 자서전 가운데 감옥 밖 문화대혁명의 직접 체험담을 접할 수 있는 책으로는 Ribur Rinpoche(Rimbur Trulku), *Dge sdig las kyi myong ba*[선행과 악행의 맛] 총 2권(Dharamsala: Shes rig par khang, 1989)과 sGrol ma chos 'dzoms(Drolma Chözom)의 *Rgan mo'i ma bcos drang gtam*[늙은 여인의 실제 이야기](Dharamsala: Guchusum, 2006)가 있다.

11. "나는 오늘날 티베트의 상황이 그다지 좋지 못하다고 말하고 싶다. 나는 현재와 역사를 분리해서 이야기하려 한다. 9일간의 현지 방문 조사 결과에 따르면 현재 티베트인들의 삶은 그다지 나아지지 않았다. 일부 향상된 지역도 있지만, 어떤 곳은 지난 30년 동안 심지어 더 나빠졌다…." 후야오방, '1980년 5월 29일, 라싸, 공산당 간부회의 연설', *중궈시다이Zhongguo Shidai*, 1998년 4월 게재.

12. 13대 달라이 라마의 1913년 '암물소의 해 교서'는 과거 티베트와 중국 정부의 관계가 위대한 제5대 달라이 라마 시대에 만주국 황제와 맺은 '성직자와 수호자의 관계[Rgya Bod mchod yon gyi 'brelba]'였다면서 '어느 한 쪽이 상대방의 아래에 있지 않다[gcig 'og tu gcig med pa' gnas lugs]'라고 서술했다. W.D. Shakabpa, *Bod kyi srid dong rgyal rabs*[티베트 정치사Political history of Tibet] 총 2권(Kalimpong: Shakabpa House, 1976), 2:220-21. 망명 티베트 공동체 지도자들은 티베트가 과거에 완전한 독립국으로서 누린 권리에 대해 한계를 두는 어더한 용어의 사용도 거부한다.

13. 당시의 사건들은 낙창 눌로가 암도에서 보낸 어린 시절을 기록한 회고록에 매우 생생하게 묘사되어 있다. Naktsang Nulo, *My Tibetan Childhood: When Ice shattered Stone*(Durham NC: Duke University Press, 2014).

14. 제10대 판첸 라마 최끼 걜챈Chos kyi rgyal mtshan(Chökyi Gyaltshan)에 대해서는 *A Poisoned Arrow: The Secret Report of the Tenth Panchen Lama*, edited by Robert Barnett(London: Tibet Information Network, 1997)를 참조할 것.

15. 1960년대 초의 상황에 대한 공산당의 1981년 공식 평가는 다음과 같다. "경제 사업을 영도하는 원칙에 있어서 '좌파'의 실책들은 근절되지 않았을 뿐 아니라 정치, 사상, 문화면에서 사실상 증가했다. …1962년 9월 마오쩌둥 동지는 사회주의 사회 내 제한된 범위에서만 존재하는 계급 투쟁을 확대하고 절대화시켰다. …그리고 지식인들의 문제, 교육, 과학 문화 문제에 있어서 '좌익' 편향이 점점 심각해졌다. 이런 실책들이 극단으로 치달으면서 결국 '문화대혁명'으로 이어졌다." '특정 문제들에 대한 결의', 1981, 제17항.

16. '특정 문제들에 대한 결의', 1981, 제19항에서 인용. 문화대혁명을 정당화하는 마오쩌둥의 주장은 주로 5·16 통지에 드러나 있다.

17. '특정 문제들에 대한 결의', 20.3.

18. '특정 문제들에 대한 결의', 20.4

19. 숙청당하지 않은 티베트자치구 내 문화대혁명 인사 가운데 가장 두드러진 인물은 1975년부터 2002년까지 티베트자치구 공산당 부서기를 지낸 락디(중국어로는 라이디 또는 러디)였다. 1971년부터 1980년까지 티베트자치구 당서기 런룽의 수하였는데 외세는 런룽에 대해 3장에서 다루고 있다. 2017년 6월 런룽이 죽자 락디는 "런룽은 홍군의 이름난 용사로 혁혁한 공을 세웠고, 공산당의 용사, 혁명의 용사로… 일생을 혁명, 투쟁과 승리, 공산주의 목표를 향해 매진했다"라고 썼다. Blo mthun Rag sdis kyis "chab srid u yon Ren rung dang Bod kyi mi dmangs sems pa gcig tu 'brel" zhes pa'i ming bkodrtsom yig spel nas blo mthun Ren rung la drang so zhus pa[락디 동지는 "정치 위원 런룽과 티베트 대중의 마음이 하나가 되다"라는 제목의 글을 통해 런룽 동지를 추모했다], 시짱일보(티베트어판), Chinatibetnews.com, July 3, 2017, http://tb.chinatibetnews.com/sylm/syyw/201707/t20170703_1871170.html).

20. 달라이 라마의 1987년 9월 21일 미국 워싱턴 DC

미국 의회 인권 회의 연설 '평화를 위한 5단계 계획' 참조. 달라이 라마는 1년 후 스트라스부르에서 더 구체화된 안을 제시했다.

21. 이후의 내용은 Tsering Woeser and Wang Lixiong, *Voices from Tibet*(Hong Kong: University Press, 2014)에 로버트 바넷이 쓴 서문을 정리한 것이다.

22. Woeser, "Print—For Certain Prejudices," 번역 Fiona Sze-Lorrain. Dechen Pemba and Woeser, "An Eye from History and Reality—Woeser and the Story of Tibet," *Cerise Press* 3 no. 9(Spring 2012)에 언급됨.

23. Woeser, *Tibet's True Heart: Selected Poems*(Dobbs Ferry NY: Ragged Banner Press, 2008).

24. Ajia Rinpoche, *Surviving the Dragon*(New York: Rodale, 2010), 196–207.

25. Weise[Tsering Woeser], Xizang zaishang[티베트에게] (Xining: Quinghai People's Publishing House, 1999)

26. Woeser, "Coming Home," in *Tibet's True Heart*(Dobbs Ferry NY: Ragged Banner Press, 2008), 78.

27. *Xizang Biji*[티베트 수기], (Guangzhou: Huacheng Publishing House, 2003)

28. Tsering Woeser, Wang Lixiong, *Voices from Tibet*(Hong Kong: University Press, 2014)

29. Dang'an[파일], Zhu Rikun 감독, 2014

30. Tsering Shakya, *the Dragon in the Land of Snows: A History of Modern Tibet since 1947* (London: Pimlico, 1999), 315-47

31. Melvyn C. Goldstein, Ben Jaio, and Tanzen Lhundurp, *On the Cultural Revolution in Tibet: The Nyemo Incident of 1969*(Berley and London: University of California Press, 2010). 그밖의 참고 자료로는 Benno Ryan Weiner, "Has the Party Committee Turned Putrid? The Development and Composition of Cultural Revolution-era Factionalism in the Tibetan Autonomous Region"(Master's thesis, Columbia University, 2007)이 있다.

32. *Tibet Under Chinese Communist Rule: Compilation of Refugee Statements, 1958-1975*(Dharamsala: Information and Publicity Office of His Holiness the Dalai Lama, 1976).

영문판 서문

1. 저자는 이외에도 〈티베트는 기억한다(시짱지이)〉의 적어도 두 챕터를 highpeakspureearth.com이라는 온라인 매체에 영어로 공개했다. 그 중 하나는 라싸에서 활동한 최초의 홍위병 중 한 사람인 다와라는 인물과의 인터뷰다. https://highpeakspureearth.com/my-conversation-with-dawa-a-lhasa-red-guard-who-took-part-in-the-smashing-of-the-jokhang-temple-by-woeser/ 접속 일자 2019년 6월 20일.

I. 낡은 티베트를 박살내라!

1. '빤첸(판첸) 예르띠니'는 중국 언론이 티베트 불교 겔룩빠 서열 2위의 라마이자 전통적으로 티베트 서부 지역에서 가장 영향력 있는 인물인 판첸 라마를 지칭할 때 쓰는 경칭이다(중국 공영 매체가 라마를 대상으로 경칭을 사용하는 경우는 거의 없으며, 심지어 달라이 라마에 대해서도 별도의 경칭을 사용하지 않는다). 여기서 지칭하는 인물은 10대 판첸 라마(1938-89)로, 1959년 달라이 라마 망명 이후 티베트에 남은 라마 가운데 중국 정부가 가장 높은 직책을 부여한 인물이다. [티베트자치구 준비위원회는 1959년 달라이 라마 망명 후 명목상 모든 행정부 업무를 넘겨받았고 1965년 티베트 자치정부에 통합되었다. 하지만, 당시 실질적인 권력은 늘 지역 공산당 위원회가 쥐고 있었다. - 영문 역자/편집자]

2. 중화인민공화국은 그때까지 '티베트 지방 정부'라고 부르던 대상을 1965년 9월 9일부터 '티베트자치구 인민정부'라는 정식 명칭으로 바꾸어 부르기 시작했다. 중화인민공화국이 티베트로 인정하는 영역(티베트 고원의 서쪽 절반)은 티베트자치구라는 새 이름을 갖게 되었다. 티베트 고원의 동쪽 절반은 1950년대에 이미 중국에 의해 여러 개의 티베트 자치주들과 명목상 자치 단위들로 분할되어

있는 상태였다. - 영문 역자/편집자

3. ‘단웨이’는 중화인민공화국이 공공기관이나 공기업, 특히 업무 시설뿐만 아니라 직원과 그 가족을 위한 주거 시설까지 갖추고 있는 기관들을 지칭하는 용어다.

4. 두 학교는 각각 티베트 사범학교와 라싸중등학교다. - 영문 역자/편집자.

5. Mao Zedong, “The Situation and Our Policy after the Victory in the War of Resistance against Japan”(August 13, 1945), Selected Works, 4:19(번역서 〈모택동 선집 4〉, 범우사, 2008).

6. 암도 잠빠(1911-2002)는 원래 대뽕 수도원 승려였는데, 1959년 이전부터 많은 그림을 그린 유명한 화가였다. 그가 그린 그림 중에는 벽화와 탕카도 있었는데 14대 달라이 라마가 노르부링카에서 여름을 지내던 시절 여름 궁전에 쓸 그림을 의뢰받아 그리기도 했다. [그는 티베트 화가로는 최초로 포토리얼리즘 스타일의 그림을 그렸다. 1980년대에 잠시 인도로 건너가 달라이 라마가 있는 다람살라에서 종교와 역사를 주제로 한 중요한 벽화들을 다수 그렸고, 티베트로 돌아와 여생을 보냈다. - 영문 역자/편집자]

7. ‘삼충’은 마오쩌둥에 대한 충성, 마오쩌둥 사상에 대한 충성, 마오쩌둥의 무산계급 혁명 노선에 대한 충성을 말한다. ‘사무한’은 무한한 사랑, 무한한 신뢰, 무한한 숭배, 무한한 충성을 의미한다.

8. 5대 달라이 라마 시대에 묀람첸모 기간이 15일에서 21일로 늘어났다.

9. 사진 31 해설 참조. 1988년 3월 묀람첸고 기간 중 인민무장경찰의 진압 장면을 중국 관원들이 찍은 동영상이 있다. https://www.youtube.com/watch?v=HN9LYniEros - 영문 역자/ 편집자

10. 루구는 라싸 시내 루부(klu sbug)의 다른 이름이다. 루부는 반은 사람이고 반은 뱀인 나가(루klu)들의 동굴(부sbug)이라는 뜻이다. - 영문 역자/편집자

11. 냐뎰은 중국어로 다롄즈(大联指)라고 하는데 ‘무산계급대연합혁명총지휘부’(无产阶级大联合革命总指挥部 wuchan jieji da lianhe geming zongzhihuibu우찬 제지 다 롄허 거밍 쭝즈후이부)의 줄임말이다.

12. 청나라 황실은 달라이 라마의 티베트 정부에 대응하기 위해 1727년부터 1911년까지 라싸에 황제의 특사인 암반을 상주시켰다. 암반들은 티베트 내에서 어느 정도의 권위를 누렸고 경우에 따라 최대 2천 명 규모의 군대를 동반하기도 했다. 암반의 역할과 의미는 시대에 따라 조금씩 달랐으며 여전히 논란의 대상이다. - 영문 역자/편집자

13. 마니 만트라는 ‘옴 마니 빳메 훔’이라는 여섯 음절 산스크리트어 문구로 ‘연꽃 속 보석을 찬양합니다’라고 번역되곤 한다. 이 만트라를 반복해서 읊조림으로써 자비의 마음을 일으키고, 관세음보살, 즉 자비의 보살을 일깨운다. 티베트인들이 가장 빈번하게 읊는 만트라로서 벽, 돌, 산, 깃발 등 여러 물건이나 장소에 새겨져 있거나 그려져 있는 것을 흔히 볼 수 있다. - 영문 역자/편집자

14. 〈티베트 주요 사건 기록: 1945-1985〉[시짱 다시지루]는 티베트 중국 공산당 학교 학보(시짱 당샤오 정칸)의 증보판으로 발행되었다. 학보는 학교 내에서만 유포되었다.

15. 린포체라는 단어는 ‘귀중한’ 또는 ‘가치가 매우 높은’이라는 뜻으로 티베트인들이 라마 고승을 일컬을 때 쓰는 경칭이다. 트리장 린포체(1901-81)는 14대 달라이 라마의 작은 스승으로, 1959년 달라이 라마와 함께 티베트를 떠났다. - 영문 역자/편집자

16. 갼록은 ‘조반’파를 뜻하는 중국어 ‘짜오쭝’을 티베트어로 번역한 것이다. 짜오쭝은 ‘라싸 혁명조반 총사령부(라싸 거밍 짜오판 쭝부)’의 약어다.

17. ‘팔일팔’은 마오쩌둥이 처음으로 베이징에서 일백만 홍위병을 맞이한 1966년 8월 18일을 말한다. 이날 나온 홍위병들은 대부분 중국 전역에서 모인 중고등학생들이었다.

18. ‘반란 참가’, 중국어로 ‘찬판’은 1956년 이후 티베트 여러 지역에서 중국의 무력에 맞서 저항하고 싸웠음을 의미하며, 이 저항은 1959년 3월 봉기로 정점에 이른다. 한편 저항 세력을 억압하기 위해 체제가 취한 군사 행동은 ‘핑판’이라고 하며, ‘반혁명 반란의 평정’ 또는 ‘반란 척결’을 뜻하는 중국어를 줄인 말이다. - 영문 역자/편집자

19. ‘흑오류’는 홍위병으로 선발될 수 없는 다섯 가지

출신 성분, 즉 지주, 부농, 반혁명분자, 악질분자, 우파를 가리킨다. - 영문 역자/편집자

20. 중국 정부는 라싸 내에서도 특히 시 중심지역에 성관구(청관취)라는 이름을 붙였다. 글자 그대로 '성벽 내에 있는 구역'이라는 뜻으로, 중국에서 행정 관할 내 향촌이나 도시의 중심 지역을 지칭하기 위해 종종 사용하는 일반명사다. 티베트에서 이 중국어 단어는 해당 지역을 다스리는 지방 정부의 통치주체를 지칭하는 의미로 사용된다. 티베트어에는 이에 상응하는 말이 없다. 그래서 영문판에서는 '도심지구'The Inner City District로 번역했다.

21. 티베트자치구 공산당 역사 자료 수집 위원회, *Xizang gemingshi*[티베트 혁명사](Lhasa: Tibet People's Publishing House, 1991, 205.)

22. *Xizang gemingshi*, 207.

23. 당시의 기록에 따르면 라싸중등학교에서 132명의 '지식청년'이 1969년 9월 27일 가장 먼저 농촌으로 떠났다.

24. '커우 마오쯔'를 글자 그대로 해석하면 '모자가 씌워진' 또는 '모자를 쓴'이라는 뜻이 되는데, 공산당 행동대원들이 비판의 표적들에게 흰색 고깔모자를 씌우는 관행을 가리킨다. - 영문 역자/편집자

25. 승리 사무소, 중국어로는 '성리 반스추'는 성관구 산하 행정 사무소(반스추) 가운데 하나다. 성관구는 남부, 동부, 북부로 나뉘는데, 승리 사무소는 남부 성관구 행정 사무소로 남부 성관구에 속하는 바르꼬르, 톰시캉, 루구, 랍쌜 거민위원회를 관리 감독했다. (126페이지 참조.)

26. 수르시는 라싸 옛 시가지 바르꼬르 둘레길의 네 모퉁이를 의미한다. 각각의 모퉁이에는 방향을 표시하는 기도 깃발이 꽂혀 있었다. 잠빠 린첸에 따르면, '조오시'(중국어로 '줘시')는 네 수호신이라는 뜻이다. 포탈라궁을 보호하는 신, 조캉 사원을 보호하는 백색 타라 보살, 땐걔링의 수호신과 잠빠 린첸이 이름을 기억하지 못하는 네 번째 수호신을 합쳐서 조오시라고 한다. (부록 참조)

27. '카딱'은 환영의 뜻을 표시하기 위해 사용하는 천이다. 보통 흰색이고, 전통적인 카딱은 비단으로 만들어 신성한 물건에 두르거나 존경을 표하고 싶은 사람에게 준다. '시'는 알록달록한 귀한 돌을 뜻하는 티베트어다. 원래는 마노석으로 만들었는데 티베트인들이 매우 귀하게 여긴다. (표면에 흰 무늬가 있는 부분을 '눈'이라고 한다.) - 영문 역자/편집자

28. 응악왕 체링에 따르면 대부분의 한족은 베이징 제80고등학교, 칭화 대학교, 베이징 지질학원, 베이징 항공학원, 베이징 제2의학원, 베이징 대학교, 베이징 과학기술대학교, 베이징 사범학원, 베이징 공업학원, 하얼빈 군사공학 대학교, 네이멍구 교통학교 출신이었다. 응악왕 체링은 인터뷰 이후 사망했다.

29. 청더메이가 50대 후반에 출간한 자서전 〈고산병 Gaoshanfanying〉(Beijing, China Tibetology Publishing House, 2005)에 나오는 내용이다.

30. '짼래식'은 티베트인들과 마하야나(대승불교), 바즈라야나(금강승불교, 탄트라불교) 신자들이 숭배하는 세 보살 중 하나인 관세음보살을 뜻하는 티베트어다. 산스크리트어로는 '아발로키테슈바라'로 알려진 관세음보살은 자비의 화신으로 '자비의 마음으로 내려다보는 이'라는 뜻이다. 티베트불교에서 '짼래식'은 티베트의 수호신이고, 역대 달라이 라마들은 모두 이 짼래식의 환생이다. 여성은 '타라', 티베트어로는 '될마'라고 한다. - 영문 역자/편집자

31. 티베트자치구 공산당 역사자료 수집 위원회 *Zhonggong Xizang dangshi dashiji*[티베트 중국 공산당 역사 주요 사건 연보](Lhasa: Tibetan People's Publishing House, 1995).

32. 응아푀 응악왕 직메Ngapo Ngawang Jigme (1910-2009)는 옛 티베트 귀족이자 티베트 정부 고위 관료로, 1950년 10월 티베트군이 인민해방군에 패할 당시 참도에서 티베트군을 지휘했다. 1951년 티베트 정부는 그를 파견해 '17개조 합의'로 알려진 중국 공산당과의 항복 문서에 관해 협상하고 문서에 사인하도록 했다. 이후 그는 저항은 무의미하다고 보고 중국 관원들과 친밀하게 지냈다. 그는 1959년 이후 티베트에 남아 티베트 구 귀족들 가운데 최고 지위를 누렸고 티베트자치구 지사로도 임명되었다. 그의 사후 발표된 보고서에 따르면 그가 비밀리에 중국 공산당에 가입했었다고 한다. - 영문 역자/편집자

33. 정식 명칭은 *Lha ldan sprul pa'i gtsug lag khang*

gi dkar chag shel dkar me long[라싸 쭉라캉 수정 거울 목록The crystal mirror inventory of the Lhasa Tsuglakhang]. 영어 번역 전문은 Andre Alexander, Temples of Lhasa(Chicago: Serindia, 2005) 참조 - 영문 역자/편집자

34. Pierre-Antoine Donnet, *Tibet: Survival in Question*(Oxford: Oxford University Press, 1994), 4.

35. '뽐다'라는 성은 영어로 빵다Pangda 또는 줄이지 않은 형태인 빵다창Pangdatshang으로 표기한다. 가문이 나중에 사용한 이름이다. - 영문 역자/편집자

36. 10대 데모 린포체(1901-1973) 땐진 갸초는 1959년 이후 중국 불교협회와 중국 인민정치협상회의 등에서 여러 명예직을 지냈다. 그의 아들 중 하나인 게렉 린포체는 미국으로 가서 불교 스승으로서 이름을 알렸고 멜빈 골드스타인과 함께 〈라마 왕국의 멸망The Demise of the Lamaist Kingdom〉을 쓰기도 했다. (중국 인민정치협상회의 (cppcc)는 종교 지도자, 구 티베트의 귀족 및 여타 지역 고관들 가운데 공산당원은 아니지만 공산당의 권력을 인정하기로 합의한 이들에게 명목상의 자문 역할을 부여하기 위해 공산당이 만든 허울뿐인 조직이다.) - 영문 역자/편집자

37. 팍빠라 게렉 남겔(1940-)은 1950년 인민해방군에 의해 가장 먼저 점령당한 티베트 중부 참도에서 가장 중요한 겔룩빠 라마였다. 그는 1950년 중국군에게 점령당한 후 (달라이 라마와 10대 판첸 라마와 더불어) 티베트의 명목상 지도자로서 고위직을 보장받은 최고 서열의 라마 3인 중 하나다. 팍빠라는 1959년 이후에도 티베트에 계속 남았고, 1989년 판첸 라마 사망 후 중국 정부가 인정하는 최고 서열의 라마가 되었다. - 영문 역자/편집자

38. 라뫼 예쎄 췰팀은 9대 판첸 라마(1883-1937) 행정부에서 관직을 지냈고 후임인 10대 판첸 라마도 모셨다(주석 1 참조). 10대 판첸 라마의 대리로 1950년대 중반에 티베트자치구 준비위원회 부의장으로 임명되기도 했다. 이후 그는 티베트 정치협상회의 부주석, 중국 인민정치협상회의 전국위원회 상임위원에도 올랐지만 두 직책 모두 오래 유지하지는 못했다.

39. [마오와 저우언라이에게 보낸 판첸 라마의 편지는 '7만 자 탄원서'라고도 알려져 있다. 중국어 전문과 영어 번역은 *A Poisoned Arrow: The Secret Report of the 10th Panchen Lama* (London: Tibet Information Network, 1997)에 실려있다. —영문 역자/편집자] 당시 티베트 국가 기구 내 최고 서열이었던 판첸 라마에 대한 첫 탄핵은 제 7차 티베트자치구 준비위원회 총회에서 이루어졌다. 7차 총회는 당시 티베트 내 중국 최고 권력자였던 장징우와 장궈화가 의장을 맡았다.

40. 라뫼 예쎄 췰팀의 여섯 번째 동생 라뫼 쐬남 뢴둡은 10대 판첸 라마의 개인 재정 비서였다. 이 사진이 촬영되기 2년 전인 1964년 판첸 라마에 대한 9주 동안의 비판 투쟁이 시작되었을 때, 시가체의 타시룸포 수도원 쎙첸 린포체(롭상 곌첸), 14대 달라이 라마의 개인교사였던 갸촐링 린포체(사진 76)와 더불어 가장 격하게 판첸 라마를 비난한 사람이 바로 이 여섯째 동생이다. 그 결과 그들의 지위가 빠르게 상승하는 것을 본 티베트 일반인들은 그들을 뻰바르와라고 부르기 시작했는데(지금도 그렇게 부른다), 뻰바르와는 '판첸 라마를 끌어내리고 권세를 얻은 승리자'라는 뜻이다. 라뫼 쐬남 뢴둡은 나중에 티베트자치구 정치협상회의 부주석이 되었다.

41. 바르꼬르 남동쪽 모퉁이에 있던 수르캉 저택은 1993년 철거되었고 그 자리는 사이캉 쇼핑센터라는 상점가가 되었다.

42. 20세기 중반 수르캉 가문의 주요 인물이었던 수르캉 왕첸 게렉은 옛 티베트 정부의 고관이었고 마지막에는 총리까지 오른 인물이어서 주요 반혁명 악질분자로 분류되었다. 1959년 인도로 달아나지 않았더라면 그도 아마 이날 비판 투쟁에 끌려나왔을 것이다.

43. 사진 왼편 아래, 마오쩌둥 초상화 오른쪽 위 모서리(보는 입장에서는 왼쪽 위) 바로 옆 행렬 맨 앞줄 가장자리에서 행진하는 남자가 보인다. 호주머니가 달린 깔끔한 중산복을 입고 머리도 공들여 손질한 모습이다. 아마 이날 행진을 주관한 간부로 추정된다. - 영문 역자/편집자

44. '뙬꾸'는 영적으로 매우 높은 경지에 이른 라마를 뜻하는 티베트어다. 법력이 매우 높아 의지에 따라 매번 다음 생에 환생할 수 있고, 누구의 환생인지도 알아볼 수 있도록 태어나 타 중생들을 돕는

다고 한다. 뙬꾸를 글자 그대로 해석하면 '(속세에) 나타난 몸'이라는 의미가 된다. 중국어로 종종 '활불(후오포)'이라고 하는데 이는 잘못된 번역이다. - 영문 역자/편집자.

45. 망명 후 리부르 린포체는 캘리포니아 북부에서 수년간 살며 불교를 가르치다가 인도에 있는 쎄라 수도원 망명 분원으로 돌아왔고 2006년 초 사망했다. - 영문 역자/편집자

46. Pierre-Antoine Donnet, *Tibet: Survival in Question*(Delhi: Oxford University Press, 1994), 79. 다람살라에서 1990년 간행된 리부르 린포체의 자서전에 탐징의 경험이 더 자세히 기술되어 있다.

47. Donnet, *Tibet: Survival in Question*, 82. 리부르 린포체가 문화대혁명 기간에 약탈당한 보물을 회수하기 위해 베이징에서 벌인 활동에 대한 기록은 *Ri 'bur sprul sku's Dge sdig las kyi myong ba*[선행과 악행의 맛](Dharamsala, 1989, 2:388–414)을 발췌해 인용한 Andre Alexander, *The Temples of Lhasa: Tibetan Buddhist Architecture from the 7th to the 21st Centuries*(Bangkok: Serindia, 2005), from 312. 참조. - 영문 역자/편집자

48. 티베트의 귀족이나 큰 상인 가문 사람들의 이름은 성 또는 출신지가 앞에 오고 나머지 이름이 뒤에 온다. 라마의 경우 누구의 환생인지를 나타내는 계보와 소속 사원의 이름이 앞에 온다. 쌈딩 도제 팍모 데첸 최된이라는 여성의 경우 쌈딩과 도제 팍모는 각각 쌈딩 사원, 도제 팍모(돼지로 형상화되는 티베트 불교의 여신, 금강해모, 바즈라바라히)의 환생을 의미하고, 데첸 최된은 이 여성의 이름이다. 라마들을 칭할 때 환생 이름 앞에 '뙬꾸'를 붙이거나 환생 이름 뒤에 경칭인 '린포체'를 붙이기도 한다. - 영문 역자/편집자

49. '사류 분자'는 지주, 부농, 반혁명분자, 부패 분자를 말한다.

50. Baidu.com에 소개된 '란즈구이 인물 소개A Profile of Lan Zhigui' 참조. 2017년 9월 18 기준, https://baike.baidu.com/item/蓝志贵.

51. '란즈구이 인물 소개' 참조. 서문 주석 6 참조.

52. *1950–70: Lao sheyingshi jingtou li de Xizang ershinian*[1950–70: 늙은 사진가의 렌즈 너머로 본 티베트의 20년Twenty years of Tibet from the lens of an old photographer], photo.sina.com.cn, October 14, 2014, 2017년 9월 18일 접속, http://slide.news.sina.com.cn/j/slide_1_45272_75591.html. 란즈구이가 촬영한 서른 장의 사진이 실려 있는데 일부 사진 설명에는 이 책 〈금지된 기억〉 초판본에서 가져다 쓴 글과 정보가 포함되어 있다.

53. 티베트 문화대혁명의 시작을 기념하는 집회 사진(사진 12)에서 가운데 현수막 바로 아래, 마오쩌둥 초상화 바로 앞에 검은 재킷과 제복 모자 차림의 촬영기사가 보인다. 이 사람이 란즈구이일지도 모른다.

54. 이 사진을 중국 공산당 체제하에서 고위직을 지낸 어느 티베트인에게 보여주었더니, 그는 한숨을 쉬며 1950년대 달라이 라마를 섬기고 있을 때부터 갸출링은 티베트군구 연락부에 매수된 정보원이었다고 했다.

55. 국외로 나간 샤갑빠는 〈티베트: 정치사Tibet: A Political History〉를 썼는데 처음 티베트어로 출판했을 때의 제목은 〈십만 개의 달One Hundred Thousand Moons〉이었다. 이 책은 티베트 역사에 대한 혁신적인 저서다. 그는 또 〈라싸의 주요 사원 목록과 안내서the Catalogue and Guide to the Central Temple in Lhasa〉의 저자이기도 한데, 300년 전 5대 달라이 라마가 쓴 같은 제목의 자료를 업데이트한 것이다. 샤갑빠는 1989년 미국에서 82세의 나이로 사망했다.

56. 카수르 쐬남 뒬마는 유명한 상인이면서 군 지휘관이자 장관이었던 차롱 다상 다뒬의 셋째 딸이다.

57. 호르캉 쐬남 뻴바르(1919-95)에 대한 자세한 내용은 사진 80-81 해설 참조.

58. 겐뒨 최펠(1903–51)은 20세기 초 가장 중요하면서도 논란을 불러일으킨 티베트 지식인으로 알려진 승려다. 그는 티베트, 인도, 스리랑카 등지를 두루 여행했고 티베트 주요 역사 및 불교 철학, 정치, 여행에 관한 책과 에세이를 썼다. 그는 또 뛰어난 예술가이기도 했다. 그는 영국 제국주의와 티베트 사회의 특정한 면들에 대해 강력하게 비판했다. - 영문 역자/편집자

59. 문화대혁명 이후 호르캉은 티베트자치구 사회과학연구원 고문 겸 자치구 정치협상회의 부주석이 되었다.

60. '보'는 곡식을 계량하는데 사용하던 용기인데 보 하나에 들어가는 곡식의 무게는 대략 30파운드(약 13.6킬로그램) 정도였다. Melvin Goldstein with Gelek Rimpoche, *A Modern History of Tibet, 1913-1951: Demise of the Lamaist State*(Berkeley: University of California Press, 1991), 372. - 영문 역자/편집자

61. 까쑈빠의 비판투쟁 장면은 사진 78-79에도 찍혀 있다.

62. 냐룽썌 의원은 5대째 가업을 이은 의사였다. 그의 아버지는 13대 달라이 라마를 치료했고 어머니는 마를람바가 출신이다. 이들 부부에게는 체뻴, 뀐규르 등 자녀가 넷 있었는데 모두 의사가 되어 라싸 티베트 전통 의료원과 가족이 운영하는 병원에서 일했다.

63. 중국어로 '치바이'라는 이름인데 아마도 '체뻴'의 중국식 표기인 것 같다. - 영문 역자/편집자

64. 중국어로 '라오시' 혹은 '야오시'로 표기되는 얍시 딱체르는 관저가 위치한 곳의 이름을 따서 짱쎕싸르(중국어로 '젠쓰샤' 혹은 '장쓰샤', '동쪽에 있는 버드나무 숲'이라는 뜻)라고도 불린다.

65. 썌다와 데쬬는 결혼 후 얻은 이름이고 본명은 퇸빠 데쬬, 즉 퇸미쌈보따 집안의 데쬬라는 뜻이다. 퇸미쌈보따는 7세기 티베트 문자를 만든 전설적인 티베트 역관이다. 이 집안은 원래 녜모 지역에 살았었지만 이후 라싸로 이주한 뒤 거주한 라당닝빠('옛 영지')의 이름을 따랐다. 라당닝빠는 15세기의 위대한 불교 개혁가인 쫑카빠와 17세기 5대 달라이 라마의 관저였다가 퇸미쌈보따의 자손들에게 넘어갔다. 썌다와 데쬬의 자매인 쐬남 데끼(퇸빠 데끼로도 알려져 있다)는 새로운 중국 체제 아래서 가장 높은 지위까지 오른 귀족 관료 랄루 체왕 도제의 아내다. Tsering Yangdzom, *The Aristocratic Families in Tibetan History, 1900-51*(Beijing: China Intercontinental Press, 2006), 31, 173. 참조.

66. 고 안드레 알렉산더(1965-2012)는 1993년 티베트 유산 기금을 설립했고, 300명의 지역 업자들을 동원해 라싸 내 스무 곳의 역사적 건축물을 개축했으며 아흔세 개의 건물을 지역 정부가 보호 대상으로 지정하도록 하는 데 성공했지만 2000년에 티베트자치구 내 활동을 금지당했다. André Alexander, *The Traditional Lhasa House: Typology of an Endangered Species* (Munster, GermaNY:lit Verlag-Munster, 2013) 참조 - 영문 역자/편집자

67. 사청 혹은 사정화 운동은 사회주의 교육운동이라고도 하는데, 1963년에서 1966년까지 정치·사상·조직·경제 분야에서 시행된 재교육 운동이다. - 영문 번역/편집자

68. Wang Lixiong, *Tianzang: Xizang de mingyun*[천장: 티베트의 운명](Hong Kong: Mingjing[Mirror] Press, 1998), 216.

69. '우욘'은 위원을 뜻하는 중국어 '웨이위안'을 티베트어로 비슷하게 발음한 것이고, '랜캉'은 티베트어로 위원회라는 뜻이다. 결국 글자 그대로 해석하면 '위원-위원회'가 된다. - 영문 번역/편집자

70. '동쪽은 붉다' 사무소에는 와빠링·제붐강·바낙숔·끼레 거민위원회, '승리' 사무소에는 바르꼬르·톰시캉·루구·랍쌜 거민위원회, '동쪽을 지켜라' 사무소에는 메루·체뫼링·땐걔링·숔 거민위원회가 있었다.

71. 예를 들어 조캉 사원은 바르꼬르 거민위원회 관할이었기 때문에 조캉 사원 내 사구를 부수는 일도 처음에는 바르꼬르 거민위원회의 소관이었다.

72. 2015년까지, 중국이 '라싸시'라고 부르는 행정구역 내 거민위원회 수는 총 110개로 늘어났다(여기서 행정구역으로서 라싸시는 라싸뿐만 아니라 딱쩨, 맬도공까르 등 인접한 현을 포함하는데, 이들 현 안에는 농촌 지역도 넓게 분포해 있다. 라싸시는 지급(지구), 성관구는 현급 행정구다. - 영문 역자/편집자)

73. 네 범주(중국어로 이카오 두이샹, 퇀제 두이샹, 바오후 두이샹, 다지 두이샹) 가운데 세 번째인 보호 대상은 티베트의 경우 공산당 체제에 협력하고 있는 고위층 인사, 즉 응아푀 응악왕 직메, 뛸꾸 쌈딩 도제 팍모 등 귀족이나 종교 지도자들이었다.

74. 주석 19 참조.

75. '찹뚝'은 티베트어로 중국에서 들어온 바가지 모

양의 법랑그릇을 의미하지만 요강이라는 뜻으로 도 사용된다. 참뚝이라는 용어는 중국인들이 들어온 이후 새로 유행하게 된 짧은 머리 스타일을 조롱하는 의미로 사용되었다. - 영문 역자/편집자

76. 승리봉으로 개명하기 전까지 짝뽀리는 중국어로 야오왕산이라고 불렸는데, '약왕의 산'이라는 뜻이다.

77. 삼교공작단에 대한 자세한 설명은 본문 56-57페이지 참조.

78. 현재 티베트 의학 점성학(역학)원은 라싸 냥레가에 있고, 조캉 광장 서쪽에 외래진료센터가 있다.

79. Andre Alexander and Matthew Akester, *Lhasa Old City*(Lhasa: Tibet Heritage Fund, 1999), 2:11.

80. 짱쎕샤르라는 이름은 원래 티베트어 쨴식샤르(spyan gzig shar), '달라이 라마가 바라보는 포탈라궁 동쪽'이라는 의미에서 유래했다는 설명도 있다.

81. '종합관리'라는 말은 사회 질서와 '사회 안정'을 강화하기 위해 1980년대에 만들어진 다수의 정책들을 가리킨다. 세로로 긴 팻말에 적힌 티베트어는 '종합관리'라는 간접적인 용어 대신 '종합 사회 안보'라는 직접적인 용어를 사용해 의미를 분명히 전하고 있다. - 영문 역자/편집자

82. 포탈라궁의 일부인 홍궁은 5대 달라이 라마 시대(1617-82)보다 훨씬 이전에 지은 것으로 알려졌지만, 백궁은 5대 달라이 라마가 준공하고 달라이 라마 사후 그의 데씨, 즉 섭정인 상걔 갸초(1653-1705)가 완성했다고 한다.

83. Tenzin Gyatso, the Fourteenth Dalai Lama of Tibet, *Freedom in Exile: The Autobiography of the Dalai Lama*(London: Hodder and Stoughton, 1990), 35(번역서: 〈달라이 라마 자서전: 유배된 자유를 넘어서〉, 정신세계사, 2003).

84. 데모 왕축 도제는 데모 린포체의 아들이다. 데모 린포체에 대해서는 사진 58의 해설 참조. 룽궈타이의 어머니는 티베트인이고 아버지는 18세기 티베트에 온 청나라 병사의 후손이다. 티베트식 이름은 쐬남 걜챈이고 라싸에서 태어났다.

II. 파벌전쟁

1. '위안짱'은 중국 공산당이 사용하는 용어로, 티베트 근대화 촉진을 위해 중국으로부터 사람, 자금, 물자, 노하우 등을 티베트자치구로 보내는 여러 가지 사회운동 및 계획을 가리킨다. 1980년대 이후에는 특히 중국인 간부 수천 명이 임기 동안 한번씩 티베트자치구 내 중국 정부 및 공산당 기관 사무소에서 3년 동안 근무하는 위안짱 간부 제도를 가리키게 되었다. - 영문 역자/편집자

2. 류사오치(1898-1969)는 중국 공산당 초대 부주석이다. 문화대혁명 발발 시기에는 중국 정부 수반으로 마오쩌둥, 저우언라이 다음으로 중국 내 권력 서열 3위였다. 1961년 마오쩌둥의 후계자로 선언되었지만 마오쩌둥의 극단적인 정책에 일부 반대 의사를 표한 이후 공격의 표적이 되었다. 문화대혁명 기간 중 여러 차례 비판 투쟁과 구타를 당했고, 2년간 가택 연금에 처해진 후 1969년 사망했다. 중국과 소련의 관계는 1956년 흐루쇼프가 스탈린의 정책을 비판하면서 악화되었고, 1961년 중국 공산당은 소련을 '수정주의 배신자'라고 공식 비판했다. - 영문 역자/편집자

3. 티베트자치구 주둔 인민해방군 상당수가 산시성이나 허난성 출신이었고, 1950년대 인민해방군이 처음 티베트에 들어왔을 때 병사들의 사기 진작을 위해 산시 가극단과 허난 가극단도 함께 왔다.

4. 〈농노〉(눙누, 리쥔 연출, 1963)는 1940년대와 50년대를 배경으로 쟘빠라는 티베트 고아의 이야기를 그린 장편 극영화다. 어린 쟘빠의 부모는 지방 영주의 아들에게 구타당해 목숨을 잃었고, 쟘빠 자신도 처참하게 구타당한다. 쟘빠는 원수를 갚을 때까지 말을 하지 않기로 묵언서약을 한다. 이후 쟘빠는 억지로 승려가 되지만, 인민해방군에 대항해 무장 폭동을 일으키려는 지역 라마의 음모를 밝혀내고 1959년 티베트에 민주개혁이 시작되자 비로소 다시 말을 한다. 〈태어나면 안 되는 사람〉(부준추성더런, 왕잉 연출 Beijing: China Film Publishing, 1979)은 중국어로 된 극본이다. 쌍둥이 자매 다와와 니마의 아버지는 티베트 농노다. 잔인한 라마 때문에 아버지는 눈이 멀고, 어머니는 자살했다. 1957년, 열여덟 살이 된 자매는 인민해방군에 대항해 반란을 일으키려는 라마의 음모를 저지한다. 다와는 영주에게 죽임을 당하지만, 니마는 살아남아 인민해방군에 입대하고, 군인들과 마을로 돌아와 남아있던 농부들을 해방시킨다. 이 이

야기는 〈설산의 눈물〉(쉐산 레이, 화춘/런펑위안 연출, 1979) 이라는 제목으로 영화화되었다. - 영문 역자/편집자

5. 마오쩌둥이 1959년 초에 출판한 시 '사오산에서 Shaoshan Revisited'는 '폭군의 검은 발톱'에 맞서 투쟁한 이름 없는 농촌 인민들의 '쓰라린 희생'을 기리는 시다(Ten More Poems of Mao *Tse-tung* Hong Kong: Eastern Horizon Press, 1967). - 영문 역자/편집자

6. 변경의 스물다섯 현에는 응아리, 초나, 야둥, 냘람, 끼동, 뿌헹 등이 포함되었다. 이들은 인도, 부탄, 네팔 그리고 과거에는 시킴(1975년 인도에 합병)과 접경이었다.

7. 뽀메현은 1983년 닝티 지구에 편입되었다.

8. 녜모 사태의 역사와 원인에 대해서는 Melvyn C. Goldstein, Ben Jiao, and Tanzen Lhndrup, ***On the Cultural Revolution in Tibet: The Nyemo Incident of 1969***(Berkeley and London: University of California Press, 2010)에 자세히 나와 있다. 〈금지된 기억〉이 출간된 직후 발표되었다. - 영문 역자/편집자

9. 처형된 쌈포의 아들에 관해서는 사진 91-92 해설 참조.

III. 용의 지배

1. 1981년 중국 공산당은 '10년간의 재난十年造劫'이 문화대혁명에 대한 정확한 표현이라고 결론지었다. - 영문 역자/편집자

2. 3월 대집회에 대해서는 사진 154의 해설 참조.

3. 링꼬르(바깥 둘레길) 남쪽 부분은 '장수로'로 이름이 바뀌었다(p. 356 참조).

4. 티베트자치구 정부가 1985년 발행한 내부 문서에서 인용했다.

5. 티베트자치구 공산당 역사자료수집위원회 Tibet Autonomous Region Party History Information Collection Committee, *Zhonggong Xizang dangshi dashiji* [티베트 중국 공산당 역사 주요 사건 연보](Lhasa: Tibet People's Publishing House, 1995), 181 참조

6. 티베트자치구 공산당 역사자료수집위원회, 186.

7. 런룽은 저우런산, 타오창쑹, 쩡융야(티베트군구 부지휘관에서 이후 지휘관으로 승진했으며, 티베트 문화대혁명의 또 다른 주요 인물이다) 등의 정적들을 물리칠 수 있었다. 그는 또 다른 사람들을 희생양으로 삼는 것도 주저하지 않았는데, 가장 잘 알려진 사례가 왕치메이와 인파탕이다.

8. Melvyn Goldstein and Cynthia Bell, "중국의 개혁정책이 서부 티베트 유목민에게 미친 영향 The Impact of China's Reform Policy on the Nomads of Western Tibet", *Asian Survey* 29, no. 6(June 1989): 619-41. 해당 인용문은 p. 625 참조

9. 라룽가르 불교학원, 중국어로 우밍포쉐위안(五明佛學院), 즉 오명(고대 인도의 다섯 학문)불학원은 1980년 캔뽀 직메 픤촉이 쓰촨성 까르제(중국어 간쯔)지구 쎄르타르현에 설립했다. 중국 정부는 2001년 약 2천 채 가량의 판잣집을 철거하고 거주자 수를 1400명으로 제한했고, 2016년 6월까지 (중국인 포함) 남녀 수도승과 학생 수가 또 다시 1~2만 명에 이르자 이듬해 3월 또다시 5천 채를 추가로 철거했다.

10. 가사와 곡은 창류주와 좡타오가 만들었다.

11. '진주마(Jinzhuma)'는 중국어 해방군(제팡쥔)의 티베트어 번역 '찡될마'를 중국어 발음으로 대충 옮겨 적은 것이다. 인민해방군이 티베트에 들어오고 얼마 후부터 찡될마와 찡될마미('해방군 병사들')가 중국 선전가요, 영화 및 티베트를 무대로 한 연극에 자주 등장했다. 중국인들은 마치 티베트인들이 이 말을 널리 사용하는 것처럼 소개했지만, 실제 티베트인들은 오히려 중국식 용어를 많이 사용한다. 진주마는 중국에서 사용되는 몇 안 되는 티베트어 중 하나다. 진주마는 중국 노래나 연극에 등장하는 티베트인들이 인민해방군과 그들의 임무에 감사를 표시할 때 주로 사용된다. - 영문 역자/편집자

12. 12세기에 라싸에서 북동쪽으로 약 80킬로미터 정도 떨어진 곳에 세워진 라뎅 수도원은 라뎅파의 도량이다. 5대 라뎅 린포체(1912-47)는 13대 달라이 라마 사망 후 후계자(환생한 14대 달라이 라마)를 찾는 동안 티베트 정부 섭정을 맡았고, 1940년대 초에는 아직 어린 14대 달라이 라마를

대신해 티베트를 통치했다. 그는 1950년대 중국 공산당이 티베트를 '해방'시키기 직전에 감옥에서 사망(혹은 살해당)했는데, 중국 공산당은 라뎅 린포체가 1940년대 '친영국 제국주의' 엘리트들에 대한 지지를 거부했다고 간주해 사후에 '애국자' 호칭을 부여했다. 그 결과 라뎅 종파와 연관된 라뎅 수도원은 문화대혁명 초기에는 거의 피해를 입지 않았다.

IV. 마오쩌둥의 새로운 티베트

1. 랄루 장원을 소유했던 랄루 가문은 8대와 12대 달라이 라마를 배출했기 때문에 얍시라는 지위를 얻었다. 랄루라는 이름은 랄루 가짤의 약자로 젊은 남녀 신들과 그들의 남녀 나가, 즉 영적 동반자들이 노니는 공원이라는 뜻이다. (랄루 가문의 일원으로서 현대사에서 등장하는 사람으로는 랄루 체왕 도제(1914-2011)가 있다. 그는 1959년 이후 티베트에 남았던 귀족 관료 중 가장 활동이 두드러졌던 사람인데, 1946년 내각 장관, 1949년 캄의 지사를 지냈다. 1965년 석방 후 수년 동안 농부로 지내다가 1983년 중국 인민정치협상회의 티베트자치구 지회 부주석이 되었다. - 영문 역자/편집자)

2. 왕리숑을 비롯해 중국이나 티베트의 일부 반체제 지식인들은 '반분열주의' 또는 '반분열일당'(splittism분열주의/分裂主义는 중국에서 'separatism(분리/독립주의)'을 의미하는 공식 용어다)이라는 단어를 소위 분열주의 위협에 반대한다며 기회만 되면 목소리를 높이는 공직자들을 조롱하는 의미로 사용하기도 한다. 왕리숑 등은 분열주의에 대한 비난은 지나친 비약이며 이들 공직자들이 정부에 대한 비판을 아무리 사소한 것이라도 과장해서 비난하는 것은 자기 자리를 지키려는 수단일 뿐이라고 말한다. '분열주의' 비약의 가장 대표적인 예가 바로 달라이 라마에 대한 규탄이다. 달라이 라마는 이미 삼십 년째 자신이 요구하는 것은 오로지 자치권 확대라고 말하고 있는데도, 이들 반분열주의자들은 달라이 라마가 티베트 독립을 꾀한다는 비난을 되풀이하고 있다. - 영문 역자/편집자

3. 중국 공산당 티베트자치구위원회 정책연구사무처 편집. *Xizang zizhiqu zhongyao wenjian xuanbian*[티베트자치구 중요 문건 선집], vol. 1 (Lhasa, 1994).

4. June Teufel Dreyer, *China's Forty Million: Minority Nationalities and National Integration in the People's Republic of China*(Cambridge: Harvard University Press, 1976), 249페이지부터. 중국어에서 번역됨.

5. 궈시란, '1980년 6월 3일, 제2기 당위원회 제5차 회기 연설', 중국 공산당 티베트자치구위원회 정책연구사무처 편집, *Xizang zizhiqu zhongyao wenjian xuanbian*[티베트자치구 중요 문건 선집], vol. 1(Lhasa, 1994), 97. Wnag Lixiong, *Tianzang: Xizang de mingyun*(천장: 티베트의 운명)에 인용 (Hong Kong: Mirror Press, 1998).

6. The TAR Picture Collection Editorial Committee, *Xizang zizhiqu huaji*(Tibet People's Publishing House, 1975). 원본 이미지는 사진이 아니라 그림일 수 있음. - 영문 역자/편집자 주

7. 티베트자치구 공산당 역사자료수집위원회, Zhonggong Xizang dangshi dashiji [티베트 중국 공산당 역사 주요 사건 연보](Lhasa: Tibetan People's Publishing House, 1995), 198. [이와 유사한 런룽의 연설은 '문서 번호 13: 티베트 중국 공산당 라싸에서 회동Document No. 13: Tibet ccp Meets in Lhasa', Xinhua, August 24, 1971, in James T. Myers, Jurgen Domes, and Erik von Groeling, eds., *Chinese Politics: Ninth Party Congress (1969) to the Death of Mao (1976)*(Columbia: University of South Carolina Press, 1986), 114–17. 참조. - 영문 역자/편집자]

8. Tsering Shakya, *Dragon in the Snow Land: The History of Modern Tibet since 1947* (London: Pimlico, 1999), 366. 체링 샤꺄는 티베트 인민공사의 상황이 "아주 훌륭하다"고 말한 천융구이의 평을 인용했고, 체링 외세가 이를 수정해서 이 책에 실었다. - 영문 역자/편집자

9. Melvyn C. Goldstein and Cynthia M. Bell, "The Impact of China's Reform Policy중국의 개혁정책이 서부 티베트 유목민에게 미친 영향", *Asian Survey* 29, no. 6 (June 1989): 619–41. 인용된 부분은 pp. 623–24.

10. Goldstein and Bell, "The Impact of China's Reform Policy", 622–23.

11. Tsering Shakya, *Dragon in the Snow Land,*

310, 344. 체링 샤꺄는 또 1950년대 말 참도 봉기도 그 이전에 있었던 지역 인민공사 설립 시도에 기인한 것으로 보았다. - 영문 역자/편집자

12. 64절과 128절은 인쇄용지 규격을 나타낸다. 서구식 규격으로 64절은 2인치(가로)×3인치(세로), 128절은 64절의 절반 크기를 각각 가리킨다. 아마도 중국식 규격으로 64절과 128절은 서구식 규격보다 조금 컸을 것이다. - 영문 역자/편집자

13. 공식 지시문에는 군사 관제에 대한 구체적인 내용도 있었다. "각 현의 좌파들을 지원할 병력은 (군구 아래) 성급 군구의 통솔과 지휘에 따라야 하며 현장 부대의 적극 지원을 받아야 한다. 티베트자치구 정부 단웨이들은 라싸에 주둔한 군대의 영도하에 움직여야 한다."

14. 삼결합은 혁명위원회와 다른 문화대혁경 조직들이 노동자와 군인에게도 의사결정 과정에 참여할 기회를 준다는 것을 보여주기 위해 이용한 새로운 조직 모델이다. 삼결합 체제는 공산당 간부, 인민해방군 대표, 대중조직 대표로 이루어진다(284페이지 참조.) 영문 역자/편집자

15. 1985년 티베트자치구 내부 문서로부터 인용했다.

16. Jiayang Xire(Jamyang Sherab), *Xizang zuihou de duodui: Zangbei tuoyan jishi*[티베트의 마지막 카라반: 티베트 북부 소금 수송대에 관한 기록](Beijing: Beijing October Art Publishing House, 2003).

후기

1. Walter Benjamin, "Theses on the Ph losophy of History", *Illuminations*, edited by Hannah Arendt, translated by Harry Zohn, 256-57 (New York: Schocken, 1969). (〈발터 벤야민 선집 5〉, 외길, 2008에 수록.)

2. Urvashi Butalia, The Other Side of Silence: Voices from the Partition of India(Durham: Duke University Press, 2000), 7-8. (번역서: 〈침묵의 이면에 감추어진 역사〉, 산지니, 2021)

3. *Shunian xueshi hou*[쥐의 해, 포효하는 는 사자](Taipei: Yunchen wenhua, 2009); *Ting shou Xizang*[티베트의 목소리] Wang Lixiong 공저(Taipei: Locus, 2009); *Xizang: 2008*[티베트 2008](Taipei: Lianjing, 2011); *Tubote zheji nian*[티베트의 근황, 티베트의 목소리 II], Wang Lixiong 공저(Taipei: Yunchen wenhua, 2012); *Zifen Zangren dang'an*[분신 티베트인들의 기록] Taipei: Xueyu, 2013); *Xizang huo fenghuang*[티베트의 불새들](Taipei: Locus, 2015); *Renboqie zhi shang*[린포체의 죽음](Taipei: Xueyu, 2015); *Letu beihou: zhenshi Xizang*[극락의 배후: 티베트의 진실](Taipei: Shibao wenhua, 2016).

4. Tsering Shakya, Weise[Tsering Woeser], *Shunian xueshi hou*[쥐의 해, 포효하는 눈 사자], 2009.의 서문

5. 1963년 〈농노〉라는 영화의 마지막 장면에 나오는 곡으로 유명하다. 〈농노〉는 인민해방군에 의한 티베트 '해방'을 주제로 한 영화들 가운데 중국 내에서 가장 널리 알려졌다.

6. John Berger and Jean Mohr, *Another Way of Telling*(New York: Pantheon Books, 1982), 280.

7. Joseph Brodsky의 "Torso" 중에서. *Collected Poems in English*, translated by Ann Kjellberg(New York: Farrar, Straus and Giroux, 2000).

8. Joseph Brodsky, *Less than One: Selected Essays*(New York: Farrar, Straus and Giroux, 1986), 27.

9. Tsering Shakya, *Dragon in the Land of Snows: A History of Modern Tibet since 1947*(New York: Columbia University Press, 1999), 203에 인용된 The BBC Summary of world Broadcasts 1959, no. 859, p.2.

10. Tsering Shakya, *Dragon in the Land of Snows: A History of Modern Tibet since 1947*(New York: Columbia University Press, 1999), 203.

11. 사찰 주재 공작조는 2011년 10월 티베트자치구 정부가 자치구 내 모든 사찰(촌 단위 행정구역은 제외)을 대상으로 조직했다. 각 공작조는 담당하는 사찰에 상설 배치된다. 공작조는 대개 시 소속 간부 4인 이상으로 구성되며, 각각의 조원은 1년 이상 공작조에서 근무한다. 공작조는 사찰 관리 전반을 책임지고 남녀 승려들의 행동을 감시 및 규제한다. - 영문 번역/편집자

12. 이 책이 인쇄되고 있던 2018년 7월, 라싸에서 얍시 딱체르 저택이 철거되었다는 소식이 들렸다. 사전 공고나 논의는 없었다. 적어도 당시 외부에 있던 우리가 아는 바로는 그랬다. 발표하기 수개월 전에 이미 철거가 완료되었던 것으로 보인다. 저자는 얍시 딱체르가 달라이 라마와 연관된 장소임을 생각할 때, 정부가 이 건물이 무너져 내리도록 아무 조치도 취하지 않은 것은 달라이 라마의 가족이 거주하던 이곳이 복구도 안 될 정도로 산산조각 나서 사람들의 기억에서도 지워지기를 바랐기 때문이라고 생각했다. 급작스러운 철거가 이런 저자의 판단을 뒷받침하는 것 같다. - 영문 역자/편집자

부록

잠빠 린첸의 인터뷰는 체링 외세, 〈시짱지이 Xizang Jiyi〉[티베트는 기억한다](Taipei: Locus, 2006), 211-27에서 가져왔다.

1. 당시 각 거민위원회는 '협동조합'을 설립했다. 주민으로 등록된 사람들은 협동조합에서 '표'를 받아 생필품을 샀고, 지역에서 소비되는 구두, 옷 등을 만드는 소규모 생산 활동도 이루어졌다. - 영문 역자/편집자

2. 톰시캉 거민위원회는 라싸 성관구가 관리하는 지역 단위였다. 문화대혁명 기간에는 '새로운 것을 지켜라' 거민위원회로 이름이 바뀌었다. (잠빠 린첸이 말하는 톰시캉은 지역명이 아니라 거민위원회를 가리킬 때가 많았다. - 영문 역자/편집자)

3. '찡될마미Jingdrolmagmi'는 '해방군'을 글자 그대로 옮긴 말로, 티베트에서 인민해방군을 공식적으로 부르는 호칭이었다. 3장 주석 11 참조.

4. 류사오치에 대해서는 3장 주석 2 참조.

5. 흐루쇼프를 중국어로 '허루쉐푸'라고 하고, 이것을 다시 티베트어 발음으로 옮긴 것이 '시루샤오푸'다. - 영문 역자/편집자

6. 승리사무소는 라싸시 남부지역 거민위원회를 총괄하는 사무소였다. 1장 주석 25 참조.

7. 수르시는 라싸 옛 시가지 바르꼬르 둘레길의 네 모퉁이이고 조오시는 네 수호신이다. 1장 주석 26 참조.

8. 네 개의 문이 달린 이 불탑(백탑)의 건립에 처음 나선 인물은 닥파 갤챈(1385-1432 재임)이라고 한다. 닥파 갤챈은 15세기 티베트 팍모두빠 왕조의 미왕(왕 또는 통치자)이었다. 노르부 상뽀의 유해는 불탑 안에 보관되어 있었다고 한다. 불탑 아래에는 십자 모양의 공간이 있었기 때문에 고행하는 수도승들이나 노숙자들이 들어가 쉴 수 있었다.

9. '다바'는 티베트어로 일반 승려를 뜻한다.

10. 반란 평정에 대해서는 1장 주석 18 참조. - 영문 편집자/역자

11. 레이펑은 마오쩌둥 시대의 가장 유명한 '모범 영웅'이다. 공산당·동료 군인·대중을 위해 헌신한 군인으로 칭송받았다. - 영문 역자/편집자

12. '쑹붐'은 이름난 스승이나 학자 한 사람의 저서 전체를 가리키는 티베트어다. '제 린포체'는 티베트 불교 종파인 겔룩빠를 창설한 쫑카빠(1357-1419)를 부르는 경칭이다.

13. 짼래식에 관해서는 1장 주석 30 참조.

14. 잠빠 린첸이 말하는 집은 10대 판첸 라마를 위해 1950년대 라싸에 지은 데첸포당이다.

15. 1장 주석 32 참조.

16. 왕치메이는 1950년 티베트 점령 작전을 이끌었던 인민해방군 제18군 지휘관이었다. 같은 해 왕치메이는 참도해방위원회 당서기가 되었고 이어서 티베트군구 부정치위원으로 임명되었다. - 영문 역자/편집자

17. 잠빠 린첸이 가리키는 사람은 당시 시짱일보 편집장이었던 진사다. 진사는 문화대혁명 기간에 티베트에서는 처음으로 주자파로 지목당한 사람이다.

18. 저우런산(1912-84)은 1956년부터 티베트자치구 준비위원회 부서기였다가, 1965년 자치구 설립 이후에 자치구 부주석이 되었고, 1966년에는 티베트자치구 당위원회 제1서기 대행을 맡았다. - 영문 역자/편집자

19. 인민정치협상회의에 대해서는 1장 주석 36 참조.

20. 뫼람첸모 대법회에 대해서는 사진 3-6, 31 해설 참조

21. 통일전선(통잔)은 중국 공산당이 지방 세력가, 귀족, 종교 지도자 등을 포섭하는 전술기법으로, 이들이 대중 앞에서 당에 충성하고 당과 협력할 뜻을 분명히 하면 그 대가로 돈, 명예, 지위를 보장하는 방식이다. 통일전선공작부라고 하는 공산당 고위 기구가 전담했다. - 영문 역자/편집자

22. 응아-닥은 삼대영주(중국어 싼다링주)라는 뜻의 티베트어다. 각각 다른 형태로 토지를 소유한 옛 티베트 정부, 귀족, 수도원을 가리킨다. - 영문 역자/편집자

23. 쓰칭Siqing(사대 청산 또는 사청)은 1953년 마오쩌둥이 정치·경제·조직·이념을 '청소'하기 위해 시작한 운동으로 1966년까지 계속되었다. 사회주의 교육운동이라고도 하는데, 문화대혁명 기간만의 특징적인 개념과 기법들이 이 기간에 다수 활용되었다. - 영문 역자/편집자

24. 말 장사는 천한 직업으로 간주되어 하층민들이 종사했다.

25. '류'는 야크나 염소의 털로 짠 일종의 담요다.

26. '툭제첸포'는 대자대비라는 뜻으로 '보드 사트바 쨴래식', 즉 관세음보살의 티베트식 이름이다. '라캉'은 불당 또는 사원을 가리킨다. - 영문 역자/편집자

27. 소련 개량주의를 소고기 감자 스튜에 비유한 것은 1964년 흐루쇼프의 수정주의 발언을 중국식으로 비꼰 표현이다. 흐루쇼프는 공산주의에서 "중요한 것은 먹을 것 즉, 질 좋은 굴라시(스튜)와 학교, 집, 발레가 더 많아지는 것"이라고 말했다. 여기에 방귀에 대한 언급은 "소련 개량주의자들은 방귀를 그만 뀌어야 한다"는 마오쩌둥의 발언에서 나온 것인데, 원래는 말도 안 되는 소리를 그만두라는 뜻이었다. 마오쩌둥의 말을 글자 그대로 이해한 것이 집회의 발언자인지 아니면 쟘빠 린첸인지는 알 수 없다. - 영문 역자/편집자

28. 청년궁은 1975년 무렵 건설되었다.

29. 티베트 전설에 따르면 인류의 기원은 여자 악귀와 원숭이의 모습을 취한 관세음보살 사이에서 태어난 자녀들이라고 한다. - 영문 역자/편집자

30. 게쎼는 겔룩빠 수도원 최고 수행 과정을 마친 승려를 가리키는 말이다. 게쎼가 되기 위해서는 보통 15년 정도 경전 수련을 거쳐야 한다. - 영문 역자/편집자

31. 당시 시멘트 공장 직공들 중에 대뿡 수도원 출신 승려가 많았다.

32. 정확히는 270가지다. 쟘빠 린첸이 말한 수치는 여기에 크게 못 미친다.

참고문헌

다음은 이 책에서 인용한 주요 중국어, 영어 자료들이다.
영어 자료들은 대부분 중국어 번역을 참조하였다.
중화인민공화국 내에서 출간되거나 판매된 책들은 발표 전 당국의 수정을 거치므로 내용이 완전하지 않다.

중국어

Banchan Lama(10대 판첸 라마, 최끼 갤첸)
"Qiwanyan shu"[7만자 탄원서]. Banchan lama wenlun xuanji[판첸 라마 에세이와 연설문 선집]에 수록. Dharamsala: Department of Information and International Affairs, 1998. 중국어-영어 이중 언어판은 *A Poisoned Arrow: The Secret Report of the 10th Panchen Lama*, edited by Robert Barnett. London: Tibet Information Network, 1997. 참조

CCP Tibet Autonomous Region Committee for the Party History Data Collection Committee.
Xizang gemingshi[티베트 혁명사]. Lhasa: Tibet People's Publishing House, 1991.

CCP Tibet Autonomous Regional Committee Policy
Research Office, eds. *Xizang zizhiqu zhongyao wenjian xuanbian*[티베트자치구 중요 문건 선집]. Lhasa, 1994.

Cheng Demei. *Gaoshan fanying*[고산병] Beijing:
China Tibetology Publishing House, 2005.

Du Yongbin. *Ershishiji Xizang qiseng: renwen zhuyi xianqu Gengdun Qunpei dashi pingzhuan*
[20세기 티베트의 기이한 승려: 인문주의 선구자 겐뒨 최펠 평전]. Beijing: China Tibetology Publishing House, 2000

Gao Gao, and Yan Jiaqi. *'Wenhua dageming' shinianshi*
['문화대혁명' 10년의 역사]. Tianjin: Tianjin People's Publishing House, 1986.

Guowai Zangxue yanjiu yiwenji (10)
[해외 티베트학 번역문집, vol. 10]. Lhasa: Tibet People's Publishing House, 1993.

Huang Renyu. *Cong da lishi de jiaodu du Jiang Jieshi riji*
[거시사 관점에서 읽는 장제스의 일기]. Beijing: China Social Science Press, 1998.

Jiangbian Jiacuo(Jamphel Gyatso). "Beiju yingxiong Banchan Lama"[판첸라마: 비극적 영웅]. *Kaifang zazhi*[개방잡지], Hong Kong, 1999.

Jiayang Xire(Jamyang Sherab). *Xizang zuihou de tuodui: Zangbei tuoyan jishi*
[티베트의 마지막 카라반: 티베트 북부 소금 수송대에 관한 기록]. Beijing: Beijing October Art Publishing House, 2003.

Liao Dongfan. *Xueyu Xizang fengqinglu*
[설원 티베트 생활의 기록]. Lhasa: Tibet People's Publishing House, 1998

Marxism-Leninism Teaching and Research Office
in Tibet Academy of Agriculture and Animal Husbandry, Theoretical Research Office in the TAR Party School, eds. *Xizang dashi jilu: 1949-1985*[티베트 주요 사건 기록: 1945-1985]. Lhasa: Tibet Autonomous Region Party School Theoretical Research Series, 1986.

Qiabai Cidan Pingcuo(Chape Tseten Phuntsog).
Xizang tongshi: songshi baochuan[티베트 통사: 터키석 염주]. Lhasa: Tibet Academy of Social Sciences, *China's Tibet Magazine*, and Tibet Ancient Books Publishing House, 1996.

Qin Wenyu. *Nuhuofo*[여성 활불].
Beijing: People's Literature Publishing House, 1985.

Renmin University of China Editorial Group, eds.
Wuchan jieji wenhua dageming shengli wansui[무산계급문화대혁명 승리 만세]. Beijing: Beijing Xinhua Printing House (internal study circulation), 1969.

Sheying jia[사진가]. Issue 39, Taipei, 1998.

Song Yongyi and Editorial Board of the Cultural Revolution
cd-rom Database (U.S.) and University Service Centre for Chinese Studies at the Chinese University of Hong Kong, eds. *The Chinese Cultural Revolution Database*. Hong Kong: Chinese University Press, 2002.

Tan Fang, and Zhao Wumian, eds.
Wenge dazibao jingxuan[문화대혁명 대자노 선]. Hong Kong: Mirror Press, 1996.

TAR Picture Collection Editorial Committee.
Xizang zizhiqu huaji[티베트자치구 화집Tibet Autonomous Region picture collection]. Lhasa: Tibet People's Publishing House, 1975.

Tibet Academy of Social Sciences and other editors.
Xizang difangshi Zhongguo buke fenge de yibufen [티베트는 중국의 분리할 수 없는 일부다]. Lhasa: Tibet People's Publishing House, 1986.

Tibet Autonomous Region Party History Information.
Collection Committee. *Zhonggong Xizang dangshi dashiji*[티베트 중국 공산당 역사 주요 사건 기록]. Lhasa: Tibet People's Publishing House, 1995.

Tibet Autonomous Region Party History Office.
Zhou Enlai yu Xizang[저우언라이와 티베트]. Beijing: China Tibetology Press, 1998.

Tibet Autonomous Region Political History of Tibet.
Commentary Group. *Xiageba de "Xizang zhengzhishi" yu Xizang lishi de benlai mianmu*[샤갑빠의 '티베트 정치사'와 티베트 역사의 진면목]. Beijing: Nationalities Publishing House, 1996.

Wang Lixiong. *Tianzang: Xizang de mingyun* [천장: 티베트의 운명]. Hong Kong: Mirror Press, 1998.

Wen Pulin. *Anduo Qiangba: Dalai yu Xizang de huashi*
[암도 잠빠: 달라이 라마와 티베트 화가The Dalai Lama and a Tibetan painter]. Taipei: Dakui (Locus) Culture Publishing Company, 2002.

영어

Alexander, Andre. *The Temples of Lhasa: Tibetan Buddhist Architecture from the 7th to the 21st Centuries.*
Bangkok: Serindia, 2005.

The Traditional Lhasa House: Typology of an Endangered Species.
Munster: lit Verlag Munster, 2013.

Alexander, Andre, Matthew Akester et al.
A Clear Lamp Illuminating the Significance and Origin of Historic Buildings and Monuments in Lhasa Barkor Street. Vol. 2 of *The Old City of Lhasa.* Lhasa: Tibet Heritage Fund, 1999. Trilingual edition in Chinese, Tibetan, and English.

Avedon, John. *In Exile from the Land of Snows.* New York: Vintage Books, 1984. Chinese translation published by Lhasa: Tibet People's Publishing House, 1987.

Dalai Lama, the Fourteenth, Tenzin Gyatso.
Freedom in Exile: The Autobiography of the Dalai Lama of Tibet. London: Abacus, 1990. 중국어 번역 Taipei: Lianjing Publishing House, 1997(국내 번역서: 〈달라이 라마 자서전〉, 정신세계사, 2003).

Donnet, Pierre-Antoine. *Tibet: Survival in Question.*
London: Zed Books, 1995. 중국어 번역서 *Xizang sheng yusi: Xueyu de minzuzhuyi*[티베트의 삶과 죽음: 설원의 민족주의] Taipei: China Times Publishing Company, 1994.

Dreyer, June Teufel. *China's Forty Million: Minority Nationalities and National Integration in the People's Republic of China.* Cambridge ma: Harvard University Press, 1976.

Goldstein, Melvyn C., and Cynthia M. Beall.
"The Impact of China's Reform Policy on the Nomads of Western Tibet." *Asian Survey* 29, no. 6 (June 1989): 619–41.

Goldstein, Melvyn C., and Gelek Rimpoche.
History of Modern Tibet, 1913–1951: The Demise of the Lamaist State. Chinese translation published by Beijing: Current Affairs Press, 1994.

Harrer, Heinrich. *Seven Years in Tibet(1952).* 중국어 번역서 Taipei: Dakuai (Locus) Culture Publishing Company, 1997(국내 번역서: 〈티베트에서의 7년 1·2〉, 황금가지, 1997).

Petech, Luciano. *Aristocracy and Government in Tibet, 1728–1959. Rome*: Istituto italiano per il Medio ed Estremo Oriente, 1973. 중국어 번역서 Beijing: China Tibetology Press, 1990.

Shakapba, Tsipon W. D. *Tibet: A Political History.* New Haven: Yale University Press, 1967. 중국어 축약 번역 The China Tibetan Library Press (internal circulation), 1992. 티베트어 원서를 영어로 번역한 완역본은 *One Hundred Thousand Moons, 2 vols., An Advanced Political History of Tibet.* translated and annotated by Derek F. Maher Leiden: Brill, 2009.

Shakya, Tsering. *The Dragon in the Land of Snow: A History of Modern Tibet since 1947.* New York: Columbia University Press, 1999. United Front Work Department, Second Bureau가 2000년 편집. Beijing: n.d. (내부자료).

Wiesel, Elie. *A Jew Today.* New York: Random House, 1967. 중국어 번역서 Beijing: Writers Publishing House, 1998.

FORBIDDEN MEMORY

TIBET DURING THE CULTURAL REVOLUTION

금지된 기억

문화대혁명 시기의 티베트

1판 1쇄 2026년 2월 28일
ISBN 979-11-24110-14-0 (03910)

저자 체링 외세
사진 체링 도제
옮긴이 윤승희
편집 김효진
교정 황진규
디자인 우주상자
펴낸곳 마르코폴로
등록 제2021-000005호
주소 세종시 다솜1로9
이메일 laissez@gmail.com
페이스북 www.facebook.com/marco.polo.livre

책 값은 뒤표지에 있습니다. 잘못된 책은 교환하여 드립니다.